中国社会科学院重点学科·民族学人类学系列

中国民族语言学研究

Ethno-linguistic Studies in China

中国社会科学院民族学与人类学研究所
主　编●周庆生
副主编●王　锋　李云兵

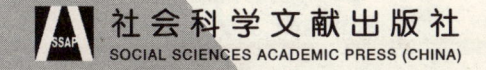

社会科学文献出版社
SOCIAL SCIENCES ACADEMIC PRESS (CHINA)

图书在版编目（CIP）数据

中国民族语言学研究/周庆生主编．－北京：社会科学文献出版社，2008.7
（中国社会科学院重点学科·民族学人类学系列）
ISBN 978－7－5097－0249－9

Ⅰ．中… Ⅱ．周… Ⅲ．民族语－语言学－研究－中国 Ⅳ．H2

中国版本图书馆 CIP 数据核字（2008）第 091176 号

总　序

中国社会科学院民族学与人类学研究所是一个多学科、综合性的研究机构。从学科的设置和专业方向来看，包括了马克思主义研究、历史学、语言学、民族学、社会文化人类学、经济学、宗教学、文献学、政治学、法学、国际关系、影视人类学、民俗学、古文字学等，还包括蒙古学、藏学、突厥学等专门的学问。这些学科和专业方向的多样化构成了研究所的多学科、综合性特点，而这些学科的研究对象则是人类社会民族现象及其发展规律，着重于对不同历史阶段和不同含义的民族共同体（people、ethnos、nationality、nation、ethnic group）及其互动关系的研究，显示了研究所诸多学科的共同指向。研究所以民族学和人类学冠名的目的是为多学科建构一个共同的学术平台，在研究对象统一性的基础上实现多学科的互补与整合，在多学科的视野中建立综合性研究优势，增强中国民族学和人类学的学科性发展。

人类社会的民族现象及其所伴生的民族问题，是人类社会最普遍、最复杂、最长久、也是最重要的话题之一。中国是世界上古代文明延续不断的东方国度，也是统一的多民族国家。在数千年的发展进程中，多民族的互动关系不仅是历朝各代最突出的社会现象之一，而且也是统一的多民族国家形成和不断发展的重要动能。因此，中国几千年来的民族现象和各民族的互动关系，为我们解读人类社会的民族现象及其规律性运动提供了一个相当完整的古代模式。《礼记·王制》中说：

> 凡居民材，必因天地寒暖燥湿，广谷大川异制，民生其间者异俗；刚柔、轻重、迟速异齐，五味异和，器械异制，衣服异宜。修其教不易其俗，齐其政不易其宜。中国戎夷，五方之民，皆有性也，不可推移。东方曰夷，被发文身，有不火食者矣；南方曰蛮，雕题交趾，有不火食者矣；西方曰戎，被发衣皮，有不粒食者矣；北方曰狄，衣羽毛穴居，有不粒食者矣；中国、夷、蛮、戎、狄，皆有安居、和味、宜服、利用、备器；五方之民，言语不通，嗜欲不同；达其志，通其欲，东方曰寄，南方曰象，西方曰狄，北方曰译。

这就是中国先秦文献中所记载的"五方之民"说，可谓中国最早具有民族志意义的记录。它所提示的内涵，对我们今天认识和理解民族现象也是启迪颇多的。例如，构成民族特征的文化差异的自然基础是生态环境，即在"天地寒暖燥湿"、"广谷大川"等不同生态环境中生存的人类群体"皆随地以资其生"所表现的"异俗"，"五方之民"在民居、饮食、服饰、工具、器物等方面的"异制"，不同的语言、不同的价值观念及其相互沟通的中介（翻译）等。其中也包括了处理"五方之民"互动关系的古代政治智慧，即"修其教不易其俗，齐其政不易其宜"。可以说，中国是一个有民族学传统且民族学资源十分丰富的国家。

古往今来、时过境迁，今天的中国已经自立于世界民族之林，正在为实现中华民族的伟大复兴推进中国特色社会主义现代化进程。这一进程正在展示现代民族进程的发展前景，它同样会对现代人类社会的民族现象及其发展前景提供一种范式，也就是中国解决民族问题的成功例证。当然，我国正处于社会主义初级阶段的发展进程中，在解决民族问题方面我们不仅面对着中国56个民族共同发展繁荣的历史重任，而且也面对着全球化时代多民族的大千世界。无论是内政治理，还是融入国际社会，广义的民族问题仍旧是我们需要高度重视的课题。当代中国民族问题的基本特征和普遍反应是经济文化的发展问题，这是由当代中国社会所处的发展阶段及其基本矛盾所决定的。同时，我们也面对着一些棘手的问题，如"台独"问题、达赖集团问题、"东突"势力和国际恐怖主义问题，以及世界范围和周边国家民族问题的交互影响。这两个方面的问题为我们提出了责无旁贷的研究任务。履行这一职责需要我们付出多方面的艰辛努力，其中学科建设是最重要的保障。

科学化是学科建设题中之义，任何一门学科只能在科学化的过程中实现发展。中国的学术传统源远流长，也形成了诸多学科性的研究领域。近代以来，随着西学东渐，中国的学术事业在不断吸收西方科学规范的过程中逐步形成了现代学科的分化，其中民族学、人类学也取得了很大程度的发展。自20世纪70年代末中国改革开放以来，中国的哲学社会科学事业在与世界学术领域交流互动的过程中取得了新的发展和显著的成就，哲学社会科学在认识世界、传承文明、创新理论、资政育人、服务社会等方面的不可替代作用，得到了党和国家的充分肯定。但是，能否充分地发挥哲学社会科学各学科的这种作用，涉及诸多因素，而学科建设所包含的指导思想、基本概念和范畴、学科理论、研究方法和学术规范等方面的内容是具有重要意义的。体现这些基本要素的研究成果，不仅对推进学科建设至关重要，而且也是繁荣发展哲学社会科学事业不可或缺的内在条件。中国社会科学院重点学科建设工程的启动，是进一步繁荣发展哲学社会科学事业的重要举措，我所推出中国社会科学院重点学科建设工程丛书·民族学人类学系列是贯彻落实这一重要举措做出的一种尝试。

如上所述，我所是一个多学科、综合性的研究机构，经过学科调整和研究室重组，所内的大部分学科都纳入了重点学科建设工程，如民族理论、民族历史、民族语言、语音学和计算语言学、民族学（社会文化人类学）、世界民族和诸多专业方向。因此，这套丛书的出版及其所关涉的研究内容也体现了多学科的特点。这套丛书根据基础研究和应用研究并重的学科建设要求，或以学科或以专题反映我所科研人员新近的研究成果。根据中国社会科学院重点学科建设工程的协议要求，在今后几年中我所列入工程范围的学科和专业方向将完成一系列具有重要理论价值和现实意义的研究课题，而这套丛书则主要反映这一过程中的阶段性学术成果。

2003年，我国获得了2008年国际人类学民族学世界大会的举办权，这对中国的民族学和人类学以及广义的民族研究事业来说是一次重大的发展机遇，也是与来自世界各国的民族学家、人类学家进行广泛对话和空前交流的机会。同时，这也意味着挑战。我们不仅需要展现中国各民族的现代发展成就，而且需要在民族学、人类学研究方面推出一批批引人注目的高水平研究成果。因此，加强民族学、人类学的学科建设，整合传统民族研究的学科性资源，做好充分的学术准备，是今后几年我国民族学、人类学界的重要任务。从这个意义上说，这套丛书的陆续出版在一定程度上也将体现我所在迎接这次世界大会进行的学术准备。

在此，我们非常感谢社会科学文献出版社对这套丛书的出版给予大力支持和真诚帮助，也期待着广大读者给予关注和指正。

中国社会科学院民族学与人类学研究所所长

郝时远

2004年6月

Foreword of the Series

The Institute of Ethnology and Anthropology of the Chinese Academy of Social Sciences is a multi-disciplinary and comprehensive research institution. In terms of disciplinary arrangement, the institute covers Marxist studies, history, linguistics, ethnology, socio-cultural anthropology, economics, religion, historical records, politics, law, international relations, video anthropology, folklore, and an-cient scripts, as well as some special learning like Mongol studies, Tibetology and Turk studies. The disciplinary diversification forms the multi-disciplinary, comprehensive feature of the institute. All these disciplines have one thing in common, that is, they all study minzu (a general word in Chinese for people, ethnos, nationality, nation and ethnic group) phenomenon and their evolutionary law in the human society, with the emphasis on minzu communities in different historical stages and with different meanings, as well as on the interaction between various *minzu*. The institute is named with the term of ethnology and anthropology for the purpose to build a common academic platform for all disciplines it involves, to realize the mutual complementarity and integration of all the disciplines, to form the advantage of the comprehensive studies, and to foster the development of ethnology and anthropology in China.

The minzu phenomenon and the problems resulting from the phenomenon have been among the most widespread, most complicated, most prolonged and most important subjects in the human soci-ety. China is an Oriental country with an ancient civilization that never discontinued. Also, it is a unitary country with ethnic plurality. In the course of several thousand years, the ethnic interaction was not only a social highlight in each historical dynasty, but also a motivator for the formation and continuous development of a unitary country with ethnic plurality. So, the *minzu* phenomenon and eth-nic interaction in China' long history of several thousand years provide us with a full ancient model for understanding the minzu phenomenon and their law in the human society.

In China's Pre-Qin historical literature, there is a term of "*wu fang zhi min*", literally, five-direction peoples. It comes from the following paragraph:

The material used for shelter must vary with different climate, cold or warm, dry or moist, and with different topography, such as wide valley or large river. And people living in different environment have different customs. They may have different character, behav-ing way, dieting habit, instruments and clothes. It is proper to civilize the people without changing their customs and to improve their administrative system without changing those suitable to them. *Wu fang zhi min* (people inhabiting five directions), either in middle plain or in frontier, all have their own character, which can not be transformed. People in the east, known as *Yi*, grow long hair hanging down over the neck and have tattoos, and some of them have their food without cooking. People in the south, known as

Man, tattoo their foreheads and cross their feet when sleeping, and some of them have their food without cooking. People in the west, known as Rong, grow long hair hanging down over the neck and wear pelt, and some of them do not have grain as their food. People in the north, known as *Di*, wear feather and live in caves, and some of them do not have grain as their food. Both people in middle plain and the *Yi*, *Man*, Rong and *Di* have their own shelter, di-et, dress, instruments and carriers. The people in five directions can not understand each other and may have different desires. The way to make each other'ideas and desires understood is called *ji* in the east, *xiang* in the south, *didi* in the west and yi in the north. (cited from *Liji*, an ancient Chinese book.)

This may be regarded as the earliest record with ethnographical sense in China.

The citation suggests a lot for us to understand today's *minzu* phenomenon. For one thing, the cultural difference that usually constitutes the ethnic feature has its natural foundation in ecological environment. Human groups living in different ecological environment, like different climate (cold or warm, dry or moist) and topography (wide valley or large river), all depend upon their local resources and thus may have different customs. As mentioned above, the people in five directions varied in shelter, diet, dress and instrument, and people speaking different languages with different values can be communicated only through the medium of translation. Also, here is displayed the ancient political wisdom to deal with the relations of the people in five directions, namely, to civilize the people without changing their customs and to improve their administrative system without changing those suitable to them. So it shows that China is country with ethnological tradition and rich ethnographical resources.

Now, old time has passed and the situation has changed. Today, as an independent member of the international community, China is promoting the modernization with Chinese characteristics in order to realize the great rejuvenation of the Chinese nation. This development has revealed the prospect of the modern *minzu* process. And at the same time, it will also provide a pattern, that is, the successful example in which China deals with the *minzu* problem, for the *minzu* phenomenon and their evolution of the human society in the modern time. Of course, China still remains at the initial stage of socialism. So far as the minzu problem is concerned, we are now facing not only the historical task of common development and prosperity for the 56 nationalities in China, but also the ethnically plural, complicated world in the time of globalization.

The ethnic problem in broad sense still remains to be a subject to which we should pay much attention, either in the management of internal affairs or in the merging to the international community. In contemporary China, the fundamental feature of or the widespread response to the ethnic problem is how to promote the economic and cultural development. This is determined by the current developmental stage as well as the fundamental contradiction of the contemporary Chinese society. At the same time, we are confronted with certain difficult problems, such as Taiwan's attempt for "independence", the problem of the Dalai clique, the issue of "East Turkistan", the international terrorism, as well as the influence of ethnic problems both in our neighboring countries and all over the world in general.

The problems in the two larger respects put forth our duty-bound tasks for research. To perform this duty, we should make our effort in many aspects, among which, disciplinary construction serves as the most important guarantee.

Disciplinary construction calls for scientific spirit, only with which can a discipline realize its development. China has its academic traditions of long standing, and a number of academic domains developed in the history. Since the influence of the Western learning went eastward, Western norm of science has been introduced and the disciplinary division in modern sense gradually came into being in China. And it is just in this process that ethnology and anthropology acquired development to large extent. Since the late 1970s when China began to take reforms and open to the outside world, new development and remarkable achievement have been made in China's philosophy and social sciences through the exchange with foreign academia. The Party and the State highly appreciate the irreplaceable role of philosophy and social sciences in understanding the world, passing on civilization, innovating the theory, consulting for government and educat-ing the young, and serving the society.

However, the full play of the role of philosophy and social sciences involves many factors. And in this respect, disciplinary construction is of importance, such as in the guiding thought, fundamental concepts and categories, disciplinary theories, research methods and academic norm. The research achievements that represent these fundamental factors will not only be of vital importance in promotion of disciplinary construction, but also make up the indispensable inherent conditions for prospering and fostering philosophy and social sciences. The launch of the construction project for prior disciplines at the Chinese Academy of Social Sciences is a significant move for further prospering and fostering philosophy and social sciences. And the Series of the Construction Project for Prior Disci-plines at the Chinese Academy of Social Sciences our institute has put out is just an attempt to carry out the significant move.

As mentioned above, our institute is a multi-disciplinary and comprehensive research institution. Since the discipline adjustment and research department restructuring, most disciplines in the institute, such as ethnic theory, ethnic history, ethnic linguistics, phonetics and computational linguistics, ethnology (socio-cultural anthropology) and world ethnic-national studies, have been brought into the construction project for prior disciplines. So, the series and the content involved reflect the feature of multi-disciplines, too. Placing emphasis both on basic and ap-plied studies, the series reflects recent research achievements either in the unit of a discipline or in a special topic. In accordance with the requirement from the agreement on the construction project for prior disciplines at the Chinese Academy of Social Sciences, our institute will complete in the next few years a series of research projects both with important theoretical value and actual significance. So, the series mainly reflects the academic products at the current phase.

In 2003, China succeeded in bidding for the host for the 2008 Conference of the International Union of Anthropological and Ethnological Sciences (IUAES). This will be a significant developmental opportunity, not only to China's ethnology and anthropology, but to ethno-national studies in general as well. Also, it will be an opportunity of widespread dialogue and unprecedented exchange with ethnologists and anthropologists from various countries in the world. At the same time, however, it means a challenge. We need to exhibit the developmental achievements of the nationalities in China, and moreover, we need to exhibit plenty of striking research achievements with a high level. Therefore, it will be the important task of China's ethnology and anthropology in the next few years to strengthen the disciplinary construction, integrate the disciplinary resources of traditional ethno-national studies, and make full academic preparation. In this sense, the publication of the series in succession can be regarded to some extent as the academic preparation made by our institute for the coming congress of IUAES.

Finally, we appreciate very much the vigorous support and sincere assistance of the Social Sciences Literature Press to the publication of the series. And we also expect the attention and criticism from the readers.

HAO SHIYUAN,
Director
Institute of Ethnology and Anthropology
Chinese Academy of Social Sciences
June 2004

序 一

黄 行

少数民族语言研究是中国社会科学院民族学与人类学研究所的传统优势学科。早在 20 世纪 50 年代，该研究所民族语言研究工作者就参加了西南、中南、华北、西北少数民族语言比较集中的省区的壮、布依、侗、水、傣、黎、毛南、仫佬、苗、瑶、畲、藏、羌、彝、土家、白、哈尼、傈僳、拉祜、纳西、景颇、阿昌、仡佬、佤、蒙古、达斡尔、东乡、土族、保安、维吾尔、哈萨克、柯尔克孜、乌孜别克、塔塔尔、撒拉、裕固、锡伯、赫哲、鄂温克、鄂伦春、塔吉克、京共 42 个民族的语言普查。1980 年以后研究所民族语文学科建设全面恢复和长足发展，国家"六五"到"十一五"规划期间，承担并完成大量的学术研究成果。其间还创刊国家核心期刊《民族语文》，成立国家级的"中国民族语言学会"。1993 年 6 月，中国社会科学院中国少数民族语言研究中心成立，目前依托于该研究所南方民族语言研究室、北方民族语言研究室、语音学与计算语言学研究室、民族古文字文献研究室以及《民族语文》编辑部开展工作。

这个学科在民族语文研究领域认真贯彻党对民族语文工作的方针政策，结合我国国情，运用语言学的理论和方法，调查研究少数民族语言文字的历史和现状，从语音、语法、词汇、方言、系属、文字、社会功能等方面进行系统的深入研究和全面的综合研究，并与20余个国家及港澳台地区的有关科研机构保持着学术交流与合作的关系，成为我国国际知名度相当高的人文社会学科之一。在几十年的民族语言调查研究过程中，傅懋勣、王均、王辅世、喻世长、道布、照那斯图、孙宏开等当代著名的中国民族语言学家为学科的建设和发展起到了重要的奠基和带动的作用。

进入21世纪以后，该研究所新一代民族语言学者继承和发扬优秀学科传统，不断探索与创新，为学科的发展做出突出的贡献。自2003年民族语言学科被确定为中国社会科学院重点学科后的几年间，开展并完成多项重要科研课题与成果。这本文集即是该学科中青年骨干部分学习心得的展示，尽管远远不能代表重点学科总体的研究成就，但是从中还是可以对学科发展的现状与趋势管窥一斑。

序 二

孙宏开

　　中国少数民族语言学科是中国语言学中的一个重要分支,该学科以中国境内的少数民族语言为主要研究对象,兼及周边国家的有亲缘关系的语言,如缅甸语、泰语、越南语、蒙古语、朝鲜语等。早在 20 世纪 30 年代,赵元任、罗常培、李方桂、傅懋勣、马学良等老一辈民族语言学家就开始用现代语言学的方法调查研究中国境内的少数民族语言,开垦了一块又一块处女地,取得了一定的成绩,为中国少数民族语言研究留下了一笔宝贵的财富。

　　中华人民共和国成立后,新一代的民族语言学家茁壮成长,他们在老一辈民族语言学家们的培养和带领下,对中国境内的少数民族语言开展了史无前例的大规模的普遍调查和研究工作。他们跋山涉水,深入少数民族地区,经过数十年的艰苦奋斗,调查研究了上百种少数民族语言,记录和积累了 2000 多个点的少数民族语言资料,在初步比较研究的基础上,对有方言土语差异的少数民族语言提出了划分方言土语的意见,并为无文字的民族语言而又需要文字的民族设计了文字方案,为文字不完备的民族改进了文字方案,扩大了传统文字的使用范围和领域,推动了少数民族双语教学。经过广大民族语文专家学者的长期努力,基本上摸清了中国少数民族语言文字的家底，其中包括语言分布、使用情况、结构特点、谱系分类、传统文字及其历史文献等，将丰富多彩的少数民族语言文字状况展现在世人面前，为中国少数民族语言文字研究做出了不可磨灭的贡献。

21世纪以来，少数民族语言文字研究向纵深发展，尤其是中国社会科学院实施重点研究室的计划，少数民族语言学科也被列入重点发展的学科，加大了经费的投入，扩大了学科研究领域，引进了一些新的语言学理论和方法，拓宽了研究方向。本文集所收的20篇论文，包括了语言结构、语言比较、语言接触、语言与社会等分支学科领域，在语言结构研究方面，又包括了语音、语法、词汇、语义和综述等方面，涵盖了藏缅、苗瑶、侗台、南亚、突厥、蒙古、满—通古斯等主要语族语言的研究，就是一个明显的证明。

学科发展的另一个特点是新一辈的语言学家尤其是少数民族出身的语言学者脱颖而出，本文集的作者除了汉族以外，还有蒙古、鄂温克、藏、彝、白、羌、独龙、朝鲜、苗、水、佤等少数民族学者，中青年学者占大多数，其中多数是博士、硕士学位获得者，大多数已经晋升副高乃至正高级职称，成为某一领域的学科带头人。这说明少数民族语言学科发展蒸蒸日上，后继有人，这是非常可喜的现象。

我作为民族语文研究战线上的一个老兵，阅读了他们的这些新成果，其中不乏闪光点，感到非常的欣慰，聊赘数语，以示庆贺。

2006年11月11日于安贞桥寓所

目 录

语言结构：语音·词汇·语义

关于现代锡伯语口语辅音系统 …………………… 朝　克 /(3)
土家语句子中的选择性语流变调 ……… 徐世璇　鲁美艳 /(25)
西双版纳傣语土语词汇差异与例外 …………… 刘援朝 /(45)
傣语亲属称谓等价规则 ……………………… 周庆生 /(72)

语言结构：语法·文字

安多藏语代词 ………………………………… 周毛草 /(89)
白语大理方言的否定词和否定表达方式 ………… 王　锋 /(108)
论羌语的名量词 ……………………………… 黄成龙 /(124)
业隆话动词趋向范畴 ………………………… 尹蔚彬 /(146)
苗语方所题元的句法语义属性 ……………… 李云兵 /(165)
水书研究现状与发展趋势 …………………… 韦学纯 /(192)

1

语言比较与接触

东亚语言的声调形式与对应现象…………………… 黄　行 /(213)
我国突厥语的描写和比较研究：进展、方法、
　　问题………………………………… 肖月　陈晓云 /(226)
克木语与克蔑语的语音比较………………… 陈国庆 /(261)
藏缅语数量短语的演变机制………………… 杨将领 /(273)
蒙古语构词后缀在农区蒙古语中的
　　变异………………………………… 曹道巴特尔 /(291)
朝鲜语中借自日语的双音节汉字词………… 千玉花 /(307)

语言与社会文化

藏语元音央化的社会成因…………………… 江　荻 /(321)
蒙古语马名称与蒙古族马文化…………… 斯钦朝克图 /(340)
从毕摩祭祀词汇看彝族宗教信仰与崇拜…… 普忠良 /(369)
注音字母：民国时期方言和少数民族
　　语言规划…………………………… 黄晓蕾 /(405)

后　　记………………………………………… 周庆生 /(416)

CONTENTS

Language Structure: Phonetic Sound, Vocabulary and Semantic Meaning

On the Consonant System of the Spoken
   Sibo Language   *Dular Osor Chaoke*/3
Selective Sandhi in Tujia Clauses   *Xu Shixuan and Lu Meiyan*/25
The Local and Lexical Discrepancy and Exception of
   the Dai language in Xishuangbanna   *Liu Yuanchao*/45
Equivalence Rules of the Dai Kinship
   Terminology   *Zhou Qingsheng*/72

Language Structure: Grammar and Writing System

Tibetan Pronouns in Anduo   *Zhou Maocao* /89
On the Negative of the Bai language in Dali   *Wang Feng* /108
On Nominal Classifiers and Measure Words
   in the Qiang Language   *Huang Chenglong* /124
On the Morphology of Directive Verbs in the
   Yelong Speech   *Yin Weibin* /146

On the Semantic and Syntactic of Spatial Theta Roles
    in the Miao Language　　　　　　　　Li Yunbing /165
Status and Prospects of Study on Sui Books　Wei Xuechun /192

Language Comparison and Contact

The Tone Forms and Correspondence of the Languages
    in East Asia　　　　　　　　　　　　Huang Xing /213
Descriptive and Comparative Studies on Turkey
    Languages in China: Advances,
    Methodologies and Problems　Xiao Yue and Chen Xiaoyun /226
A Phonetic Comparison between the Kemu and
    Kemie languages　　　　　　　　　　Chen Guoqing /261
The Mechanism of the Evolution of Numeral-Classifier
    Phrase in Tibeto-Burmese　　　　　　Yang Jiangling /273
A Study on the Variation of the Suffix of Mongolian
    Word-formation in the Agricultural Mongolian
    Region　　　　　　　　　　　　　　　Sodbaatar /291
Study on Two-syllabic Sino-koreans Re-borrowed
    from Japanese　　　　　　　　　　　　QianYuhua /307

Language, Society and Culture

The Social Causes of Tibetan Vowel Centralization　Jiang Di /321
Mongolian Equine Names and Mongolian
    Equine Culture　　　　　　　　　　　Sechenchogt /340
Looking at the Religion and Worship from Sacrificing Words
    Used by the Yi Bimo (Shaman)　　　　Pu Zhongliang /369
The National Phonetic Alphabet Planning for Chinese Dialects
    and Ethnic Languages 1921-1949　　Huang Xiaolei /405

Postscript　　　　　　　　　　　　　　Zhou Qingsheng /416

语言结构：语音·词汇·语义

关于现代锡伯语口语辅音系统

朝 克

现代锡伯语口语的辅音结构是一个相当复杂的语音系统，而且，要分单辅音和复辅音。相比之下，复辅音要比单辅音复杂得多。不过，在现代锡伯语口语的辅音系统中，占居主导地位的还是属于单辅音。同时，单辅音的使用率要远远高于复辅音，从而在语音结构中发挥着十分重要的作用。与此相反，复辅音的使用范围却相当有限，使用率也要比单辅音低得多。对于锡伯语口语的研究始于20世纪后半叶，当时从事满—通古斯诸语研究的专家学者将锡伯语口语看成是满语的一种方言或口语形式。例如，日本满语专家山本谦吾和服部四郎（1969）的论著，是对于锡伯语口语的语音结构进行较全面系统、客观实在研究的第一本科研成果。中国学者李树兰（1979）率先发表了《锡伯语概况》一文。从那以后，锡伯语口语的研究逐步走向深入和系统化。毫无疑问，锡伯语口语的辅音系统的研究也逐渐走向成熟和理论化。

一 现代锡伯语口语单辅音音位的研究及其分析

现代锡伯语口语的单辅音是一个比较复杂的语音系统。由此，国内外专家学者，对于现代锡伯语口语辅音系统的研究，主要集中在单辅音音位的分析和确定方面。同时，在有关辅音音位的解释和说法上，存在一些分歧。其问题点，就在于现代锡伯语口语的辅音系统中，有没有舌尖前塞擦音或有无小舌塞音等方面上。或者说，把那些特定语音环境里出现的舌尖前塞擦音或小舌塞音，是否看成独立性音位，放入单辅音系统里进行讨论之问题。

本文选择了国内外具有代表性的五位现代锡伯语口语专家学者，他们是日本的服部四郎（山本谦吾、服部四郎，1969）、中国社会科学院的安俊（1998）、李树兰等（1986）、中国新疆的王小虹（1985）和韩国的张泰镐（2002）。他们对现代锡伯语口语单辅音系统的分析结果如表1所示：

表1 五位专家分析出的辅音音位

	b	p	m	w	f	v	d	t	ʤ	ts	s	n	l	r
服部四郎	+	+	+	-	+	+	+	+	+	+	+	+	+	+
安 俊	+	+	+	+	+	+	+	+	+	+	+	+	+	+
李树兰等	+	+	+	+	+	+	+	+	+	+	+	+	+	+
王 小 虹	+	+	+	+	+	+	+	+	+	+	+	+	+	+
张 泰 镐	+	+	+	+	+	+	+	+	-	+	+	+	+	+

续表1

	dz	tʂ	ʂ	ʐ	ɖ	ʨ	ɕ	j	g	k	x	ɴ	ɢ	q	χ	N	ŋ
服部四郎	+	+	+	+	-	-	-	+	+	+	+	-	+	+	+	+	-
安俊	+	+	+	+	+	+	+	+	+	+	+	-	+	+	+	+	-
李树兰等	+	+	+	+	+	+	+	+	+	+	+	-	+	+	+	-	-
王小虹	+	+	+	+	+	+	+	+	+	+	+	-	+	+	+	-	-
张泰镐	+	+	+	-	-	-	-	+	+	+	+	-	-	+	-	-	+

说明：符号 + 表示有该辅音音位；符号 - 则表示没有该辅音音位。
资料来源：山本谦吾、服部四郎（1969：20~23）；安俊（1998）；李树兰等（1986：4）；王小虹、郭美兰（1985：48~53）；张泰镐（2002：16）。

从表格内列出的辅音音位可以看出，国内外锡伯语专家学者，对于现代锡伯语口语的单辅音音位 /b/、/p/、/m/、/f/、/v/、/d/、/t/、/s/、/n/、/l/、/r/、/dz/、/tʂ/、/ʂ/、/g/、/k/、/x/、/ɴ/、/q/ 的分析与定位上，保持了相同的认识和观点。不过，对于单辅音音位/w/、/ɖ/、/ʦ/、/j/、/ʨ/、/ʨ/、/ɕ/、/ʐ/、/ɳ/、/ɢ/、/χ/ 的存在与否，却持各自不同的见解。就此问题，我们可以从以下四个方面进行综合分析：

第一，日本著名阿尔泰语言学家服部四郎教授等指出，现代锡伯语口语里，除了以上专家学者共识的 19 个单辅音音位之外，还有 /j/、/ɢ/、/χ/、/N/ 这4个单辅音。根据服部四郎教授等的分析，现代锡伯语口语的辅音音位应该是23个（山本谦吾、服部四郎，1969：11~20）。

第二，锡伯语专家李树兰研究员以及安俊先生等人的研究表明，现代锡伯语口语里除了被共识的那 19 个单辅音之外，还有 /w/、/ɖ/、/ʦ/、/ʐ/、/ɖ/、/ʨ/、/ɕ/、/j/、/ɢ/、/χ/ 10个单辅音。也就是说，现代锡伯语口语共有 29 个单辅音音位（李淑兰等，1986：4）。

第三，锡伯语学者王小虹等则认为，现代锡伯语口语里除了被共认的 19 个单辅音之外，还应该有 /dʐ/、/dʑ/、/tɕ/、/ɕ/、/ɢ/、/χ/ 6 个单辅音。加起来，应该有 25 个单辅音音位（王小虹、郭美兰，1985：48~49）。

第四，韩国青年学者张泰镐在他的博士论文《锡伯语语法研究》中则提出，现代锡伯语口语的单辅音音位系统里要包括 /ɕ/、/j/、/ɳ/ 3 个辅音音位。他坚持认为，现代锡伯语口语的单辅音中有 /ɳ/ 这一卷舌鼻音，进而强调性地指出单辅音 /ɳ/ 只使用于极其个别词的词尾部分。例如，他把 ani "年"记写成 aɳ 等（张泰镐，2002：6）。所以，他提出现代锡伯语口语单辅音系统中应该有 22 个辅音音位。

以上提到的国内外专家学者，在现代锡伯语口语辅音音位系统的归纳上，有他们的共同之处，也有他们的不同点。相比之下，共同点要多，不同点要少。以下，用两种表格展示，在现代锡伯语口语辅音音位系统的分析方面出现的共同点和不同点。

表 2　五位专家共同分析出的辅音音位

	b	p	m	f	v	d	t	s	n	l	r	dʐ	tʂ	ʂ	g	k	χ	ŋ	q
服部四郎	+	+	+	+	+	+	+	+	+	+	+	+	+	+	+	+	+	+	+
安俊	+	+	+	+	+	+	+	+	+	+	+	+	+	+	+	+	+	+	+
李树兰	+	+	+	+	+	+	+	+	+	+	+	+	+	+	+	+	+	+	+
王小虹	+	+	+	+	+	+	+	+	+	+	+	+	+	+	+	+	+	+	+
张泰镐	+	+	+	+	+	+	+	+	+	+	+	+	+	+	+	+	+	+	+

表3 五位专家分析出的不同辅音音位

	ɕ	j	ɢ	χ	ʥ	ʨ	ʥ	w	ʦ	ʐ	N	ŋ
安 俊	+	+	+	+	+	+	+	+	+	+	+	−
李树兰	+	+	+	+	+	+	+	+	+	+	−	−
王小虹	+	−	+	+	+	+	+	−	−	−	−	−
服部四郎	−	−	−	+	+	+	−	−	−	−	+	+
张泰镐	+	+	−	+	+	+	+	−	−	−	−	+

　　实际上,从前人的研究成果以及话语资料中完全可以了解到,现代锡伯语口语的舌面塞擦音 /ʥ/、/ʨ/、/ɕ/ 主要出现在舌尖前元音 /i/ 的后面,其他元音前使用的几乎都是卷舌塞擦音 /dʐ/、/tʂ/、/ʂ/。由此看来,现代锡伯语口语的辅音 /ʥ/、/ʨ/、/ɕ/ 以及 /dʐ/、/tʂ/、/ʂ/ 在具体使用上有着极强的互补关系。根据这一语音事实以及音位学理论,很难把辅音 /ʥ/、/ʨ/、/ɕ/ 和 /dʐ/、/tʂ/、/ʂ/ 看成是两套独立的音位系统,相反它们中的某一个辅音系统是受特定语音环境的影响,存在由原来的辅音系统演化而来的可能。另外,还可以提出,现代锡伯语口语的辅音 /ʥ/、/ʨ/、/ɕ/ 是否受满语书面语的影响而产生之问题。不论怎么说,在现代锡伯语口语里,卷舌塞擦音 /dʐ/、/tʂ/、/ʂ/ 有着很高的使用率,也有着很广泛的使用范围。相比之下,舌面塞擦音 /ʥ/、/ʨ/、/ɕ/ 的使用率很低,适用范围也十分有限。在实际调查中也发现,锡伯人里发辅音 /ʥ/、/ʨ/、/ɕ/ 以及 /dʐ/、/tʂ/、/ʂ/ 时,其发音部位和发音方法的区别特征并不十分明确。尤其是,老年人发辅音 /ʥ/、/ʨ/、/ɕ/ 时,更接近于辅音 /dʐ/、/tʂ/、/ʂ/ 的音(朝克,2001~2004)。

　　所以,笔者认为,现代锡伯语口语的卷舌塞擦音 /dʐ/、/tʂ/、/ʂ/ 是原来就有的辅音音位系统,而舌面塞擦音 /ʥ/、/ʨ/、/ɕ/ 是属于卷舌塞擦音 /dʐ/、/tʂ/、/ʂ/ 出现在舌尖前元音 /i/、

/y/ 后面时的音变现象。正是出于这一语音实事，服部四郎教授等没有把舌面塞擦音 /ʥ/、/ʨ/、/ɕ/ 放入辅音系统中，同其他辅音音位共同讨论，只作为音变现象在音变体系的分析里进行了解释。同时，服部四郎教授等还指出，现代锡伯语口语的卷舌塞擦音 /dʐ/、/tʂ/、/ʂ/ 出现在舌尖前元音 /i/、/y/ 前面时，还要发生 /ʥ/、/ʨ/、/ʃ/ 音变现象之论点（山本谦吾、服部四郎，1969：14~19）。[①]

还有，如前表 1 所示，有的锡伯语专家学者认为，现代锡伯语口语的辅音中有专门用于汉语借词的舌尖塞擦音 /ʥ/、/ʨ/ 以及卷舌塞音 /ʐ/ 等（李树兰等，1986：4）。同时，他们强调指出，这些辅音音位由于只使用于个别汉语借词词首，所以有着很低的使用率。例如，ʥuʂian "祖宗"、ʨihai "辞海"、ʐibən "日本" 等词中就使用了辅音 /ʥ/、/ʨ/、/ʐ/。然而，在本人的实际调查中，许多锡伯族老人将这三个词发音为 dzuʂian、tʃihai ~ tʂihai、ribən 等。也就是说，他们将辅音 /ʥ/、/ʨ/、/ʐ/ 发音为 /dʐ/、/tʃ/、/r/。但在锡伯族年轻人的发音中，要出现接近于辅音 /ʥ/、/ʨ/ 的一些音。或许是这个缘故，国外从事现代锡伯语口语的专家学者以及国内一些现代锡伯语口语专家，把舌尖塞擦音 /ʥ/、/ʨ/ 以及卷舌塞音 /ʐ/ 等往往看成是卷舌塞擦音 /dʐ/、/tʂ/ 及舌尖颤音 /r/ 的音变现象，或者认为现代锡伯语口语中根本就没有这些辅音音位[②]。根据本人所掌握的现代锡伯语口语材料和语音分析结果，应该把有关专家学者提到的 /ʥ/、/ʨ/、/ʐ/ 等辅音音位看成是 /dʐ/、/tʂ/、/r/ 等的音变现象。

---

① 山本谦吾、服部四郎、张泰镐、王小虹、郭美兰等锡伯语专家学者都认为，现代锡伯语口语的辅音系统里没有/ʥ/、/ʨ/、/ʐ/。

② 山本谦吾、服部四郎、张泰镐、王小虹、郭美兰等锡伯语专家学者都认为，现代锡伯语口语的辅音系统里没有/ʥ/、/ʨ/、/ʐ/。

关于现代锡伯语口语辅音系统

　　把小舌音 /ɢ/ 与 /χ/ 是否同样例入现代锡伯语口语的辅音系统，同其他辅音音位相提并论之问题上，专家学者们也有不同看法。当然，多数专家学者认为，现代锡伯语口语的辅音 /ɢ/、/χ/ 与 /g/、/x/ 在实际语言中被使用时，其发音部位和发音方法完全不同，是各自属于独立音位系统。同时，他们又毫无否定地承认，这两套辅音音位在使用上却属于互补关系。也就是说，使用辅音 /ɢ/ 和 /χ/ 的语音环境中，不能使用辅音 /g/ 与 /x/，同样在辅音 /g/、/x/ 存在的语音条件里不出现辅音 /ɢ/、/χ/。进一步具体解释的话，小舌音 /ɢ/ 和 /χ/ 基本上使用于由后低元音为中心构成的音节或词里，而舌根音 /g/ 与 /x/ 则主要出现于由前高元音或央元音为核心构成的音节或词里。例如，gəgərən "卷缩"、adʒig "小"、xəmxən "蜘蛛"、ixin "丈夫"、χotun "城"、bilχa "脖子"、ɢaχ "乌鸦"、ɢolmin "长的"、bodoɢon "计谋"。由此，一些学者提出，现代锡伯语口语的辅音系统里 /g/ 与 /ɢ/ 以及 /x/ 与 /χ/ 都属于同一个音位，其中辅音 /ɢ/、/χ/ 是由 /g/、/x/ 在音变而来语音现象（张泰镐，2002：18~19）。笔者也认为，现代锡伯语口语的辅音 /ɢ/、/χ/ 是属于辅音 /g/、/x/ 的特定语音条件或环境中出现的音变现象。并且，这种音变现象，在现代现代锡伯语口语中变得越来越不清楚，听起来几乎都被发音为 /g/、/x/ 音。尤其是，中青年人的发音均为 /g/ 和 /x/。与此相关，现代锡伯语口语的舌根音 /k/ 与小舌音 /q/ 也同 /g/ 与 /ɢ/ 及 /x/ 与 /χ/ 一样，分别使用于不同语音条件或环境。所以说，在使用上也有互补性。其中，小舌音 /q/ 主要使用于由后低元音为主构成的音节或词里，舌根音 /k/ 一般出现在前高元音或央元音构成的音节或词内。例如，kitʃən "用功"、əmkən "一"、pipik "蛹"、qaru "回话"、faqar "裤子"。也就是说，辅音 /k/ 与 /q/ 也

9

同辅音 /g/ 与 /ɢ/ 及 /x/ 与 /χ/ 一样，不具备区别语义特征和功能。由此，笔者将辅音 /k/ 与 /q/ 也归纳为同一个音位，把辅音 /q/ 看成 /k/ 音的变体形式。至于服部四郎等提出的舌根鼻辅音 /ɴ/ 以及张泰镐提出的舌尖后鼻辅音 /ɳ/，无疑是对舌尖中鼻辅音/n/ 之音变现象的另一种解释法而已。

二　现代锡伯语口语单辅音系统及其实例

如前所述，现代锡伯语口语的单辅音系统中有 b、p、m、f、v、d、t、n、l、r、s、dʐ、tʂ、ʂ、g、k、h[x]、ŋ、w、j 20 个辅音音位。将这些辅音音位的发音方法和发音部位可以用表 4 展示。

表 4　现代锡伯语口语辅音表

发音方法 \ 发音部位			双唇音	唇齿音	舌尖音	卷舌音	舌面音	舌根音
清音	塞音	不送气	b		d	dʐ		g
		送气						
	塞擦音	不送气	p		t	tʂ		k
		送气						
	擦音			f	s	ʂ		h[x]
浊音	擦音			v				
	鼻音		m		n			ŋ
	边音				l			
	颤音				r			
	半元音		w				j	

现代锡伯语口语的这些辅音在词内使用的情况有所不同，有的辅音可以位于词的任何部位；有的辅音只出现在词首和词中，词尾不出现；也有的辅音基本上使用于词中或词尾，只有个别借词里才在词首出现。以下，对现代锡伯语口语中出现每一个辅音

音位,在不同词内具体使用的情况进行例举讨论。

(1) b　baniha[①] 谢谢、bithə 书、amba 大、minb 把我

现代锡伯语口语的辅音 /b/ 虽然在词首、词中、词尾都出现,但在词首出现的实例占绝大多数,被使用于词中或词尾的现象比较少。尤其是,在词尾使用辅音 /b/ 的实例十分少见。总之,辅音 /b/ 在现代锡伯语口语中有着比较高的使用率。

(2) p　pipik 蛹、piŋfaŋ 平方、pus 铺子

辅音 /p/ 多数在词首出现,词中出现得不太多,词尾出现得更少。在现代锡伯语口语的辅音系统中 /p/ 是属于一个使用率很低的辅音音位。而且,主要使用于汉语借词。特别是在汉语借词的词首有着一定使用率。

(3) m　muduri 龙、mini 我的、kəmun 程度、əm 一、arəm 写

辅音 /m/ 是活力很强而使用率最高的音位之一。/m/ 可以使用于词的任何部位,同时都有着相当高的使用率。

(4) f　furhən 夫人、fian 颜色、təfi 住、maf 一幅

辅音 /f/ 在现代锡伯语口语中也有着较高的使用率。不过,主要出现于词首,在词中或词尾出现得比较少,特别是在词尾的出现率十分低。

(5) v　vəilə 工作、vad 里、javad 哪儿、əvən 饼、aiv 什么、tov 正

辅音 /v/ 在现代锡伯语口语中有着一定的使用率。但主要在词首或词中使用,在词尾使用得比较少。

(6) d　dœvir 晚上、du 弟、bədərəm 回来、tondokun 直的、ərhid 这面

现代锡伯语口语的辅音 /d/ 也是一个活力很强而使用率很

---

① 该文中用 h 转写现代锡伯语口语的舌根音 x。

11

高的音位。特别是在词首或词中有着很高的使用率。相比之下，在词尾使用得要少一些。辅音 /d/ 在词尾出现时，常常表示与-位格的语法意义。例如，mind（min-d 与格）"与我"、bod（bo-d 位格）"在家"。

（7）tɑtər 他、tuttu 那样、utum 穿、etiŋ 何时、gətər 醒、bait 事

辅音 /t/ 也和 /d/ 一样，在现代锡伯语口语中有着很高的使用率。而且在词的任何部位都可以出现，但在词首出现得最多，其次是属于词中出现的实例，词尾的使用率要远远低于词首和词中的使用率。

（8）n nan 人、nyŋun 六、inəŋ 天、gənəm 去、ərin 时间、ujun 九

从上例完全可以看出，现代锡伯语口语的辅音 /n/ 同样有着很高的使用率，并在词首、词中、词尾均有着相当高的使用率。相对而言，在词尾的使用率要高于词首以及词中的使用率。该辅音在汉语借词词首也有着一定使用率。例如，lantu "榔头"、lindai "领带"。

（9）l lək 磨石、lavdu 很、ilan 三、hulam 写、səl 铁、amal 后面

现代锡伯语口语的辅音 /l/ 在词的任何部位都能出现，同时均有较高的使用率。另外，lyguan "旅馆"等。

（10）r ribən 日本、gərən 大家、durun 样子、mədar 弯曲、ər 这

辅音 /r/ 虽然在词首、词中、词尾都可以使用，不过在词首的使用率十分低，只有在个别借词词首才使用，锡伯族本民族语汇中词首基本不出现。所以，辅音 /r/ 在现代锡伯语口语中主要使用于词中或词尾，而且词中的使用率要高于词尾的使用率。就

像在前面谈到的那样，一些锡伯语专家认为辅音 /r/ 在词首音节的元音 i 前出现是要产生 /z̧/ 音变。由此将 ribən"日本"的 /r/ 转写成 /z̧/ 音（朝克，2001~2004：15）。

（11）s sə年纪、solo空闲、fəhsam咳嗽、tṣəhsə昨天、təs他们

现代锡伯语口语中辅音 /s/ 同样有着相当高的使用率，并在词的各个部位都可以出现。比较而言，在词首及词中使用得多、词尾的使用率较低。另外，辅音 /s/ 在元音 /a/、/ə/、/o/、/u/ 个前后有着很高的使用率。同时，在词尾，多数是使用于借词词尾或表示复数概念的名词类词尾。例如，omolos(omolo 孙子-s 们)"孙子们"、əs(ə这-s 们)"这些"、duns"冻子"、pus"铺子"等。

（12）dz̧ dz̧orhun二十、dz̧adəŋ很、gidz̧un话、mədz̧i一点、dz̧ydz̧桔子

如上面的例词所表现的那样，辅音 /dz̧/ 在词首、词中、词尾都可以使用。不过，在词尾的使用率十分低，几乎只有在个别借词词尾才被使用，锡伯族本民族语汇中词尾似乎不出现。所以，辅音 /dz̧/ 在现代锡伯语口语中主要使用于词首或词中，而且词中的使用率要高于词首的使用率。如前所述，一些锡伯语专家认为辅音 /dz̧/ 有 /ʥ/、/ʥ/ 或 /ʥ/ 等变体现象，或干脆把辅音音位 /dz̧/ 分为 /dz̧/、/ʥ/、/ʥ/ 三个音位（朝克，2001-2004：15）。该文中根据所调查的话语资料，将 /dz̧/、/ʥ/、/ʥ/ 三个音归纳为 /dz̧/ 一个音位。同时，将辅音 /ʥ/、/ʥ/ 分析为辅音 /dz̧/ 的变体现象。总之，辅音 /dz̧/ 在现代锡伯语口语中有着相当高的使用率。

（13）tṣ tṣihalam愿意、tatṣim学习、gutṣu朋友、utṣi门

辅音/tṣ/ 基本上在词首和词中出现。比较而言，在词首的出

现率要低于词中的出现率。现代锡伯语口语中辅音 /tʂ/ 在几乎词尾不出现。另外，辅音 /tʂ/ 也同辅音 /dʐ/ 一样，有着一些较明显的变体现象。例如，在前高元音/i/、/y/ 前面要发音成 /tɕ/ 音，在汉语借词中被发音为 /ʦ/ 音等（朝克，2001-2004：15）。辅音 /tʂ/ 在现代锡伯语口语中虽然有着较高的使用率，但没有辅音 /dʐ/ 的使用率高。

（14）ʂ ʂini 你的、ʂog 蔬菜、uʂiʂi 农民、omʂun 十一、əʂ 当然

现代锡伯语口语中辅音/ʂ/在词首、词中、词尾都可以使用。不过，在词中的使用率相对高一些，其次是属于在词中的使用的实例，词尾的使用率最低，只有在个别词词尾才使用。和其它辅音相比，辅音/ʂ/的使用率是比较低的。辅音/ʂ/在汉语借词中有着较高的使用率，尤其近些年随着汉语借词的不断增多，辅音/ʂ/在现代锡伯语口语中的使用率也在相对提高。例如，ʂoujindzi "收音机"、ʂuanrəntʂuaŋ "双人床"、dʐadʐiʂə "杂志社"等。而且，在汉语借词的元音/i/前出现时，现代锡伯语口语的/ʂ/要产生/ɕ/音变。例如，ʂiŋtʂiji "星期一"、ʂians "馅子"等借词首的/ʂ/均被发音为/ɕ/音。

（15）g gətərən 清醒、gonigan 主意、ərgidə 下面、omuguŋ 有趣的

辅音/g/在现代锡伯语口语里属于活力较强而使用率较高的音位，而且在词首有着很高的使用率。然而，在获得的口语调查资料中，辅音/g/在词中出现的实例比较少，特别是被使用于词尾的实例几乎没出现。李树兰在《锡伯语简志》中曾例举 mədʑig "消息"一词说明辅音/g/在词尾的出现（李树兰，1986：9）。还有，在前面所谈到的那样，辅音 g 在后低元音或后元音前后出现时，要出现 /ɢ/ 音变（朝克，2001-2004：15）。

（16）k kalturum 滑、kuariŋə 美丽的、utkum 穿、tondokun 直的、 dzak 物

现代锡伯语口语中辅音/k/有着相当高的使用率，并在词的各个部位都可以出现。比较而言，在词首及词中使用得多、词尾的使用率较低。另外，辅音/k/在后低元音或后元音前后出现时，要产生/q/音变（朝克，2001-2004：15）。

（17）h[①] hotun 城、həmhən 蜘蛛、mahal 帽子、dzohun 路、hah 女的

就如以上例词所示，辅音/h/在词首、词中、词尾都可以使用。不过，在词尾的使用率十分低，只有在个别词词尾才被使用。与此相反，在词首和词中有着很高的使用率。辅音/h/在后低元音或后元音前后出现时，也要产生/χ/音变。现代锡伯语口语里辅音/h/是属于活力较强而使用率较高的音位。

（18）ŋ şapən 白的、nyŋun 六、inəŋ 天、nimaŋ 雪

现代锡伯语口语中辅音/ŋ/基本上使用于词中或词尾，相比之下，在词尾的使用率要比在词中的使用率要高的多。现代锡伯语口语中有着一定数量的由辅音/ŋ/结尾的词，特别是表示动词现在将来时的时候，就使用辅音/ŋ/。在这里值得提出的是，李树兰先生在她的《锡伯语简志》一书中解释辅音音位的使用位置时，指出辅音/ŋ/在个别感叹词词首可以被使用。例如，ŋə "表示答应"（李树兰，1986：9）。赶趟有着相当高的使用率，并在词的各个部位都可以出现。比较而言，在词首及词中使用得多、词尾的使用率较低。其次，辅音/ŋ/在词中出现时，在它的后面直接使用/d/、/dz/、/ş/等辅音的现象比较多。例如，inəŋdəri

---

① 如前所述，该文中使用的 /h/ 是代替现代锡伯语口语的辅音音位 /χ/。

"每天"、jaŋdʑi "形象"、aŋʂ "妇女"等。

（19）w waidʑiaobu 外交部、guowujyan 国务院

李树兰、仲谦、王庆丰（1984：7~8）提出，现代锡伯语口语内有 /w/ 这一辅音之前，还没有人谈到过现代锡伯语口语的 /w/ 这一辅音。到现在为止，有不少锡伯语专家学者同样坚持，该语言口语的辅音系统里没有 /w/ 音之观点。我认为这也是实际存在的现象，在锡伯语口语的本民族语基本词汇中确实很难见到使用辅音 /w/ 的实例。然而，必须明确指出的是，随着锡伯语口语里汉语新词术语的不断增多，一定程度地影响着该民族语原有的语音结构和语音体系，从而在他们的日常生活里经常使用的汉语借词内已出现了使用辅音 /w/ 的现象。根据所搜集到的口语调查资料分析，辅音 /w/ 只有在个别汉语借词内被使用，在锡伯语口语的民族语基本词汇中还没发现使用辅音 /w/ 的实例。当然，我们也无法排除，由于汉语新词术语的日益增多，会不断提高辅音 /w/ 在现代锡伯语口语中的使用率的事实。

（20）j jyrhan 画、jəjə 一般、jamsun 晚、ojon 主要、fajivəm 浪费

辅音 /j/ 在现代锡伯语口语中的使用率并不很高，而且主要是用于词中和词首。相对而言，在词中的使用率要高于词首。另外，现代锡伯语口语中的辅音 /j/ 在汉语借词中也发挥着较重要的作用。例如，jijan "医院"、ʂoujindʑi "收音机"、faŋjin "反应"等。

总之，在现代锡伯语口语中，有以上讨论的 20 个单辅音音位。在这里，将以上分析讨论的每一个单辅音音位在词中的使用情况，以及在词的各部位出现率的高低用表 5 做一归纳。

表 5　辅音在词中的使用情况及使用概率表

辅音		1	2	3	4	5	6	7	8	9	10	11	12	13	14	15	16	17	18	19	20
使用		b	p	m	f	v	d	t	n	l	r	s	dz	tṣ	ṣ	g	k	h	ŋ	w	j
使用位置	词首	★	★	★	★	★	★	★	☆	☆	＊	★	★	★	☆	★	★	★	＊	＊	＊
	词中	☆	＊	★	☆	☆	★	★	★	★	★	★	★	★	★	★	★	★	★	＊	☆
	词尾	☆	＊	★	☆		☆	★	★	★	★	★			★	★	★	★	★		
使用率	高			★			★	★				★	★	★	★	★	★	★			
	中	☆			☆	☆			☆	☆									☆		☆
	低		＊																	＊	
借词使用		☆	☆	☆	☆	☆	☆	☆	☆	☆		☆			☆	☆	☆	☆	＊	＊	☆
主要变体现象													dʑ dz	tɕ ts	ɕ	ɢ	q	χ			

说明：★表示使用率或出现率最高的辅音；☆表示有较高的使用率或出现率的辅音；＊表示使用率或出现率较低的辅音。

从表 5 中可以清楚地看出，在现代锡伯语口语的辅音系统中：

使用率最高的是 /m/、/d/、/t/、/n/、/s/、/dz/、/tṣ/、/ṣ/、/g/、/k/、/h/ 11 个辅音。

其次是属于 /b/、/f/、/v/、/l/、/r/、/ŋ/、/j/ 的 7 个辅音。

辅音 /p/ 和 /w/ 的使用率比较低，尤其是辅音 /w/ 的使用率十分低，而且只使用于汉语借词。

另外：

（1）在词首

辅音 /b/、/p/、/m/、/f/、/v/、/d/、/t/、/s/、/dz/、/tṣ/、/g/、/k/、/h/ 13 个的出现率最高。

其次是属于 /n/、/l/、/ṣ/ 的 3 个辅音的出现率。

使用率最低的是 /r/、/ŋ/、/j/、/w/ 4 个辅音。

（2）在词中

使用率最高的是 /m/、/v/、/d/、/t/、/s/、/ṣ/、/tṣ/、/dz/、/g/、/k/、/h/、/ŋ/ 12个辅音。

其次是属于 /b/、/f/、/l/、/r/、/j/、/n/的6个辅音的使用率。

辅音 /p/ 和 /w/ 在词中的使用率较低。

（3）在词尾

使用率最高的是 /m/、/n/、/ŋ/ 3个辅音。

其次是属于 /b/、/f/、/v/、/d/、/t/、/l/、/r/、/s/ 8个辅音的使用率。

辅音 /ṣ/、/tṣ/、/dz/、/g/、/k/、/h/、/p/、/w/、/j/ 在词尾的使用率较低。

再说，以上谈论的现代锡伯语口语的辅音音位，几乎都可以使用于不同语种的借词。

三　现代锡伯语口语的复辅音及其实例

如前所述，在现代锡伯语口语里，除了以上分析和讨论的20个单辅音音位之外，还有一定数量的复辅音。而且，现代锡伯语口语的复辅音基本上均属于二合辅音，几乎没有三合辅音。在二合辅音中，有像 mb、nt、kh 一样由相同发音方法的两个辅音音位组成实例；也有像 tk、sh 一样由相同的发音部位的两个辅音音位组成实例；还有也有像 vṣ、tṣh 一样由不同的发音方法、不同发音部位的两个辅音音位组成实例。由此可以说，现代锡伯语口语的复辅音也是一个相当复杂的语音结构系统。

根据笔者所搜集到的语言材料，现代锡伯语口语中共有 bh、

vṣ、ṣh、tṣh、dk、dh、tk、th、sk、sh、hd、ht、kd、kt、kh、ŋk、ŋl、ŋṣ、lk、lh、ld、ltṣ、mb、mdz、mṣ、ms、mh、rk、rh、rt、rd、rṣ、nb、nd、nt、ns、nh、ntṣ、ndz 39个复辅音。这些复辅音的组合形式可以用表6展示。

表6 辅音内部综合表

辅音	b	p	m	f	v	d	t	n	l	r	s	dz	tṣ	ṣ	g	k	h	ŋ	w	j
b																	bh			
p																				
m	mb										ms	mdz		mṣ			mh			
f																				
v														vṣ						
d																dk	dh			
t																tk	th			
n						nd	nt				ns	ndz	ntṣ				nh			
l						ld							ltṣ			lk	lh			
r						rd	rt							rṣ		rk	rh			
s																sk	sh			
dz																	tṣh			
tṣ		nb																		
ṣ																	ṣh			
g																				
k						kd	kt													
h						hd	ht										kh			
ŋ									ŋl					ŋṣ		ŋk				
w																				
j																				

从表6可以看出，在现代锡伯语口语复辅音系统里；

(1)由舌尖音和舌根音构成的实例最多,约占复辅音总数的41%,其中占69%的是属于舌尖音在前,舌根音在后的结构形式,而舌根音在前,舌尖音在后的结构形式的实例只占31%。

(2)位于第二是舌尖音同舌尖音构成的实例,占复辅音总数的18%。

(3)第三是舌尖音同卷舌音构成的复辅音,占11%。

(4)第四是由舌根音和卷舌音(卷舌音在前、舌根音在后多,舌根音音在在前、卷舌音在后少)构成的实例,占8%。

(5)第五是由舌根音同舌根音、双唇音同卷舌音(双唇音在前、卷舌音在后)、双唇音同舌根音(双唇音在前、舌根音在后)等构成的复辅音结构,这些复辅音均占5%。

(6)最后是由双唇音同双唇音、双唇音同舌尖音(卷舌音在前、舌根音在后)、唇齿音同卷舌音(唇齿音在前、卷舌音在后)的形式构成的复辅音,并各占复辅音总数的3%。

也就是说,在现代锡伯语口语的复辅音系统里,由舌尖音和舌根音、舌尖音同舌尖音组合而成的二合辅音占绝对多数。其次是由舌尖音或舌根音同卷舌音以及舌根音和舌根音、双唇音同舌根音或卷舌音组合而成的二合辅音。比较而言,双唇音同双唇音或舌尖音以及唇齿音同卷舌音组合而成的二合辅音要少得多。

下面用实例具体说明现代锡伯语口语的有关词汇中使用复辅音的情况。

bh: kavabh	烤的	mh: əmh	岳母
mb: gidzəmb	把语言	nd: ərind	于时间
ms: tamsz	罐子	nh: işinh	到达的
nb: kitşə	把课	ndz: f ndzkiə	问
ns: guansk	馆子	Dl: şəntşinltşi	申请

ntʂ: bantʂləŋə	出生的	Lh: əlh	平安
ŋk: duluŋ	过去的	ltʂ: gəltʂku	很
lk: gəlk	可怕的	Rh: arh	办法
ld: ʂiŋtʂiəld	在星期二	rʂ: farʂ	一张
rk: irk	扫帚	dh: bodh	打算
rd: ərdkən	早日	th: fath	蹄子
dk: sadk	困倦	sh: fiash	墙壁
tk: bətk	脚	kt: nukt	旅游地
tʂh: vatʂh	完了	ht: məhthəŋə	投入了
sk: jask	多	mʂ: amʂ	往回
ʂh: d ʂh	往里	nt: ənthəm	永恒的
kd: dʐakd	与物	ŋʂ: əŋʂ	寡
hd: sahd	老头	rt: kərt	一下子
vʂ: avʂ	怎样	kh: fiakh	烤的
mdʐ: jəmdʐ	晚上		

现代锡伯语口语的复辅音几乎都在词中或词尾或在单音节词的尾部出现。相比之下，在词尾或单音节词的尾部使用得较多。值得提出的是，现代锡伯语口语里出现的复辅音中，有一些由词尾辅音和后缀的某一语法形态词缀组合而成的实例。例如，kitʂənb "把课"、ərind "于时间"、iʂinh "到达的" 等中的复辅音 nb、nd、nh 的组成原理应该是：

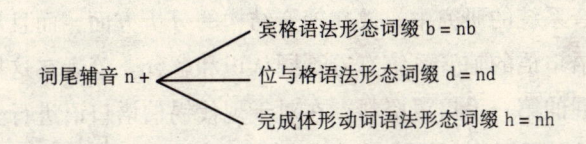

词尾辅音 n + 宾格语法形态词缀 b = nb
位与格语法形态词缀 d = nd
完成体形动词语法形态词缀 h = nh

我们应该把这种临时搭配的复辅音结构看成是非固定性复

辅音。因为，这些由辅音结尾的词干或词根后面，接缀除了以上提到的词缀以外的成分时，就会失去 nb、nd、nh 等复辅音的结构系统而变成另一种语音结合体。随着现代锡伯语口语语音缩合现象、辅音间的元音音素脱落现象、词的单音节化现象等的不断增多，词尾非固定性复辅音的出现率也不断提高。另外，现代锡伯语口语的复辅音在借词中使用得也相当多。例如，汉语借词 gua<u>ns</u> "馆子"、va<u>ndz</u> "丸子" 中出现的复辅音 ns、ndz 就是如此。

现代锡伯语口语内还有一些辅音重叠现象。例如，ba<u>hh</u>əŋə "得到"、tu<u>tt</u>u "那样"、a<u>ss</u>an "活动" 中的 hh、tt、ṣṣ 就是属于辅音重叠之例。但在现代锡伯语口语中，辅音重叠现象出现得并不多见，只有在个别词或个别词词尾接缀与词尾辅音相同的辅音音位时才出现。

四 结束语

综上所述，在现代锡伯语口语的语音结构中，辅音是属于最复杂的语音系统，它的结构形式和内容远比元音系统复杂得多。对于该语言辅音系统研究的是否准确和客观实在，直接影响到现代锡伯语口语语音结构，乃至有关语法结构做出科学结论。所以，从事现代锡伯语口语语音研究的专家学者，往往把对于该语言的语音系统的研究中心放在辅音结构的分析方面，而且对于现代锡伯语口语的辅音系统有着不同认识和解释。笔者在这里，依据所掌握的第一手口语资料，在对于现代锡伯语口语进行全面而系统讨论的基础上，深入浅出地论述了单辅音系统、复辅音系统以及辅音变化现象等。

参考资料

安俊：《现代锡伯语口语材料》，内部资料，1998。

朝克：《满通古诸语比较研究》，北京，民族出版社，1997。

朝克：《现代锡伯语口语一千句》，手稿，2003。

朝克：《现代锡伯语口语调查资料》，手稿，2001~2004。

朝克：《现代锡伯语口语调查资料》，手稿 未发，2001~2004。

关善保、吴文龄、佟玉泉、贺灵、佟克力、肖夫、何新民、奇车善等编《汉锡简明对照词典》，乌鲁木齐，新疆人民出版社，1989。

郭秀昌：《锡伯语词汇》(锡伯文版)，乌鲁木齐，新疆人民出版社，1990。

郭秀昌、佟清福、扎鲁阿：《现代锡伯语》(锡伯文版)，乌鲁木齐，新疆人民出版社，1995。

金炳喆、金宁：《锡汉会话》，乌鲁木齐，新疆人民出版社，1992。

李树兰：《锡伯语概况》，《民族语文》1979年第3期。

李树兰：《锡伯文》，《民族语文》1981年第2期。

李树兰：《锡伯语的领属范畴》，《民族语文》1982年第5期。

李树兰：《锡伯语动词陈述式的亲知口气和非亲之口气》，《民族语文》1984年第6期。

李树兰：《锡伯语状语》，《民族语文》1985年第5期。

李树兰：《锡伯语口语材料》，《民族语文》1986年第6期。

李树兰、仲谦：《锡伯语简志》，北京，民族出版社，1986。

李树兰、仲谦、王庆丰：《锡伯语口语研究》，北京，民族出版社，1984。

山本谦吾、服部四郎：《满语口语基础语汇集》，东京，东京外国语大学亚非语言文化研究所出版部，1969。

佟加·庆夫主笔《现代锡伯文学语言正字法》(锡伯文和汉文版)，乌鲁

23

木齐，新疆人民出版社，1994。

佟加·庆夫主编《现代锡伯文学语言正字词典》（锡伯文版），乌鲁木齐，新疆人民出版社，1994。

佟玉泉、贺灵、吴文龄、穆克登布、卡尔塔里编《锡伯语（满语）词典》（锡伯文版），乌鲁木齐，新疆人民出版社，1987。

图奇春、杨震远：《锡伯语语法》，乌鲁木齐，新疆人民出版社，1987。

王小虹、郭美兰：《锡伯语口语音位系统》，《满语研究》1985年第1期。

杨震远主编《锡汉教学词典》，乌鲁木齐，新疆人民出版社，1998。

早田辉洋：《关于锡伯语》（日文），《言语》1985年第7期。

早田辉洋：《北京锡伯族满语口语资料》（日文），九州大学《同窗会会报》1997年第28期。

早田辉洋：《锡伯语调查笔记》（日文），九州大学《语言学研究报告》1985年第6期。

张泰镐：《锡伯语语法研究》，油印本，2002。

中国科学院少数民族语言所编《锡伯语词汇调查表》，油印本，1959。

土家语句子中的选择性语流变调

徐世璇 鲁美艳

土家语是汉藏语系藏缅语族的一种语言，但是同其他的藏缅语言相比，土家语具有明显的特点。从分布地域来看，土家语目前分布于湖南省西北部的湘西土家族苗族自治州，孤立于其他藏缅语言区域之外，不与任何同语族语言相毗邻；从发生学关系来看，现已确定的藏缅语族各个语支同土家语的联系都不明显，因此它在语族内的系属地位至今没有定论；从结构系统来看，土家语有其独具的特点，例如声调系统就显示出一定的复杂性，这不仅表现为对声调系统的分析始终存在分歧，变调现象十分丰富，而且还同语法成分有密切关系。静态的调类系统和动态的声调变化共同形成土家语声调的基本面貌，是研究土家语的一个重要内容。

土家语分为北部方言和南部方言，方言之间差异较大，互不通话。在声调系统上，两个方言的调类数量不一样，北部方言四个声调，南部方言五个声调。本文拟对北部方言句子中的语流变调现象进行分析，所依据的材料根据 2003 年 7 月对北部方言代表点湖南省龙山县坡脚话的调查，本文中所提土家语均以此材料为准。

土家语声调系统由表 1 中四个调类组成。

表 1　土家语北部方言声调系统

调型	调值	例　词
高平调	44	pa^{44}贴, ta^{44}滴, kau^{44}高, phie^{44}包, tɕi^{44}斤, sa^{44}劈, tha^{44}接, wo^{44}洗, sɿ^{44}月, zɿ^{44}做, ni^{44}找
高降调	53	pa^{53}看, ta^{53}欠, ka^{53}斩, phie^{53}沸, tɕi^{53}楔子, sa^{53}鸭子, ha^{53}砍, wo^{53}蛇, ze^{53}躲, la^{53}按
中升调	24	pa^{24}茶盘, ta^{24}穿, ka^{24}吃, phie^{24}拍, tɕi^{24}漆, sa^{24}你们, tha^{24}晒, wo^{24}牛, ze^{24}擦, la^{24}扔
低降调	41	pa^{41}坡, ta^{41}下, ka^{41}乌鸦, phie^{41}孵, tɕi^{41}炸, sa^{41}语言, tha^{41}浮, wo^{41}背篓, ze^{41}饭, la^{41}缝

　　土家语句子中的语流变调现象虽然丰富，但变调结果基本上不产生新的调型和调值，除个别情况出现轻声外，变化形式一般都不超出四个固有声调的范围。综观句子中的变调现象，表现出一个明显特点，即变调的条件不是纯语音性质的，不只限于单纯的语音因素。在同样的语音环境中，发生变调的词语具有选择性，即，变调现象除了音节之间声调的相互影响之外，还有语法的关系，发生变调的成分同其词义和在句中的语法功能和语法地位有关。下面结合具体例句进行分析。

一　语流变调现象及其类别

　　土家语句子中的语流变调是有选择性的，在同样的语音条件下，有的词发生变调而有的词不发生变调，这种选择是依据词在句中的语法位置和功能所决定的。因此下面根据语法方面的共性将变调现象分为三类进行观察。

（一）第一类

这一类最突出的共同点是发生变调的成分都位于动词或形容词之后，同前面在句子中充当主要成分的动词或形容词有密切的联系，表达与之相关的词汇意义或语法意义。

1. sha^{44} "喜欢、想要……"

这是一个对前面动词或形容词的意义表示主观意愿的成分，表示喜欢某种行为活动或想要做某件事情。它对动词和形容词有很强的依附性，不能在句子中单独充当谓语，实际口语中的声调规律是：在44调、24调之后保持本调，在41调之后变为24调，在53调之后变为41调。

（1）金华想买红薯。

tɕi^{53}xua^{41} sau^{41} phu^{44} tsha^{44}.
金华　　　红薯　买　　想/喜欢

（2）姑娘们爱绣花。

ma^{41}ma^{41}tie^{34} kha^{44}phu^{44} ɕiu^{24} tsha^{44}.
姑娘　们　　花　　　绣　　想/喜欢

（3）老人和孩子们都爱听他讲故事。

lau^{53}zeŋ^{41}ka^{41} nie^{44} po^{44}li^{41}tie^{44} ʑi^{24}sʅ^{44} ko^{24} pha^{41}pha^{44}
老人　　　　和　孩子们　　都　他　故事

li^{41} ɕi^{24} zu^{41} tsha$^{44\sim24}$.
说（助）听　想

（4）我想背柴。

ŋa^{24} kha^{41} wo^{53} tsha$^{44\sim41}$.
我　　柴　　背　　想

2. ta^{44} "没……"

这是一个表否定意义的副词，对前面动词或形容词所表示的情况和状态进行否定。它在句中的变调很复杂，其规律为：在44调之后变轻声，调值近似中平，在24调之后保持本调，在41调之后变24调，在53调之后变41调。

（5）他今天没做工。
ko²⁴ lai⁵³ ʑe⁴¹zʅ⁴⁴ ta⁴⁴.
他　　今天　　做工　　没

（6）绿的酸，红的不酸。
ɕĩ²⁴ka⁴⁴ a⁴¹phi²⁴, miã⁴⁴tɕie⁴⁴ a⁴¹phi²⁴ ta⁴⁴.
绿的　　酸　　红的　　　酸　　没

（7）他不抽烟，也不喝酒。
ko²⁴ zã⁴⁴ xu⁴¹ ta²⁴, zɨe²⁴ pɨe⁵³ xu⁴¹ ta⁴⁴⁻²⁴.
他　烟　抽　没　酒　也　喝　没

（8）那条沟不浅。
ai⁴⁴ tshɨe⁴¹la⁴¹ la²⁴ tsɿ⁴⁴ tɕhiã⁵³ ta⁴⁴⁻⁴¹.
那　沟　　一　条　浅　没

3. ɕi⁴⁴thai²⁴ "非常……，很……"

这是表程度的副词，经常出现在形容词后对所述状态的程度进行强调，变调发生在41调和53调音节之后，即：在44调、24调之后保持本调，在41调、53调之后变41调。

（9）你俩的孩子不仅很漂亮，而且很聪明。
sɨe²⁴ nie⁴⁴ ɣɨ⁴⁴ nie⁴⁴ po⁴⁴li⁴¹ zɨe⁵³ ɕi⁴⁴⁻⁴¹thai²⁴, ʑiu²⁴
你们　两　个　的　孩子　漂亮　非常　　又
kuai⁴⁴ ɕi⁴⁴thai²⁴.
乖　　非常

（10）善良是我们土家族的特点。
pi²⁴tsɿ⁴⁴kha⁴¹ lo⁵³ tsha²⁴ ɕi⁴⁴thai²⁴.
土家族　　　人　好　非常

（11）这条路很长。

kai²⁴ la⁵³ ɣɨe⁴¹ ɕi⁴⁴⁻⁴¹thai²⁴.

这　　路　　长　　非常

4. nie⁴⁴ "更……"

是一个用于比较级的副词，在形容词后表示所述状态在程度上的加强，常常出现在比较句中表示两者之间的程度差别。变调规律是在 44 调、24 调之后保持本调，在 41 调之后变 24 调，53 调之后变 41 调。

（12）这里比那里宽敞得多也明亮得多。

ẽ⁴⁴kɨe⁴⁴ kɨe⁴¹ la²⁴pie⁴⁴ khuã⁴⁴ nie⁴⁴ ziu²⁴ la²⁴pie⁴⁴
那里　　这儿　一些　　宽　　更　　又　　一些
liã²⁴ nie⁴⁴.
亮　　更

（13）中午比早上热得多。

tsau⁴⁴kũ⁴⁴tie⁴⁴ ũ³⁴ka⁴¹ka²⁴tsu⁴⁴ pie⁵³ ki⁴¹ nie⁴⁴⁻²⁴.
早上　　　　　中午　　　　　一些　热　更

（14）你比他矮很多。

ko²⁴ ni²⁴ la²⁴pie⁴⁴ ŋai⁵³ nie⁴⁴⁻⁴¹.
他　你　一些　　矮　更

5. la⁴⁴ "正……"

这个成分只出现在动词后面，表示动作行为正在发生或进行，具有进行体的意义，强调动作行为处于进行之中，不能离开动词单独使用。其变调发生在 41 调和 53 调音节之后，即：在 44 调、24 调之后保持本调，在 41 调、53 调之后变 41 调。

（15）我正在吃饭。

ŋa²⁴ ze⁴¹ ka⁴⁴ la⁴⁴.
我　饭　吃　在

（16）他在唱什么？
ko^{24} tɕhe^{53} shã^{24} la^{44}.
他　什么　唱　在

（17）（天）正下着雨。
mie^{24}tsɨe^{41} la$^{44~41}$.
下雨　　在

（18）我们正在割（稻子）。
ã^{24}　li^{24}pu^{44}　ŋa^{53}　la$^{44~41}$.
我们　稻子　割　在

6. po^{44} "……着"

这个成分只出现在动词后面，表示动作行为产生的状态正在持续，具有现实体的意义，着重于同现实相关的存在状态，不能离开动词单独使用。其变调发生在41调和53调音节之后，即：在44调、24调之后保持本调，在41调、53调之后变41调。

（19）山坡上种着一大片包谷。
khu^{44}tsa^{53}ka^{41} pau^{44}pu^{44} ʑi^{24} thai^{41} zɿ^{44} po^{44} la^{44}.
山上　　包谷　　一片　做　着　在

（20）你的杯子放在哪儿？
ni^{24} nie^{44} pei^{44}pei^{44} khou^{24} la^{24} po^{44}i？
你　的　杯子　哪里　丢　着

（21）李明站着，金华坐着。
li^{53}mĩ^{41} tsu^{44}tsu^{53} po^{41}, tɕĩ^{44}xua^{41} ũ^{41} po$^{44~41}$.
李明　站　着　金华　坐　着

（22）一群孩子笑着跑过来。
po^{44}li^{41}tie^{24} ʑi^{24} phau^{44} nie^{53} po$^{44~41}$ xu^{53}tsha^{41} ɕie^{24}.
孩子　们　一　群　笑　着　跑　来

7. po^{44}ɕi^{44} "……了"

这个成分在动词或形容词后面表示动态结果的意思，具有完成体特征，强调的是结果状态。它不能独立充当句子成分，只能依附在动词形容词之后，在44调或24调后面不变调，在41调和53调后面时，前一音节变41调，后一音节变24调。

（23）桌子刚刚洗干净。
sๅ⁴¹thie²⁴ zɨ⁵³mo⁴¹ wo⁵³ mo⁴¹ so²⁴li⁴⁴ po⁴⁴ɕi⁴⁴.
桌子   刚刚   洗（助） 干净   了

（24）今年的包谷长得好。
lũ⁴¹pai⁴¹ nie⁴¹ pau⁴⁴pu⁴⁴ ũ²⁴ po⁴⁴ɕi⁴⁴ tsha²⁴.
今年   的   玉米   长   了   好

（25）他的孩子长得又结实又可爱。
ko²⁴ nie⁴⁴ po⁴⁴li³¹ sๅ⁴¹ po⁴⁴⁻⁴¹ɕi⁴⁴~²⁴ ziu²⁴ zɨe⁵³ ziu²⁴
他   的   孩子   长   了   又   漂亮   又
sๅ²⁴khu⁴⁴thu⁴¹.
可爱

（26）学生们刚到。
tshๅ⁴⁴thu⁴⁴ma⁴⁴ zɨ⁵³mo⁴¹ zɨe⁵³ po⁴⁴⁻⁴¹ɕi⁴⁴~²⁴.
学生 们   刚刚   到   了

8. tiu⁴⁴ "……来、起来"

这个成分在动词后表示所述动作的趋向，在形容词后表示所述状态开始出现，也是一个依附性很强的成分，不能离开动词形容词单独充当句子成分。在语流中的声调为：在44调、24调之后保持本调，41调之后变24调，53调之后变41调。

（27）我刚一到家就有人来找。
ŋa²⁴ tshu⁴⁴ zɨe⁵³ lie⁴¹ lo⁵³tie⁴⁴ tsiu²⁴ ŋa²⁴ ni⁴⁴ tiu⁴⁴.
我   家   到   了   别人   就   我   找   来

（28）他爷爷的病慢慢地好起来。

ko²⁴ nie⁴⁴ kũ⁴⁴kũ⁴⁴ nie⁴⁴ pĩ²⁴ lai²⁴xuã⁴⁴ mo⁴¹ tsha²⁴ tiu⁴⁴.
他的　爷爷　　的病　　慢慢　（助）好　起来

（29）太阳出来不久，雨又下起来了。

lau⁴¹ tsu²⁴ lie⁴⁴ ka⁵³ tũ⁴¹ thai²⁴, mie²⁴ ziu⁴⁴ ɕie⁴¹ tiu⁴⁴⁻²⁴.
太阳　出　了　几　下　没有　雨　又　下　来

（30）很多石头滚下来。

a⁴¹pa⁴¹ la²⁴pie⁴⁴ kẽ⁴⁴khɨe⁵³ tiu⁴⁴⁻⁴¹.
石头　一些　滚　来

（二）第二类

这一类最突出的共同点是发生变调的成分都出现在名词后面，无论依附程度怎样，所表示的意义如何，都同前面的名词发生直接的关系。下面分别来看。

1. tha⁴¹"在……旁边"

这个成分在表示物体的名词后组成方位结构，表示在这一物体旁边的意思。变调发生在24调和41调音节之后，具体情况是：在有些24调之后读44调，在41调音节之后读24调，而在44调、部分24调和53调后面仍保持41调。

（31）床边有一只老鼠。

nie²⁴tso⁴⁴ tha⁴¹ zɨe⁴¹ lau⁵³ ɕie²⁴.
床　边　老鼠　一　有

（32）碗旁边放着四块豆腐。

tshie⁴¹pi²⁴ tha⁴¹ tie⁴⁴xi⁴⁴ zɨe⁵³ khɨe⁴¹ la²⁴ po⁴⁴ la⁴⁴.
碗　旁边　豆腐　四　块　丢　着　在

（33）灶边有个凳子。

tso⁴¹khũ²⁴ tha⁴¹⁻⁴⁴ tsho⁴⁴kɨe⁴⁴ la²⁴ pu⁴⁴ ɕie²⁴.
灶　旁边　凳子　一　个　有

（34）河边有一头牛。

xu^{41}pha^{41} tha$^{41-24}$ wu^{24} lau^{53} ɕie^{24}.

河　　旁边　　牛　一　有

（35）牛栏边有一只鸡。

wu^{24}tsho^{53} tha$^{41-24}$ za^{41} lau^{53} ɕie^{24}.

牛栏　　旁边　　鸡　一　有

2.po^{44}"往、向、给、替、为……"

这个成分在名词后表示所提的处所、物体或人物是句中动词所述动作的目标、方向或对象。变调现象只出现在41调或53调之后，在这两个声调的音节之后变为41调。

（36）我到地里去。

ŋa^{24} phɨe^{24}thi^{44} po^{44} ɣɨ^{24}i.

我　　地里　　　往　去

（37）李明带着这孩子去学校。

li^{53}mĩ^{41} po^{44}li^{41} tsho^{53} po^{41} ɕiau^{41}ɕiau^{24} po^{44} ɣɨ^{24}i.

李明　　孩子　带（助）　学校　　　往　去

（38）你把桶子给谁了？

ni^{24} ko^{44} thũ^{44}thũ^{44} a^{53}sɨe^{41} po$^{44-41}$ lie^{24} liau^{44}?

你　把　桶子　　　谁　　给　　给与　了

（39）我今天去帮他们做工。

ŋa^{24} lai^{53} kɨe^{53} po$^{44-41}$ ɣɨe^{41}zŋ^{44}i.

我　今天　他们　替　　做工

3.lie^{44}"从、在……"

这个成分在时空名词或处所名词之后表示前面的名词是动作发生或起始的时间或地点。在语流中的声调是：在44调、24调之后保持本调，在41调或53调之后变为41调。

（40）你俩去地里把他们叫回来。

33

sɨe²⁴ nie⁴⁴ ɣɨ⁴⁴ phɨe²⁴thi⁴⁴ lie⁴⁴ kɨe⁵³tsɨe⁴¹ tshu⁴⁴ po⁴⁴
你们　两　个　旱地　　从　他们　家　往
tɕie⁴¹ɕie²⁴.
叫　来

（41）他刚刚从地里回来。
ko²⁴ ʑi⁵³mo⁴¹ phɨe²⁴thi⁴⁴ thu²⁴ lie⁴⁴ sũ⁴⁴kho⁴⁴.
他　刚刚　　旱地　　里　从　回来

（42）她俩是从那边来的。
kɨe⁵³ nie⁴⁴ ɣɨ⁴⁴ ẽ⁴⁴kɨe⁴⁴ la⁴⁴pi⁴¹ lie⁴⁴⁻⁴¹ ẽ⁴¹tʂŋ⁴¹.
他们　两　个　那　　边　　从　来

（43）我们两人早就认识了。
ã²⁴ nie⁴⁴ ɣɨ⁴⁴ tsau⁵³ lie⁴⁴⁻⁴¹ tɕiu⁴⁴ xau⁵³zɨu⁴¹.
我们　两　个　早　从　就　知道

4. nie⁴⁴ "……的"

这个形式常常用于两个名词之间，表示前一个名词同后一个名词有从属、所有或修饰关系，具有定语标志作用。其语流变调规律为：在41调或53调之后变41调。

（44）这里的包谷不如那里的好。
kɨe⁴¹ nie⁴⁴⁻⁴¹ pau⁴⁴pu⁴⁴ ẽ⁴⁴kɨe⁴⁴ nie⁴⁴ pau⁴⁴pu⁴⁴ tsha²⁴ nie⁴⁴.
这里　的　　包谷　　那里　的　　包谷　　好　更

（45）我们家的牛正在耕地。
ã²⁴ nie⁴⁴ wu²⁴ li⁴³ tshie⁴¹· la⁴¹.
我们　的　牛　地　耕　正在

（46）这只鸡的脚砸伤了。
kai²⁴ za⁴¹ nie⁴⁴⁻⁴¹ tɕi⁴¹ xa⁴¹ mo⁴¹ lau⁴⁴xo⁵³ liau⁴⁴.
这　鸡　的　　脚　砸（助）伤　　了

（47）他们的孩子都在河边玩。

34

kɨe⁵³ nie⁴⁴⁻⁴¹ po⁴⁴li⁴¹ ʑi²⁴sʅ⁴⁴ xu⁴¹pha⁴¹ tha²⁴ kɨe⁴¹tʂʅ⁴¹ la⁴⁴.
他们　的　　孩子　都　　河　　边　　玩　　正在

（三）第三类

这一类的共同点很明显，都是经常同数词结合在一起的个体量词。土家语的量词很丰富，除了专用量词之外，还有很多从名词虚化演变而来。量词在同数词结合时位于数词之后，声调依据前面数词的声调发生变化，具有很强的一致性。下面是几个例子。

1. pu⁴⁴ "个"

这是一个适用范围很广的个体量词，用于果实、石头、瓶瓶罐罐等体积不太大的常见物体，在41调、53调之后变41调。

（48）金华买了三个红薯。
tɕi⁴⁴xua⁴¹ sau⁴¹ so⁴⁴ pu⁴⁴ phu⁴⁴ lie⁴⁴.
金华　　　红薯　三　个　　买　　了

（49）我给了金华一个红薯。
ŋa²⁴ tɕi⁴⁴xua⁴¹ po⁴¹ sau⁴¹ la²⁴ pu⁴⁴ lie⁴⁴ lie⁴⁴.
我　　金华　　　给　红薯　一　个　　给　了

（50）我摘了六个桔子。
ŋa²⁴ tʂhɨe²⁴sʅ⁴⁴ wo⁴¹ pu⁴⁴⁻⁴¹ thie²⁴ lie⁴⁴.
我　　桔子　　　六　个　　　摘　　了

（51）这几个好，你吃这几个。
kai²⁴ ka⁵³ pu⁴⁴⁻⁴¹ tʂhai²⁴, ni²⁴ kai²⁴ ka⁵³ pu⁴⁴⁻⁴¹ ka²⁴.
这　　几　个　　　好　　　你　　这　　几　个　　　吃

2. ɣɨ⁴¹ "个（人）"

这是表人的专用量词，变调主要发生在44调音节之后，当同"一"之外的其他44调数词结合时变读为44调，但同数词"一"结合时不变。

35

（52）他一个人回家。

ko²⁴ la⁴⁴ ɤɨ⁴¹ lã²⁴ tɕhu⁴⁴ sũ⁴⁴kho⁴⁴i.

他　一　个　只有　家　回

（53）两个孩子正在唱歌。

po⁴⁴li⁴¹ nie⁴⁴ ɤɨ⁴¹⁻⁴⁴ tɕɿ⁴⁴ko⁴⁴ tsã²⁴ la⁴⁴.

小孩　两　个　歌　唱　正在

（54）我们家有四口人。

ã²⁴ tɕhu⁴⁴ lo⁵³ zɨe⁵³ ɤɨ⁴¹ ɕie²⁴.

我们　家　人　四　个　有

3. lũ⁴⁴ "只、头、个"

这个量词经常用于动物的计量，有时也可用于较大的物体，通常与"二"或者"二"以上的数词结合，在 41 调、53 调之后变为 41 调。

（55）两头小牛在吃草。

wu²⁴pi⁴⁴ nie⁴⁴ lũ⁴⁴ sɿ⁴¹kha⁴¹tsha⁴¹ ka²⁴ la⁴⁴.

小牛　两　头　草　吃　正在

（56）四只猪在晒太阳。

tsɿ⁵³ so⁴⁴ lũ⁴⁴ zɨe⁵³ lũ⁴⁴⁻⁴¹ nie⁴⁴ wu²⁴ ka⁵³ lũ⁴⁴⁻⁴¹

猪　三　头　四　头　和　牛　几　头

lau⁴¹tsɿ⁴¹ tha²⁴ la⁴⁴.

太阳　晒　正在

4. tsɿ⁴⁴ "根、条、袋"

这是一个主要用于条状物体的个体量词，如棍子、竹子、扁担、黄瓜、头发、笔等。在 41 调之后变读为 41 调。

（57）那条沟不浅。

ai⁴⁴ tɕhie⁴¹la⁴¹ la²⁴ tsɿ⁴⁴ tɕiã⁵³ ta⁴¹.

那　沟　一　条　浅　没

（58）他捡了六根。

ko^{24} wo^{41} ȵ$^{44~41}$ thu^{44}thu^{44} lie^{44}.

他　　六　　根　　　　捡　　　　了

二　语流变调的规律

（一）选择性变调的规律

上述例句显示出土家语句子中的语流变调同语音和语法有紧密联系，因此我们从语音和语法两个方面分别观察其主要规律。

1. 发生选择性变调的语音条件

语流变调作为一种语音现象，必然具有一定的语音规律。从语音角度对上一节所显示的变调现象进行归纳，可以得出以下结论见表2：

从表2可以看出土家语句子中的语流变调具有很强的规律性，首先，发生变调的主要是高平调音节，即44调发生变化，其次有少数低降调41，两种调类的变化都受前一音节的影响，由前一音节的调值所决定。第二，占变调主流地位的高平调具有相当一致的变调规律，即，变调都发生在降调之后。具体来说，当前面音节是高平调或中升调时，声调保持不变；当前面音节是低降调或高降调时，声调发生变化，大多数情况下由高平调变为低降调，有时变为中升调。低降调41发生变调的现象很少，具体的变化与高降调不同。

总的看来，无论发生变调的是高平调还是低降调，变化都是由顺同化影响引起的。高平调44受到前面低降调41或高降调53的同化影响，调值降低，或者被完全同化，成为低降调41，如上例中的

po⁴⁴ "……着", po⁴⁴ "往、向、给、替、为、……", lie⁴⁴ "从、在……", nie⁴⁴ "……的" 等；或者起始的调值发生下降，然后再恢复到原来的调值，从而形成上升调，正好同 24 调的调形相符，如 ta⁴⁴ "没……", tsha⁴⁴ "喜欢、想要……"。低降调则是在前面高平调或中升调的同化之下变为高平调，如 tha⁴¹ "……旁边", ɣɨ⁴¹ "个（人）" 分别在高平调或中升调后读作高平。

表 2　选择性变调的语音规律

发生变调的成分		变化形式
高平调	1. la⁴⁴ "正……" 2. po⁴⁴ "……着" 3. po⁴⁴ "往、向、给、替、为、……" 4. lie⁴⁴ "从、在……" 5. nie⁴⁴ "……的" 6. pu⁴⁴ "个" 7. lu⁴⁴ "只、头、个" 8. tsʔ "根、条、"	在 44 调、24 调之后保持本调 44，在 41 调、53 调之后变 41 调。
	1. tsha⁴⁴ "喜欢、想要……" 2. ta⁴⁴ "没（做）……" 3. ɖu⁴⁴ "……来、起来" 4. nie⁴⁴ "更……"	在 44 调、24 调之后保持本调 44，在 41 调之后变为 24 调，在 53 调之后变为 41 调。
	1. ɕi⁴⁴thai²⁴ "非常……，很……"	在 44 调、24 调之后保持本调，在 41 调、53 调之后，前一音节变 41 调。
	2. po⁴⁴ɕi⁴⁴ "……了"	在 44 调、24 调之后保持本调，在 41 调、53 调之后，前一音节变 41 调，后一音节变 24 调。
低降调	1. tha⁴¹ "在……旁边"	在 44, 53 调后保持本调，在 24 调后变 44 调，在 41 调后变 24 调。
	2. ɣɨ⁴¹ "个（人）"	在 24, 41, 53 调后保持本调，在 44 调后变 44 调

2. 发生选择性变调的成分类别

土家语句子中的语流变调不是完全由语音条件所决定的，在同样的语音环境中，变调与否还受到语法方面的制约。上节中的例句显示，发生语流变调的第一类和第二类词语大多是虚词，在句中表示句子主要成分的附加意义或结构之间的关系意义，大多数是语法成分。第三类主要是由名词语素虚化而来的量词。按照语法类别可以将发生语流变调的成分归纳成表3。

表3 选择性变调的语法条件

词 类	变调成分	词汇意义或语法意义
助动词	tsha^{44} "喜欢、想要……"	表示喜欢或想做前面动词所述的行为或事情。
副 词	ta^{44} "没（做）……" ɕi^{44}thai^{24} "非常、很……" nie^{44} "更……"	否定副词，对前面动词或形容词所述情况表示否认。 程度副词，强调前面形容词所述的状态。 比较级副词，在形容词后表所述状态程度上的加强。
助 词	po^{44} "……着" po^{44}ɕi^{44} "……了" tiu^{44} "……来、起来" nie^{44} "……的"	情态助词，表示动作行为或状态正在发生或持续。 情态助词，表示动作行为完成或状态的结果。 趋向助词，表示动作的趋向或状态的出现和持续。 结构助词，用于名词之间表从属、所有或修饰关系。
介 词	tha^{41} "……旁边" po^{44} "往、向替……" lie^{44} "从、在……"	在物体名词后组成方位结构，表示在物体的旁边。 在名词后表示动作的目标、方向或对象。 在时空名词之后，表示动作发生的时间或地点。
量 词	pu^{44} "个" ɣi^{41} "个（人）" lun^{44} "只、头、个" tsɿ^{44} "根、条、袋"	用于范围很广、体积不太大的常见个体物品。 表人的专用量词。 常用于动物或较大物体的计量。 主要用于条状物体的个体量词。

这些成分跟在动词、形容词和名词、数词的后面，对充当句子主要成分的实词起辅助、补充作用，或者表示结构关系、语法意义，大多数没有具体的词汇意义，是句子中的处于从属地位的成分。

综合上述语音和语法两个方面的规律可以知道，土家语句子中的语流变调是选择性的音变现象，主要发生在本调为高平调的副词、介词、助词和量词中，这些成分同前面作为表述重心的动词、形容词、名词或数词结合得十分紧密，在语法关系中处于从属地位，在语音表现上属于非重心形式，发音弱而不稳定，因此在句子语流中受顺同化影响发生变化。

（二）选择性变调的语法意义

土家语句子的选择性语流变调同语音和语法两个范畴都有联系，为我们观察土家语的特点提供了多角度的视点，认识选择性语流变调的规律有助于加深对语言结构系统和语法成分演变的认识。

1. 选择性变调规律和语法结构关系

土家语中有很多语音形式相同但语法意义不同的语法成分，当这些词汇意义不具体的虚词处在相同语法环境中时，有时不易确定其语法关系，例如：表示名词复数的助词 tie^{44} 和强调施事关系的助词 tie^{44} 都出现在名词的后面，单纯从语序或同前后词语的结合关系看有时存在着歧义的可能，但是，由于表复数的 tie^{44} 没有变调，而表施事关系的 tie^{44} 有语流变调，为消除歧义提供了语音差别上的重要参考，如下列两个句子：

（59） 年轻人力气大。

liã^{41}tɕʰĩ^{44}z̃^{41}　　tie^{44}　　ɕie^{44}tɕʰi^{44}　　tsʰɿ^{53}.
年轻人　　　（表复数）　力气　　大

（60）年轻人打他。

liã⁴¹tɕĩ⁻⁴⁴zẽ⁴¹　　tiẽ⁴⁴⁻⁴¹　　ko²⁴　　ha⁴¹.
年轻人　　（表强调）　他　　打

tie⁴⁴在第一句中处于经常引起语流变调的低降调 41 后面，但是没有发生变调，表明这是一个复数助词，在这一句中用年轻人的复数形式表示所陈述的是一个带有普遍规律的事实。第二句中的 tie⁴⁴在低降调后发生了变化，表明这是一个强调施事者的助词，这一句的意思表示是一个年轻人"打他"。由此可见，如果没有选择性语流变调，处于相同语境的这两个 tie⁴⁴有时很容易产生歧义。这种情况在土家语句子中经常出现，例如另一个同音的虚词 nie⁴⁴，既表程度加强，又表示动作重复或状态的持续，还表领属、所有和修饰关系，在具体句子中的 nie⁴⁴究竟担负什么功能，除了语境之外，是否发生语流变调以及怎样变，也从语音角度为我们提供了正确理解的依据。可见选择性变调对于区别同音词、更明确地表达意义有重要的作用。

2. 选择性变调规律和语法化过程

由于选择性变调只发生在意义比较虚化、在句子结构中处于次要地位的非重心形式上，因此经常反映出词汇虚化的过程。下面以动词形容词后附成分 tsha⁴⁴"喜欢、想要……"为例，观察词汇虚化过程同语流变调的对应关系。

黏着在动词或形容词之后表示"喜欢、想要……"意义的助动词 tsha⁴⁴来源于形容词 tsha²⁴"好"。从形容词虚化为助动词，tsha²⁴经历了以下的过程：(1)形容词 tsha²⁴经常同某些词如 ka²⁴"吃"结合在一起使用，逐渐形成了固定的结合关系，长此以往两个成分逐渐固化为表示完整意义的一个词，语音形式也随之发生相应的构词变调：两个中升调结合，后一个升调变为高平：ka²⁴ + tsha²⁴→ka²⁴tsha⁴⁴ "好吃"，声调的这一变化将两个语素

41

的结合固定成词。(2) tsha⁴⁴在构词中的语音形式固定后,由于类推的作用同其他的语素构成新词,如同 nie⁵³ "日子"和 kha⁴⁴ "过" tsha⁴⁴ "好相结合构成形容词"高兴、舒服":nie⁵³ + kha⁴⁴ + tsha⁴⁴→nie⁵³kha⁴⁴tsha⁴⁴。这一由词变为构词语素的过程在语义变化上表现出主观化的趋向,tsha²⁴ "好"是对事物状态的客观描写和陈述,ka²⁴tsha⁴⁴ "好吃"和 nie⁵³kha⁴⁴tsha⁴⁴ "高兴、舒服"中的 tsha⁴⁴则表示"以……为好",是一种主观判断;在结构上表现出词汇化趋向,nie⁵³kha⁴⁴tsha⁴⁴成词后不能再分成"日子"、"过"、"好"几个独立的成分,结合后产生的词义也不是这几个构词语素意义简单的相加。这种整体性在语音上通过构词变调得到了相应的确定。(3) 构词语素 tsha⁴⁴在语义上的主观性进一步增强,在用法上的结合关系继续泛化,句法环境扩大到可以黏着在很多动词之后,语音形式受同化影响发生句子语流变调,终于成为一个不能独立充当句子主要成分,只能依附在动词之后的助动词。在这一演变过程中,构词和造句两个层次的语流变调正好对应于语义和功能的变化过程:语义内涵向主观性转移,结构关系泛化,语法性特点增强,显示了词义虚化不同阶段的链接和连续过程。

  量词中普遍存在的语流变调也反映了词义虚化和泛化的现象,土家语很多个体量词是由表具体物体的名称发展而来的,这些具有实在意义的名词发生语义的泛化,由表示一个具体的物体到表示具有共同特征的一类事物,再到表示一个类别,语义由实到虚,语法功能随之改变,同名词的结合关系不断扩大,语音形式也失去稳定性,从而发生语流变调。

  综上所述,土家语句子中的选择性语流变调既是一种语音现象,又是一种语法现象,同语法功能有着密切的联系,因此,对语流变调现象及其规律获得全面的了解是土家语研究中不能忽视的重要内容。

参考文献

蔡培康:《武鸣壮语的连读变调》,《民族语文》1987年第1期,第20~27页。

陈康:《土家语动词将行体形态音位的变化》,《民族语文》1982年第1期,第35~41页。

陈康、彭秀模、叶德书:《土家语动词的情貌》,《民族语文》1983年第6期,第26~32页。

陈其光:《苗瑶语族语言的几种调变》,《民族语文》1989年第5期,第8~16页。

何天贞:《土家语的支属问题》,《中南民族大学学报》2003年第1期,第88~101页。

瞿霭堂:《汉藏语言调值研究的价值和方法》,《民族语文》1985年第6期,第1~12页。

瞿霭堂:《论汉藏语言的声调》,《民族语文》1993年第6期,第10~19页。

瞿霭堂:《论汉藏语言的声调》(续),《民族语文》1994年第1期,第75~84页。

卢诒常:《瑶族勉语标敏方言的构词变调与构形变调》,《民族语文》1985年第6期,第16~23页。

罗安源、田心桃、田荆贵、廖乔婧:《土家人和土家语》,北京,民族出版社,2001。

石林:《侗语的变音变调现象》,《民族语文》1983年第5期,第44~52页。

田德生:《土家语概况》,《民族语文》1982年第4期,第66~72页。

田德生:《土家语四音格分析》,《民族语文》1986年第3期,30~38页。

田德生、何天贞、陈康、李敬忠、谢志民、彭秀模：《土家语简志》，北京，民族出版社，1986。

叶德书、彭秀模：《土家语的语流变调》，《吉首大学学报》1985 年第 3 期，第 40~45 页。

西双版纳傣语土语
词汇差异与例外

刘援朝

在以往的研究中，语言学家们最关注的是语言规律的发现和研究，而对于不符合规律的语言现象大多当作例外来处理，不予深究。其实，语言的发展正是从这一点点的例外开始的。语言发展的动力正是这些不起眼的例外现象。就以声调来说，大凡汉语方言、壮侗语言和苗瑶语都有所谓的跑调现象。像北京话"室"、"质"等字，按北京话的演变规律应该读为去声，可是真正的老北京话却读为上声。这就是跑调现象。这种跑调现象虽然很零碎，很不系统，研究起来很不容易，但是它却普遍存在。而本人最近对黎语方言声调的研究中就发现，黎语声调之所以难于和大陆壮侗语形成对应，就因为黎语声调的产生机制与大陆壮侗语完全不同。而黎语声调产生的全部基础就在于这种跑调现象。因此对语言的非规律性现象的研究对于了解语言的发展和变化有着很重要的意义。

鉴于此，本文以云南省西双版纳傣语傣仂话为例，研究傣仂话的土语词汇差异。

傣语的傣仂方言是西双版纳境内最通行的傣语方言，其语言内部分歧不大，语音系统各地相当一致，只是词汇上略有些差异，这些差异属于土语性质。

一　傣仂话的词汇差异比较

为了分析傣仂话的差异，我们应该对傣仂话做较大范围的调查。新中国成立以来，对西双版纳的傣仂话曾进行了两次较大规模的调查：第一次是在1954年。那次是为了确定傣仂话的标准音点和改革傣仂文老文字而进行的调查。这次调查由傅懋勣先生主持，刀世勋、刀忠强等傣族同志参加，对西双版纳地区的勐养、勐海、勐遮、勐龙、景洛、橄榄坝、勐捧、勐腊、勐般、勐新、勐往、勐混等地的方言作了初步的调查，着重调查的是景洪方言。这次调查后，傅懋勣等先生写出了《云南省西双版纳允景洪傣语音位系统》一文，刊登在《语言研究》1957年第1期上，在这篇文章中，傅先生初步划分出傣仂话的土语区，指出：傣仂话分为三个土语，允景洪土语、勐遮土语、景挡土语。各土语只存在着一些细小的差别。

第二次调查是1982年。这次调查是一次对傣语方言的全面普查，全部调查有24个点，对傣仂话的调查则是由罗美珍、喻翠容等同志负责的，重点仍是景洪话。这次调查的结果写出了《傣语方言研究》（周耀文、罗美珍，2001），将傣语方言分为德宏、西双版纳、红金和金平四个方言区，并指出，除西双版纳方言之外，其余的傣语方言内部都存在着一定的方言差异。

由此可见，新中国成立以来，对傣仂话的研究实际上主要集中在景洪话的研究上，其他的傣仂方言研究的还很少。虽然在傣仂话中，音系的差异很小，但词汇上确有一些不同，这些方言词

西双版纳傣语土语词汇差异与例外

汇上的差异虽然可以是划分傣仂土语的重要依据,但是也可以通过与方言词汇有关系的社会文化现象对这些方言词汇差异加以分析。本文就是依据1954年傅懋勣等先生对傣仂话的调查资料来分析傣仂话的方言词,并试图归纳傣仂话方言词汇的一些类型特点。

根据手头上现有的材料,我们比较了橄榄坝(景洪市)、勐德(勐海县)、勐型(勐腊县)、勐龙(景洪市)、勐混(勐海县)、勐养(景洪市)、勐捧(勐腊县)等地区的傣仂话。实际上,在这些材料里,记录最全的是勐型话,其他材料的词汇记录或多或少都有缺失。而记录景洪话的材料是另一种调查手册,与记录这些傣仂方言的调查手册不同,因此笔者只好选择橄榄坝话作为比较的基准。虽然橄榄坝话和景洪话相比,有些差距,但差距并不大;同时也因为橄榄坝曾作为西双版纳宣慰使司的一处直属辖地(另一处就是允景洪),也是西双版纳历史上一处重要的行政中心,对西双版纳的傣仂方言也有一定的影响。因此在本文中仍选择了橄榄坝话作为比较的基准,这样也可以看出西双版纳的傣仂话的方言差异来。表1显示的是这七种傣仂话的词汇异同分布的基本情况。

表1 西双版纳傣仂话各土语词汇的异同分布

比较的地点	比较的词数	同源词数	异源词数	异源词的比率(%)
橄榄坝-勐龙	600	439	161	26.8
橄榄坝-勐养	600	410	190	31.6
橄榄坝-勐捧	600	421	179	29.8
橄榄坝-勐型	600	422	178	29.6
橄榄坝-勐混	600	459	141	23.5
橄榄坝-勐德	600	426	172	28.6

由于原调查表的目的本是为了确定各地傣仂话的音系,词汇量本来就不太大(约有 1000 来个词和句子),再加上调查者有很多词语并没有记录,因此可以对比的词汇就不太多。不过对于本文来说,目的是为了寻找方言词汇的差异类型,这 600 个词汇也基本上可以满足我们的要求了。

从表 1 可以看出,除勐养话外,其余的五个方言和橄榄坝话大致都比较接近,最接近的当属勐混话,异源词数只为 23.5%;其次是勐龙话,异源词数为 26.8%;其他三个方言的异源词数占总数的比率大致在 28%~29%之间。因此从总体上看,傣仂话的异源词差异也不是很大,相互通话应该是毫无困难的。

值得注意的倒是勐养话和橄榄坝话的差距。别的方言和橄榄坝话差距都不大,而勐养话和橄榄坝话的异源词差距竟达 31.6%。从地理距离看,勐养离橄榄坝不过 40~50 公里,距景洪也超不过 30 公里。但语言差距却远比距离在 100~200 多公里以外的勐罕和勐混等方言要大得多。这之中的原因恐怕与历史上的车里宣慰使司统治权的分化有密切的联系。

今西双版纳地区从元代开始便属于彻里军民总管府,明代基本沿袭了元代的设置,先改称为车里军民府。明永乐十九年,从车里军民宣慰使司的地盘上分裂出一个被汉文史书上称为靖安宣慰使司的地方政权。明《太宗永乐实录》第 119 卷这样记载靖安宣慰使司成立的情况:"永乐十九年正月……甲申,置云南车里靖安宣慰使司土官两员,刀弄为宣慰使,其叔刀双孟为同知。至是,又双孟言:'刀弄屡以兵侵扰,惊扰蛮民不得宁居,乞别治所分抚其众。'从之,割其地置车里靖安宣慰使司,升双孟为宣慰使,命礼部铸印给之。三月……丙戌……置车里靖安宣慰使司流官经历都事各一员。"但是根据刀永明对《泐史》的考证,靖安宣慰使司的成立实际上是车里军民宣慰使司中刀氏政权的内部争斗的产物。他说:"刀霸供、刀双孟是刀更孟(第三代宣慰使)的儿子,刀更孟被杀后,其妻刀霸供、刀双孟之母为思龙法所娶,霸供、双孟争立,为叔岛罕底(刀帕汉,即刀弄)篡,百姓不服,逐,思龙法顺民意,与岛罕底战于勐混,罕底战死,思龙法承袭,流放霸供、双孟两兄弟于江东,刀霸供(刀巴光)于景钪建立新城,为勐景钪的第一代创建人,后人称他为召法礼乃,当是《明史》上称之为靖安宣慰使司宣慰使"(刀永明,1989:298~299)。但景钪并不见于当时的汉文史籍中,虽从语音上看接近景洪的读音,但决不可能是景洪。因为,景洪当时称之为车里,车里宣慰史刀弄驻扎此地。而刀霸供、双勐正是因为与刀弄的争斗才提出要另踞地而居。且明廷已经封给他靖安宣慰使司的称号,因此,勐景钪并不在景洪地界。但是,从语音上可以推测,景钪应与景洪很接近,想来应该距离不远。根据龚荫先生的考证,其地应为今勐养(龚荫,1992:600)。也就是说,勐养也曾做过西双版纳的一个行政中心,其语音的差异正是与这段不长的历史有关。不少行政中心的语言都与其紧邻地区的语言有一定程度的差异,北京话即为一例(刘援朝,1992)。勐养话的情况可能与北京话的情况有些相似。

假如我们再从另一个角度——即将表1的情况和各地的原属版纳联系在一起,问题就有些复杂。橄榄坝和景洪同属第一版纳,彼此之间是有些差异(本文没有比较),勐养和勐型同属第二版纳,与橄榄坝话的差距则较为相似,一个是29.6%(勐型话),另一个则为31.6%(勐养话);异源词数相差12个。

第一和第二版纳是车里宣慰使司最直接的统治地区,可是橄榄坝话却与这一西双版纳的中心地带的方言却存在着较大的差距;但奇怪的是,在较为偏远的地区,橄榄坝话却与他们较为接近。比如,勐龙原属第三版纳,勐混原属第五版纳,勐捧原属第八版纳，勐德则原属第六版纳（现为勐往，属勐海县），橄榄坝话与它们之间的异源词比率则为 23.5%（勐混）、26.8%（勐龙）、28.6%（勐德）和 29.8%（勐捧），大大低于和勐养话的差距。对于这种情况，我们似乎只能尝试地解释为，车里宣慰使的统治大约有两种类型：一种是直接式统治，一种是间接式统治。直接统治的地方，宣慰使的权力可以直接达及，因此，方言相当接近；而间接统治的地方多存在一定程度的自治性，宣慰使只能采用羁縻的手段来维持统治。能够证明这一点的有多种事实。历史上，宣慰使和各地方的召勐们多次发生冲突和争斗，这种争斗直到清末民初仍然存在着。例如 1910 年 1 月，宣慰使刀承恩和勐遮土司因领地而发生争斗，刀兵相向，宣慰使几乎溃不成军，不得已，请求省政府的支援。省府派柯树勋前去援助宣慰使平叛，叛乱平定后，省政府开始在西双版纳设立流官统治，此即为西双版纳设县的开始。因此看来，橄榄坝恐怕就是宣慰使与其治地的召勐们共同商讨问题的处所，因此，橄榄坝话和其他几个版纳话较为接近。但不管怎么说，西双版纳的方言分歧不大，一是因为长期以来有一个比较稳定的统治政权，第二是有一套较为通行的文字系统。这两个方面是制约方言分化的重要原因。

　　实际上，方言的很多差异大都可以从历史上的行政区划中找出原因，不仅汉语方言如此，看来傣语方言也同样如此。然而，仅仅从历史的角度来解释方言的差异是不够的，我们还需要更进一步的证据。

二　土语词汇：差异的类型分析

　　虽然语言存在着差异是显而易见的事实，然而却始终没有引起语言学家的兴趣。语言学家感兴趣的是语言普遍现象和同源现象，而相当程度上漠视了语言差异的存在。因此，在处理异源词问题时，我们既无法寻找到一个合适的理论框架，也无法使用特殊的研究方法。

鉴于此种情况，笔者将采用以下两种方法对傣仂话的异源词进行研究：

第一，在语言结构分析适用的情况下，采用结构分析方法。这主要是对语音差异和构词上的差异进行分析。

第二，在无法适用结构分析的情况下，我们只能从别的学科中寻找适用的分析方法。由于语言差异更多的反映的是社会或文化性差异，因此，在分析傣仂话中特有的词汇时我们将采用社会学或文化人类学的方法来分析。

（一）傣仂话异源词差异类型的结构分析

虽然说起来傣仂话的方言差距不大，但是毕竟还是有些差距，通过对傣仂话的方言差距的研究，不仅可以使我们对傣仂话有进一步的认识，而且通过傣仂话异源词的研究可以使我们对方言差距的类型、种类有一个比较清醒的认识——毕竟方言差距小的方言，类型少而且还比较单纯，这样，对我们以后研究方言差距大的语言可以提供一个比较的基础和研究的范例。

从傣仂话的异源词情况来看，可以采用结构分析的方法的词汇有两种类型：第一，存在着语音上的差异；第二，在语义和构词方式上有差别。

1. 语音差异

从所收集到的材料看，语音差异主要表现为以下几种类型：跑调现象、声母变换、元音交替（非对应性）、韵尾改变。由于傣仂话属于孤立语，缺乏形态变化，上述的这些语音差异并不构成形态手段，而只是制造语言差异的一种手段。

（1）跑调现象。

跑调现象在汉语方言和苗瑶语方言以及壮侗语方言中都普遍存在。所谓跑调，指的就是在同源词对应中，本应属于某一个调类的字却并不是该调类的调值，而是改变成另一个调类的调值。比如贵州凯里市养蒿寨苗语的"麦子"，本应读为6调字，实际上却读为4调字的 maŋ^{11}。汉语北京话的"质"、"室"，本都应读为去声，实际上，在北京人（尤其是老北京人）嘴里却多说成是上声。傣仂话各方言中都有跑调字，总体数量并不多。就我们研究的这六个方言来说，相对而言，勐罕、勐养和勐混话的跑调字多一点，勐龙、勐捧和勐德的跑调字不很多，而下面我们就以这三种话的跑调字为例，看看傣仂话跑调字的一些情况（例词后加括号的词是相对应的橄榄坝话，下同）。

①正规调类跳转。这类跑调字的字调改变的特点是：双数调字改变后仍为双数调，单数调字调改变后仍为单数调。例如：

勐罕话：柳树 xai^2(xai^4)，骨头 duk^7(duk^9)，刀 pha^2(pha^4)；

勐养话：果子 mak^9(mak^7)，里 lak^9(lak^7)，刻 xuak^9(xɔk^7)；

勐混话：清 sai^3(sai^1)，嘴唇 phi^1 sop^7(fi^5 sop^7)，脑壳 kok^9 ho^1(kok^7 ho^1)。

②非正规调类跳转。这类跑调字字调改变的特点是：双数调字改变后变成了单数调，单数调字调改变后变成了双数调。这类字包括一类在傣语方言中常见的一种调类变换模式，即1调字变6调字。这是傣那话和傣仂话的重要区别，但在勐混话、勐罕话中也有出现，在其他方言中也有少数例子。例如：

勐混话：月 lən^6(dən^1)，闻 lun^6(dum^1)，森林 luŋ^6(duŋ^1)；

勐罕话：狗 ma^6(ma^1)，棵 kɔ^6(kɔ^1)。

其他的调类变换情况例子如下：

勐型话：难 jaak⁹(jaak⁸)、竹笋 nɔ⁴(nɔ⁵)、瞎 bɔt⁸(tɕd⁹)；
勐养话：在 ju⁶(ju⁵)、哭 hai⁴(hai³)、痣 fai¹(fai⁵)、篾篷 saat⁹(saat⁸)；
勐混话：躲避 mɛp⁸(mɛp⁸)、毛巾 pha⁴ tset⁸(pha³ tset⁸)。

这种跑调现象是相当杂乱的，既看不出规律，也看不出倾向性。所以只能把它们都当作例外处理。

（2）声母变换。

声母变换在傣语方言中的种类本来就并不多，在傣仂话方言内就更少见。比较常见的一个现象是，源于古壮侗语的*ʔb-、*ʔd-在景洪、橄榄坝、勐龙、勐养、勐捧、勐型六个方言中都保留着浊塞音声母 b-、d-；在勐德话中则相应地变为 v-、l-；在勐混话中则处在过渡阶段，来源于*ʔb-保留浊塞音 b-，而源于*ʔd-则变换为 l-。

除了上述的这个声母变换规律外，勐龙、勐捧和勐养话和橄榄坝话一样，没有什么特殊的声母变换规律，勐德、勐型和勐混话的一些声母变换规律如下：

勐德话：b→v、d→l、x→kh、tsi→tɕ；
勐混话：d→l、x→kh、f→ph；
勐型话：x→kh、f→ph、tsi→tɕ。

除了上述的声母变换规律外，下面列出的都是不符合上述变换规律的例字：

勐德话：扁 miap⁸ (pɛp⁸)、在 ȵu⁵(ju⁵)、羊 mɛ³(bɛ³)、诱骗 tɕuʔ⁷(tsuʔ⁷)、是 tɕai⁶(tsai⁶)、民族 pa²sa¹(pha²sa¹)；
勐混话：边缘、拿 kɔp⁹ (xɔp⁹)挂 kɛn¹(xɔn¹)；
勐型话：扁 miap⁸ (pɛp⁸)；
勐捧话：（猪）吃、咬 tsaap⁹(saap⁹)；
勐龙话：扁 mɛp⁸ (pɛp⁸)；
勐养话：砍断 mak⁷(bak⁷)、拿、边缘 kɔp⁹ (xɔp⁹)、吹 phau⁵(pau⁵)、

舌头 din⁴(lin⁴)，铁 dek⁷(lek⁷)，孙侄 daan¹(laan¹)。

以上的例词都可以算得上声母变换的例外字。对这些例外字，很难分析出什么规律性和倾向性。从总体上看来，b→m 是唯一一个带有倾向性的规律，可惜例词只有"羊"、"砍断"两个，似乎例子还少了些。

（3）元音交替与韵尾的改变。

元音变换在傣仂话方言中虽数量较多，但变换规则杂乱，形式也各不相同；韵尾变化虽数量较少，但还基本上保持着塞音入声韵尾，可在方言中也有一些弱化的痕迹。傣仂话的元音变换虽然颇为杂乱，但有几项较为突出的特征可以使我们窥见傣仂话的发展趋向，这就是ε变换、喉塞音的保留与消失、长短元音互换和韵尾的改变。

①ε变换。ε在傣语中是一个非常重要的元音，它具有使元音高化，并将其前的辅音声母腭化的功能。从这个功能角度来讲，ε变换很近似汉语等韵学上三四等韵的功能。在景洪和橄榄坝，ε前的辅音声母都因ε的这种功能而被腭化，ts 也就变成了 tɕ；在勐型、勐德、勐养话中，ε不仅腭化了前面的辅音声母，而且也把元音给高化了，以致产生了韵头音-i-。例如：

勐型话：硬 xiaŋ¹(xeŋ¹)，手臂 xian¹(xen¹)，客人 xiak⁹(xek⁹)，扁 miap⁸（pεp⁸）；

勐德话：扁 miap⁸（pεp⁸），躲避 miap⁸(mεp⁸)；

勐养话：躲避 miap⁸(mεp⁸)，腮 kiam³（kεm³）。

②喉塞音的保留与消失。傣仂话中有一个很大的特点就是保留着一组喉塞音韵母。这组喉塞音发音都很短暂，是一种短元音。理论上讲，傣仂话中只有一对保留了长短元音区别的元音，即 aa-a；但是实际上，每一个单元音韵母都有相对应的短元音，不过这种短元音带有喉塞音成分。在现代的傣仂话中，这种喉塞音

成分也在发生着变化，在个别词中已经出现了喉塞音成分消失，进而转变为长元音的迹象。这种迹象在橄榄坝话中已经表现得很明显，别的方言中也有部分存在。例如：

勐罕-橄榄坝：要去 diʔ⁷pai¹-di⁵pai¹，要拿 diʔ⁷au¹-di⁵au¹，这 niʔ⁸-ni³，微醺 piʔ⁷-pi¹；

勐捧-橄榄坝：芽 ŋɤʔ⁸-nɔ⁵，擦过 thɛʔ⁷-thɛ¹。

这种喉塞音是塞音韵尾弱化的结果。实际上，在今天的傣仂话方言中还能看得出一些痕迹来。例如：

"泼"，在景洪、勐龙、勐捧都读为 hot⁷，橄榄坝、勐罕、勐养则读为 hoʔ⁷ 或 haʔ⁷，"芽"，在景洪、勐德都读为 ŋok⁸，在勐捧和勐龙则读为 ŋɔʔ⁸，橄榄坝干脆就变成了开音节 nɔ⁵。"打嗝"，在勐德话中读为 ɕi¹ək⁷，橄榄坝话为 sə²ə²ʔ⁷，景洪则读为开音节 sə²ə¹。

③长短元音互换。长短元音在傣语中是具有音位价值的，因为它可以区别词义。但是在个别方言中的个别词却可以出现长短元音互换的情况，例如：

勐混-橄榄坝：果子 mak⁹-maak⁹，（晚上、白天的）时候 kaaŋ¹-kaŋ¹，墙 fa¹saaŋ⁴-fa¹saŋ⁴。

长短元音互换在傣仂话中不很普遍，勐混话和橄榄坝话的例字只能算作例外。

④韵尾的变换。韵尾的变换和长短元音的互换一样，都不太普遍，只有个别的例子。不过在傣仂话中，塞音韵尾的改变不一定是塞音韵尾舒声化的必经阶段，也可能是塞音韵尾变化的一个特例。韵尾变换分为两种类型：一种是鼻音韵尾的改变，另一种是塞音韵尾的改变。

鼻音韵尾变换的例子：

勐混-橄榄坝话：肉 tsin⁴-tsiŋ⁴，爬 kaan²-kaaŋ²；

勐罕-橄榄坝话：你 mɯm²-mɯŋ²；

塞音韵尾变换的例子：

勐德-橄榄坝话：刻 xɔt⁷-xɔk⁷；

勐型-橄榄坝话：抽屉 thɔk⁹-thɔt⁹；

勐捧-橄榄坝话：刮 xɔt⁸-xɔk⁸，难 jaap⁸-jaak⁸。

傣仂话韵母的一个最大特点是塞音韵尾的变化。应该说，虽然塞音韵尾至今仍保持完好，但是它也开始了向舒声化方向发展的迹象。傣仂话塞音韵尾的演变与汉语方言的入声韵尾的演变有很接近的地方，即它们都是先通过丢失塞音韵尾转变为喉塞音，然后进一步变为舒声韵。而最先丢失的塞音韵尾是-k，或是先并入-t 或-p，然后一起转变为-ʔ。汉语的赣方言和闽方言就存在这种情况。

从语音角度分析方言词汇，虽然其表现大都是很杂乱无章的，但是我们可以从中寻找出语言的发展倾向性。因为，方言词汇中既存在保留古音的成分，也时刻产生着新的现象，有些倾向性会成为该语言今后的发展方向。从上述的傣仂方言词的分析中，我们可以看出，在这些杂乱无章的方言词中，抓住倾向性实际上就是抓住了研究方言差异的根本，从而也可以预知今后方言发展的途径和方向。

2. 词汇差异（歧义现象）

词汇差异远比语音差异要复杂得多。这种差异不仅在于其构词方式上的不同，更多的是决定于语义和语用条件。说话者的理解和表达是产生词汇差异的重要因素之一。这里，我们只打算从构词的角度和同义异形词角度来分析傣仂话的词汇差异。

（1）同义异形词（近义词）。

同义异形词是典型的方言词。所谓"同义异形"指的就是词义接近而语音形式大异的词汇。在一种方言中，这种同义异形词越多，方言差距也就越大，该方言也就越难懂。和语音差距相比较,这种同义异形词才是真正阻碍交际和沟通的障碍。

表 2 是上述六个傣仂话异源词和同义异形词的统计。

表 2 傣仂话同义异形词统计表

	异源词数	同义异形词数	异形词数占异源词比率(%)
勐龙话	161	78	48
勐捧话	179	71	40
勐型话	178	65	36
勐养话	190	90	47
勐混话	141	45	32
勐德话	172	76	44

从表 2 可以看出和表 1 十分相似的倾向,就是橄榄坝话仍与遥远的勐混话、勐型话、勐捧话相近,但却与近在咫尺的勐养话和勐龙话却相差得很远。这种情况我们尽管可以把它作为一种次土语现象来解释,但是,这也反映出了傣仂话的一个重要的特点,那就是:表面上的一致掩盖下的繁杂的歧异现象,也即是说,表面上看起来,傣仂话方言分歧不大,但是在这种表面的掩盖下,方言内部却存在着很大的差异。这种现象是和历史上西双版纳傣族政权的统治表面上的统一和内部的分裂有着密切的联系。实际上,西双版纳的统治者表面上拥有对全部十二个版纳的统治权,但是他的统治实际上并不超出景洪和橄榄坝两地,其他各地的实际统治者都是当地的召勐。召勐与召片领的关系并不是臣服关系,而是所谓的羁縻或者是藩属关系,各召勐掌握着地方实权,可以听从也可以完全不理会召片领的指挥。极端情况下甚至可以和召片领兵戎相见。历史上这种情况已发生过多次,这就充分证明,傣仂话的方言分歧与这种地方割据势力的发达有着密切的联系。

从各种方言的同义异形词的情况来看，其分歧之处大约可以归纳为借词的差异、古老词语的遗留以及近义词的转用几方面。下面，我们仅就几个在各方言中都出现的同义异形词略做简单分析。

①学生和老师。"学生"和"老师"这两个词在傣仂话中有两种读法，一种是汉语借词，读为"学生"、"老师"；另一种是傣语词。傣仂话这两个词的读音分别如下：

学生：sɔ⁴sən¹(学生)；kun²hen²；luk⁸hen²；luk⁸ɔn⁵hen²laai²。
老师：xu²sɔn¹；to¹sɔn¹；lau²sɯ⁶（老师）。

在上述的例子中，加注"学生"和"老师"字样的是汉语借词，其他的都是傣语词。很明显，学生和老师这个概念是新引进傣族地区的。因为，在西双版纳地区，真正意义上的教育系统是在民国初年"改土归流"后引进的，因此，学校中的两个主要的角色——学生和老师的称谓也应该是在现代意义上的教育系统建立之后产生的。传统上，西双版纳地区的儿童基本上是在寺院里接受教育的。在西双版纳的小乘佛教中规定，傣族儿童凡到 7~8 岁，都应入寺学经，学习傣文、学习佛教基本知识，直到青年才可还俗结婚。因此实际上，寺院的经学教育实际上是起到文化教育的作用的。正是如此，在傣语中才可以见到属于汉语借词的"学生"和"老师"。可是实际上，傣族地区是有自己传统的教育系统的，因此也就有相应的称谓，所以，在很多傣族地区，仍是把属于傣族特有的经堂教育的名词，稍加修饰便用来指称与"学生"、"老师"相近似的概念。比如，傣语的 hen² 是"学经"的意义，把它用来略加修饰，就可以构成现代教育系统中的许多名词：hoŋ²hen²（学堂、学校）、luk⁸ɔn⁵hen²laai²（学生，学认字的小崽）、kun²hen²；luk⁸hen²（学生，学习的小崽）。sɔn¹ 是"教学"的意思，所以 xu²sɔn¹；to¹sɔn¹ xu²sɔn¹；to¹sɔn¹（老师，在学校里教书的人）。

傣语方言中有三套借词系统：汉语借词、巴利语借词和缅语借词，以及通过缅语借入的英语借词。汉语借词多使用在新词术语和一些生活用语中，巴利语借词多使用在佛教词语中，缅语借词多是民国和清代借入的一些新潮词语。傣语方言中存在着许多同义词，就是因为有的方言用借词，有的方言用自造词（比如，"头人"，在橄榄坝用汉语借词 te⁶〔爹〕，在其他地方则用 pɔ⁶mai⁶〔勐龙、勐罕〕tsau³ te⁶〔勐养〕tsau³ pɔ⁶〔勐捧〕），所以造成了很多的歧义。借词是影响方言差异的一个重要的因素。

②腐朽和山。这是两个很有意思的词。这两个词在橄榄坝是一种读法，在其他地方又是一种读法，界限分明得很。

腐烂：橄榄坝 o⁵、laan⁶ 其他地方 phoʔ⁸

山：橄榄坝 dɔi¹（勐德 lɔi¹） 其他地方 kɔŋ²

这样看来，有些同义词词语在分布上是有不同的，有的分布的较为宽泛，使用的人数比较多，有的分布面狭窄，使用的人数较少。但是实际上，这种分布有可能是在词义上有些细微的差异。比如就像"山"这个词，虽然有两种读音：一为 dɔi¹ 或 lɔi¹，另一为 kɔŋ²，但实际上在景洪等地傣仂话中是有着细微的词义差别的：dɔi¹ 为"山坡"，kɔŋ² 为"石山、土山"；"烂"在景洪等地，"水果烂了"是 o⁵、laan⁶，"木头朽了"是 phoʔ⁸。各地因对这些近义词的使用有宽有窄，所以也极容易造成歧义。

③打和堵塞。这又是另一种类型的歧义现象。它似乎在不同程度上保留了一些古老的语音形式，和傣语的其他方言或其他壮侗语有一定的同源联系。

打：橄榄坝 bup⁷、taap⁹ 其他地方 pɔ⁴；

堵塞：橄榄坝 paan³ 其他地方 tɯt⁷、ha⁴（勐德）；

如果为了论证是否是古音遗留需要去寻找其同源关系的话，那么我们可以说"打"和"堵塞"这两个词的同源关系表现得很不一致。大致说来，"打"在傣语的方言中还能找到较为接近的方

59

言词语，而"堵塞"则只能在壮侗语范围内来寻找了。也就是说，即使从保留古音的角度来讲，其层次是不一样的，傣仂话"打"的层次比较浅，它更多的是保留古傣语的成分，而傣仂话的"堵塞"则保留了更古老的壮侗语成分。

我们先看看"打"在傣语其他方言中的表现：

打：芒市 maŋ⁶，po⁴ 勐连 top⁹ 金平 tap⁸ 武定 pu⁴ 马关 po⁴ 元阳 mau³，景洪 pu⁴，bup⁷。

从上面的例子可以看出，在傣语方言中，"打"这个词本身就有三种类型，其不同主要表现为声母上：p－类声母，t－类声母和 m－类声母。橄榄坝的 taap⁹ 和其他地方的和勐连、金平的"打"同源，其他地方的 po⁴ 分别武定、马关的"打"同源。只是景洪和橄榄坝的 bup⁷ 不与任何现代傣语方言同源。傣仂话的 b-虽然有与其他地方的 m-声母对应的例子，但在其他傣语方言中韵母却不对应。因此它应该是更古老的壮侗语的遗留：

打：武鸣壮语 mop⁸ 毛南语 map⁸

可见，景洪、橄榄坝话的 bup⁷ 是源自古壮侗语的，但其声母已经发生了交替。

下面我们再看看"堵塞"在壮侗语中的表现。

首先应该指出，傣仂话的"堵塞"在傣语方言中基本不对应，大部分傣语方言中，"堵塞"的声母都是喉塞音-ʔ，只有勐连话的 tap⁸ 与傣仂话中的 tɯt⁷ 接近，所以傣仂话的"堵塞"的来源应该是更古老的壮侗语：

堵塞：sak⁷、ʔot⁷（武鸣壮语）tak⁷（仫佬）pjaaŋ¹（水）haan⁵'（侗）

可以看得出来，傣语方言中声母为喉塞音的"堵塞"是和壮语的 ʔot⁷ 同源，而傣仂话中的 tɯt⁷ 则与仫佬话，以及声母为舌尖音的壮语的"堵塞"同源，而橄榄坝话的 paan³ 则与水语同源，勐德话的 ha⁴ 则与侗语同源。

西双版纳傣语土语词汇差异与例外

由此可见，就算是在方言差异中遗留了古音成分，可这种遗留的表现形式也复杂万分。由于古代语言中也存在着方言成分，也存在着同义或近义现象，因此在现代语言中，继承哪一种方言成分或发展着哪一种同义词关系各方言都不相同。再加上这种保留或遗留现象又分成为不同的层次，但却又共时地或平面的呈现在现代方言中，因此也就导致大量的歧异现象的产生。

（2）构词手段。

词汇差异除了有同义异形构成的差异外，通过构词手段也可以形成差异。这里所说的通过构词手段形成的差异的词是指有着某种基本相同的根词，只不过在某些地方附加上了一些词缀或者和一些语义上较为接近或相反的词类结合在一起构成的同义异形词。就如同汉语方言中把"瘦肉"叫做"精肉"，把"猪肉"称为"大肉"一般。

在壮侗语中，有一种构词手段是很特别的，这就是在某些类的词语中，其前往往加上这类词语的类别属性的词缀。比如布依语，在果实类的词汇中，其前往往加上一个表示果实的词缀 ma^1-，因此，像柚子、枇杷、桃子、核桃、荔枝、广柑、刺梨、海棠、葡萄、花生、柿子、山楂、龙眼、栗子、樱桃等等水果统统加上了词缀 ma^1-，在傣语中，这种表类别的词缀也很发达。巫凌云先生把这种类别属性词缀分为六类（巫凌云、张秋生，1981：24~25）[①]：

（1）表地名词头。有 men^2、$baan^3$。

（2）表鸟类的词头。有 nok^7。

（3）表虫类的词头。有 $mɛn^2$、$boŋ^3$、tak^7。

（4）表树木的词头。有 $kɔ^1$、tun^3。

（5）表人称或人的类别的词头。有 aai^3、$iʔ^7$、luk^7、phu^3。

---

① 原书例词为傣仂文，笔者转写成国际音标。

（6）表抽象概念的词头。有 xwaam²、kaan¹、nam⁶、taaŋ¹。

其实在傣仂话中还有一些词头也有较强的构词能力。比如表水果类的词头 maak⁹ 可以构成葡萄、桃子、李子、梨、橘子、石榴等词，表人的词头 kun² 可以构成男人、女人、匠人、商人、跛子、聋子、傻子、疯子、瞎子、小偷等词，表示鱼类的词头 pa¹ 可以构成鲤鱼、黄鳝、泥鳅等词。

可是在傣仂话的方言中，并不是很严格地按照这种加词缀的方法使用于日常交际中。经常是有的词加，有的词不加，似乎带有一定的随意性。我们看一些例子：

生桐油：橄榄坝 nan⁴man²jau²   勐德 nam⁴man²maak⁹jau²（勐混、勐龙亦同）

猫头鹰：橄榄坝 nok⁸kau⁴mɛu²   勐龙 kau⁴（勐捧、勐德亦同）

蜜蜂：橄榄坝 mɛ⁶phɯŋ³   勐捧 phɯŋ³（勐龙亦同）、勐德 fɯŋ³

布：橄榄坝 pik⁸faai³   勐龙 faai³（勐德亦同）

由于对傣语这种类别词头的研究还很不够，我们还无法找出一个加词头还是不加词头的规律来，不过在方言中，经常有种种例外的发生，对这种例外的研究也不应该忽视。

但是，如果从构词手段上讲，能够构成同义异形词的主要手段还是通过附加方式造成的，常见的构词手段基本是根据语法关系组成的实词组合。基本的构词方式是：联合式、正偏式、动宾式、主谓式以及附加式等。通过这种构词手段可以造成无数个有着些许区别的同义词来。如：

乌鸦：橄榄坝 ka¹   勐龙 ka¹dam¹〈乌鸦＋黑〉

我俩：橄榄坝 ha²   勐德 ha²sɔŋ¹ha²〈我俩＋双＋我俩〉

赶鸡：橄榄坝 xap⁷kai⁵〈轰赶＋鸡〉 勐捧 lai⁶kai⁵〈驱赶＋鸡〉

瘦肉：橄榄坝 tsin⁴nɛʔ⁷〉〈肉＋瘦（肉）〉勐捧 tsin⁴di¹〈肉＋好〉

做工作：橄榄坝 het⁸vek⁸〈做（事）＋工作〉勐捧 het⁸kaan¹

〈做（事）+事情〉

应该说，这一类同义异形词比上边那种类型的同义异形词要更容易被交际双方理解，因为这里存在着一个共同的基本根词，只是在其他附加成分上有所差异而已。

总体说来，异源词基本上都是例外词，是不受语言学家研究出的语言规律管束的词汇。它的系统性和规律性都很难被整理和发现，既或能发现一些规律，但是这些规律管辖的范围也很有限。因此对这些词汇的处理仅仅采用语言学的分析方法是不够的，我们还应该采用另一些分析方法来研究这类词汇。

（二）傣仂话异源词差异类型的背景分析

语言是社会的产物，它反映的是一个特定的社会集团或文化集团的集体意识和社会习俗的各个方面。反映着该社会集团或文化集团所特有的、为其他社会集团所无的观念意识和风俗。这正如美国语言学家萨丕尔说得那样："言语这人类活动，从一个社会集体到另一个社会集体，它的差别是无限度可说的。因为它纯然的是一个历史的遗产，是长期相沿的社会习惯的产物"（萨丕尔，1985：4）。

在语言学中，萨丕尔的观念是独树一帜的，他主张从观念的角度、文化的角度去研究语言，而和语言学中的主流学派大相径庭。其实在分析语言差异时，萨丕尔的理论很可以作为一个重要的理论参考框架。因为，正像我们前面所说的，语言差异正是真切地反映了语言的社会本性，活生生地表现了语言是集体意识和社会习惯的产物。

实际上，尽管在语言学中，萨丕尔的理论并不是太受重视，但在研究文化的人类学中确实十分受到欢迎。人类学中就有一派基本是沿用萨丕尔的理论对不同民族集团的世界观和知识系统进行研究，并得出了一些很有意思的结论。比如这派学者通过对欧洲语言和美拉尼西亚的语言词汇的研究得出了一个重要的结论：现代欧美文化是"工艺学"文化，而美拉尼西亚群岛的文化则是"社会威望"。这就是所谓的"文化核心论"。他们认为，每个民族文化都有自己的特有的"文化核心"，这也就是该民族文化的最基本的特征。因此，人类学的最重要的任务是了解和认识不同民族或文化集团的知识系统，并借以认识该民族的世界观和宇宙观。

本文的目的当然不是研究傣族的文化核心，而只是对傣仂话的方言词进行分析。但是这种方言差异必然的要和其所代表的文化内涵有着密切的联系。因此，仅仅对词汇结构进行分析是不够的，我们还有必要对词汇差异所反映的文化差异进行研究。

1. 傣仂人的饮食文化与时间观念

在傣仂话的异源词中，有几类词几乎是成系统地出现差异。一是人称代词，在傣仂话的方言中，"你、我、他、你们、我们、他们"在各地方言中都有着不同之处；另外，在饮食的称呼上和时间的分类上，各地方也有着不同的称呼。由于傣仂话的人称代词已有多位作者进行过研究，本文只根据现有的材料，讨论属于傣仂话异源词的饮食和时间称谓。

2. 傣仂话的用餐称谓与饮食习惯

在傣仂话的方言中，关于用餐的称谓有四种，如下：

$xau^3jo?^8$、$xau^3\eta aai^2$、$xau^3l\varepsilon\eta^2$、xau^3phau^1。

这四个词在调查表中的排列是很不相同的。基本的格局是："早饭"在橄榄坝话中是 $xau^3\eta aai^2$，在其他的方言中是 $xau^3jo?^8$；"午饭"在橄榄坝话中是 $xau^3l\varepsilon\eta2$，在其他方言中是 $xau^3\eta aai^2$；"晚饭"在橄榄坝话中是 xau^3phau^2，在其他方言中是 $xau^3l\varepsilon\eta^2$；至于 xau^3phau^1 在其他方言中是当作"晚上"讲，而橄榄坝话的"晚上"则另有一词——$kaa\eta^1x\mathrm{w}n^2$。

如果仅从字面上看，这种差异很难解释。西双版纳各地区基本都是在一个时区范围内，很难想象，橄榄坝人在吃早饭的时候，其他地方人在吃午饭；橄榄坝人在吃午饭的时候，其他地方人在吃晚饭。之所以会出现这样大的时差问题，很可能是设计调查表的时候考虑不周全，以汉族的饮食习惯来取代非汉族的少数民族的饮食习惯，加之发音人的理解不同，结果造成了误差。

实际上，西双版纳的傣族其用餐习惯和汉族大不相同。汉族是比较固定的一日三餐，而西双版纳的傣族则是一日多餐。这种一日多餐是与傣族的劳动制度紧密相联系的。傣族是农业民族，农民们整天在地里干活，用餐除了出工前和收工后在家里食用外，在地里干活时还要加餐。据郭家骥在橄榄坝附近的曼远寨的调查，傣族农民的用餐习惯是：

早餐。将蒸熟、晾干的糯米饭捏成饭团，农忙时佐以辣子、盐巴快速吃完；农闲时，将饭团加入猪油、盐巴在文火上慢慢烘烤至黄，吃起来清香扑鼻。

午餐。农忙时凡下田劳动的人都用芭蕉叶包一包糯米饭并佐以自制的酸菜或肉干巴，带到田地中以当午餐。农闲时则用糯米饭佐以酸笋和青菜汤。

晚餐。无论农忙农闲，晚餐都稍微讲究一些。除了主食糯米饭不变外，1~5月，多佐以白菜、青菜，6~9月，多佐以鲜竹笋、南瓜尖、田螺、泥鳅、黄鳝、田鸡等。10~12月，多佐以青菜、茄子、白菜鱼肉、鸡肉等。

……而且，凡是外出劳动不能返家午餐时仍要携带糯米饭。老人们一日三餐中仍要吃一顿糯米饭（郭家骥，2000：98~99）。

由此可见，傣族的用餐习惯是以一日三餐为基础，并以加餐为特征的饮食习惯，因此在傣语词汇中就不能完全等同于汉语的一日三餐的概念。从词语的分析中我们也可以看出来这种差异。在傣仂话中，xau³是"饭"的意思，而jɔʔ⁸、ŋaai²、lɛŋ²、phau¹分别有"随便进餐"（jɔʔ⁸）、"容易、简单"（ŋaai²）、"亮"（lɛŋ²）、"烧火"（phau¹）的意思。因此，这四种用餐方式的语义表现是：便餐（xau³jɔʔ⁸）、简餐（xau³ŋaai²）、正餐（xau³lɛŋ²）和夜餐（xau³phau¹）。

　　因此，傣族的用餐习惯和汉族的以时间为用餐尺度是完全不同，它是以进食时的繁简程度来称呼的。因此，除一日三餐在家进食外，加餐也可以用"便餐"或"简餐"的称谓来称呼。这样，简单地用汉族的三餐概念去套傣族的进餐习惯就很可能文不对题。

3. 傣仂话的时间观念

　　傣仂话的时间词也像用餐称谓一样有着很特殊的表现。现将傣仂话的有关词汇的不同称呼列举如下：

　　早上　kaaŋ¹nai¹ 〈kaaŋ⁶nai¹〉《kaaŋ¹》

　　晚上　xau³phau¹ [(kaaŋ²xɯn²)] 〈xau³fau²〉\{kaaŋ¹xam⁶}\

　　白天　kaaŋ¹van² < kaaŋ⁶van² >

　　今天　van²niʔ⁸ 〈mə⁶niʔ⁸〉《m⁴niʔ⁸》

　　昨天　van²va² 〈mə⁶va²〉《m⁴va²》

　　前天　van²sɯn²[van²nɯŋ⁶] 〈mə⁶sɯn²〉《m⁴sɯn²》

　　大前天　van²sɛn²《m⁴sɛn²》

　　今年　pi¹niʔ⁸ 〈pi⁶niʔ⁸〉

　　去年　pi¹lɛu⁴ 〈pi⁶lɛu¹〉

　　明年　pi¹na³ 〈pi⁶laʔ⁸ma²〉

　　后年　pi¹nai² 〈pi⁶thən³〉

前年　pi¹ɔn¹〈pi⁶ɔn¹〉

本月　dən¹niʔ⁸{〈lən⁶niʔ⁸〉}

上月　dən¹ɔn¹ (dən¹lɛu⁴)〈lən⁶thə³〉{lən⁶ɔn¹}

下月　dən¹lɛu⁴[(dən¹na³)]〈lən⁶mai⁵〉{lən⁶lɛu⁴}\dən¹na³\

　　上面例词中，加（）的是橄榄坝的说法，加[ ]的是勐型的说法，加〈〉的是勐德的说法，加{ }是勐混的说法，加《》的是勐龙的说法，加\的是勐捧的说法。

　　从上面的例词来看，傣仂方言中关于时间的说法非常混乱。但是只要仔细分析，我们就可以看出，这些时间词的结构上，都有一个时间类别词："年、月、日、天"，在这些词有一定的声母和声调的变化（比如，"年月日"在景洪和橄榄坝均为1调字，但在勐德话中却变为6调；另外，在勐德、勐混话中都没有浊塞音声母 d-，因此，橄榄坝、勐型的 d- 都变为了 l-）。现在需要了解的是年月日后面的那些个附加成分的意义是什么。这很可能向我们揭示出傣族对时间的一些独特的看法。

　　统观上例，附加在年月日后面的几个重要的词汇是：niʔ⁸ lɛu⁴ na³ nai² ɔn¹ sɛn² sɯɯn² va² xam⁶ xɯɯn² van²。这几个词的意思是："这"（niʔ⁸）、"完了"（lɛu⁴）、"脸"（na³）、"里、内"（nai²）、"前、先"（ɔn¹）、"样子、某"（sɛn²）、"前（两天）"（sɯɯn²）、"过去的（天数）"（va²）、"黑、晚"（xam⁶）、"夜"（xɯɯn²）、"日子"（van²）。

　　从这些词汇的语义中我们可以看出来，在傣仂话中，日子是以太阳出来或下去为划分标准的。太阳出来就为"日子"——即白天，太阳下去就为夜晚。实际上，早晨和白天在傣语中的含义是相同的，即都是白天；kaaŋ²xɯɯn² 和 kaaŋ¹xam⁶ 都是太阳下去的意思，即夜晚。非要表示天亮了，太阳还没有出来——即清晨，则用 kaaŋ¹nai¹xɛu¹。xɛu¹ 是"快、速"的意思，也就是说，kaaŋ¹nai¹xɛu¹ 就是"天快亮了"。可见，在傣仂话中，一日之中的划分只

67

有两段：日出和日落。汉语中的"中午"在傣语中只是白天的一个部分。

年月的表示方法虽然在语言结构上与汉语有所不同，但是，由于傣族和汉族都是用农历纪年，所以在语义上很接近。"傣历是按照月亮的圆缺周期为一个月的，因此，每月的日序与汉族的农历的日序基本一致…傣族一月为四周，每周有七天或八天的记日法"（曹成章　张元庆，1984：56~57）。至于 dən¹ leu⁴ 的意思可能是"过完这个月的那个月"，即下月。

总而言之，对语言差异的研究，除了应该采用合适的语言学方法外，由于语言的差异是由于其他的社会的、历史的、政治的和文化的因素引起的，所以还应该采用其他学科的方法来进行综合性的研究。综合研究应该是研究语言差异的一个主要的方法。

三　关于语言差异的研究方法

长久以来，语言学家一直忽视对语言差异的研究。因为，语言差异是语言研究的剩余物，它是语言学家发现的种种规律的例外和难以用语言规律加以分析和解说的语言现象的总汇。它是语言研究的盲肠和空白，它既找不出规律，也无法进行分析，且组织零碎，成不了系统。所以，语言学家们只热衷于研究语言的同源现象或普遍现象，而对语言的差异现象失去了兴趣。也正因为如此，尽管语言差异现象的存在是极其明显的事实，但语言学家们至今还没有找到一个能够较为合适的理论和合理的研究方法来分析这种现象。

但是应该说，语言差异正是最直接、最真切地反映了语言社会性的本质。假设我们可以把语言的原初形态想象为一种有各种严格规律组成的统一体,那么,在各种外部环境的作用下,这个统一体不断地被侵蚀、被腐化,造成各种残缺和破坏,这就造成了差异或分歧。因此说,外部因素是造成语言差异的最重要的力量。历史的曲折发展时常会对这种差异起着扩大和加深的作用,人口的迁徙、环境的隔绝,时常会造成独树一帜的社会习俗和文化氛围,因此也就把自己的独特性写在了语言上,再加上政治上的分裂和割据以及统治区域的变化,都会增强语言的区域性和地方特点。另外,我们也不得不指出,语言不只是交际工具,而且也是一种极重要的个体行为,个体的言语行为也对语言的差异有着十分重要的影响。这样,既受到客观外界环境的影响,也受到个体行为的影响,原初严整的语言规律便不断地被破坏、被消解,例外和差异便逐渐增多和加强,造成了语言的差异和交际的困难。

面对这种歧异和杂乱无章,研究的方法不能仅仅沿用现成的语言学分析方法。当然,如果语言学的方法能够适用的话,还是采用语言学的方法为好,因为这对于语言学家来说是驾轻就熟,运用自如。但是由于现有的语言学分析方法是针对语言的内部规律的解析产生的,而造成语言差异的力量主要的是由外部环境和个人行为造就的,适用于语言内部规律的语言学方法在分析由外部的或个人行为造成的差异时可能难于全部奏效。因此,采用语言学的方法的同时适当地采用一些别的学科的分析方法对于分析语言差异应该是有益的。

语言学的方法(特别是描写语言学的研究方法)的一个主要特点是寻找语言规律。但是对于语言差异现象来说,其表现形态是杂乱无章,很难找出较为规整的规律。在这种情况下,在分析差异时就不必强求寻找规律。当然,能找到规律性更好,但是找不到规律性也没有必要勉强。我觉得,对语言差异的研究来说,重要的是通过对差异的分析能发现语言发展的倾向和主要问题,并加强对这种现象的认识。在这方面，社会学对社会现象的研究就与语言的差异性十分相似。社会现象从表面上看起来和语言的差异现象一样是杂乱无章，毫无规律：动荡的时局、突然爆发的社会事件、时尚现象、社会狂热仿佛都无从寻找其规律和组合。社会学主要通过对其原因和表现进行解说，并预测其发展方向。因此，社会学对社会现象的分析并不在于找出其规律性（能找出来最好，但社会学家发现的许多规律往往受到许多客观外界的影响而难于验证），而在于研究其产生的原因和结果，或者对这种社会事实作出解释并预测其发展，这实际上是社会学研究的最主要的方面。实际上，对于语言差异的研究也可以作如是观。研究语言差异，并不在于寻找其规律性，而在于对这种差异产生的原因、类型及其发展方向作出解释或说明。

当然，语言的研究和社会学有很大的不同。社会学家可以通过对社会事实的解析和研究，找出其产生的原因以及今后的发展趋向，可以有助于社会解决问题或认清今后的发展方向。语言研究却没有这种实用性，社会或个人都无法干涉或解决语言事实。即使我们认清了语言的某些毛病或不足之处，我们也无法完全解决问题。因为语言是被使用的，它虽有其社会性，但是更突出的是个体性。每一个人都有权使用语言进行交际，谁也无法干涉和阻挡。对于语言的某些毛病或不足之处，虽然可以通过媒体的宣传或行政命令贯彻下去，但纠正不纠正完全在于个人。像病句问题、生造词语问题都是语言学家很关心并热心讨论的题目，但社会上依然病句和生造词语广泛流行，语言学家也对此也无可奈何。因此，语言学家和社会学家有着很不相同的研究背景：社会学家通过研究可以投身到社会实践，其研究可以带有一定的功利目的；而语言学则是一种纯粹的学术研究，很难应用于社会实践。既然如此，语言学家的研究就和社会学家的研究有重大区别。社会学家通过他们的研究可以积极地干预社会,而语言学家的任务仅仅是对语言事实进行解释、陈述和说明。

参考文献

曹成章、张元庆:《傣族》,北京,民族出版社,1984。

刀永明(辑):《中国傣族史料辑要》,昆明,云南民族出版社,1989。

傅懋𪟝、刀世勋、童玮、刀忠强:《云南省西双版纳允景洪傣语音位系统》,《语言研究》1957年第1期。

龚荫:《中国土司制度》,昆明,云南民族出版社,1992。

郭家骥:《西双版纳傣族的稻作文化》,昆明,云南大学出版社,2000。

刘援朝:《北京话与四周邻近地区四声调值的差异》,载胡明扬主编《北京话研究》,北京,燕山出版社,1992。

萨丕尔:《语言论》,陆卓元译,陆志韦校,北京,商务印书馆,1985。

巫凌云、张秋生:《西双版纳傣语文概况》,昆明,云南民族出版社,1981。

周耀文、罗美珍:《傣语方言研究》,北京,民族出版社,2001。

傣语亲属称谓等价规则

周庆生

本文是《西双版纳傣语亲属称谓语义成分分析》(周庆生,1990)的续篇,除个别新出现的符号随文加注外,全部语言材料及绝大多数语义符号跟前文相同,下文不另赘述。

成分分析和扩展分析是亲属称谓语义成分分析的两项基本内容。扩展分析的要旨是制定一套数量有限的规则,这些规则可以精确解释每个类分式称谓的扩展义跟基本义之间的派生变换过程,可将每个类分式称谓的扩展型亲属关系推导或还原到基本型上来。这些规则在亲属语义学中叫"等价规则"(equivalence rules)或"还原规则"(reduction rules),因为"它们规定了两种或多种亲属类型在结构上的等同关系"(Lounsboury,1965:151)。

傣语亲属称谓的等价规则主要有以下几方面。

一 同性同胞合并规则

$$(\triangle \cdots B \rightarrow \triangle \cdots) \equiv (\bigcirc \cdots Z \rightarrow \bigcirc \cdots)$$

注:△,表示男性。○,表示女性。…,表示该项为亲属。→,表示"等同于"或"可归入"。≡,表示相反。下同。

（男亲属之兄弟→该男亲属）（女亲属之姐妹→该女亲属）

该公式表明：某男亲属的兄弟跟该男亲属称呼相同，则可归入该男亲属这个类型；反过来，某女亲属的姐妹跟该女亲属称呼相同，则可归入该女亲属这个类型。例如，傣语中，曾祖父之兄弟（FFFB）跟曾祖父（FFF）同被称作pu^{35}mɒn^{35}，曾祖父之兄弟（FFFB）可归入曾祖父（FFF），记作FFFB→FFF（见附表称谓4.1）；反过来，曾祖母之姐妹（FFMZ）跟曾祖母（FFM）同被称作ja^{33}mɒn^{35}，曾祖母之姐妹（FFMZ）可归入曾祖母（FFM），记作FFMZ→FFM（见附表称谓5.1）。

二　异性同胞合并规则

（△…Z→△…W）≡（○…B→○…H）

（男亲属之姐妹→该男亲属之妻）（女亲属之兄弟→该女亲属之夫）

该公式表明：某男亲属的姐妹跟该男亲属的妻子称呼相同，则可归入该男亲属这个类型；反过来，某女亲属的兄弟跟该女亲属的丈夫称呼相同，则可归入该女亲属的丈夫这个类型。如傣语中，祖父之姐妹（FFZ）跟祖父之妻（FFW）即祖母（FM）同被称作iʔ^{55}ja^{33}，FFZ（祖父之姐妹）可归入FFW（祖父之妻）即FM（祖母），记作FFZ→FFW（即FM）（见附表称谓12.2）；反过来，祖母之兄弟（FMB）跟祖母之丈夫（FMH）即祖父（FF）同被称作iʔ^{55}pu^{35}，FMB（祖母之兄弟）可归入FMH（祖母之夫）即FF（祖父），记作FMB→FMH（即FF）（见附表称谓11.2）。

三　配偶、同胞等同规则

（一）总则

$$(\cdots BW \to \cdots Z) \equiv (\cdots ZH \to \cdots B)$$

（某亲属之兄弟之妻→该亲属之姐妹）（某亲属之姐妹之夫→该亲属之兄弟）

该公式表明：某亲属兄弟的妻子跟该亲属姐妹的称呼相同，则可归入该亲属的姐妹这个类型；反过来，某亲属姐妹的丈夫跟该亲属的兄弟称呼相同，则可归入该亲属的兄弟这个类型。譬如，外祖母兄弟之妻（MMBW）跟外祖母之姐妹（MMZ）在傣语中同被称作 mɛ^{33}thau^{13}，MMBW（外祖母兄弟之妻）可归入 MMZ（外祖母之姐妹），记作 MMBW→MMZ（见附表称谓 15.1）；反过来，外祖母姐妹之夫（MMZH）跟外祖母之兄弟（MMB）同被称作 pɔ^{33}thau^{13}，MMZH（外祖母姐妹之夫）可归入 MMB（外祖母之兄弟），记作 MMZH→MMB（见附表称谓 16.1）。

（二）分则

$$(\cdots/B+W \to \cdots/Z+) \equiv (\cdots/Z+H \to \cdots/B+)$$
$$(\cdots/B-W \to \cdots/Z-) \equiv (\cdots/Z-H \to \cdots/B-)$$

注：⋯/，表示改斜线的左项可有可无，下同。

[（某亲属之）兄之妻→（该亲属之）姐] [（某亲属之）姐之夫→（该亲属之）兄]

[（某亲属之）弟之妻→（该亲属之）妹] [（某亲属之）妹之夫→（该亲属之）弟]

该公式表明：兄之妻（或某亲属之兄之妻）跟姐姐（或该亲属之姐）称呼相同，则可归入该姐姐（或该亲属之姐）这个类型；反过来，姐之夫（或某亲属之姐之夫）跟哥哥（或该亲属之兄）称呼相同，则可归入该哥哥（或该亲属之兄）这个类型。譬如傣语中，父母之兄之妻（PB+W）跟父母之姐（PZ+）同被称作 me³³loŋ⁵⁵，PB+W（父母之兄之妻）可归入 PZ+（父母之姐），记作 PB+W→PZ+（见附表称谓 23.1）；反过来，父母之姐之夫（PZ+H）跟父母之兄（PB+）同被称作 pɒ³³loŋ⁵⁵，PZ+H（父母之姐之夫）可归入 PB+（父母之兄），记作 PZ+H→PB+（见附表称谓 15.1）。

与此相同，弟之妻（或某亲属之弟之妻）跟妹妹（或该亲属之妹）称呼相同，则可归入该妹妹（或该亲属之妹）这个类型；反过来，妹之夫（或某亲属之妹之夫），跟弟弟（或该亲属之弟）称呼相同，则可归入该弟弟（或该亲属之弟）这个类型。如傣语中，父之弟之妻（FB-W）跟父之妹（FZ-）同被称作 iʔ⁵⁵a⁵⁵，FB-W（父之弟之妻）可归入 FZ-（父之妹），记作 FB-W→FZ-（见附表称谓 25.1）；反过来，妹之夫（Z-H）跟弟弟（B-）同被称作 nɔxŋ¹¹，Z-H（妹之夫）可归入 B-（弟弟），记作 Z-H→B-（见附表称谓 42.2）。

四 第一、第二旁系等同规则

（一）总则

（$PS_bC/\cdots \to S_b/\cdots$）

注：/…，表示该斜线的右项可有可无，下同。

［父母之同胞之子女（之亲属）→该同胞（之亲属）］

该公式表明：父母同胞之子女（或父母同胞子女的亲属），跟同胞（或该同胞之亲属）称呼相同，则可归入该同胞（或该同胞之亲属）这个类型。譬如在傣语中，父母同胞之子女之女（PS$_b$CD）跟同胞之女（S$_b$D）同被称作la:n^{55}jiŋ^{41}，PS$_b$CD（父母同胞之子女之女）则可归入 S$_b$D（同胞之女），记作 PS$_b$CD→S$_b$D（见附表称谓 34.1）。

（二）分则

$$(\cdots/PS_bS+/\cdots\rightarrow\cdots/B+/\cdots) \equiv (\cdots/PS_bD+/\cdots\rightarrow\cdots/Z+/\cdots)$$

$$(\cdots/PS_bS-/\cdots\rightarrow\cdots/B-/\cdots) \equiv (\cdots/PS_bD-/\cdots\rightarrow\cdots/Z-/\cdots)$$

注：+，表示年龄大于该亲属。-，表示年龄小于该亲属。

[（某亲属之）父母之同胞之子（大于该亲属）（之亲属）→（该亲属之）兄（之亲属）]

[（某亲属之）父母之同胞之子（小于该亲属）（之亲属）→（该亲属之）弟（之亲属）]

[（某亲属之）父母之同胞之女（大于该亲属）（之亲属）→（该亲属之）姐（之亲属）]

[（某亲属之）父母之同胞之女（小于该亲属）（之亲属）→（该亲属之）妹（之亲属）]

该公式表明：某亲属父母同胞之子跟该亲属的哥哥或弟弟称呼相同，则可归入该亲属的哥哥或弟弟类型之中；反过来，某亲属父母同胞侄女，跟该亲属的姐姐或妹妹称呼相同，则可归入该亲属的姐姐或妹妹类型之中。譬如，傣语中比自己大的父母同胞之子[PS$_b$S（＞e）]跟自己的哥哥（B+）同被称作pi^{33}tsa:i^{41}，PS$_b$S

（>e）则可归入 B+，记作 PS$_b$S（>e）→ B+（见附表称谓 38∶1）；比自己小的父母同胞之女［PS$_b$D（<e）］跟自己的妹妹（Z-）同被称作nɔːŋ¹¹jiŋ⁴¹，PS$_b$D（<e）则可归入 Z-，记作 PS$_b$S（>e）→ B+（见附表称谓 44.1）。

五　子辈配偶、同胞等同规则

（…/SW→…/D）≡（…/DH→…/S）

［(某亲属之)子之妻→(该亲属之)女］［(某亲属之)女之夫→(该亲属之)子］

该公式表明：儿媳妇（或某亲属的儿媳妇）跟女儿（或跟该亲属的女儿）称呼相同，则可归入该女儿（或该亲属的女儿）这个类型；反过来，女婿（或某亲属的女婿）跟儿子（该亲属的儿子）称呼相同，则可归入该儿子（或该亲属的儿子）这个类型。如傣语中，子女之儿媳（CSW）跟子女之女儿（CD）同被称作laːn⁵⁵，CSW 可归入 CD，记作 CSW→CD（见附表称谓 17.1）；反过来，女婿（DH）跟儿子（S）同被称作luk³³，DH 可归入 S，记作 DH→S（见附表称谓 31.2）。

六　第一旁系、直系等同规则

（S$_b$CS/…→CS/…）≡（S$_b$CD/…→CD/…）

［同胞子女之子（之亲属）→子女之子（之亲属）］［同胞子女之女（之亲属）→子女之女（之亲属）］

该公式表明：同胞子女之子（或同胞子女之子之亲属）跟子女之子（或子女之子之亲属）称呼相同，则可归入该子女之子（或该子女之子之亲属）这个类型；反过来，同胞子女之女（或同胞子女之女之亲属）跟子女之女（或子女之女之亲属）称呼相同，则可归入该子女之女（或该子女之女之亲属）这个类型。

譬如，傣语中同胞子女之子（S_bCS）跟子女之子（CS）同被称作la:n^{55}tsa:i^{41}，S_bCS 则可归入 CS，记作 $S_bCS \rightarrow CS$（见附表称谓 18.1）；反过来，同胞子女之女（S_bCD）跟子女之女（CD）同被称作la:n^{55}jiŋ^{41}，S_bCD 则可归入 CD，记作 $S_bCD \rightarrow CD$（见附表称谓 19.1）。

傣语类分式亲属称谓扩展型向核心型的还原过程见附表。附表中列举的 46 个类分式称谓分成 5 类：（1）高祖·玄孙类，（2）曾祖·曾孙类，（3）祖·孙类，（4）父母·子女类，（5）兄姐·弟妹类。每个亲属称谓的右边是基本型亲属关系，下边是扩展型亲属关系。例如称谓 2 "lɒn^{55}" 又变得 CCCS 和 CCCD 是该称谓的基本型，lɒn^{55}下边的 CCCSW 和 CCCDH 是该称谓的扩展型。每个扩展型称谓的右边加有冒号"："，冒号右边的"规"，表示该扩展型还原成基本型时所依据的"规则"。"规"字右下角的数码和小字表示该规则在本文中的标号，如"规$_1$"表示本文中的第一条规则，"规$_{3总}$"表示第三条规则中的总则，"规$_{3分}$"表示第三条规则中的分则。

大多数扩展型经过一次性归并，就可还原成基本型。譬如，称谓 1 men^{35} 的第一个扩展型 FFFFB，根据"规$_1$"，可还原成基本型之一的 FFFF。有些扩展型则要经过两次归并才能还原，如称谓 4 pu^{35}mɒn^{35} 的第三个扩展型 FFFZH，根据"规$_{3总}$"，可归入 FFFB，再根据"规$_1$"，FFFB 则还原成该称谓的基本型 FFF。

附表

一　高祖·玄孙类

1. mɛn³⁵，基本型=FFFF，FFFM，MMMM，MMMF（高祖父母、高外祖父母）

　　1.1　FFFFB　　　：规₁　→FFFF
　　1.2　FFFFZ　　　：规₂　→FFFFW（即 FFFM）
　　1.3　FFFMB　　　：规₂　→FFFMH（即 FFFF）
　　1.4　FFFMZ　　　：规₁　→FFFM
　　1.5　MMMMZ　　　：规₁　→MMMM
　　1.6　MMMMB　　　：规₂　→MMMMH（即 MMMF）
　　1.7　MMMFZ　　　：规₂　→MMMFW（即 MMMM）
　　1.8　MMMFB　　　：规₁　→MMMF

2. lɒn⁵⁵，基本型=CCCS，CCCD（玄孙子女、玄外孙子女）

　　2.1　CCCSW　　　：规₅　→CCCD
　　2.2　CCCDHY　　 ：规₅　→CCCS

二　曾祖·曾孙类

3. mɒn³⁵，基本型=FFF，FFM，MMM，MMF（曾祖父母、曾外祖父母）

　　3.1　FFFB　　　　：规₁　→FFF
　　3.2　FFFZ　　　　：规₂　→FFFW（即 FFM）

79

3.3　FFMB　　　　　：规$_2$　→FFMH（即 FFF）

3.4　FFMZ　　　　　：规$_1$　→FFM

3.5　MMMZ　　　　：规$_1$　→MMM

3.6　MMMB　　　　：规$_2$　→MMMMH（即 MMF）

3.7　MMFZ　　　　 ：规$_2$　→MMFW（即 MMM）

3.8　MMFB　　　　 ：规$_1$　→MMF

3.9　FFFBW　　　　：规$_{3总}$　→FFFZ，规$_2$→FFFW（即 FFM）

3.10　FFFZH　　　　：规$_{3总}$　→FFFB，规$_1$→FFF

3.11　FFMBW　　　：规$_{3总}$　→FFMZ，规$_1$→FFM

3.12　FFMZH　　　　：规$_{3总}$　→FFMB，规$_2$→FFMH（即 FFF）

3.13　MMMZH　　　：规$_{3总}$　→MMMB，规$_2$→MMMH（即 MMF）

3.14　MMMBW　　　：规$_{3总}$　→MMMZ，规$_1$→MMM

3.15　MMFZH　　　　：规$_{3总}$→MMFB，规$_1$→MMF

3.16　MMFBW　　　：规$_{3总}$→MMFZ，规$_2$→MMFW（即 MMM）

　　4.　pu^{35}mɒn^{35}，基本型= FFF（曾祖父）

4.1　FFFB　　　　　：规$_1$　→FFF

4.2　FFMB　　　　　：规$_2$　→FFMH（即 FFF）

4.3　FFFZH　　　　：规$_{3总}$→FFFB，规$_1$→FFF

4.4　FFFZH　　　　：规$_{3总}$→FFFB，规$_1$→FFF

　　5.　ja^{33}mɒn^{35}，基本型= FFM（曾祖母）

5.1　FFMZ　　　　　：规$_1$　→FFM

5.2　FFFZ　　　　　：规$_2$　→FFFW（即 FFM）

5.3　FFMBW　　　　：规$_{3总}$→FFMZ，规$_1$→FFM

5.4　FFFBW　　　　：规$_{3总}$→FFFZ，规$_2$→FFFW（即 FFM）

　　6.　thau^{13}jiŋ^{41}mɒn^{35}，基本型= MMM（曾外祖母）

6.1　MMFZ　　　　　：规$_2$　→MMFW（即 MMM）

6.2　MMFBW　　　：规$_{3总}$→MMFZ，规$_2$→MMFW（即 MMM）

7. thau^{13}tsa:i^{41}mɒn^{35}，基本型＝MMF（曾外祖父）

7.1　MMFB　　　　：规$_1$　→MMF

7.2　MMFZH　　　：规$_{3总}$→MMFB，规$_1$→MMF

8. me^{33}thau^{13}mɒn^{35}，基本型＝MMMZ（曾外祖母之姐妹）

8.1　MMMBW　　：规$_{3总}$→MMMZ

9. pɒ^{33}thau^{13}mɒn^3，基本型＝MMMB（曾外祖母之兄弟）

9.1　MMMZH　　　：规$_{3总}$→MMMB

10. lin^{55}，基本型＝CCS，CCD（曾孙子女、曾外孙子女）

10.1　CCSW　　　：规$_5$　→CCD

10.2　CCDH　　　：规$_5$　→CCS

三　祖·孙类

11. iʔ^{55}pu^{35}，基本型＝FF（祖父）

11.1　FFB　　　　　：规$_1$　→FF

11.2　FMB　　　　　：规$_2$　→FMH（即 FF）

11.3　FFZH　　　　：规$_{3总}$→FFB，规$_1$→FF

11.4　FMZH　　　　：规$_{3总}$→FMB，规$_2$→FMH（即 FF）

12. iʔ^{55}ja^{33}，基本型＝FM（祖母）

12.1　FMZ　　　　　：规$_1$　→FM

12.2　FFZ　　　　　：规$_2$　→FFW（即 FM）

12.3　FMBW　　　：规$_{3总}$→FMZ，规$_1$→FM

12.4　FFBW　　　　：规$_{3总}$→FFZ，规$_2$→FFW（即 FM）

13. thau^{13}jiŋ^{41}，基本型= MM（外祖母）
  13.1 MFZ   ：规$_2$ →MFW（即 MM）
  13.2 MFBW   ：规$_{3总}$→MFZ，规$_2$→MFW（即 MM）
14. thau^{13}tsaːi^{41}，基本型= MF（外祖父）
  14.1 MFB   ：规$_1$ →MF
  14.2 MFZH   ：规$_{3总}$→MFB，规$_1$→MF
15. me^{33}thau^{13}，基本型= MMZ（外祖母之姐妹）
  15.1 MMBW   ：规$_{3总}$→MMZ
16. pɒ^{33}thau^{13}，基本型= MMB（外祖母之兄弟）
  16.1 MMZH   ：规$_{3总}$→MMB
17. laːn^{55}$_1$，基本型=CS，CD（孙子女、外孙子女）
  17.1 CSW   ：规$_5$ →CD
  17.2 CDH   ：规$_5$ →CS
  17.3 S$_b$CS   ：规$_6$ →CS
  17.4 S$_b$CD   ：规$_6$ →CD
  17.5 S$_b$CSW   ：规$_5$ →SbCD，规$_6$ →CD
  17.6 S$_b$CDH   ：规$_5$ →SbCS，规$_6$ →CD
18. laːn^{55}tsaːi^{41}$_1$，基本型=CS（孙子、外孙子）
  18.1 S$_b$CS   ：规$_6$ →CS
19. laːn^{55}jiŋ^{41}$_1$，基本型=CD（孙女、外孙女）
  19.1 S$_b$CD   ：规$_6$ →CD
20. laːn^{55}paːi^{11}$_1$，基本型= CSW（孙媳、外孙媳）
  20.1 S$_b$CSW   ：规$_6$ →CSW
21. laːn^{55}xvi^{55}$_1$，基本型= CDH（孙女婿、外孙女婿）
  21.1 S$_b$CDH   ：规$_6$ →CDH

四　父母·子女类

22. pɒ³³loŋ⁵⁵，基本型=PB+（伯父、大舅父）
22.1　PZ+H　　　　　：规₃分　→PB+
22.2　PPS_bS（>F）　：规₄分　→PB+
22.3　PPS_bD（>F）H　：规₄分　→PZ+H，规₃分　→PB+
23. mɛ³³loŋ⁵⁵，基本型=PZ+（伯母、大姨母）
23.1　PB+W　　　　　：规₃分　→PZ+
23.2　PPS_bD（>F）　：规₄分　→PZ+
23.3　PPS_bS（>F）W　：规₄分　→PB+W，规₃分　→PZ+
24. aːu⁵⁵，基本型=FB-（叔父）
24.1　FPS_bS（<F）　：规₄分　→FB-
25. iʔ⁵⁵a⁵⁵，基本型=FZ-（小姑母）
25.1　FBW　　　　　：规₃分　→FZ-
25.2　FPS_bD（<F）　：规₄分　→FZ-
25.3　FPS_bS（<F）W　：规₄分　→FB-W，规₃分　→FZ-
26. aːu⁵⁵xɣi⁵⁵，基本型=FZ-H（小姑父）
26.1　FPS_bD（<F）H　：规₄分　→FZ-H
27. iʔ⁵⁵na¹¹，基本型=MZ-（小姨母）
27.1　M PS_bD（<M）　：规₄分　→MZ-
28. aːi¹³na¹¹，基本型=MB-（小舅父）
28.1　M PS_bS（<M）　：规₄分　→MB-
29. na¹¹xɣi⁵⁵，基本型=MZ-H（小姨父）
29.1　M PS_bD（<M）H　：规₄分　→MZ-H
30. na¹¹pai¹¹，基本型=MB-W（小舅母）

30.1　M PSbD　（<M）W：规$_{4分}$ →MB-W
31.　luk^{33}，基本型=S, D（儿子、女儿）
31.1　SW　　　　　　：规$_5$ → D
31.2　DH　　　　　　：规$_5$ → S
32.　la:n^{55}₂，基本型= S$_b$S, S$_b$D（侄子、外甥、侄女、外甥女）
32.1　S$_b$SW　　　　　：规$_5$ → S$_b$D
32.2　S$_b$DH　　　　　：规$_5$ → S$_b$S
32.3　PS$_b$CS　　　　　：规$_{4总}$ → S$_b$S
32.4　PS$_b$CD　　　　　：规$_{4总}$ → S$_b$D
32.5　PS$_b$CSW　　　：规$_{4总}$ → S$_b$SW，规$_5$ → S$_b$D
32.6　PS$_b$CDH　　　：规$_{4总}$ → S$_b$DH，规$_5$ → S$_b$S
33.　la:n^{55}tsa:i^{41}₂，基本型= S$_b$S（侄子、外甥）
33.1　PS$_b$CS　　　　：规$_{4总}$ → S$_b$S
34.　la:n^{55}jiŋ^{41}₂，基本型= S$_b$bD（侄女、外甥女）
34.1　PS$_b$CS　　　　：规$_{4总}$ → S$_b$D
35.　la:n^{55}pa:i^{11}₂，基本型= S$_b$SW（侄媳妇、外甥妇）
35.1　PS$_b$CSW　　　：规$_{4总}$ → S$_b$SW，规$_5$ → S$_b$D
36.　la:n^{55}xɣi^{55}₂，基本型= S$_b$DH（侄女婿、外甥女婿）
36.1　PS$_b$CDH　　　：规$_{4总}$ → S$_b$DH，规$_5$ → S$_b$S

五　兄姐·弟妹类

37.　pi^{33}，基本型= B+, Z+（兄、姐）
37.1　B+W　　　　　：规$_{3分}$ → Z+
37.2　Z+H　　　　　：规$_{3分}$ → B+

37.3　PS$_b$S（>e）　　　：规$_{4分}$　→B+
37.4　PS$_b$D（>e）　　　：规$_{4分}$　→Z+
37.5　PS$_b$S（>e）W　　：规$_{4分}$　→B+W，规$_{3分}$　→Z+
37.6　PS$_b$D（>e）H　　：规$_{4分}$　→Z+H，规$_{3分}$　→B+
38.　pi^{33}tsaːi^{41}，基本型=B+（兄）
38.1　PS$_b$S（>e）　　　：规$_{4分}$　→B+
39.　pi^{33}jiŋ^{41}，基本型=Z+（姐）
39.1　PS$_b$D（>e）　　　：规$_{4分}$　→Z+
40.　pi^{33}paːi^{11}，基本型=B+W（嫂）
40.1　PS$_b$S（>e）W　　：规$_{4分}$　→B+W，规$_{3分}$　→Z+
41.　pi^{33}xɣi^{55}，基本型=Z+H（姐夫）
41.1　PS$_b$D（>e）H　　：规$_{4分}$　→Z+H，规$_{3分}$　→B+
42.　nɒːŋ^{11}，基本型=B-，Z-（弟弟、妹妹）
42.1　B-W　　　　　　　：规$_{3分}$　→Z-
42.2　Z-H　　　　　　　：规$_{3分}$　→B-
42.3　PS$_b$S（<e）　　　：规$_{4分}$　→B-
42.4　PS$_b$D（<e）　　　：规$_{4分}$　→Z-
42.5　PS$_b$S（<e）W　　：规$_{4分}$　→B-W，规$_{3分}$　→Z-
42.6　PS$_b$D（<e）H　　：规$_{4分}$　→Z-H，规$_{3分}$　→B-
43.　nɒːŋ^{11}tsaːi^{41}，基本型=B-（弟）
43.1　PS$_b$S（<e）　　　：规$_{4分}$　→B-
44.　nɒːŋ^{11}jiŋ^{41}，基本型=Z-（妹）
44.1　PS$_b$D（<e）　　　：规$_{4分}$　→Z-
45.　nɒːŋ^{11}paːi^{11}，基本型=B-W（弟妇）
45.1　PS$_b$S（<e）W　　：规$_{4分}$　→B-W，规$_{3分}$　→Z-
46.　nɒːŋ^{11}xɣi^{55}，基本型=Z-H（妹夫）
46.1　PS$_b$D（<e）H　　：规$_{4分}$　→Z-H，规$_{3分}$　→B-

参考文献

周庆生：《西双版纳傣语亲属称谓语义成分分析》，《民族语文》1990年第2期，第7~34页，第52页。

Lounsbury, F. G. 1965 Another View of the Trobriand Kinship Categries. In E. A. Hammel,（ed.）, Formal Semantic Analysis. *American Anthropologist* （Spec. Publi.）67.5（pt.2）: pp.142-185.

语言结构:
语法·文字

安多藏语代词*

周毛草

藏语代词在藏语研究特别是在语法研究中占有重要的地位。以往研究中也涉及此内容，但以方言口语特别是安多牧区话材料为基础，做专文讨论的还是较少。拙文拟以安多方言土语玛曲话（牧区）的第一手材料为基础，对藏语代词在口语中的具体表现形式、特征、功能、用法、来历等做一初步的探讨。

安多藏语中的代词主要可分人称代词、疑问代词、指示代词、泛指代词等。以下以安多玛曲藏语（行文中也称"藏语"）中的指示代词为例进行讨论（行文中的藏语例子为国际音标记音或转写）。

玛曲是甘肃省甘南藏族自治州的一个牧业县，位于甘南州西南部，青藏高原东端，黄河第一弯，在甘、青、川交接地区。著名的黄河在藏语中就叫作"玛曲"（音译），该县因其政府所在地面临黄河而得名（玛曲县志编委会编纂，2001：5）。

玛曲县民族构成以藏族为主体，其他民族有汉、蒙古、满、土、撒拉、保安、东乡等，全县人口有3万多人，其中藏族约占总人口的90%；全县使用藏语的人口占90%（玛曲县志编委会，

---

* 文中的方言口语材料由笔者调查记音。主要发音合作者是玛曲县欧拉乡的看考、丹考、闹吾群培等同志，在此一并表示诚挚的谢意。

2001：4、919）。玛曲藏语即属藏语安多方言的牧区话片，保留有较多的古藏语特征。

一　构成形式—特点

藏语指示代词的构成形式及其特点等有以下几点。

（一）构成形式—语音形式

指示代词ndə、kan、hu、tə、ju、mu本身表示单数；它们的复数和双数形式的构成与人称代词雷同，分别后加tɕha ka（tɕha wo）"一些/几个"、gȵi ɣa "二者"的方式来表达。

1. 单数形式

ndə 这（个）；kan 那（个）；tə 那（个）；hu 那（个）；ju 上面那（个）；mu 下面那（个）。

2. 双数形式

ndə ȵi ɣa 这两（个）；kan ȵi ɣa 那两（个）；hu ȵi ɣa 那两（个）；tə ȵi ɣa 那两（个）；ju ȵi ɣa 上面那两（个）；mu ȵi ɣa 下面那两（个）。

3. 复数形式

ndə tɕha ka 这些，这几个；kan tɕha wo（ka）那些，那几个；hu tɕha wo（ka）那些；tə tɕha wo（ka）那些；ju tɕha wo（ka）上面那些；mu tɕha wo（ka）下面那些。

当表示三个或三个以上的多数意义时，将tɕha ka或tɕha wo后加在单数形式指示代词词根后面，以共同构成复数形式；当表示双数意义时，则在指示代词词根后面加相应的数词gȵis "二"，再后加一个表示整体化意义的语素ka的形式gȵis ka（书面形式）来构成。在玛曲话中gȵis ka中的ka受其前面音节的影响而被同化为ɣa，并在语流中gnɪis的前置辅音g在一定语音环境下多处于脱落状态。

（二）指示代词的语法特征—认知特征

1. 指示代词的语法特征

（1）藏语指示代词数的范畴虽然尚不具系统性、普遍性，但指示代词有单、复、双数的表达形式（见前文例）。指示代词的复数和双数形式多用于指代"人"。

（2）指示代词中有类似于"格"的表示领属、施事、领有等的语法形式，通过内部曲折的手法表达不同的语法意义，扩大或加强了部分语音形式的使用范围和语法功能。也就是说，指示代词在句中因受语义的制约而充当不同的角色，导致语音形式的曲折变化，特别是ndə、tə的单、双、复数形式，以及其他指示代词的双数、复数形式的元音交替。如下表：

指示代词及其音变形式

汉义（原式）	变式（表领属、施事义）	变式（表领有义）
这 ndə	ndi	nde
这俩 ndə ɲi ya	ndə ɲi yi	ndə ɲi yɑ
这些 ndə tɕha ka	ndə tɕha ki	ndə tɕha kɑ
那 tə	ti	te
那俩 tə ɲi ya	tə ɲi yi	tə ɲi yɑ
那些 tə tɕha wo（ka）	tə tɕha wu（ki）	tə tɕha wɔ（kɑ）
那 kan	kan ngə	kan na
那俩 kan ɲi ya	kan ɲi yi	kan ɲi yɑ
那些 kan tɕha wo（ka）	kan tɕha wu（ki）	kan tɕha wɔ(kɑ)
那 hu	hu yə	hu je
那俩 hu ɲi ya	hu ɲi yi	hu ɲi yɑ
那些 hu tɕha wo（ka）	hu tɕha wu（ki）	hu tɕha wɔ(kɑ)
上面那 ju	ju yə	ju je
上面那俩 ju ɲi ya	ju ɲi yi	ju ɲi yɑ
上面那些 ju tɕha ka	ju tɕha ki	ju tɕha kɑ
下面那 mu	mu yə	mu je
下面那俩 mu ɲi ya	mu ɲi yi	mu ɲi yɑ
下面那些 mu tɕha wo	mu tɕha wu	mu tɕha wɔ

指示代词单数形式的曲折变化，与双、复数形式的变化有所不同：单数形式的变化发生于词根本身，而双、复数形式的变化则发生在代词词根后加成分的末音节上。

表示领属、施事意义时，在代词末音节上加领属格助词或具格助词后，使结尾元音发生合读产生音变，有高化、前化等现象。

表示"领有"义时，需要在代词后面加类义格助词 la，la 与代词末音节形式发生合读，即开音节结尾元音发生前化或后化、低化等音变现象，以表示"领有"的语法意义。

（3）指示代词一般不能被指人的疑问代词或代词修饰。同理，指示代词也不能修饰人称代词或疑问代词。

（4）指示代词可以重叠，但使用少。在此举例只是为了说明重叠的表达方式及意义。如：

ŋɑ　ndə　ndə　hgo 。（我要这个这个。）
我　这　这　要

ndə tɕha wo ndə tɕha wo ɕi, khər tɕha ka xa ŋthak no jən。
这　些人　这　些人　作为　他们　肉　剁　的人　是
（这些人为这些人，他们是剁肉的。）

kan tɕha wo kan tɕha wo ɕi,　khər tɕha ka wɕe rdzə no jən。
那　些人　那　些人　作为　他们　面粉和的人　是
（那些人为那些人，他们是和面的。）

hu tɕha wo hu tɕha wo ɕi, khər tɕha ka mo mo li　no jən。
那　些人　那　些人　作为　他们　包子做的人　是
（那些人为那些人，他们是做包子的。）

tə tɕha wo tə tɕha wo ɕi, khər tɕha ka tɕhə len tɕa rku no jən。
那　些人　那　些人　作为　他们　水取茶煮的人是
（那些人为那些人，他们是取水烧茶的。）

ju tɕha wo ju tɕha wo ɕi, khər tɕha ka tɕhaŋ rdək   no jən。
上面那些 上面那些 作为 她们   酒 斟、倒 的 是
（上面那些人为上面那些人，她们是斟酒的。）
mu tɕha wo mu tɕha wo ɕi, khər tɕha ka mbə hdzə rgəm no ɕi。
下面那些 下面那些 作为 她们   牛粪   拾 的 作为
（下面那些人是下面那些人，她们为拾牛粪的。）

  从该段落中，我们不难看出，指示代词复数形式均指代具体的"一些人"或"一帮人"、"一伙人"，不仅如此，与单数、双数形式一样，具有兼指被指代物或人所处位置及距离的远、近，以及听说双方能否亲见等意义。这些信息主要取决于指示代词基本词根本身。如，句中的"这些人"、"那些人"、"上面那些人"、"下面那些人"等，以及它们所蕴含的认知方面的意义的区分等，分别体现于基本根词ndə、kan、tə、hu、ju、mu。

  例中指示代词ndə"这"指代物，以单数形式重叠后不仅表示至少两个以上的意义，而且可突出每一个体。

  这些指示代词（包括人称代词）重叠后具有强调所重叠的内容，有突出和定指的作用。但从口语中很少使用重叠形式的现象看，或许在某种程度上透视出玛曲人不强调"自我"的文化心理，而这种思维方式也许就是制约使用代词重叠形式的内在因素。

  总的来说，不论是指示代词，还是人称代词，玛曲藏语代词的重叠使用还是较少。

  （5）藏语指示代词没有性的区别。

2. 指示代词的认知特征

  （1）指示代词有远、近之分，部分代词兼有方位之区别。ndə

表示近指，表示远指的指示代词有tə、kan、hu等形式，而hu等的使用及所表示的蕴义，与其他两种形式又不尽相同：hu比kan、tə等所指的距离更远，而kan又比tə远些。其中，在交流中kan、hu、ju、mu的音调的拉长与其所指的距离成正比。ju、mu除指代所指物的远近的同时，兼含有方位意义。

（2）指示代词有区别已知信息与亲见信息的意义和功能。

tə在亲见与否、信息的已知与否方面与kan、hu不尽相同：kan、hu所指的"那"多表示视线范围内的，即使指远处的事物或人，也能亲见；而tə所指的"那"既可指听说双方能亲见的，也可隐性地指代双方未亲见但又已知的信息。ju、mu也表示视线之内的，有亲见义。

此外，表示亲见义的指示代词隐含有"指"着说给听者的意思。可以说，一般表示远指且亲见义时，使用 kan、hu；表示远指亲见兼含上下方位义时，使用ju、mu；表示远指未亲见义但已知时则用tə。如，以"家"为例：

   tɕhəm tshaŋ ndə 这一家 (单数，指代"家"；近指；
    家   这
亲见，说者与听者都能见到)

   tɕhəm tshaŋ kan 那一家(单数，指代"家"；远指；亲
    家 那
见，说者与听者都能见到)

   tɕhəm tshaŋ hu 那一家(单数,指代"家"；更远指；可
    家 那
亲见，说者与听者都能见到)

   tɕhəm tshaŋ tə 那一家(单数,指代"家"；远指；不一
    家 那

定亲见，说者与听者不一定都见到，但二者都已知的信息)

  tɕhəm tshaŋ ju 上面那一家（单数，指代"家"；远指；
  家 上面那

亲见，听说双方都能见到）

  tɕhəm tshaŋ mu 下面那一家（单数，指代"家"；远指；
  家 下面那

亲见，听说双方都能见到）

  指示代词的认知特征前文已提及主要表现在指示代词的基本词根ndə、tə、kan、hu、ju、mu上，与它们的"数"的变化等其他因素没有内在关系。

  （3）当指示代词词根后加 tɕha ka 或 tɕha wo时，具有表示复数意义的这两种形式，在现今尤其在青年人中基本可自由使用，但在老人或以往的日常用语中 tɕha ka 和 tɕha wo 则有数量和熟知程度上的一定差异：tɕha ka含数量较少、较陌生或陌生之意；tɕha wo 则相反。

二 功能·用法

  藏语指示代词在句中的功能及用法。大多数指示代词一般在句中常做主语、宾语、定语等。

（一）做主语

  （1）ndə tɕha ka sə tshaŋ ngə zok re?（这些是谁家的牛？）
    这 一些 谁家 的 牛 是
  （2）kan jak kə?（那个好看。）
    那 漂亮

（3）tə ɲi ɣi　　li ɣot khə.（那两人在做。）
　　　那 俩（具格）做 正在

（4）kan tɕhu　tɕhə zək re?（那人是你的什么人？）
　　　那 你（的）　什么　是

（5）ndə kan ngə hwe tɕha re.（这是那个人的书。）
　　　这 那人的　　书　是

（6）ju ɲi ɣi　　　tɕhə zək li ɣot khə.
　　　上面那俩（助）什么 做 正在
　　（上面那两个人在干什么？）

能做主语的指示代词ndə tɕha wo、kan、tə ɲi ya、ndə、ju ɲi ya等，可指代物或人、动物、事等。指示代词所指代的范围较广，若不结合谓语及整句句义的话，就容易产生歧义，不易确定指代的具体对象。因此，一般当句子孤立地出现，而无上下文或前后词语的照应时，在指示代词前面相应地要加上所指代的事物名词，以明确化或区别于他物，此时，指示代词在句中的身分、地位也随之发生相应的变化（见 "定语"部分）。

（二）做宾语

（7）hwe tɕha ndi naŋ ngə ndə hgo.
　　　书　　这里的　　这 要
　　（需要这本书中的这一部分。）

（8）kan khər hgɑ　　wzən na.（给他那个。）
　　　那 他（格助）　给 （虚）

（9）hu tɕha wo ptʂwa ɕi ja hgo nə re.（扎西要那些。）
　　　那些　　扎 西（助）要（虚）是

（10）kan tɕha wo tɕho soŋ　ŋa ɲu.（你去买那些。）
　　　那些　　你 去（虚）买

（11）ndə tɕha ka ŋə　　li　ja.（这些由我来做。）
　　　 这些　　我（具格）做　（语助）

（12）kan　　na　 tɕək ɕot hda.（给他说一下。）
　　　 那人（助词）一　　说（语助）

（13）ptʂwa ɕi　yə　mu tɕha wo　　tɕək wɕat kot khə.
　　　 扎　西（助）下面那些人（助）一　　说　　正在
　　　（扎西在给那些人说什么。）

（14）ptʂwa ɕi　yə　ju ɲi ya　wlaŋ taŋ zək.
　　　 扎　西（助）上面那两个　　取　了
　　　（扎西把上面那两个取下来了。）

例（7）中指示代词ndə"这"作谓语动词hgo"需要"的对象。同理，指示代词kan"那"、hu tɕha wo"那些"、kan tɕha wo"那些"、ndə tɕha ka"这些"、kan"那人/他"、mu tɕha wo"下面那些人"、ju ɲi ya"上面那两个（物）"，分别作谓语动词wzən"给"、hgo"要"、ɲu"买"、li"做"、ɕot"说"、wɕat"说"、wlaŋ"取"的对象。

指示代词作宾语也不受单、复、双数的制约，只要符合语言习惯，可自由使用。例（11）中句末加语素ja，具有表示第一人称的作用外，兼指未来的时间意义和自荐意义。

以上指示代词在句中做宾语等，指代事、物或人等的同时，兼含附带的认知意义。

当有双宾时，名词或名词性词语及指人的其他代词为间接宾语，其后要加类义格助词la及其变体等，以表动作的对象，而指示代词则充当直接宾语，一般直接宾语不加标记。当强调直接宾语时，直接宾语可提前，基本意义不变。见例（8）。

从上例看出，能充当宾语的指示代词有指代人、事、物或动物等的词，指代的范围较广。如kan既指代事或物，又可指代人；ndə既可指代物，也可指代事情等。因此，一些指示代词，单纯依据结构形式是较难准确理解它们所指代的真实对象，而需要与前后语法成分之间的语义关系结合分析，或兼顾语境。

（三）做表语

一定语境中指示代词可做表语。表语一般在谓语成分（系词）前面。如：

（15）kan ngə hwe tɕha ndə re.（那个人的书是这一本。）
　　　那人 的　书　这　是
（16）kan tɕha wo ma re.（不是那些。）
　　　那 些　不 是
（17）hlə len no tə ɲi ɣa re.（唱歌的是那两个人。）
　　　歌唱的 那 两人 是
（18）ki jok kwa wo ndə re, kan ma re.
　　　最 漂亮 的 这 是，那 不 是
　　　（最好看的是这个，不是那个。）
（19）mu　　re.（是下面那个人/物。）
　　　下面那 是

（四）做定语

指示代词能做定语是它最普遍的语法特征或用法。

（20）me thok kan tɕhɔ　　wzən nə re.
　　　花　那　你（格助）给（了）是
　　　（那枝花是给你的。）
（21）koŋ hdʐɿ se ro tə me khə.（那件黄色的衣服没有。）
　　　衣服　黄色 那 没有

（22）hwe tɕha kan tɕha ka tɕher ra ɕok.（把那些书拿过来。）
　　　 书　　那　　些　　拿（虚）来

（23）jə ye ndə kan　　 ngə　　 re.（这封信是那个人的。）
　　　 信　这　那（领属格助）是

（24）kan　　　 ngə　　　 ham so ma wo tə kaŋ na jot?
　　　那（人）（领属格助）鞋　 新的　那　哪里（助）有
　　　（他的那双新鞋在哪儿？）

（25）tɕhəm tshaŋ　 ju　　　（/ju ɲi）　sə tshaŋ re?
　　　家，户　上面那（个）上面那两（个）谁　家　是
　　　[上面那家/上面那两家是谁（们）家？]

（26）kon hdʑə　 mu ɲi ya　　loŋ ŋa toŋ.（拿下面那两件衣服。）
　　　衣服　下面那两个　取（表命令）

（27）mnə　　 ju　　 je　　tsha lə ma htɕək wʑən hda.
　　　人　上面那（类义格）橘子　一　　给（语助）
　　　（给上面那个人一个橘子。）

（28）rta　　kar kar　mu　 sə tshaŋ ngə re?
　　　马　纯白色　下面那　谁　家　的　是
　　　（下面那匹雪白的马是谁家的？）

由上例可知：

①指示代词充当定语指代物或人，一般直接置于中心语后面时，二者之间无需加标记，如例（20）、（22）、（25）、（26）、（27）；而当指示代词做定语指代人，置于中心语前面时，则与人称代词做定语的构成方式雷同，需要在二者之间加领属格助词[（23）、（24）]。

②当出现多个限定成分，特别是含表示性状意义的词语时，指示代词与中心语距离较远，多置于这些词的后面，从而与它们共同修饰或限定中心语，如例（21）、（24）、（28）。

③一般情况下，含领属格助词构成的限定与被限定结构中，以该助词为界，限定成分在前，被限定成分在后；而在不加领属格助词的结构关系中，限定成分在后，被限定成分在前。因此，在同一个句子中，指代人和事物的代词在一定语境中可同时出现，并受其在句中的身份或所处位置的制约，而不产生歧义。如例（23），同显的指示代词ndə和kan分别指代物"信"和人"他/她"。其中，ndə从它与"信"直接组合的方式及其序列可确定其身份为定语，并指代物；而kan从它后面所带领属格助词，以及结合谓语动词可确定其为定语，并指代人，其后隐含被限定的成分（"信"在此句中省略）。

在一定语境中,指示代词作定语,当句子省略了它们所限定或修饰的成分时，与领属格助词相结合可共同充当句子成分。

指示代词做定语时，从结构层次的角度讲，在句中也可做主语或宾语的构成成分（见上例）。

三　特殊现象

指示代词的特殊使用或用法。在藏语口语中指示代词做定语，不仅使用频率高，使用范围广，而且部分用法也特殊。如：

（29）tɕhu　　ndi　　htɕɔ　ndə　khər ra soŋ.
　　　你(具格)(表存在)　牛粪　这　背（虚）去
　　　（你把这牛粪背出去。）

（30）ti　　ka rək tə ɲi ya　kan　na　wʑən na toŋ.
　　　(表存在)　碗　那俩　那人（虚）给　（虚）(表命令)
　　　（把那两个碗给她。）

（31） ndi　　tɕhə ndə　hwe met·ptʂək kə.（这条河极深。）
　　　（表存在）水　这　　极　　　深

（32）ndi　　ȵa ndə tɕha ka hu sa yə mtsho naŋ·ni rtɕɑ joŋ nə re.
　　（表存在)鱼 这 一些　那边 的 湖　里 从 游　来 了 是
　　（这些鱼是从那个湖里游过来的。）

（33）tɕhu　　　　ndi　　rtsa　tho ndə khər ra ɕok.
　　　你（具格）（表存在）草 （捆）这　背（虚）来
　　　（你把这捆草背过来。）

（34）ndi　　hge rgen ndə tɕha ka ɬa sa ni joŋ nə re.
　　（表存在）老师　　这 一些 拉萨 从 来 了 是
　　　（这些老师是从拉萨来的。）

（35）ti　　ri tə hɕak ye ki ma hsəm ji ʐak　jɔ khə.
　　（表存在）布 那 撕（虚）条　三　做 了（表状态的存在）
　　（那块布被撕成了三条。）

（36）tɕha ndi naŋ　na　ȵa jɔ khə.（这条河里有鱼。）
　　　　水　这的 里（助）鱼 有

（37）ŋkhoŋ ȵa kan ngə naŋ　na　mȵə me khə.
　　　房子　那 的 里（助）人　没有
　　　（那座房子里没有人。）

（38）me thok ndə　ku　yə　li nə re.（这花是用绸子做的。）
　　　　花　　这　绸（用）做 了 是

（39）tɕhu　　 tɕhə yə　kan kaŋ ni ȵu nə?
　　　你(具格)狗（小）那 哪里 从 买了
　　　（这小狗你是从哪儿买的？）

（40）tə na me thok ndə hnam ni thər ra ɬoŋ soŋ nə ma ra?
　　　那么　花　　这 天 从 下 往 掉　了 不 是
　　　（难道这花是从天上掉下来的吗?）

从以上例句中我们不难发现，玛曲话中，对指示代词的用法很具特色。同一个指示代词以不同方式，在句中使用或出现两次，且在音节间距上短程间隔，一般第一个多出现在句首［见例（30）、（31）、（32）、（34）、（35）］，少数位于句首稍后音节处［见例（29）、（33）］。尤其是对ndə、tə的使用率很高。

这些指示代词的特殊使用（便于描写，具特殊用法的指示代词其隐含领属格助词后的音变形式行文中简称"特殊指示代词"），一般情况下,有一致性关系,以前呼后应的方式间隔出现：在句中，做定语者即做限定或修饰成分的代词在后，特殊指示代词在前。

在句首出现的特殊指示代词，一般不以原形出现,结合语义和语用分析，应该是隐含有领属格助词"的"vi 的形式。虽然，在形式上该形式具备做限定或修饰中心语的条件，但实质上它并不充当定语作句子成分，而是包含相应指代的内容，因此应该是以名物化的形式相对独立于句子其他成分出现，在句中意义上与其他成分有关联，而结构上无关系。在整句中它的出现，突出了已知或现存着的事物或人等信息，且在语气上稍重有停顿。如：

例（31）中句首的ndi与后出现的ndə，（32）中句首的ndi与后出现的ndə tɕha ka，（35）中句首的ti与后者tə，（29）、（33）中的前者ndi与后者ndə等，是一种先后对照的间歇性"结构"形式。

从句中对它们的具体运用看，二者相同的是所指代的内容，及其蕴含的远近、亲见与否等意义基本一致。不同的是在句中的作用、身分等各具特点：①前者在句中侧重体现对于听者与说者双方来说，所指代的对象至目前为止是现存或已知或亲见的事、物、人等，比后者多了一层强调的语用功能和意义。②而后者纯属于一般性的指示代词,在句中与其他成分发生结构关系，是普通用法，在句中做定语，如同例（36）~（40）中的指示代词ndə和 kan的用法和功能一样，限定或修饰它前面的中心语。③在呼应形式上,前者以"单数"形式出现,而后者不一定局限于前者"数"的制约。也就是说,前者强调的对象的"数",既可以是单数,也可以是双数或复数,而这种"数"的具体变化则体现在后者普通指示代词上。

此处需要说明的是,所谓现存或已知或亲见信息,一包括事物已存在于说话时间之前;二包括行为动作已完成,而此行为动作所导致的结果或状态,在客观上为持续的信息,是已发生或发生不久,也于说话时间之前存在。已知信息,既可是听说双方都能见到的信息,也可是听说双方都已知而未见的信息,而说话时已不在现场的信息,实质上其结果是客观存在着的,对听者和说者来讲,是(刚)过去的信息在记忆中的持续,因此,也属于特殊指示代词强调的内容。

由上所述可见,与句中其他成分发生结构关系、并作相应名词或名词性短语的限定成分而充当定语的指示代词为普通型,其用法及作用和常式句型雷同。而当在句中与其他成分不发生结构关系,且隐含领属格助词,在语气上略重、停顿时,这个指示代词则具有强调和突出作用,属特殊用法。另外,从句子结构形式上,一般也可以作判断,当一般位于句首或稍后的音节处,且本身开韵尾已发生音变或其后带有领属格助词的形式,以及再后有相应词根形式的普通指示代词的出现时,前面这类指示代词即属特殊用法。

也许人们会有一个疑惑:既然它后面有领属格助词"的",想必有被限定的成分,实际上,这类句型的一个突出特点是,特殊指示代词出现时,后面的则是另一个指示代词及其所限定的成分,这里不仅与句中的次序或位置有关,而且一般情况下,它们是否"前呼后应"地出现;其次,指示代词所直接组合限定的成分,一般在它的前面;再次,特殊指示代词后面的部分,一般是一个含普通指示代词的意义基本完整的句子。由此，我们也不难从结构形式上判断哪个是特殊用法，哪个是普通用法，也不用疑虑具特殊用法的指示代词，后加领属格助词"的"后与其他成分发生结构关系。

因此，位居句首或稍后音节处的特殊指示代词，依据上述方法可辨别。如例（29）与例（33）等。

从以上分析看，特殊指示代词的使用，首先与说话者主观意向或愿望有一定关系。也就是说，当说者主观上认为需要强调或突出有关信息时使用。笔者在实地调查记录时，原句义本无强调或突出的语用，而在玛曲本地人随口讲出来时，感觉很自然或者很习以为常地将特殊指示代词加上，似乎有一种使用指示代词作定语时，随之而连带出特殊指示代词的言语习惯，只是当问及它们的作用时，说者意指有表明或点出"现存在"或"已（刚）见过的"或"能亲见"或"已知的"信息。这种对指示代词的特殊使用，据掌握材料，并与发音合作者探讨，特别是强调的范围，一般与时间无关联，只强调或突出所指代的事、物或人等，而不强调与该事、物或人相关的其他信息。

通过对此现象的分析，发现它所强调的信息及其相关内容均可用于三时，与所强调的人或事物等的身分看，一般属于第三人称的范畴。此外，句子谓语为非行为动作动词（包括形容词作谓语）时，结合相应动词、形容词等的特征而定。

玛曲话中使用特殊指示代词的现象，不论是固有的残留，还是后起的发展，它实实在在现存于现代玛曲话乃至安多方言中，而且较为普遍。

此外，在列举的指示代词作定语的例句中，如例（33）中出现的指示代词为普通指示代词kan"那"，在句中可充当单数第三人称代词"他"（或"她"）的角色，词性未变，但在语用上它指代的作用远超过了指示代词所限定或指代的一般功能。指示代词的这种使用，可不带任何被指代的人的名称，是听说双方都已知或亲见的，如同玛曲话中mnə hadŋ一词，在一定语境中可替代单数第三人称男性的"他"一样，可使用于对听者与说者双方来说都已知或能亲见的人，否则需讲出具体人的姓名。

指示代词 kan，在玛曲话和其他安多方言土语中，在句中用来替代单数第三人称的现象较为普遍。如，kan sə re（她/他是谁？）；kan na tɕək ɕot tʂa（给她/他说一下。）。而ndə、tə，在玛曲话中除一定语境外，较少使用，但在农区话中用ndə、tə代替单数第三人称的用法还是较为广泛。如，ndi re（是他/她的。）；ti hwe tɕha re（是她/他的书。）等；ti jə ye ndʂə ɣo ɣə（他/她在写信。）。在玛曲话中，对hu、ju、mu形式的用法，与其他如甘南州的碌曲、佐尔盖等安多其他方言土语相比，还是具有一定的特色。

四　来源初探

现代藏语书面语与口语的比较。

在玛曲话中，上述指示代词的一部分词与书面语的形式及其语义雷同或相近，但对双、复数形式的选择与书面语不尽相同。如：

安多藏语（玛曲话）中的tə、ndə分别与书面语的指示代词de、ɦidi有直接关系；它们的双数形式也与书面语的gɲis ka语义相同语音接近；而复数形式书面语一般用tsho"们"表示，玛曲口语则用tɕha wo或tɕha ka表示（见前文例），这与其他如夏河等安多农区话又有一定差别。至于玛曲话tɕha ka或tɕha wo的来源目前不宜定论，尚待进一步分析。

玛曲口语中的kan、hu、ju、mu，从基本语义及其承载者的基本形式看，它们分别与书面语的gan（旁边）、pha gi（远处）、ja gi（上面、上方）或jas（上面、上方）、ma gi（下面、下方）或mas（下面、下方）可以对照。

在语音上，书面语中的g、ph在安多藏语（玛曲话）中做单辅音声母时多变读为k、h；在语义上，kan与gan接近。因此，口语中的kan应该与书面语的gan对应。而gan是不是kan最初的形式，还是由gam（旁边）演变而来目前还不好下结论。

关于hu、ju、mu，在语音上，从它们的基本辅音h、j、m看，与书面的pha gi、ja gi或jas、ma gi或mas有联系；在语义上，hu、ju、mu分别与书面的pha gi（远处）、ja gi（上面、上方）或jas（上面、上方）、ma gi（下面、下方）或mas（下面、下方）可对照。但从hu、ju、mu的音节构成形式，特别是从它们的元音u看，hu是否与书面语pha gi有直接的关系，ju和mu是否分别与ja gi和ma gi有直接关系，还是与书面语的jas和mas有直接关系。

以下我们先看看其他地方的口语中，与玛曲话能对应或相近的远指（那）的语音形式：如在安多方言区的甘南州碌曲县等地的藏语中表示更远指时可用hə ɣə，在句中若需要带领属格助词时，则以hə ɣi的音变形式出现，而hə ɣə与书面语的pha gi很相近，在安多口语中hə的h是ph的音变形式，ə可能与语音和谐有关，gi也符合安多话语音规律，读作ɣə；此外，卫藏方言拉萨话中远指的（那）用pa gir表示（于道泉，1983：605），康方言德格话中远指（那）用par fidi表示（格桑居冕、格桑央京，2002：124）。从现代方言内部到书面语的比较看，hu、ju、mu分别与pha gi、ja gi、ma gi存在直接语义关系的可能性较大；如果说书面语的pha gi是比口语还要早一些的形式，或者说是现代口语的来源的话，现代玛曲话hu的演变轨迹应该是由pha gi到hə ɣə，再到hu形式，现代书面语和玛曲话之间也应该还有hə ɣə这一演变环节，以此我们也可推导出玛曲话中ju和mu的演变分别可能是：由ja gi和ma gi到jə ɣə（jə ɣi）和mə ɣə（mə ɣi），再到ju和mu的形式。

众所周知，对藏语言的研究，学术界基本达成的一个共识是，认为安多方言的牧区话，特别是像玛曲这样一个语言环境比较单一的纯牧业县，就其藏语来讲，在语音等方面尤其保留有较多的古藏语特征，从安多藏区玛曲、碌曲等地的口语与书面语的比较看，发现hə ɣə比玛曲话的hu更接近于书面语的pha gi。因此，hu与hə ɣə这两种形式在现代安多口语中同显的现象，也启示我们做进一步的思考，也就是说，就表示更远意义的指示代词来讲，藏语本身较早期的形式是书面语的pha gi，还是口语的hu，值得探究。以上只是一种推测，有待继续深入研究。

参考文献

格桑居冕、格桑央京：《藏语方言概论》，北京，民族出版社，2002。
胡坦：《藏语研究文论》，北京，中国藏学出版社，2002。
瞿霭堂、劲松：《汉藏语言研究的理论和方法》，北京，中国藏学出版社，2000。
马进武：《藏语语法明灯》（藏文），西宁，青海民族出版社，1998。
玛曲县志编委会编《玛曲县志》，兰州，甘肃人民出版社，2001。
萨班·公噶坚赞等：《藏文文法》（藏文），北京，民族出版社，2004。
王尧、陈践译注《敦煌本吐蕃历史文书》（藏文）（增订本），北京，民族出版社，1992。
吴安其：《汉藏语同源研究》，北京，中央民族大学出版社，2002。
于道泉：《藏汉对照拉萨口语辞典》（藏文），北京，民族出版社，1983。

白语大理方言的否定词和否定表达方式

王 锋

一 引言

"否定"是语言中共有的语法意义范畴。否定作为和"肯定"相对的范畴,是对现实或情意的否定性表达,它在语言使用中是普遍需要和普遍存在的。但具体到不同的语言和方言,表达否定意义的语法单位(否定词)和语法规则(表达方式)则呈现出各不相同的面貌。白语作为汉藏语系中一种独特的语言,其否定词和否定表达方式也值得研究。下文以白语南部方言(大理方言)为例,简要说明白语否定词和否定表达方式的一些特点。

二 否定词的构成

白语大理方言中否定词主要有三种构成类型。

（一）单纯词

这是当代白语大理方言否定词的常用形式。主要有以下五个：mo^{33}（mu^{33}）、ȵio^{44}、pio^{33}、pɯ^{31}、tsu^{42}。

（二）复合词

由单纯的否定词再加其他词复合而成。之所以把这些复合的词视为一个词，是因为它们结构紧密，用法固定，其意义和用法都相当于一个动词或助动词的否定形式。白语大理方言中复合的否定词主要有两个：ȵio^{44}pɯ^{31}、pɯ^{31}ɕo^{35}。

（三）通过语音交替构成否定词

根据已知的调查材料，白语还有部分否定词是通过语音交替的方法构成的。语音交替是白语中已较为少见的构词法，因此这些否定词也是白语中一种形式较为特殊的词汇。其构成方法是，表示肯定意义的动词或助动词辅音不变，元音经过交替变化表示否定意义。在鹤庆、剑川及洱源西山一带的白语方言中，这种否定词还很常见，类型也较多。但在大理白语中，此类否定词只有一种类型（肯定词的单元音变为带介音u的同部位复元音），其数量也较少。常见的有以下几个：

kue^{32} 不见（ke^{32}看见）　　tuo^{33} 不行，不能（to^{33}行，能）

sue^{33} 不懂（se^{33}懂，知道）　jue^{33}不敢（je^{33}敢）

在很多语言（如汉语）中，还有所谓的缩合（合音）词。也就是单纯的否定词与某些常用的动词、助动词或时间副词经过长期连用以后，结合固定，并进一步缩合成一个音节，构成缩合词。如汉语各方言中的"甭"、"冇"等字。据目前的调查，白语各方言中还没有发现缩合型的否定词。

三　否定词的意义和用法

（一）单纯否定词

大理白语中单纯否定词较为发达，主要有 mo^{33}、ȵio^{44}、pio^{33}、pɯ^{31}、tsu^{42}等五个。这些否定词在功能和形式上有差异和分工，而在意义和用法上，又有类似和交叉之处。

1. mo^{33}（mu^{33}）

mo^{33} 兼属副词和动词，是大理白语中最常用、功能最丰富的一个否定词。mo^{33} 既可以用在动词、形容词、名词或词组后表示对动作或状态的否定，也可用在名词之后表示不存在或不具有。有"没有"和"不"两种意义。其意义和表达形式都有自己的特点。如：

用在单纯的名词后，表示不存在或不具有，意义为"没有"，和 tsɯ^{33}（有，在）相对，如：

ŋɯ^{55}pio^{31}tɕia^{44}mo^{33}。我没有表。
我的 表 架 没有

khɔ^{31}le^{21}xɯ^{31}ɕy^{33}mo^{33}。河里没有水。
河 条 里 水 没有

直接用在动词后，表示对行为或状态的否定，意义为"不"。
pu^{55}ta^{44}ŋo^{31}pe^{44}mo^{33}。那里我不去。
那里 我 走 不

pɔ^{31}jɯ^{44}mo^{33}。他不吃。
他 吃 不

动词后带有时态或结构助词时，mo^{33}的位置在助词之后，表示对行为或状态的否定，意义为"没有"。如：

白语大理方言的否定词和否定表达方式

pɔ³¹sua⁴⁴kuo³²mo³³。他没有说过。
他 说 过 没有
ŋɔ³¹xa⁵⁵tɯ⁴⁴mo³³。我没看见。
我 看 得 没有

修饰动词+名词结构（或为动宾词组），mo³³的位置在名词之后，表示对该动作和行为的否定，意义为"不"。如：

ŋɯ⁵⁵ti³³ŋɯ³³je⁴⁴mo³³。我爸爸不抽烟。
我的爸爸 喝 烟 不
a⁵⁵mi⁵⁵jɯ⁴⁴kua⁴⁴tɯ²¹mo³³。猫不吃骨头。
猫 吃 骨 头 不

在这一类型的否定句中，名词（宾语）可前置，表示强调的意义，如：

kua⁴⁴tɯ²¹a⁵⁵mi⁵⁵jɯ⁴⁴mo³³。骨头猫不吃。
骨 头 猫 吃 不

而与之相对应的肯定句，名词（宾语）的位置只能在动词之后，不能前置构成强调语气。可见，mo³³这一否定词在句子中又是宾语前置的条件。

修饰形容词，位置也在形容词之后，表示对人或事物性状以及动作状态或程度的否定。也有"不"和"没有"两种意义。二者的区别在于，mo³³意义为"不"时，其所修饰的形容词表示的是一种稳定的状态，而作"没有"讲时，所修饰的形容词表示一种可变化的性状，形容词后通常要加上情状成分kuo³²（过）、khɯ⁴⁴（起来）、xɯ⁵⁵（过了）等。如：

xuo³⁵tuo³³tsheɹ⁴⁴mo³³。花不红。
花 朵 红 不
ȵi²¹xeɹ⁵⁵peɹ²¹xu³³mo³³。生活不好。
人 生 场 好 不

111

xuo³⁵tuo³³tshe⌐ɹ⁴⁴khɯ⁴⁴mo³³na³⁵。花还没有红。
　　花　朵　红　　起来没有语助
ȵi²¹xeɹ⁵⁵peɹ²¹xu³³kuo³²mo³³。生活没有好起来过。
　　人　生　场　好　过　没有

用在肯定句的句末构成反复问句，其条件是在mo³³之前肯定部分的末尾用连词ȵi⁵⁵（还是、和，也），表示动作完成的助词kuo³²、lɔ³²、xɯ⁵⁵lɔ³²（过，了）以及表示动作继续或重复的助词na³⁵（还）等。mo³³在句子中的意义有些细微的差别，一般来说，如果问题问的是已完成或正在进行的动作或状态时，mo³³的意义为"没有"，而要问将来的动作或状态，则意义为"不"。如：
　　nɔ³¹pe⁴⁴tso⁴⁴ɕi³⁵ȵi⁵⁵ mo³³？你去不去砍柴？
　　你　去　砍　柴　还是不
　　ȵi⁵⁵tsheɹ³³lɔ³²mo³³？您睡了吗？
　　您　睡　了 没有
　　meɹ⁵⁵ȵi⁴⁴ȵia⁵⁵pe⁴⁴tseɹ²¹xɯ³¹na³⁵mo³³？明天咱们还去不去城里？
　　明　天 咱们 去 城　里　还 不

2. ȵio⁴⁴

大理白语中的ȵio⁴⁴兼属动词和副词，但在用作动词时，意义为"要、需要"，无否定意义。ȵio⁴⁴只在用作副词修饰动词时，才表示否定意义，意义为"不要"、"别"。ȵio⁴⁴是大理白语中仅有的两个位置在动词之前的单纯否定词之一（另一个为pɯ³¹，见后）。一般用在表示否定或禁止意义的祈使句中，对动作行为进行劝止或禁止。按句尾是否加语气助词分别表达两种有细微差别的意义。

ȵio⁴⁴加语气助词，表示劝止等否定语气相对较弱的祈使句。洱海东岸土语一般加xɔ⁴⁴，西岸土语加sa⁴⁴。如：
　　nɔ³¹ȵio⁴⁴sua⁴⁴xɔ⁴⁴！你别说了！
　　你 不要 说　了

ȵia⁵⁵ȵio⁴⁴ɣɯ³³je⁴⁴sa⁴⁴！咱们别抽烟了！
咱们 不要 喝 烟 了

ȵio⁴⁴不加语气助词，表示命令、禁止等否定语气较强的祈使句。如：

nɔ³¹ȵio⁴⁴sua⁴⁴to²¹！你不要说话！
你 不要 说 话

na⁵⁵ȵio⁴⁴ɣɯ³³je⁴⁴！你们别抽烟！
你们不要 喝 烟

有意思的是，大理白语中表示与ȵio⁴⁴意义相对的副词"要、得"，其形式完全和"不要"相同，也为ȵio⁴⁴。二者在句子中的意义通过加不同的语气助词来区别。如前所述，ȵio⁴⁴作否定词时，句尾加语气助词xɔ⁴⁴；ȵio⁴⁴如果用作肯定词，则须在句尾加语气助词na³⁵。如：

ȵi⁵⁵ȵio⁴⁴ue³²te⁴²xɔ⁴⁴！您别喂猪了！
您 不要 喂 猪 了

ȵi⁵⁵ȵio⁴⁴ue³²te⁴²na³⁵！您得喂猪！
您 要 喂 猪

ȵio⁴⁴用在肯定句的句末构成反复问句，其条件是在肯定部分和ȵio⁴⁴之间用连词ȵi⁵⁵（和，也，还是）连接。如：

vu⁴⁴nɔ⁴⁴xeɹ⁵⁵sɿ³¹xa⁵⁵ȵi⁵⁵ȵio⁴⁴？要不要焖些饭？
焖 助词 饭 些 还是 不要

3. piɔ³³

piɔ³³是大理白语中的一个否定动词，表示否定的判断，意为"不是"。从字面上来看，piɔ³³的意义较为单一，但其用法和意义在不同的条件下仍有一些细微的差别。因为piɔ³³分别和系动词tsɯ³³（有、在、是）和表示答应的词tsɔ³³（对、是）相对，从而导致piɔ³³的意义和表达形式也有所不同。

113

piɔ³³ 和系动词 tsɯ³³（有、在、是）意义相对，表示否定判断的陈述语气。piɔ³³ 的位置在句子末尾，和 tsɯ³³ 共同构成一个"甲+tsɯ³³（是）+乙+piɔ³³（不是）"（甲不是乙）的否定判断句式。甲和乙可分别为名词、代词或名词性词组。如：

pɯ³¹ȵi²¹tsɯ³³ŋa⁵⁵tɕhi⁵⁵tɕieɹ²¹piɔ³³。那个人不是我家的亲戚。
那 人　 是 我的 亲　戚　 不是

在这一结构中，tsɯ³³ 可以省略。如：

te⁴²tɯ³¹le²¹（tsɯ³³）ȵia⁵⁵vu³¹piɔ³³。这只猪不是咱家的。
猪　 这 只　（是）　咱们 的 不是

piɔ³³ 和表示答应的词 tsɔ³³（对、是）相对，表示对上文的提及的事物、动作或状态的否定。一般用于句首。例如：

na⁵⁵pe⁴⁴seɹ⁴⁴tshu³³a³²? 你们去割草啊？
你们 去 割　草　啊

piɔ³³，ŋa⁵⁵pe⁴⁴tso⁴⁴ɕi⁵⁵。不是，我们去砍柴。
不是，我们去 砍　柴

和 mo³³ 一样，piɔ³³ 用在句末也可构成反复问句。有三种构成方式：（1）piɔ³³ 加在肯定句的末尾，中间用连词 ȵi⁵⁵（和，还）连接，构成"肯定句+还是+不是？"的疑问结构，这与由 mo³³ 构成的反复疑问句相同；（2）在 piɔ³³ 前加上对应的肯定词 tsɔ³³，中间用连词 ȵi⁵⁵（和，还）连接，加在肯定句之后构成"肯定句+是+还是+不是"的疑问结构；（3）tsɔ³³ 和 piɔ³³ 之间的连词 ȵi⁵⁵ 省略，同时 tsɔ³³ 变读为 tsɔ³⁵，加在肯定句之后构成"肯定句+是否"、"肯定句+是不是"的疑问结构。如：

keɹ⁵⁵ȵi⁴⁴tsɯ³³ua⁴⁴xeɹ⁵⁵pia⁴⁴ȵi⁵⁵piɔ³³? 今天是不是农历初八？
今 天　 是　 月 生　八　还是不是

keɹ²¹ja⁴⁴ɕi⁴⁴khue³¹a³¹tɕie³⁵tsɔ³³ȵi⁵⁵piɔ³³? 肉是不是四块一斤？
肉　 些　 四块　一 斤　 是　还是不是

白语大理方言的否定词和否定表达方式

po³¹tshu³¹pia⁴⁴tso³⁵pio³³? 他是不是赌博?
他　玩　　钱　是　不是

4. pɯ³¹

pɯ³¹是大理白语中仅有的两个位置在动词之前的否定副词之一（另一个为ȵio⁴⁴，见前），和ȵio⁴⁴相比，pɯ³¹的使用频率不高。从来源上看，pɯ³¹一词可能与汉语的"不"有密切关系。在白语某些受汉语影响较大的方言中（如白语昆明西山白语），pɯ³¹的意义和用法都和汉语普通话的"不"相似，可广泛地用在动词、形容词（或词组）之前表示直接否定。但在大理白语中，pɯ³¹用作直接否定的功能不发达。其意义和表现形式如下：

pɯ³¹用在动词前表示直接否定，但较少使用，且否定语气较弱，带有商量和探询的意味，通常只能用于第一人称且语气较弱的句子中。带有否定词的第二、第三人称句子一般都属于语气较强的祈使句，则只能用ȵio⁴⁴来表示否定语气，这是pɯ³¹和ȵio⁴⁴的最大区别。二者的相同之处是句子末尾都要加语气词xo⁴⁴（海东）或sa⁴⁴（海西）。如：

ŋo³¹pɯ³¹sua⁴⁴xo⁴⁴! 我不说了!
我　不　说　了

ȵia⁵⁵tɕi³¹mɯ⁵⁵pɯ³¹pe⁴⁴sa⁴⁴! 咱们不去田里了!
咱们　田　里　不　走了

pɯ³¹用在形容词前表示对所指称事物性状的否定，但使用范围有限。如：

tɯ³¹le²¹tsɿ⁵⁵no³¹pɯ³¹xo³⁵! 这你就不对了!
这　个　是　你　不　合适

pɯ³¹to³¹pɯ³¹se³¹。不大不小。
不　大　不　小

pɯ³¹还与少数几个动词或形容词构成较为固定和常用的否

定结构。如：

ɕi⁵⁵pɯ³¹khv⁵⁵　不甘心　　jɯ⁴⁴pɯ³¹sɿ³⁵　不想吃
心　不　空　　　　　　吃　不　想，愿

mi³³pɯ³¹phia⁴⁴　没想到
想　不　到

总的来说，作为否定词的pɯ³¹在大理白语中功能不很发达，且其在句子中的否定功能并不是独有的，很多时候pɯ³¹可以被其他功能更强的否定词（如mo³³）替换。从使用者的构成看，年纪较大的大理白族人使用pɯ³¹的频率较高。岁数较小的白族人已倾向于使用否定词 mo³³ 来代替pɯ³¹。这就说明pɯ³¹的功能正日益趋于萎缩。如：

jɯ⁴⁴pɯ³¹sɿ³⁵ → ɕia³¹jɯ⁴⁴mo³³　不想吃
吃　不　想，愿　想　吃　不

mi³³pɯ³¹phia⁴⁴ → mi³³phia⁴⁴mo³³　没想到
想　不　到　　　想　到　没有

5. tsu⁴²

tsu⁴²是大理白语中较为独特的一个否定词。除tsu⁴²以外的其他否定词，在其他方言中也有使用，惟有tsu⁴²一词是据目前的调查材料仅见于大理方言中的否定词。其独特性还在于，大理方言中的各土语中，tsu⁴²只分布在在大理市境内；而在大理市境内，又只分布在经济、文化最为发达的洱海西岸地区，与之仅一湖之隔的洱海东岸白族，则完全不使用该否定词。这是白语方言词汇分布方面具有典型意义的一个词。

从意义和形式上来说，tsu⁴²有"不消、不用、不必、不需要"等意义，只能修饰动词，位置在动词之后，充当否定助词。其意义、用法如下：

tsu⁴²直接用在动词后，作否定助词。一般表示"不必要、不需要"做某事，但有时也可带有制止、劝止的意义。如：

nɔ³¹pe⁴⁴tsu⁴². 你不用去。　　ni⁵⁵sua⁴⁴tsu⁴². 您不用说。
你　去　不用　　　　　　　您　说　不用

如动词带有受事宾语，宾语一般需前置，tsu⁴²仍直接跟在动词之后。如：

ŋɔ³¹tsha⁵⁵jɯ⁴⁴tsu⁴²lɔ³². 我不消吃饭了。
我　午饭　吃　不消 了

nɔ³¹tshɯ³¹ja⁴⁴o⁴⁴tsu⁴²lɔ³². 你不用浇菜了。
你　菜　些　浇　不用 了

在对话中，所指称的动作常常可以省略，tsu⁴²加语气助词lɔ³²（了）就可单独回答问题。如：

a³¹ti³³ȵi⁵⁵yɯ³³tsɔ²¹na³⁵mo³³? 阿爸您还喝茶吗？
阿爹　您　喝　茶　还要 吗

tsu⁴² lɔ³². 不喝了。
不消　了

tsu⁴²用在肯定句的句末构成反复问句，其条件是在肯定部分和tsu⁴²之间须用连词ȵi⁵⁵（和，也）连接。如：

meɹ⁵⁵ȵi⁴⁴seɹ⁴⁴tshu³³ ȵi⁵⁵ tsu⁴²? 明天要不要割草？
明　天　割　草　还是 不消

（二）复合否定词

大理白语中的复合否定词主要有两个，即 ȵio⁴⁴pɯ³¹（不要）和 pɯ³¹ɕiɔ³⁵（不用、不消）。

1. ȵio⁴⁴pɯ³¹

ȵio⁴⁴pɯ³¹是由ȵio⁴⁴（要）和pɯ³¹（不）两个单音节词复合而成的否定词，意义类似汉语的"不要"、"别"、"勿"等词。其意义和功能与前文所说的单纯否定词ȵio⁴⁴基本相同。和ȵio⁴⁴相比，

117

ȵio⁴⁴pɯ³¹只用作否定词,意义更为明确,同时也符合白语词汇双音节化的发展趋势。

在表达形式上,ȵio⁴⁴pɯ³¹和ȵio⁴⁴也基本相同。其否定语气的强弱也因句子末尾是否加语气助词而有所不同。加语气助词时,表示劝止等相对较弱的否定语气;不加语气助词,则表示禁止、命令等强制性较强的否定语气。如:

na⁵⁵ȵio⁴⁴pɯ³¹ueɹ²¹xɔ⁴⁴!你们别吵了!
你们要 不   喧闹 了
na⁵⁵ka⁵⁵ȵi²¹ȵio⁴⁴pɯ³¹sa⁵⁵ teɹ⁴⁴。你们不要打架。
你们几 个 要 不 互相 打

2. pɯ³¹ɕiɔ³⁵

pɯ³¹ɕiɔ³⁵是由pɯ³¹(不)和ɕiɔ³⁵(消)两个单音节词复合而成的否定词,意义为"不用"、"不需要"、"不必要"。从其来源上看,它是云南地方汉语"不消"一词借入白语而形成的。因此,严格来说,它是一个双音节否定词,而不完全是由两个单音节词复合而成的。pɯ³¹ɕiɔ³⁵一词不仅音义都借自汉语,其表达方式也和当地汉语中的"不消"一词大体相同。因此,pɯ³¹ɕiɔ³⁵一词进入白语,不仅仅只是词汇的借贷,实质上也是汉语语法对白语影响的一种结果。

前文已提到,大理白语中还有一个表示对应的否定意义的词tsu⁴²。tsu⁴²和pɯ³¹ɕiɔ³⁵的关系表现为两个方面:第一,两个否定词分别使用于不同的土语中,其分布并不重合。前文已提到,tsu⁴²只分布在大理市境内的洱海西岸地区,不见于洱海东岸的白语;反过来,洱海东岸白语则使用pɯ³¹ɕiɔ³⁵来表达相对应的否定意义,完全不使用tsu⁴²。与tsu⁴²仅见于洱海西岸不同,随着汉语影响的持续加深,pɯ³¹ɕiɔ³⁵一词的使用也有不断扩散的趋势,洱海西岸的白语目前已有tsu⁴²和pɯ³¹ɕiɔ³⁵两词并用的现象。第二，两个词在表达方式上有很大不同，如下：

tsu^{42}的位置在动词之后，而pɯ^{31}ɕio^{35}的位置在动词之前。如：a^{31}ta^{55}mo^{33}ɲi^{55}pɯ^{31}ɕio^{35}tsɿ^{55}jɯ^{44}tsha^{55}lo^{32}。大妈您不用做午饭了。

阿 大 妈 您 不 消 做 吃 午饭 了

如动词带有受事宾语，用tsu^{42}做否定词时宾语一般须前置；而在用pɯ^{31}ɕio^{35}做否定词时，宾语可前置，也可不前置。如：ɲi^{55}pɯ^{31}ɕio^{35}tsɿ^{55}tsuo^{32}sɯ^{33}。您不用干活。

您 不 消 做 活 计

ɲi^{55}pɯ^{55}no^{44}pɯ^{31}ɕio^{35}ka^{35}。您不用教他。

您 他 助词 不 消 教

在对话中，使用pɯ^{31}ɕio^{35}作否定词的否定句常常可以省略所指称的动作，这一点和tsu^{42}类似。但tsu^{42}只是在加了语气助词lo^{32}的情况下才能单独回答问题，而pɯ^{31}ɕio^{35}和汉语的"不消"一样，在单独回答问题时可以不加任何其他成分。如：

me^{21}se^{32}no^{44}suo^{33}xɯ^{44}po^{31}ɲi^{55}ɲio^{44}？门还要锁上吗？

门 扇 助词 锁 起 它 还是 不要

pɯ^{31}ɕio^{35}。不用（锁）。

不 消

pɯ^{31}ɕio^{35}用在肯定句的句末构成反复问句，其条件是在肯定部分和pɯ^{31}ɕio^{35}之间须用连词ɲi^{55}（和，也）连接。如：

ŋo^{31}ta^{44}ɲi^{55}no^{44}pe^{44}tsɿ^{55}tsɿ^{33}ɲi^{55}pɯ^{31}ɕio^{35}？

我 和 您 助词 去 赶 街 还是 不 消

要我和您一起去赶集吗？

（三）通过语音交替构成否定词

根据已知的调查材料，白语有很多否定词是通过语音交替的方法构成的。语音交替是白语中已经较为少见的构词法，因此这些否定词也是白语中一种形式较为特殊的词汇。其构成方法是，表示肯定意义的动词或助动词辅音不变，元音经过交替变化表示否定意义。在鹤庆、剑川及洱源西山一带的白语中，这种构词法仍很发达，构成的否定词数量也很多。很多白语研究者都已注意到这类词，如徐琳、赵衍荪 1984 和郑张尚芳 1999。段伶先生近期还对此类词进行了专门研究，认为其构成有三种类型：一是肯定词的元音为ɯ（ꞏ）的，否定词变为u；二是肯定词韵母元音为i，否定词变为y；三是肯定词的元音为其他元音的，否定词变为带介音u的同部位复元音（段伶，2004）。

在大理白语中，这种构词法仍有保留，但数量较少，且多属第三种类型，第一、第二种类型已很少见。在意义上，否定动词表示对动作或状态的否定，否定助动词则多为表示"不可为"、"难为"、"不敢为"。常用的只有以下几个（括号中为对应的肯定形式）：

kue^{32} 不见（ke^{32} 看见）　　tuɔ^{33} 不行，不能（tɔ^{33} 行，能）
sue^{33} 不懂（sɯ^{33} 懂，知道）jue^{33} 不敢（je^{33} 敢）

否定性动词表示对动作或状态的否定，在句子中可直接做谓语，如：

a^{55}mi^{55}le^{21}kue^{32}xɔ^{44}。猫不见了。　　ŋɔ^{31}sue^{33}。我不知道。
猫　　只　不见　了　　　　　　　　　我　不知道

否定动词如果带宾语，宾语须前置。如：

sɿ^{31}vu^{31}tɯ^{31}the^{55}pɔ^{31}sue^{33}。他不知道这件事。
事　情　这　件　他　不知道

另外应看到，sue^{33}和kue^{32}虽然同是否定性动词，但二者有区别，因为sue^{33}是个自主动词，而 kue^{32}是个非自主动词，所以前者可以带宾语，后者则不行。kue^{32}除了用在与前文"猫不见了"类型相同的句子中之外，一般只能和自主动词 xa^{55}（看）连用。如：

120

sŋ³⁵tshueɹ⁴⁴nɔ⁴⁴ŋɔ³¹xa⁵⁵tɯ⁴⁴kue³²。我没有看见（那本）书
书　册　助词我　看　得　不见

否定助动词的出现位置有三种情况：（1）紧跟在动词之后；（2）位置在动词之后，中间用结构助词连接；（3）动词如带名词，则名词位置在动词和否定助动词之间。三种表达方式分别举例如下：

sua⁴⁴jue³³。不敢说。　　　sua⁴⁴tsɿ²¹tuo³³。不能说。
说　不敢　　　　　　　说　得　不行

sua⁴⁴tou²¹tuo³³。不能说话
说　话　不能

否定动词和助动词都能单独使用表达否定意义。如：
nɔ³¹teɹ⁴⁴ʥɔ²¹pɯ⁵⁵nɔ⁴⁴tɔ³³ɲi⁵⁵mo³³？你打得过他吗？
你　打　赢　他　助词得　还是 不

tuo³³。打不过。
不行

四　大理白语否定词和否定
　　表达方式的特点

作为白语的一种重要方言，大理方言具有自己鲜明的特点，这在否定词和否定表达方式上也有体现。这也充分说明了白语语言结构的复杂性。和白语其他方言比较，大理方言否定词和否定表达方式的主要特点有以下几方面。

（一）否定词和其他方言有较大差异

从词汇的角度看，大理白语的否定词与其他几个白语方言之间的差异较大，以单纯词为例，大理白语的否定词主要有mo³³

（mu^{33}）、ɲio^{44}、pio^{33}、pɯ^{31}、tsu^{42}等几个，其中 mo^{33}（不、没有）的功能最多，使用频率也最高。而在中部方言（剑川方言）和北部方言中，最常用的否定词是 a^{35} 或 ja^{35}（不）。mo^{33}一词在其他方言中也有使用，但一般只限于"没有"的意义，而没有表示"不"的直接否定功能。反过来，其他两个方言中的 a^{35} 和 ja^{35} 则完全不见于大理方言。最为特殊的是大理白语中的否定词 tsu^{42}，只为大理洱海西岸地区所独有，在其他方言中都不见使用。一般认为，白语三个方言在语言结构上差别不大，但大理方言否定词和其他两个方言的较大差异，则是白语方言结构差异的重要表现。

（二）在否定词的构成中，分析方式和语音交替并存，但语音交替方式已不占优势

如前所述，大理白语中的否定词有的由分析方式构成，有的则由语音交替方式构成，形成一种分析、屈折并用的构词格局。但大理白语中的屈折构词仅保留了少数几个词，分析方式构成的否定词占了绝对优势。而北部和中部方言中，屈折方式构词法仍很发达。屈折方式构词应该是白语中早期构词的重要方法，但在大理方言中，已被分析法取代。这也说明在白语的几个方言中，大理方言的发展较快。

（三）否定词的位置有的在动词前，有的在动词后，但以在动词后占优势

在大理白语中，否定词的位置有的在动词前，有的在动词后。应该说，不同的否定词位置不同，也属正常。但大理白语中一些否定词有同样的意义和功能，却位置不同。如 mo^{33}（不）只能用在动词后，而同样表示直接否定的另一个否定词 pɯ^{31}（不）却只

能用在动词之前。这就造成一种同样功能的两个否定词并存并用的格局。但可以看出，用在动词后的否定词 mo^{33} 更占优势，而 pɯ^{31} 的使用频率不高。和其他方言比较，可以看到其他两个方言中表示直接否定的否定词是a^{35}或ja^{35}（不）位置都在动词之前。因此，否定词以在动词之后占优势可以说是大理方言的又一特点。

五　结语

否定词是语言中使用频率很高的词类，因此，否定词往往具有很明显的封闭性和稳定性，其发展变化一般较为缓慢。从白语大理方言的材料可以看到，大理白语中的否定词功能各异，其构成方法以及在句子中的位置等，都有多样的形式，并与白语其他各方言有很大的区别。这种现象说明，白语的否定词处于一种活动状态中，其发展趋势值得进一步关注。

参考文献

段伶：《白语肯定动词和否定动词》，《民族语文》2004 年第 1 期

吴安其：《藏缅语的分类与白语的归属》，《民族语文》2000 年第 1 期。

习之：《白语剑川方言与大理方言语序比较》，《云南民族语文》1988 年第 3 期。

徐琳、赵衍荪：《白语简志》，北京，民族出版社，1984。

徐琳、赵衍荪：《白汉词典》，成都，四川民族出版社，1990。

郑张尚芳：《白语是汉白语族的一支独立语言》，载潘悟云、石锋编《中国语言学的新拓展》，香港，香港城市大学出版社，1999。

论羌语的名量词*

黄成龙

一 引言

从跨语言的研究来看,量词是名词范畴化的一种。许多语言类型学家、描写语言学家、人类学家、认知心理学家和认知语言学家等对世界上不同语言名词范畴化的研究认为人类语言的名词范畴化可分为四类:(1)类名词(noun terms/class noun),(2)名词"性"范畴一致关系(gender agreement),(3)数量词(numeral-classifiers),(4)动量词(verb classifier)① (Aikhenvald 2000; Croft 1994; Dixon 1986)。数量词是东亚及东南亚语言和许多南美土著语言的区域性特征之一,同时在北美、澳洲及非洲也有零散分布。

---

* 本文初稿于 2004 年 11 月 20 日在中央民族大学汉藏语研究中心召开的"戴庆厦教授从教和研究五十周年"学术讨论会上宣读,以及 2005 年 3 月 9 日在北京大学汉语语言学研究中心"语言学前沿问题"系列讨论会上宣读。曾得到北京大学中文系陈保亚教授、叶文曦教授、汪锋博士及中文系其他师生的宝贵意见,同时还得到罗仁地教授和余文生博士的修改建议。在此向这些提供宝贵意见的专家、学者深表谢忱。

① 这里所说的动量词与我们所谓的动量词不同,这里的动量词是指北美、澳洲某些语言所表达的名词的类别反应在动词上(动词的一致关系)。我们所谓的动量词是数量词的一种,或称为动作量词(verbal action classifiers)。

羌语量词研究现状来看，已经出版或即将出版的几本专著，如孙宏开（1981）、刘光坤（1998）、黄布凡和周发成（2006），把量词列入主要词类。而另两本把量词列为名词的一个小类，如 LaPolla & Huang（2003）、Huang（2004）、黄成龙（2006）。迄今为止，还没有一篇专门讨论羌语量词的论著。

汉藏语研究学者一般把量词分为名量词和动量词两大类。名量词表示事物的类别（sortal classifiers）或度量，可以作名词的修饰成份，也可以作中心词和话题。动量词表示动作的频率或持续的时间，只能作动词或句子的修饰成份。

本文以羌语北部方言雅都土语荣红话为主，结合羌语其他方言土语；从功能类型学、语义、认知语言学范畴化的典型理论（prototype theory）、形态、句法和语用的角度详细讨论羌语名量词的语义分类、韵律特征（prosodic features）及形态标志、句法及语用功能、量词的来源（emergence）和发展。

二 语义分类

羌语名量词根据其语义特点分两大类：类别量词（sortal classifiers）和度量词（measure words/quantifiers）。类别量词是东亚及东南亚很多语言的区域性特征之一，度量词是世界上每种语言都有的普遍特征（Denny 1986；Grinevald 2000）。羌语中类别量词和度量词语义上有差异，但句法和语用上基本上无区别。

（一）类别量词

类别量词也称作真正类别词（true classifiers），它是修饰可数名词的；并对名词起分类、区分作用。类别量词基本上只指以前所谓的个体量词。个体量词是个体化的类范畴。类别量词反映人类感知（Adams 1986；Aikhenvald 2000；Lakoff 1986），根据名词固有特征，如生命度、形状、特质和功能（Allan 1975；Becker 1975）为基础进行分类的。羌语里有三个以上的通用类别词，使用范围很广。同时，还有一些指具体事物形状、特质和功能的个体类别词。

1. 通用量词"个"

犹如汉语通用量词（general classifier）"个"，羌语也有通用量词"个"。汉语的通用量词"个"使用范围很广，它既可以用在有生命的物体，也可以用在无生命的物体。羌语的通用量词有三个或三个以上，试比较麻窝话（刘光坤，1998：146~149）、荣红话（LaPolla & Huang 2003：65~68）、桃坪话（孙宏开，1981：91~95）和蒲溪话（Huang 2004：73~76）的通用类别词，如表1。

表1 羌语通用量词（general classifier）"个"

土语点	人	动 物	无生命物体
麻窝话	ʂə/ri	ri	rguə
荣红话	tʂ/ze	ze/u	ze/u
蒲溪话	tɕi/la	zi	la
桃坪话	lə^{33}/tʃ^{33}	zia^{33}	χgy^{33}

从表1可以看出，虽然羌语通用类别词有生命度（animacy）区分，已经出现人、动物和无生命之分，但在各方言土语中，生命度区分程度不一致。有的土语对生命度区分还不太严密，其边界还比较模糊，如麻窝话的ri可以用在人和动物（有生命的），rguə用在无生命的物体。蒲溪话的la用在人和无生命物体的后面，而zi用在动物名词的后面。在荣红话里tʂ一般用在人之后，ze用在任何实体（人、动物、无生命物体）的后面，u用在小型实体（人、动物、无生命物体）或圆形物体之后。桃坪话已经严格区分人、

动物、无生命物体。类别词lə³³/tʂʅ³³指人，zia³³指动物，而χgy³³指无生命物体。

2. 形状

从认知语言学名词范畴化的典型理论角度来看，形状（shape）和大小（size）是名词范畴化过程中最典型的特征。这个特征也是跟跨语言研究得出的证据相一致（Adams 1986：245~57；Aikhenvald 2000：98；Allan 1977：285~311；Bisang 1993：16；Croft 1994：145~71；DeLancey 1986：437~52；Denny 1979：317~35；Hla Pe 1965：163~85；Lee 1987：404~05）。因此可以认为形状和大小是名词范畴化为类别词的最基本、普遍的特征之一。从羌语的情况来看，形状也是类别词分类的最典型的参数之一，如表2。

表2 表示形状的量词

形 状	麻窝话	荣红话	蒲溪话	桃坪话	语 义
条状（一维）	ri	lɑ	dzi	dzi²⁴¹	"条"
片状（二维）	khçaq	fie	tçha	bzɿ³³	"片"
球状（三维）	rguə	u	gu	χgy³³	"个、块儿"

从表2来看，很明显条状类别词和球状类别词在四个土语点里有明显的对应，应该说它们共同来源于原始羌语。条状类别词可能来源于形容词"长"（麻窝话dzi、荣红话dzə、蒲溪话dzi、桃坪话dzẹ³³），不过其声母在麻窝话弱化为颤音[r]，在荣红话里变为舌尖后边音[l][1]。球状类别词在麻窝话、荣红话和桃坪话里与表示无生命的通用类别词相同。片状类别词在麻窝话中是khçaq（孙宏开，1981：199）和蒲溪话中为tçha，其意义为"叶子"对

---

① 由于羌语里舌尖中边音[l]和舌尖后边音[ɭ]不对立，故记作舌尖中边音[l]。

应于荣红话和桃坪话的"树叶"一词，如荣红话为xtʂapa，桃坪话为 tɕha⁵⁵qə³³。而荣红话的fie，不知道来源于什么名词，桃坪话的bzɿ³³可能来源于bzɿ³¹me³³"布"；片状类别词应该不是来源于原始羌语，而是平行发展起来的。

表 2 中我们只列举了四个土语点表示形状的最典型的三个类别词，下面我们从荣红话[1]更多的类别词来看名词范畴化为类别词更深层次的一些特征，如表3。

表3 荣红话的类别词

形 状	量 词	语 义
条状（一维）	a-la a-thiau	一根（树、木材、草、头发、火柴、手指、皮带、尿、凳子）等 一条（烟、鱼）等（汉借）
片状（二维）	e-fie a-tʂan	一片（树叶、木板、竹片）等 一张（纸、桌子）等（汉借）
球状（三维）	o-u̯	一个（球、气球）等
工具（把形）	a-pa	一把（锄头、刀子、菜刀、斧头、笤帚、椅子）等（汉借）
其 它	a-qəi o-qu̯tu o-zgu	一件（衣服） 一朵（花） 一棵（树）

从表3可以看出，羌语荣红话的类别词la用于多数条状的名词，包括汉语借词"火柴"、"皮带"、"凳子"之后。不过新借词，直接借用西南官话，如"烟"，而"鱼"虽然是固有词，但羌族以前很少吃鱼，"鱼"这个词使用频率很低，因此"鱼"用借用类别词"条"。片状也是如此，固有词一般用类别词fie，但"桌子"是借词，"纸"虽然也是固有词，但要用借来的类别词"张"。表示工具的类别词是按照物体的功能进行分类的，但羌语荣红话里

---

[1] 除特别举例羌语哪个土语点外，下面未注明的均为羌语荣红话的例子。

没有固有类别词，直接借用西南官话的"把"。除了以形状和功能成类的类别词外，还有一些不成类的，表示具体事物类别的类别词，如"树"用类别词 zgu "棵"、"花"用类别词 qu̥ tu "朵"、"衣服"用类别词 qəi "件"等等。

（二）度量词

度量词一般作为度量单位，也就是说度量词把不可数的名词构成可数的单位。它可以用于大量的名词。度量词一般修饰不可数名词的，对不可数名词起量化作用。羌语里度量词可以分为个体度量词（individuated measure words）和群体度量词（group measure words）。

1. 个体度量词

我们把表示时间单位（temporal units）、尺寸单位（measural units）、重量单位（weight units）和一些名词作为度量单位的都看作是个体度量单位，如表4。

表4　个体度量词（individuated measure words）

时间	a-s	一天	重量	o-pu	一升
	a-ɕ	一个月		a-quat	一斗
	a-p	一年		a-tɕ	一斤（汉借）
	e-ʂe	一生、一辈子		o-lu	一两（汉借）
尺寸	a-tu̥ʂ	一拃	其它	a-l	一锅（名词：dzʂə）
	e-ze	一庹		a-ʂuət	一桶（名词：ʂuət）
	a-tsan	一丈（汉借）		e-phin	一瓶（名词：phintsə）
	a-tʂ	一尺（汉借）		a-phiau	一瓢（名词：phiau）
	e-tshun	一寸（汉借）		a-pau	一包（名词：pau）

表4我们列举了表示时间、尺寸、重量以及名词作个体度量词的一些例子。表尺寸和重量的度量词有标准和非标准之分，非

129

标准度量词一般是固有词，如tʉə̣ "拃"、ze "庹"、pu "升"和quɑt "斗"。标准度量词都不是固有词，借自西南官话，如tʂɑn "丈"、tʂ "尺"、tshun "寸"、tɕ "斤"和lu "两"。除此之外，还有许多名词（无论是固有词还是借词）用作度量词，如固有词dzə "锅"、ʂuət "桶"等；借词phin "瓶"、phiɑu "瓢"、pɑu "包"等。

2. 群体度量词

由很多个体构成一个度量单位的，如家、群、堆、束、行、串、排、组、套、盒以及表示成双成对，我们处理为群体度量词，如表5。

表5 群体度量词（group measure words）

群 体	量 词	语 义
集合（Groups）	o-qʉpi	一家、国家
	a-wʉ	一群（人、动物）、一堆（草、石头）等
	a-pɑ	一束（花）（汉借）
	a-ʯtʂ/a-phai	一行、一串、一排（固有词/汉借）
	o-tsu	一组（汉借）
	a-thɑu	一套（汉借）
	o-ʯo	一盒（汉借）
成对（Pair）	e-tue	一对（眼睛、耳朵、耳环、手镯等）
成双（Pair）	e-tsi	一双（鞋、袜子、筷子、裤子、眼镜等）

群体度量词中，度量词qʉ pi既可以指一家，也可以指一个国家。度量词wʉ可以指有生命的人或动物"群"；同时也可以指无生命的物体，如石头、草"堆"。有的度量词有固有词和借词两种形式，如行、串、排等。借词的使用频率比固有词高。有的度量词没有固有词，只有借词，如束、组、套、盒等都借自西南官话。有意思的是"裤子"在汉语里用类别量词"条"，但在羌语荣红话里用"成双"的度量词。从这可以看出，汉羌民族对"裤子"的

不同感知。汉族认为裤子是长条形的，因此用量词"条"。而羌族人民看来，"裤子"有两个裤腿，故用成双的度量词"双"。

无论表类别的量词，还是表度量的量词只能与具体名词一起出现，指类名词（generic nouns）、抽象名词或物质名词不带任何量词。如例句（1a）中名词ʐdʑi"病"当作指类名词或抽象名词，因而不带任何量词。但在例句（1b）中名词ʐdʑi"病"被看作是具体名词，带量词"背"，表示某人身上有一种具体的病。在例句（2a）中名词tsə表示"水"，是物质名词，不带量词。而例句（2b）中名词tsə表示"河流"，是具体名词，带表示长条形的量词"条"：

（1） a. the: ʐdʑi le.
　　　　 3单　病　　有
　　　　 他/她有病。

　　　 b. the: ʐdʑi e kue le.
　　　　 3单　病　一　背　有
　　　　 他/她有一种病。

（2） a. Χotʂ the ze -tɑ tsə mo- lu.
　　　　 山谷　那个 -位格　水　否定- 来
　　　　 那个山谷里没有水。

　　　 b. Χotʂ the ze -tɑ tsə ɑ lɑ lu.
　　　　 山谷　那个 -位格　河　一　条　来
　　　　 那个山谷里有一条河。

三　韵律特征及形态标志

羌语名量词有个很有趣的韵律特征就是名量词与数词、指示代词和有定/无定结合要遵循一定的韵律规则，即元音和谐。从形态看，量词自身没有什么形态（曲折）变化，但在实际语言环境中可以带格标记、话题标记。

（一）韵律特征

数词或指示代词与名量词在韵律上要求和谐（孙宏开，1981；刘光坤，1998；黄布凡，1991；黄成龙，1993；LaPolla & Huang 2003），具体说来，量词的元音为展唇元音，数词或指示代词的元音就变为展唇元音；如果量词的元音为圆唇元音，数词和指示代词的元音也为圆唇元音。若量词的元音为高元音，数词和指示代词的元音也为高元音。如果量词的元音为低元音，数词或指示代词的元音也为低元音。假如量词的元音为前元音，数词或指示代词的元音也为前元音。当量词的元音为后元音时，数词或指示代词的元音也为后元音，如表6。

表6 数词与量词元音和谐

前元音		后元音	
e-ze	一庹	ɑ-lɑ	一根
a-phai	一排	o-lu	一两（圆唇元音）

有趣的现象是如果数词是e"一"时，指示代词、有定/无定与量词ze"个"结合；量词合并（merge）到前面的指示代词或有定、无定标记，并音质变长（vowel lengthening）：

e	"一"	+	ze	"个"	>	e:	"一个"
tse	"这"	+	ze	"个"	>	tse:	"这个"
the	"那"	+	ze	"个"	>	the:	"那个"
ke	"不定指"	+	ze	"个"	>	ke:	"不定的那个"
le	"定指"	+	ze	"个"	>	le:	"特定的那个"

（二）形态标志

量词自身没有什么形态（曲折）变化，但在实际语言环境中，可以带格标记和话题标记。羌语中量词不能单独重叠，但数量短语可以重叠。数量短语重叠后表示"顺序、依次、连续"意义，例如：

ɑ q ɑ q	"逐串"	e ze e ze	"逐个"
一 串 一 串		一 个 一 个	
o qu̯pi o qu̯pi	"逐家"	o lu o lu	"逐两"
一 家 一 家		一 两 一 两	

1. 格标记

名词短语带数量短语时，格标记都出现在数量短语之后，如例句（3）中，（3a）量词后没有任何标记；而（3c）没有名量词。例句（3b）施事格标记-wu出现在量词ze"个"之后；例句（3d）工具格标志出现在量词pɑ"把"之后：

（3）a. the: -wu pie -le ze ɦa- tʂ.
3单 -施事 猪 -定指 个 方向- 杀
他/她把那头猪杀了。

b. mi e ze -wu pie -le ze ɦa- tʂ.
人 一 个 -施事 猪 -定指 个 方向- 杀
有个人杀了那头猪。

c. the: thiɑukəʴ -wu stuɑhɑ tɕhə.
3单 勺子 -工具 饭 吃
他/她用勺子吃饭。

d. the: thiɑukəʴ ɑ pɑ -wu stuɑhɑ tɕhə.
3单 勺子 一 把 -工具 饭 吃
他/她用一把勺子吃饭。

2. 话题标记

数量短语可以带话题标记，但不是强制性的；如例句（4）数量短语后面的话题标志-ŋuəȵi不是强制性的，而是选择性的，既可以出现，也可以不出现。出现的时候，一般表示强调。

（4） pi   a   la -（ŋuəȵi）   pə   tɕhe.
        笔   一   支 -（话题）   买   需要
        需要买一支笔。

四　句法及语用功能

名量词的句法功能是指名量词主要做名词的修饰成分，当名量词修饰名词时始终出现在名词后面。在特定的语言环境中，它可以做名词短语的中心词（head of an NP）或句子的核心论元（a core argument of a clause），名量词的语用功能，可以作为话题、焦点、回指（anaphoric）或有指（referential）功能。

（一）修饰成分

当数量短语单独修饰名词时，出现在名词之后，如果数量短语和指示代词一起修饰名词时，数量短语出现在指示代词之后。当三个以上修饰成份修饰名词时，数量短语永远出现在名词短语的最后位置。羌语名词短语的次序为：（关系子句）+名词+（形容词）+（指示代词）+（数量短语），如例句（5）：

（5）[qa   zə- pə -ji]   fa   xsə   thɑ   xsə   qai
      1 单   方向- 买 -完成体   衣服   新   那   三   件
      我买的那三件新衣服

在度量词中，表时间的度量词在句法上与其它度量词有区别。表时间的度量词多数情况下是作句子层面的修饰成分，如例句

（6）；虽然在某些语境中可以作名词的修饰成份，但必须带属格标记。其位置不固定，既可以出现在名词之前，如例句（7），也可以出现在名词之后，如例句（8）。其他度量词修饰中心词时，出现在中心词之后，且不带属格标记，如例句（9）和（10）：

（6）the: dzə ɑ s tə- bəl.
　　 3单 事情 一 天 方向- 做
　　 他/她做了一天事。

（7）the: ɑ s -tɕ dzə tə- bəl.
　　 3单 一 天 -属格 事情 方向- 做
　　 他/她做了一天的事。

（8）the: dzə ɑ s -tɕ tə- bəl.
　　 3单 事情 一 天 -属格 方向- 做
　　 他/她做了一天的事。

（9）the: panə ɑ tɕ zə- pə.
　　 3单 东西 一 斤 方向- 买
　　 他/她买了一斤东西。

（10）the: ɕi e phin sə- tɕ.
　　 3单 酒 一 瓶 方向- 喝
　　 他/她喝了一瓶酒。

虽然绝大多数土语数量短语修饰名词时，名量词一般出现在数词之后，如例句（1b）、（2b）、（3）、（4）、（5）。不过麻窝话量词与数词"一"结合时，词序不固定，有时出现在数词之后，如例句（11a）和（12a）。有时出现在数词之前，如例句（11b）和（12b）（刘光坤，1998：144）：

（11）a. stə a rɤ 　　一锅饭
　　　 饭 一 锅

135

　　　　b. stə　　　ra　　　　　　　一锅饭
　　　　　　饭　　　锅：一
（12）a. ʁlupi　　a　　rguə　　　一块石头
　　　　　石头　　一　　块
　　　　b. ʁlupi　　rgua　　　　　一块石头
　　　　　石头　　块：一

（二）中心词及核心论元

　　数量短语单独不能作中心词，只有在具体的语境里，说话人认为说话双方对所谈论的指称（referent）都知道了的时候，已知指称（given referent）就省略，而数量短语就可以作中心词或句子的核心论元，如例句（13）后一分句中的数量短语a qai"一件"分别指前一分句提到的指称fa"衣服"：

（13）qa　　nəs　　fa　　jə qai zə-　pa,
　　　 1单　昨天　衣服　两　件　方向-买：1单：完成体）
　　　 a qai -ŋuəni ba -ṣu̯ə, a　qai -ŋuəni qhuat ŋuə.
　　　 一件 -话题 大 太 一 件 -话题 正好 是
　　　 我昨天买了两件衣服，一件（衣服）太大了，一件（衣服）很合身。

（三）语用功能

　　羌语中名量词一般不能省略，不过刘光坤先生（1998：145）指出麻窝话名量词与数词a"一"一起出现时，名量词可以省略，如例句（14）~（16）：

（14）na　　　dzu-　tɕy　-ji.　（na > nə"人"+a）
　　　 人：一　方向-来　-状态变化
　　　 一个人来了。

（15）khua de- ɕi -ji. （khua> khuə"狗"+a）
　　　狗：一 方向- 死 -状态变化
　　　一只狗死了。

（16）lutɕi zəʂkua kuə- tsi -ji. （zəʂkua > zəʂkuə
　　　"老鼠"+a）
　　　猫 老鼠：一 方向- 抓住 -状态变化
　　　猫抓住了一只老鼠。

由于语言的使用离不开一定的语境，我们把名量词放在比较大的语言环境，我们就能看出一些个很有意思的语用现象，如指称性（referentiality）、回指、话题和焦点。

1. 指称性

虽然羌语的名量词比较丰富，但不是强制性的（obligatory），在特定的语言环境里数量短语可以不出现，在这种情况下，名词是无指的（non-referential），也就是没有指具体的实体（entities）。使用名量词时，名词是有指的（referential），即指具体的实体，如例句（17a）中名词 xʂe "牛" 不指任何具体的 "牛"。在例句（17b）里 xʂe "牛" 指具体的一头 "牛"：

（17）a. zə -ʁa xʂe zi. （无指——没指具体的牛）
　　　　地 -位格 牛 有/在（有生命）
　　　　地里有牛。

　　　b. zə -ʁa xʂe e ze zi. （有指——指具体的牛）
　　　　地 -位格 牛 一 个 有/在
　　　　地里有一头牛。

2. 回指

名量词与数词或名量词与指示代词都可以回指前面提到的指称，但二者在语义指称上有些差异，如例句（18）：

137

（18）a. tɕile   tɕiu -lɑ [mi   e   ze]ᵢ i- pəl, [tse
　　　 1复   家 -位格 [人   一   个]ᵢ 前缀- 来 [这
　　　 ze]ᵢ -(ŋuəɲi) ʁəˈ ŋuə.
　　　 个]ᵢ -(话题)   汉人   是
　　　 我们家来了 [一个人]ᵢ，[这个（人）]ᵢ 是汉人。

b. tɕile   tɕiu -lɑ [[mi]   xsə tʂ]ᵢ i-   pəl,
　 1复   家 -位格   人   三个   前缀- 来
　 [e   ze]ᵢ₁ -(ŋuəɲi) ʁəˈ ŋuə, [e   ze]ᵢ₂
　 [一   个]ᵢ₁ -(话题) 汉人   是   [一 个]ᵢ₂
　 -(ŋuəɲi) ʂpe ŋuə, [e   ze]ᵢ₃ -(ŋuəɲi)
　 -(话题)   藏人   是   [一   个]ᵢ₃ -(话题)
　 zme   ŋuə.
　 羌人   是
　 我们家来了 [三个人]ᵢ，[一个（人）]ᵢ₁ 是汉人；
　 [一个（人）]ᵢ₂ 是藏人；[一个（人）]ᵢ₃ 是羌人。

例句（18a）后一句中的指示代词-量词短语tse ze"这个"完全回指前一分句的指称mi e ze"一个人"，属于等同回指。例句（18b）中的后三个分句虽然也回指前一分句的指称mi"人"，但不是等同回指；后三个分句中的三个e ze"一个"分别只回指mi xsə tʂ"三个人"中的"一个"，因此e ze"一个"只回指部分。

3. 话题（*topic*）

LaPolla & Huang（2003）和 Huang（2004）都认为羌语的语法关系不是由句法功能（主语）和（宾语）决定的；而是由语义（（施事）与（受事））和语用（（话题）与（焦点））决定。羌语也象汉语一样的是话题显著（topic-prominent）的语言。任何名词性成份只要作句子的论元，都可以作为话题，并且可以带话题标志，数量短语就是其中之一（参见例句（4）、（13）和

(18))。

4. 焦点（focus）

数—量短语或指示代词—量词短语是否可以作为焦点，我们可以从假分裂结构（pseudo-cleft-construction）来看，羌语中典型的假分裂结构（canonical pseudo-cleft constructions）是：话题+窄焦点+判断词，即话题出现在句首，窄焦点出现在判断词之前，判断词出现在句尾，如例句（19）：

(19) a. [qa zə- p -ji]   fɑ -(ŋuəɲi) tsa qai ŋuə.
        1单 方向- 买-完成体 衣服 -(话题) 这 件   是
        我买了的衣服是**这件**。

   b. [qa zə- p -ji]   fɑ -(ŋuəɲi) xsə qai ŋuə.
        1单 方向- 买 -完成体 衣服 -(话题) 三 件   是
        我买了的衣服是**三件**。

   c. [qa zə- p -ji]   fɑ -(ŋuəɲi) tsɑ xsə qai ŋuə.
        1单 方向- 买-完成体衣服-(话题) 这 三 件 是
        我买了的衣服是**这三件**。

从例句（19）可以看出，在假分裂结构中羌语的窄焦点出现在判断词之前（黑体字为焦点）。例句（19a）中的窄焦点为指示代词-量词短语tsa qai "这件"，例句（19b）中数量短语xsə qai "三件"为窄焦点。例句（19c）中指示代词-数量短语tsɑ xsə qai "这三件"为窄焦点。

五 名量词的来源和发展

我们前面讨论了名量词从认知角度看是名词范畴化而来，从语法化角度看是名词虚化为量词。下面我们简要介绍羌语名量词的来源及其发展过程。

（一）名量词的来源

由于羌语没有历史文献，对于考证或构拟羌语名量词（尤其是表类别的量词）的来源是比较困难的，很多名量词都无法考证其来源。不过我们通过语法化理论分析，可以看出羌语名量词主要来源于四个方面：

1. 同来源于原始羌语

来源于原始羌语的名量词应该说不是很多，如我们 2.1 节里讨论了条状类别词和球状类别词在羌语四个土语点里有明显的对应，应该说它们共同来源于原始羌语。

2. 平行发展

从跨语言看，平行发展应该说名词范畴化为量词一个很重要的途径。从羌语方言土语来看，我们也看出名词平行发展为量词的情况，如我们在 2.1 节里讨论的片状类别词在麻窝话中是khçaq（孙宏开，1981：199）和蒲溪话中为tçha，其意义为"叶子"对应于荣红话和桃坪话的"树叶"一词，如荣红话为xtʂapa，桃坪话为 tçha^{55}qə^{33}。而荣红话的fie"片"，不知道来源于什么名词，桃坪话的bzı^{33}可能来源于bzı^{31}me^{33}"布"。因此，我们认为片状类别词应该不是来源于原始羌语，而是平行发展起来的。

3. 原始羌语分化后，自身发展

通过我们对羌语麻窝话、荣红话、蒲溪话和桃坪话量词的比较发现，很多固有的名量词都不是来源于原始羌语。而是通过自身内部机制慢慢发展起来的。从现有材料看来源于名词和动词的较多。

a. 来源于名词：

名词		量词	
dzə	"锅"	a-l	"一锅"
ʂuət	"桶"	a-ʂuət	"一桶"

b. 来源动词：

动词		量词	
bu	"堆"	a-wu̯	"一群/一堆"
zgu	"生"	o-zgu	"一棵"

4. 借自西南官话

有些固有词和绝大多数新词术语和外来词，都用借自西南官话的量词，下面举一些有关这方面的例子：

汉语	羌语荣红话	
一把（刀）	(xtʂepi)	a pa
一担/挑（水）	(tsə)	a thiɑu
一本（书）	(ləɤz)	e pen
一份儿（饭）	(stuɑhɑ)	a fəʲ
一包（烟）	(yan/mufu̯)	a pɑu
一床（毯子）	(thantsə)	a tʂhuan
一台（电视）	(tianʂə)	a thai

（二）名量词的发展

汉藏语中广东话、苗瑶和壮侗等许多语言的名量词再范畴化为定指标志（the definite marking），而蒲溪羌语（南部方言大岐山土语）的通用量词dzuɑ/tɕi"个"再语法化（re-grammaticalization）为不定指标志（the indefinite marking），如例句（20）：

(20) a. tɕhɑ　　a　tɕi　　一只羊
　　　　羊　　一　个
　　b. qhuɑ　　a　dzuɑ　　一个妖魔

141

妖魔一　个

c. zuepe　　-tɑ　　ʁlotu　　-tɕi/-dzuɑ　　ŋa.
   地　　　-位格　　石头　　-不定标志　　有
   地上有个石头。

d. tɕiu　　me　　-dzuɑ/-tɕi　　zə.　家里有个人。
   家　　　人　　-不定标志　　　在

　　例句（20a）里的 tɕi 和（20b）里的 dzuɑ 是通用类别词"个"，而（20c）和（20d）里的 -tɕi/-dzuɑ 不是类别词，而是不定指标志。其理由在于蒲溪羌语的量词必需与数词或指示代词共现，数词'一'也不能省略。量词不能单独出现在名词的后面，因此（20c）里的 -tɕi 和（20d）里的 -dzuɑ 不可能是数量词的省略，我们认为是类别词再范畴化为不定指的标志。

六　结语

　　本文以功能类型学以及认知语言学范畴化的典型范畴理论为基础，结合语义学、形态学、句法学和语用学，对羌语名量词的语义、形态、句法和语用进行多层面的分析和描写。认为羌语类别量词和度量词语义上有差异，但句法和语用上基本上无区别。名量词的来源和发展呈现出不平衡和多源的。有些名量词来自原始羌语，有些类别词是平行发展的，有的名量词是自身内部机制发展的，有些名量词是来自西南官话。通过对名量词的分析，我们发现羌语的量词比较丰富，但有些名词，如指类名词、物质名词和抽象名词始终不带量词。名量词一般与具体的名词一起出现。名量词不是强制性的，除非说话人通过自身的感知为了强调事物的某一突出特征（salient property），名量词才出现。

名量词是以生命度（animacy）和形状（shape），如条状（one dimension）、片状（two dimension）和球状（three dimension）物体（类别量词）和尺寸（size）（度量词）为分类基础，也就是有生命的、有形的和可以量化的名词是可以带名量词。羌语名量词的语义分类正好与跨语言研究得出名词范畴化是以形状、尺寸和生命度为典型范畴，这一人类认知的普遍趋势是一致的。同时，名量词在此基础上通过隐喻延伸和转喻丰富和发展起来的。

名量词单独不能重叠，但数量短语可以重叠，表示"顺序、依次、连续"意义。名量词与数词、指示代词和有定/无定结合要遵循一定的韵律规则，即元音和谐。名量词自身没有什么形态（曲折）变化，但在实际语言环境中可以带名词关系形态标记（case marking）。名量词主要做名词的修饰成分，当名量词修饰名词时一般出现在名词后面。在特定的语言环境中，量词可以做名词短语中心词或句子的核心论元。名量词可以作为话题、焦点、回指或有指功能。

参考文献

黄布凡：《羌语支》，载马学良主编《汉藏语概论》（上），北京，北京大学出版社，1991。

黄布凡、周发成：《羌语研究》，成都，四川人民出版社，2006。

黄成龙：《中国少数民族语言档案：羌语荣红话》，北京，中国社会科学院民族研究所，1993。

黄成龙：《蒲溪羌语研究》，北京，民族出版社，2006。

刘光坤：《麻窝羌语研究》，成都，四川民族出版社，1998。

孙宏开：《羌语简志》，北京，民族出版社，1981。

Adams, Karen. 1986. Numeral classifiers in Austroasiatic. In Craig（1986：241-62）.

Aikhenvald, Alexandra Y. 2000. *Classifiers: A typology of noun categorization devices.* Oxford: Oxford University Press.

Allan, Keith. 1977. Classifiers. *Language* 53, 2: 285-311.

Becker, Alton L. 1975. A Linguistic Image of Nature: The Burmese Numerative Classifier System. Mouton Publishers: *Linguistics*, No.165: 109-121.

Becker, A. J. 1986. The figure a classifier makes: Describing a particular Burmese classifier. In Craig（1986: 327-44）.

Bisang, Walter. 1993. Classifiers, quantifiers and class nouns in Hmong. *Study in Language* 17-1: 1-51.

Bisang, Walter. 1996. Areal typology and grammaticalization: processes of grammaticalization based on nouns and verbs in East and Mainland South East Asian Languages. *Studies in Language* 20, 3: 519-597.

Craig, Collete.（ed.）. 1986. *Noun Classes and Categorization.* Amsterdam/Philadelphia: John Bejanmins Publishing Company.

Croft, William. 1994. Semantic universals in classifier systems. *Word* Vol. 45, 2: 145-171.

Delancey, Scott. 1986. Toward a history of Tai classifier systems. In Craig（1986: 437-52）.

Denny, J. Peter. 1979. Semantic analysis of selected Japanese numeral classifiers for units. *Linguistics* 17: 317-35.

Denney, J. Peter. 1986. The semantic role of noun classifier. In Craig（1986: 297-308）.

Dixon, R. M. W. 1986. Noun classes and noun classification in typological perspective. In Craig（1986: 105-12）.

Downing, Pamela. 1986. The anaphoric use of classifier in Japanese. In Craig

（1986：345-76）.

Erbaugh, Mary S. 1986. Taking stock: The development of Chinese noun classifiers historically and in Young Children. In Craig（1986：399-436）.

Grinevald, Colette. 2000. A morphosyntactic typology of classifiers. In Senft（2000：50-92）.

Huang Chenglong. 2004. *A Reference Grammar of the Puxi Variety of Qiang*, PhD dissertation, Hong Kong: City University of Hong Kong.

Lakoff, George. 1986. Classifiers as reflection of mind. In Craig（1986：13-52）.

LaPolla, Randy J. with Huang Chenglong. 2003. *A Grammar of Qiang with annotated texts and glossary*. Berlin: Mouton de Gruyter.

Lee, Michael. 1987. The cognitive basis of classifier systems. *Berkeley Linguistics Society* 13: 395-407.

Mithun, Marrianne. 1986. The convergence of noun classification systems. In Craig（1986：379-98）.

Pe, Hla. 1965. A re-examination of Burmese "classifiers". *Lingua* 15: 163-85.

Senft, Gunter. (ed.). 2000. *Systems of Nominal Classification*. Cambridge: Cambridge University Press.

业隆话动词趋向范畴

尹蔚彬

时间、空间和数量等是人类认识客观世界的重要范畴。空间范畴在不同的语言里有不同的表示方法，这在一定程度上反映了讲不同语言的人在认知世界方式上所存在的差异。比如，同为汉藏语系语言，汉语与部分藏缅语族语言在表达空间范畴方面却存在着很大的差别。汉语主要是通过句中的介词与方位词或其他词类来体现句子里动作行为的方向。例如：

（1）他向东（西、南、北、里、外……）走。
（2）你往这边（那边）看。
（3）我朝山上追，他往山下跑。
……

从上面的 3 个例句中，我们可以明确看出，句子中的方位词"东、西、南、北、里、外、山上、山下"，指示代词"这边、那边"等明确标示出句中动作行为的方向，从这个角度讲，可以说汉语是以词汇形式来区分不同方向概念的。而在一部分藏缅语族语言中，动作行为的空间动向主要是通过在动词前面添加不同的趋向前缀来表示的，如羌语、嘉戎语和普米语等。一般在藏缅语族语言研究中又把这类语法现象叫做动词的趋向范畴。

业隆话在表达动作行为的方向时，有两种方法。一种方法是：

直接用方位词来指明动作行为的方向，例如：
（1）ai^{55}ti^{33}　pʰat^{55}　kʰe^{33}　na^{55}　ɕit^{55}. 他朝山那边去了。
　　　他　　　山　　朝/向　那边　走
（2）ai^{55}ti^{33}　　e^{55}-dʑi^{55}　　to^{33}　vi^{55}　mi^{55}　ŋos^{33}.
　　　他　　　领属-前面　　在　来　名物化　是
　　他要到前面来。

另一种方法即主要方法是：在动词前面加趋向前缀。本文着重论述业隆话动词的趋向前缀及其与其他语法范畴的关系。

一　趋向前缀的种类和意义

讲业隆话的居民，由于世世代代生活在高山峡谷地带，因而在他们的思维方式中形成了一套以高山河流为定向标准的方向概念。这种方向概念在他们的思维中已根深蒂固，尽管在他们的意识中没有明确的东、西、南和北等方向概念，但他们却可以通过在动词前面加不同的前缀来区分不同的方向。尽管人类的语言千差万别，但在能区分一些基本概念这一点上，各个语言还是共同的。在业隆人的思维习惯中，有三个定位系统作为人们日常动作行为方向的参照，这三个系统分别是地势、河流和太阳。每个子系统又由两个对立的方向概念构成，即地势有高/低、上/下之分，河流有上游/下游之别，对于太阳来说，有朝东朝西、向阴向阳的差异。具体在什么情况下添加哪一种趋向前缀，还要依赖于具体的语言环境和动词词义的性质。一般来讲，只要讲话者认为有必要指明方向时，就必须在动词前面添加趋向前缀。趋向前缀的添加不但依据说话时的情境，而且还与一个民族长期的语言习惯和民族心理有着密切的联系。

下面是业隆话动词趋向前缀的一般添加情况：

| 地 势 || 河 流 || 太 阳 ||
高/上	低/下	上游	下游	向东	向西
o-	na-	la-	vo-	ko-	ni-

例如：
o-向上（地势、河流）   o³³-vi⁵⁵（他）向上走
na-向下（地势、河流）   na³³-vi⁵⁵（他）向下走
la - 朝水源方、斜上方   la³³-vi⁵⁵（他）朝水源方走、朝斜上方走
vo- 朝下游方、斜下方   vo³³-vi⁵⁵（他）朝下游走、朝斜下方走
ko- 向东、向里   ko³³-vi⁵⁵（他）朝东走/向里走
ni- 向西、向外   ni³³-vi⁵⁵（他）朝西走/向外走

从上面的例子中我们可以看到业隆话中共有10个方向概念，斜上方/斜下方、向里（向心）/向外（离心）方向概念的表达分别与河流的上下和太阳的朝向共用同一套趋向前缀。多数情况下，用o-和na-兼表河流的上下游方向，这在心理上也能为人们接受，因为水源的方向在地势上肯定是要高于下游地带所处的位置。

业隆话中的前缀la-和vo-，用在动词前面表明动作行为是朝着水源方的和向着下游方向的，在这个意义的基础上两个前缀分别演化为"进入山沟"和"从山沟里出来"的意义前缀，例如：

（1）ai⁵⁵ti³³   la³³ -ɕit⁵⁵. 他进山（沟）了。
　　　他 （向山里）趋向-去

（2）ai⁵⁵ti³³   vo³³- ɕit⁵⁵. 他从山里出来了。
　　　他 （从山里出来）趋向-去

业隆话中的趋向前缀la-、vo-不仅用于指明河流的上游、下游，而且还可以用来表示地势的斜上、斜下。这种情况很可能与业隆人的居住环境有关。业隆人的居住区山川林立，河流众多，而众多的河水又大多是从山谷深处流出来的。业隆人在意识里已经把水源的方向与地势的斜上方联系在一起，因为水源是由高山的常年积雪融化而来，很自然水源的方向就蕴涵了地势较高意义，同样，河流的下游方也包含着地势向下低斜的意思，因为水往低处流。

业隆话本身还区别向里、向外的不同方向，在动词前面添加ko-前缀表示动词所代表的动作是向里的，朝着说话人的，即对于说话人来讲动词所表动作是一种向心的运动；在动词前面添加ni-前缀，表示动词所代表的行为是背离说话者的，是一种朝外的、离心的行为。例如：

（1） ai^{55}ti^{33}　　e^{55}-gu^{55}　　　ko^{33}- vi^{55}. 他进里面来了。
　　　　他　　　领属-里面　　趋向-走
（2） ai^{55}ti^{33}　　e^{55}-pʰji^{55}　　ni^{33} -vi^{55}. 他到外面去了。
　　　　他　　　领属-外面　　趋向-走

二　趋向前缀的引申意义

业隆话中，趋向前缀o-和na-本来是指地势的高低，但随着社会的不断进步，与外界频繁的交往和语言自身的不断发展，o-和na-已由单纯指地势的高低演变成为一种用来指明社会地位重要与否的前缀，这类前缀同样也加在动词的前面，但它所包含的意义已经发生了明显的变化，即表示向上意义的趋向前缀o-用在动词词根前面，表明动词所涉及目的地位置的重要。如果某个地方是当地人公认的政治、经济和文化的中心，即便这个地方的实际地理位置低于讲话人所处的位置，那么在讲话人在说去这个地方时，可以用表向上的趋向前缀o-。此类情况只出现在年轻人口中，年长的人口中还没有这种表达方式。例如：

（1）ai^{55}ti^{33}　　　wən^{33}tʂʰuan^{55}　　ɳa^{33}　　　tʂʰəŋ^{33}tu^{55}
　　　他　　　　汶川　　　　　从…地方　　成都
　　　　　　　　o^{33}-vi^{55}　　mi^{55}　　ŋos^{33}.
　　　（向上）趋向—去　名物化　是

他从汶川出发去成都。

本来成都在地势上比汶川要低很多，但"去成都"却用了表示"向上"意义的趋向前缀，说明在当地人心目中，所去之地成都的社会地位高于讲话人所处地点汶川，就在动词前面添加表示向上意义的o-前缀。由此可见，向上趋向前缀已由地势的高，引申为社会地位的重要。当然，从汶川去成都也可以说，ɳa^{33}-vi^{55}，但此时的ɳa^{33}-vi^{55}是强调地势上"向下"，而无其他意义。

三　动词与趋向前缀

业隆话中，并非每个动词的前面都要无条件地添加趋向前缀，只有当讲话人认为有必要说明动作的方向时，才在动词前面添加不同的前缀。趋向前缀的添加与动词本身的意义和说话人的母语习惯以及特定的民族心理有关。

（一）不需要添加趋向前缀的动词

一般动作性不强，又无一定方向概念的动词，通常情况下不加趋向前缀。这类动词主要有存在动词、判断动词和能愿动词等。此外形容词作谓语时，一般也不添加趋向前缀。这些动词虽然不带趋向前缀，但却能体现人称和数的变化。

1. 存在动词

业隆话中的存在动词主要有：ɟjo⁵⁵ 有、zo⁵⁵ 拥有、dit⁵⁵ 有、z̩-jeʔ⁵⁵ 在/住，等等。例如：

（1）so³³pʰo⁵⁵ tʰa⁵⁵ to³³ pi³³zei⁵⁵ ɟjo⁵⁵. 树上有鸟。
　　　树　　　上　　在　　鸟　　　有

（2）ŋo⁵⁵ tɕʰi⁵⁵tsʰot⁵⁵ zo-ŋ⁵⁵. 我有手表。
　　　我　　手表　　　　有-1单

（3）ai⁵⁵ti³³ ɟjo³³ ʂu⁵⁵ zo-ɿ⁵⁵. 他们有书。
　　　他　们　　书　　有-3复

（4）ge⁵⁵ ji⁵⁵ ndjom⁵⁵ te³³ ʁbji⁵⁵ mŋa⁵⁵ dit⁵⁵.
　　　我们（领属）的　家　指示代词　人　5　有
我家有5口人。

（5）ai⁵⁵ti³³ jem⁵⁵ wo³³ na⁵⁵-zjeʔ⁵⁵. 他正在家（亲见）。
　　　他　　家　从格助词　前缀-在

2. 判断动词

业隆话中常用的判断动词为"ŋos⁵⁵是"。例如：

（1）ŋo⁵⁵ za³³ma⁵⁵ mi³³ ŋo-ŋs³³. 我是工人。
　　　我　　干活　　名物化标记　是-1单（韵尾）

（2）ai⁵⁵ti³³ χpon⁵⁵ ŋos³³. 他是和尚。
　　　他　　和尚　　是

（3）tɕi⁵⁵ ai⁵⁵ti³³ ɟjo³³ ji³³ ni³³-jem⁵⁵ ŋos³³.
　　　这　他们　　属格助词　领属-家　是
这是他们的家。

3. 能愿动词

业隆话，常用的能愿动词有"fso⁵⁵会、cçhaʔ⁵⁵能/行、vzo⁵⁵应该、ndit⁵⁵喜欢"等。例如：

（1）ge^{55} ɟjo^{33}　dze^{55} vzo^{55} fso-i^{55}. 我们会做饭。
　　　我　们　　饭　做　会-1复

（2）ŋo^{55} tɕi^{55} pʰa^{55} tʰa^{33} to^{33}　　　　o^{33}-vi^{55}
　　　我　这　山　上　在（向上）　　趋向-去
　　　tɕʰi^{55} cçʰa-ŋ^{55}.
　　　爬　　能-1单
　　我能爬上这座山。

（3）pʰa^{55}　ma^{33} ji^{33}　sga^{55}　　　　e^{55}- ndzoʔ^{55}
　　　父　母　施助　小孩（非已行体）　前缀-教育
　　　zga^{55} vzo^{55} vzo^{55}.
　　　经常　　做　应该
　　父母应该常常教育孩子。

（4）ŋə^{55}　ji^{55}　wən^{33}tʂʰuan^{55}　ndo-ŋ^{55}. 我喜欢汶川。
　　　我　施助　汶川　　　　喜欢-1单

四　形容词作谓语

业隆话中，形容词作谓语时，具有动词性质，有人称和数的变化。形容词作谓语在表达一般叙述意义时，不需添加任何前缀，例如：

（1）ŋo^{55} ʐga-ŋ^{55}. 我老。
　　　我　老-1单

（2）jem^{55}　kʰʂa^{55}. 房子大。
　　　房子　　大

（3）ʂu^{55}　　ŋo^{33}pa^{55}　se^{33}. 书旧了。
　　　书　　旧的　　　助词

152

五 需要添加趋向前缀的动词

依靠趋向前缀表达不同的方向概念是业隆话动词趋向范畴的主要特点。业隆话中绝大多数动词可以添加不同的趋向前缀，表达不同的方向概念，但是具体到每个动词能有几种方向范畴，还因不同的动词而异。一般说来，方向性强的动词，可以带全套的趋向前缀，但这类动词并不太多，仅限于"来、去、扔、跳、跑"等动词。以动词"ftso‍ʔ⁵⁵跳"和"ncçʰo‍ʔ⁵⁵扔"为例：

ftso‍ʔ⁵⁵ 跳	ncçʰo‍ʔ⁵⁵ 扔、甩
o³³-ftso‍ʔ⁵⁵ （他）向上跳	o³³-ncçʰo‍ʔ⁵⁵ （他）向上扔
na³³-ftso‍ʔ⁵⁵ （他）向下跳	na³³-ncçʰo‍ʔ⁵⁵ （他）向下扔
ko³³-ftso‍ʔ⁵⁵ （他）向里跳	ko³³-ncçʰo‍ʔ⁵⁵ （他）向里扔
ni³³-ftso‍ʔ⁵⁵ （他）向外跳	ni³³-ncçʰo‍ʔ⁵⁵ （他）向外扔
la³³-ftso‍ʔ⁵⁵ （他）向斜上方跳	la³³-ncçʰo‍ʔ⁵⁵ （他）向斜上方扔
vo³³-ftso‍ʔ⁵⁵ （他）向斜下方跳	vo³³-ncçʰo‍ʔ⁵⁵ （他）向斜下方扔

在一些句子中，有时为了强调方位，在趋向前缀前面还可以再加方位词，例如：

(1) ŋə⁵⁵　ji⁵⁵　　e⁵⁵-gu⁵⁵　　　　　ko³³-ncçʰo-ŋ⁵⁵.
　　我　施助　领属前缀-里面　趋向兼表已行-扔-1单
　　我扔里面去了／我向里面扔了。

(2) ŋə⁵⁵　ji⁵⁵　　ai⁵⁵to³³　na³³　　　　ni³³-ncçʰo-ŋ⁵⁵.
　　我　施助　那　　边　　趋向兼表已行-扔-1单
　　我扔那边去了／我向那边扔了。

业隆话中常用的趋向前缀是o-、na-、ko-和ni-，多数情况下，用o-和na-兼表河流的上下游方向，这在心理上也能为人们接受，因为水源的方向在地势上肯定是要高于下游地带所处的位置。

六　趋向前缀的具体用法

（一）趋向前缀o-向上/向上游

a）词义中包含"向上"意义的动词，一般应在其前面加趋向前缀o-，如"o^{55}-mbəə^{133}凸、o^{33}-tɕa^{55}（用杠子）撑住、o^{33}-lat^{55}打（伞）、o^{33}-tʰo^{55}升起来、o^{33}-xtɕʰut^{55}-xtɕʰut^{55}（动物）顶（角）、o^{33}-kʰʂa^{55}生长"等等。例如：

（1）ai^{55}ti^{33}　　　　　　o^{33}-kʰʂa^{55}　　se^{33}. 他长高（大）了。
　　　他　　向上兼表已行-大　助词

（2）ai^{55}ti^{33}　san^{33}　o^{33}-lat^{55}　　se^{33}. 他撑（打）开了伞。
　　　他　　伞　向上兼表已行-撑　助词

b）动词的词义中并没有包含"向上"的意义，但动词所代表的意义是向着积极方向发展，这类动词前也需要添加前缀o-，如"zbuk^{55}干、la?^{55}好"等。例如：

（1）　　　　　　o^{33}-zbu^{55}　　se^{33}.（湿的）干了。
　　　　　向上兼表已行-干　　助词

（2）　　　　　　o^{33}-la^{55}　　se^{33}.　　　好了。
　　　　　向上兼表已行-好　　助词

（二）趋向前缀na-表向下

a）动词词义的本身具有向下的意义，这类动词前需要添加前缀na-，如"na^{55}-qʰlo^{33}凹、na^{33}-χtu^{55}戴（帽子）na^{33}-tʰo^{55}降落、na^{33}-but^{55}塌/掉"等。例如：

（1）fei^{33}tɕi^{33}　　　　　　na^{33}-tʰo?^{55} se^{33}. 飞机降落了。

154

飞机　　　　　向下表已行-降落　助词
（2）me³³to⁵⁵　　　　　　na³³-but⁵⁵ tsʰe³³. 花掉/落了。
花　　　　　向下表已行-掉　助词

b）动词的词义与"向下"无关，但是动词本身的意义是朝着消极方向发展的，这类动词前也需要添加前缀na-，如"xtsi⁵⁵烂、dʐop⁵⁵断、xɕit⁵⁵湿"等。例如：

（1）pau³³ɕi⁵⁵　　　　na³³-χtsiʔ⁵⁵　se³³. 梨子烂了。
梨子　　　向下表已行-烂　助词
（2）seʔ⁵⁵　　　　　na³³-dʐup⁵⁵　se³³. 柴断了。
柴　　　　向下表已行-断　助词
（3）geʔ⁵⁵　　　　　na³³-χɕit⁵⁵ tsʰe³³. 衣服湿了
衣服　　　向下表已行-湿　助词

（三）趋向前缀ko-向里/向东/向前

a）词义具有向心、紧缩等意义的动词，其前面需要添加前缀ko-，如"cɕit⁵⁵靠、ndzut⁵⁵保密、mop⁵⁵闭（口）、ʂpʰam⁵⁵冻、zək⁵⁵卡、ʂpjin⁵⁵凝固、ɣzu⁵⁵买"等。例如：

（1）n̠am⁵⁵　　　　　　　ko³³-but⁵⁵ tsʰe³³. 瘦了。
身体　向里趋向兼表已行-塌　助词
（2）tʰom⁵⁵　　　　　ko³³-ʂpʰam⁵⁵ tsʰe³³. 肉冻了。
肉　　向里趋向兼表已行-冻　助词
（3）ŋə⁵⁵ ji⁵⁵ ʂu⁵⁵　　　　ko³³-ɣzu-ŋ⁵⁵. 我买了书。
我 施助 书　　向里趋向兼表已行-买-1 单
（4）mu⁵⁵　ko³³-ʁni⁵⁵ se³³. 天黑了。
天　　向里-暗 助词
（5）mu⁵⁵　ko³³-fsouk⁵⁵ se³³. 天亮了。
天　　向里-光　助词

155

b) ko-表示向东

（1）tʂʰəŋ³³tu⁵⁵ na³³   pei³³tɕiŋ⁵⁵ ko³³-vi⁵⁵ mi⁵⁵ ŋos³³.
　　 成都　　从　　　北京　　趋向-来　名物化　是
　　 从成都去北京。

c) 在表示"向前"意义的动词前使用前缀ko-，如"ntʰaq⁵⁵踏、vi⁵⁵来、sa⁵⁵-tsai⁵⁵开始"等。例如：

（1）ŋo⁵⁵　　 ŋo³³-dʑis⁵⁵　　　　　　 ko³³-ntʰu-ŋ⁵⁵.
　　 我　　 领属-前面　　向前趋向兼表已行-跨-1单
　　 我向前跨了。

（2）no⁵⁵　　 ni⁵⁵-dʑis⁵⁵　　　　　　 ko³³-ntʰu-n⁵⁵.
　　 你　　 领属-前面　　向前趋向兼表已行-跨-2单
　　 你向前跨了。

（3）ai⁵⁵ti³³　 e⁵⁵-dʑi⁵⁵　　　　 ko³³-vi⁵⁵　 na⁵⁵-kʰʂə³³.
　　 他　　 领属-前面　　向前趋向-来　前缀-进行
　　 他正朝前走。

（四）趋向前缀ni-表向外/向西/向后

a) 若动词本身具有向外、离开、减少等意义，则在这类动词前添加前缀ni-，如"lat⁵⁵（花）开、tɕʰop⁵⁵掰、zbjat⁵⁵出产、bzət⁵⁵弄断、spʰji⁵⁵换、ni³³-sjit⁵⁵卖、ncɕʰo^ʔ⁵⁵扔/甩、ni³³-zbzo^ʔ⁵⁵踢、mne^ʔ⁵⁵减少、ni³³-ftso^ʔ⁵⁵进出、ska³³ka⁵⁵使…分开"等。例如：

（1）me³³toq⁵⁵　　　　　 ni³³-li⁵⁵ se³³. 花开了。
　　 花　　　向外兼表已行-开　助词

（2）ŋə⁵⁵ ji⁵⁵ tsʰet⁵⁵　　　ni³³-ni³³-sju-ŋt⁵⁵. 我卖了羊。
　　 我　施助　山羊　向外兼表已行-表向外-卖-1单

（3）ŋə⁵⁵ ji⁵⁵　ai⁵⁵ti³³ ɟjo³³　　　　 ni³³-ska⁵⁵-ka-ŋ⁵⁵.
　　 我　施助　 它　　 们　　向外兼表已行-使…分开-1单

我使它们分开了。

（4）χɕup⁵⁵　　　　　　ni³³-bzət⁵⁵ tsʰe³³．线断了。
　　　线　　　　　向外兼表已行-断　助词

b）ni-表示向西

（1）pei³³tɕiŋ⁵⁵　ȵa³³　tʂʰəŋ³³tu⁵⁵　ni³³-vi⁵⁵　mi⁵⁵ ŋos³³．
　　　北京　　　从　　成都　　　趋向-来　名物化　是
　　　从北京来成都。

c）ni-表示向后

（1）ai⁵⁵ti³³　　e³³-kʰus⁵⁵　　ni³³-vi⁵⁵　na⁵⁵-kʰʂə³³．
　　　他　　　领属-后面　　趋向-走　　进行
　　　他正朝后走。

（五）趋向前缀la-和vo-

a）趋向前缀la-表朝上游水源方或斜上方

（1）wən³³tʂʰuan⁵⁵　ȵa³³　o⁵⁵-tɕʰa⁵⁵-za⁵⁵　te⁵⁵-ɕi³³
　　　汶川　　　　　从　　向上-出发　　　　然后
　　　la³³-ɕet⁵⁵　li⁵⁵ɕan³³　la³³-nut⁵⁵．
　　　趋向-走　　理县　　　趋向-到达
　　　从汶川出发向上走，到理县。

（2）dzam⁵⁵ tʰa⁵⁵　la³³-vi⁵⁵　e⁵⁵-kʰlek⁵⁵　ɕi³³
　　　　桥　上　　趋向-走　　一段　　　　连词
　　　ʂə³³tsə³³lu³³kʰou⁵⁵　ze³³　dit⁵⁵．
　　　十字路口　　　　　　一个　有
　　　过桥向上走一段，有一个十字路口。

b）趋向前缀vo-表朝下游方或斜下方

（1）e⁵⁵-te⁵⁵　ɕi³³　vi⁵⁵　vo³³-ɕa-n⁵⁵．接着你朝下走。
　　　领属-那　连词　走　　趋向-走-2单

157

（2）ai⁵⁵ti³³　ɣzə⁵⁵　gu³³　vo³³-ɕit⁵⁵. 他潜入水里。
　　　　他　　　水　　里　　趋向-走

七　趋向前缀与词根结合的松紧特点

（一）趋向前缀与词根结合的特点

业隆话大部分动词在表示动作的趋向意义时，在动词的词根前加趋向前缀，有些动词趋向前缀与词根的关系很紧密，固定在词根上，一般不脱落，这类动词的特点是动词本身所包含的意义与趋向前缀意义相同，比如前面介绍的每个前缀中的第一类动词，以ni-为例，动词"ni³³-sjit⁵⁵ 卖、ni³³-zbʐoʔ⁵⁵踢"都带表示朝外、离心意义的前缀ni-，因为动词"卖"和"踢"的词义本身也包含着动作方向向外或者是动作所涉及的对象是其他人而非施事者本人，也就是说，该动作对于施事者来说是一种离心的运动，所以前缀ni-固定在词根上，这类动词的数量并不太多。但是，业隆话中有些动词的趋向前缀因与动词之间并无内在的联系，所以这类动词的前缀与动词之间的关系就不稳定，一般这类前缀只出现在动词的已行体形式中，在其他体范畴中，趋向前缀脱落，以动词"dzəʔ⁵⁵吃（饭）、tʰe⁵⁵喝"为例：

（1）ŋə⁵⁵　ji⁵⁵　dze⁵⁵　o³³-dza-ŋ⁵⁵. 我吃了饭。（已行体）
　　　我　施助　饭　趋向兼表已行-吃-1单
（2）ŋə⁵⁵　ji⁵⁵　dze⁵⁵　dzu-ŋ³³. 我吃饭。（一般体）
　　　我　施助　饭　　　吃-1单
（3）ŋə⁵⁵　ji⁵⁵　dze⁵⁵　dzu-ŋ³³　spək⁵⁵. 我将吃饭。（将行体）
　　　我　施助　饭　　吃-1单　将
（4）ŋə⁵⁵　ji　dze⁵⁵　dzəʔ³³　kʰu-ŋ⁵⁵. 我在吃饭。（进行体）

　　　　我　施助　饭　　吃　　进行-1 单
（5）ŋə⁵⁵ ji　ɣzə⁵⁵　　ko³³-tʰa-ŋ⁵⁵. 我喝了水。（已行体）
　　　　我　施助　水　趋向兼表已行-喝-1 单
（6）ŋə⁵⁵ ji　ɣzə⁵⁵　tʰa-ŋ³³. 我喝水。（一般体）
　　　　我　施助　水　喝-1 单
（7）ŋə⁵⁵ ji　ɣzə⁵⁵　tʰa-ŋ³³　spək⁵⁵. 我将喝水。（将行体）
　　　　我　施助　水　喝-1 单　将
（8）ŋə⁵⁵ ji　ɣzə⁵⁵　tʰe³³　kʰʂu-ŋ⁵⁵. 我在喝水。（进行体）
　　　　我　施助　水　喝　进行-1 单

（二）同一词根与不同趋向前缀的结合

在动词的同一词根前添加互相对立的一组趋向前缀，构成并列关系词组，表示动作行为的反复持续进行，例如：

ko³³-vi⁵⁵　ni³³-vi⁵⁵　来来回回
o³³-vi⁵⁵　　na³³-vi⁵⁵　上上下下
ko³³-tʂaq⁵⁵　ni³³-tʂaq⁵⁵　推过来推过去

仅举上述几个例子，说明趋向前缀与动词词根的结合情况。

八　趋向前缀与其他语法范畴的关系

（一）趋向范畴与已行体的关系

业隆话动词的已行体是用趋向前缀兼表的。尤其主语为第一人称和第二人称时动词的已行体前缀与趋向前缀同形，主语为第三人称的动词已行体前缀有的是由趋向前缀派生衍化而来的。趋向前缀与已行体的关系见下表：

159

动词趋向前缀	动词已行体			
	及物动词前缀		不及物动词前缀	
	第一、第二人称主语	第三人称主语	第一、第二人称主语	第三人称主语
o- na- ko- ni-	o- na- ko- ni-	li- ni- ki- ni-	o- na- ko- ni-	o- na- ko- ni-

由上表可以看出，业隆话动词的趋向前缀与动词的时体有着密切的关系。同时，第一和第二人称动词共用一套已行体前缀，第三人称动词的前缀与动词的及物与不及物性质有关。第三人称及物动词的已行体前缀是将趋向前缀的元音变为i，若趋向前缀是o-，第三人称动词的已行体前缀变成li-。若动词为不及物动词，第一、第二和第三人称则共用一套前缀。下面分别举例说明。因前缀只与人称有关，人称是单数还是复数并不影响动词前缀的选择，所以下面只以三种人称动词的单数为例。

a) 及物动词

a_1) o-、li-，第一、第二人称已行体前缀用o-，第三人称已行体前缀用li-，如动词 "ska¹ʂ⁵³ 称（东西、粮食）" 等。例如：

（1）ŋə⁵⁵ ji⁵⁵ zgok⁵⁵ o³³-ska¹-ŋʂ⁵⁵. 我称了粮食。
　　　我　施助　粮食　已行体-称-1单（韵尾）

（2）ni⁵⁵ ji⁵⁵ zgok⁵⁵ o³³-ska¹-n⁵⁵. 你称了粮食。
　　　你　施助　粮食　已行体前缀-称-2单

（3）ai⁵⁵ti³³ ji³³ zgok⁵⁵ li³³-ska¹ʂ⁵⁵. 他称了粮食。
　　　他　施助　粮食　已行体-称-3单

a_2) na-、ni-，na-用于第一、第二人称，ni-用于第三人称，如动词 "bzət⁵⁵ 撕" 等。例如：

（1）ŋə⁵⁵ ji⁵⁵ na³³-bzu-ŋ⁵⁵. 我撕了。

　　　　我　施助　已行体-撕-1 单

（2）ni^{55}　ji^{55}　na^{33}-bzu-n^{55}. 你撕了。

　　　　你　施助　已行体-撕-2 单

（3）ai^{55}ti^{33}　ji^{33}　ni^{33}-bzət^{55}. 他撕了。

　　　　他　施助　已行体-撕 3 单

a$_3$) ko-、ki-，前者用于第一、第二人称，后者用于第三人称，如动词"t^{h}e^{55} 喝"。例如：

（1）ŋə^{55}　ji^{55}　ɣzə^{55}　ko^{33}-t^{h}a-ŋ^{55}. 我喝了水。

　　　　我　施助　水　　已行-喝-1 单

（2）ni^{55}　ji^{55}　ɣzə^{55}　ko^{33}-t^{h}e-n^{55}. 你喝了水。

　　　　你　施助　水　　已行体-喝-2 单

（3）ai^{55}ti^{33}　ji^{33}　ɣzə^{55}　ki^{33}-t^{h}e?^{55}. 他喝了水。

　　　　他　施助　水　　已行体-喝- 3 单

（4）ni-，第一、第二和第三人称共用同一套前缀 ni-，如动词"ni^{33}-sjit^{55} 卖（东西）"。例如：

（1）ŋə^{55}　ji^{55}　ts^{h}et^{55}　ni^{55}-ni^{33}-sju-ŋ^{55}. 我卖了羊。

　　　　我　施助　羊　　已行体-趋向-卖- 1 单

（2）ni^{55}　ji^{55}　ts^{h}et^{55}　ni^{55}-ni^{33}-sje-n^{55}. 你卖了羊。

　　　　你　施助　羊　　已行体-趋向-卖-2 单

（3）ai^{55}ti^{33}　ji^{33}　ts^{h}et^{55}　ni^{55}-ni^{33}-sjet^{55}. 他卖了羊。

　　　　他　施助　羊　　已行体-趋向-卖-3 单

b）不及物动词

b$_1$) o-/o̠-，部分不及物且不自主动词，无论主语是第一、第二还是第三人称，其前缀都用 o-，如动词"ngo^{55} 病"。例如：

（1）ŋo^{55}　　o^{55}-ngo-ŋ^{55}. 我病了。

　　　我　　已行体-病- 1 单

（2）n̠o^{55}　　o^{55}-ngo-n^{55}. 你病了。

你　　已行体-病- 2 单

（3）ai⁵⁵ti³³　　o⁵⁵-ngoʔ⁵⁵. 他病了。

他　　已行体-病-3 单

b₂) na-/na-，带na-前缀的已行体动词，大多方向性强，na-前缀不仅表已经，更主要的是表示动作行为的向下，如动词"ɕet⁵⁵走/离开"等。例如：

（1）ŋo⁵⁵　　　　　na³³-ɕu-ŋ⁵⁵. 我走了/向下走了。

我　向下兼表已行体-走- 1 单

（2）ṇo⁵⁵　　　　　na³³-ɕi-n⁵⁵. 你走了/向下走了。

你　向下兼表已行体-走- 2 单

（3）ai⁵⁵ ti³³　　　na³³-ɕit⁵⁵. 他走了/向下走了。

他　　向下兼表已行体-走- 3 单

b₃) ko-/ko-，带ko-前缀的不及物动词有"ni³³-zga⁵⁵la⁵⁵laŋ⁵⁵躺、jup⁵⁵睡"等。例如：

（1）ŋo⁵⁵　　ko³³-ni³³-zga⁵⁵la⁵⁵la-ŋ⁵⁵. 我躺下了。

我　趋向兼表已行-躺- 1 单

（2）ṇo⁵⁵　　ko³³-ni³³-zga⁵⁵la⁵⁵la-n⁵⁵. 你躺下了。

你　趋向兼表已行-躺- 2 单

（3）ai⁵⁵ti³³　　ko³³-ni³³-zga⁵⁵la⁵⁵laŋ⁵⁵. 他躺下了。

他　　趋向兼表已行-躺- 3 单

（4）ai⁵⁵ti³³　　　　ko³³-jup⁵⁵. 他睡了。

他　　趋向兼表已行体-睡- 3 单

b₄) ni-/ni-，带ni-前缀的不及物动词多为不自主动词，如动词"moʔ⁵⁵饿、svuk⁵⁵喝、nvək⁵⁵醉"等。例如：

（1）ŋo⁵⁵　　ni³³- mo-ŋ⁵⁵. 我饿了。

我　趋向兼表已行体-饿- 1 单

（2）ṇo⁵⁵　　ni³³- mo-n⁵⁵. 你饿了。

162

业隆话动词趋向范畴

你　趋向兼表已行体-饿- 2 单
（3）ai^{55}ti^{33}　　ni^{33}- mo^{55}.　他饿了。
他　趋向兼表已行-饿- 3 单

九　趋向范畴与命令式、祈使式的关系

　　业隆话动词的命令式前缀与趋向前缀的关系极其密切。命令式前缀与动词的趋向前缀同形，祈使式前缀是在趋向前缀基础上派生来的，把趋向前缀中的o和i元音变为a元音，词缀的声母不变。若动词的趋向前缀是o-，祈使式前缀则为la-。趋向前缀与命令式、祈使式前缀的对应关系详见下表：

趋向前缀	命令式前缀	祈使式前缀
o-	o-	la-
na-	na-	na-
ko-	ko-	ka-
ni-	ni-	na-

a）o-/la-
　　ska^{1}ş^{53} 称（东西、粮食）
（1）ni^{55}xi①　o^{33}-ska^{1}ş^{53}!　　你称！
　　你　　命令式-称
（2）ai^{55}ti^{33}　la^{33}-ska^{1}ş^{53}!　　让他称！
　　他　　命令式-称
b）na-/na-

---
① xi 位于第二人称主语之后，用在对话体中，xi 发音很微弱。

163

kʰoʔ⁵⁵ 盛（饭）

（1）ni⁵⁵ˣⁱ dze⁵⁵ na³³-kʰo-n⁵³！你盛饭！
　　 你　　饭　　命令式-盛-2单

（2）ai⁵⁵ti³³ dze⁵⁵ na³³-kʰoʔ⁵³！让他盛饭！
　　 他　　饭　　命令式-盛3单

c) ko-/ka-

pʰot⁵⁵ 砍

（1）ni⁵⁵ˣⁱ ji³³ma⁵⁵ ko³³-pʰo-n⁵³！你砍玉米！
　　 你　　玉米　　命令式-砍-2单

（2）ai⁵⁵ti³³ ji³³ma⁵⁵ ka³³-pʰot⁵³！让他砍玉米！
　　 他　　玉米　　命令式-砍-3单

d) ni-/na-

pʰjis⁵³ 扫（地）

（1）ni⁵⁵ˣⁱ ni³³-pʰjis⁵³！你扫！
　　 你　　命令式-扫

（2）ai⁵⁵ti³³ na³³-pʰjis⁵³！让他扫！
　　 他　　命令式-扫

苗语方所题元的句法语义属性[*]

李云兵

一 引言

刘丹青（2001）指出，方所题元（locative/spatial theta roles）就是在小句结构中表示空间类语义角色的成分,包括方位、处所、方向、空间的源点（locative source）和终点（locative destination）等，并进一步指出，从语言处所主义（linguistic localism）的观点来看，许多句法语义关系用方所关系的隐喻来表达，方所标记也是其他标记的主要源头。苗语也是如此，但首先的一个问题是，要区分词汇意义的方所成分和作为动核的一种语义角色（题元）的方所成分。词汇意义的方所成分通常表示"地方"的语义，是一种实体指称概念，与自然、生物、无生命物、社会生活、组织、抽象概念、动作、性质、状态等并列，属方所范畴；而作为方所题元，在句法上是一种相对于动核的关系概念，

---

[*] 本文的研究得到国家社科基金青年项目"苗语动词的句法语义属性研究（03CYY007）"的资助，谨表谢忱。

表明跟动核的一种语义关系,与施事、受事、当事、客事、与事、结果、对象、工具等并列,属方所范畴的语义类别,在句法结构中作方所题元。方所题元与作为词汇意义的方所语义是一种交叉的关系。区分词汇意义的方所成分与作为题元的方所成分,是方所范畴句法研究的起点和前提。本着这一点,本文除了关注苗语作为题元的方所成分的语义属性外,重点关注苗语作为题元的方所成分的句法属性。文中材料是作者的母语。

二 方所题元的基本成分及其特征

(一)方所题元的基本成分

苗语方所题元的基本成分,通常由方向、位置成分构成,这两种成分在以往的苗语研究中统称为"方位词",本文沿用旧称。

表示方向的成分,在以往的苗语研究中称为"位置方位词",是表达事物存在方向位置的词。例如:

hou^{55}里　　　ŋtou^{44}外　　　ti^{13}对面　　　ʂaŋ^{43}侧
ʂou^{44}上　　　tɕei^{31}下　　　pei^{21}坡上　　ŋtaŋ^{21}坡下
tau^{24}侧面　　phaŋ^{43}旁

苗语没有表示"东"、"南"、"西"、"北"方向的位置方位词。这些方向都是用表示方向位置的ʂaŋ^{43}"侧"与主谓或述宾结构组合构成。例如:

ʂaŋ^{43}n̩oŋ^{43}tua^{31}东　　　　　ʂaŋ^{43}n̩oŋ^{43}poŋ^{43}西
侧　日　出　　　　　　　　侧　日　落
ʂaŋ^{43}tʂhua^{43}tɕua^{44}tʂhaŋ^{55}南　ʂaŋ^{43}tʂhua^{43}tɕua^{44}ntsoŋ^{55}北
侧　吹　风　晴　　　　　　侧　吹　风　阴

表示位置的成分,在以往的苗语研究中称为"处所方位词",

是表示事物存在处所位置的词。例如：

qaŋ⁴³底	hou⁵⁵顶	nta³¹上	nto¹³边
qou²⁴背后	mpoŋ⁴⁴缘	ta³³ɳtaŋ⁴³中间	lou²¹左
si⁴³右	tau¹³侧后	tou¹³坡下	ki³³ɳtaŋ⁴³中间
ntei³¹前	qaŋ⁴³后	phua⁵⁵远	

方所题元的这两种基本成分的根本区别在于，表示方向位置的基本成分可以直接与指示词连用，构成"位置方位词+指示词"的方所指示结构，而表示处所位置的基本成分不能直接与指示词连用，不能构成"处所方位词+指示词"的方所指示结构。

（二）方所题元成分的基本特征

方所题元涉及到方所题元基本成分的词类定位问题，即方位词能否构成一个单纯统一的词类范畴。在以往的苗语研究中有两种观点，一种是（王辅世、王德光，1982）把方所题元成分从名词中划分出来，作为一个独立的词类，与名词并列；另一种是（张济民，1962，王春德，1988，向日征，1999，曹翠云，2001）把方所题元成分看作名词的"附类"。但在他们的阐述中，则是把方所题元成分跟处所词、时间词并列，实际上是把方所题元成分看作名词的次类。本文认为把方所题元的基本成分看作名词的次类比较符合苗语的特点。

苗语方所题元成分——方位词具有"黏着"的性质，不能单独充当句法结构的论元和句子结构的成分。在一些对举的句法或者是特殊的引申意义的句子中，方位词可以单独出现并充当句法结构的必有论元，这时方位词的词汇意义已经发生了转移。例如：

（1）to²¹ɳua¹³naŋ⁴⁴tşi⁴⁴pou⁴³ntei³¹la²¹tşi⁴⁴pou³¹qaŋ⁴³.
　　　个 小孩 这　不 知 前 也 不 知 后
　　　这小孩对前因后果一概不知。

（2）ni²¹hai³³lo²¹tʂi⁴⁴mua³¹qaŋ⁴³tʂi⁴⁴mua³¹hou⁵⁵.
　　　他　说　话　不　有　底　不　有　顶
　　　他说话没头没尾。

这种字面上的方位词，在语义上隐含着一种时间顺序，是方位词的转喻用法。而句法结构中时间词的功能，通常也是不单独使用，要与相关的成分构成表时间的结构，甚至要与指示词、方位词、量词结构组合构成相关的结构，才能表示时间的语义。例如：

（3a）au⁴³n̥oŋ⁴³tau²⁴ntei³¹i⁴⁴tʂi⁴⁴tʂhaŋ⁵⁵nto³¹.
　　　二　天　侧　前　那　不　晴　天
　　　前面那两天天不晴。

（3b）n̥oŋ⁴³naŋ⁴⁴tʂi⁴⁴tʂhaŋ⁵⁵nto³¹. 今天天不晴。
　　　天　这　不　　晴　　天

（3c）au⁴³n̥oŋ⁴³tɕei³¹qaŋ⁴³naŋ⁴⁴la²¹tʂi⁴⁴tsɛ³¹tʂhaŋ⁵⁵tha⁴³.
　　　二　天　下　后　这　也　不　会　晴　又
　　　后头这两天也不会晴。

在方所题元的基本成分转喻用法方面，方位词还有转喻相关量词的引申用法。例如：

（4）tɕo⁴³tei⁴³naŋ⁴⁴tua³¹hou⁵⁵n̥taŋ⁴³fai⁴³i⁴⁴ʑi¹³i⁴³n̥taŋ⁴³.
　　　块　地　这　从　里　中间　分　一　家　一　半
　　　这块地从中间分一家一半。

（5）lo⁴³tsi⁵⁵tl̥ua³¹naŋ⁴⁴i⁴³to²¹nau³¹i⁴³ʂaŋ⁴³.
　　　个　果　桃　这　一　个　吃　一　半
　　　这个桃子一人吃一半。

（6）phaŋ⁴³tau²⁴ha³¹za⁴⁴tua⁵⁵i⁴³phaŋ⁴³tshaŋ³¹tha⁴³.
　　　侧　侧面　还　要　舂　一　堵　墙　又
　　　那侧面还要再舂一堵墙。

苗语方所题元的句法语义属性

方所题元基本成转喻量词的用法，说明方所题元基本成分与量词或量词结构在句法关系上，会有相关的联系，用以说明量词或量词结构的"量"或"数量"存现方向位置。例如：

（7a）lo^{43}i^{44}ʐau^{13}ni^{21}ni^{44}. 那个是他的。
　　　个 那 是 他 的
（7b）lo^{43}şou^{44}i^{44}ʐau^{13}ni^{21}ni^{44}. 上面那个是他的。
　　　个 上面那 是 他 的
（7c）şou^{44}lo^{43}i^{44}ʐau^{13}ni^{21}ni^{44}. 上面的那个是他的。
　　　上面 个那 是 他 的
（7d）au^{43}lo^{43}şou^{44}i^{44}ʐau^{13}ni^{21}ni^{44}. 上面那两个是他的。
　　　二 个 上面那 是 他 的
（7e）şou^{44}au^{43}lo^{43}i^{44}ʐau^{13}ni^{21}ni^{44}. 上面的那两个是他的。
　　　上面 二 个那 是 他 的
（7f）au^{43}lo^{43}nti^{13}şou^{44}i^{44}ʐau^{13}ni^{21}ni^{44}. 上面那两个碗是他的。
　　　二 个 碗 上面那 是 他 的
（7g）şou^{44}au^{43}lo^{43}nti^{13}i^{44}ʐau^{13}ni^{21}ni^{44}. 上面的那两个碗是他的。
　　　上面 二个 碗那 是 他 的

方所题元的基本成分在句法结构中，不能单独表示词汇意义为"地方"的语义，说明它不具有处所词的语法功能，只有与名词、指示词、量词结构组合构成方所结构，在句法结构中作为一个整体参与句法的构造时，才可以指称处所的位置。例如：

（8a）ni^{21}tşi^{44}ȵau^{43}tşei^{55}. 他不在屋。
　　　他 不 在 屋
（8b）ni^{21}tşi^{44}ȵau^{43}hou^{44}tşei^{55}. 他不在屋里。
　　　他 不 在 里 屋
（8c）ni^{21}tşi^{44}ȵau^{43}hou^{55}tşei^{55}i^{44}. 他不在那屋里。
　　　他 不 在 里 屋 那

(8d) ni²¹tʂi⁴⁴ȵau⁴³hou⁵⁵lo⁴³tʂei⁵⁵i⁴⁴. 他不在那间屋里。
　　　他　不　在　　里　间　屋　那
(8e) ni²¹tʂi⁴⁴ȵau⁴³lo⁴³tʂei⁵⁵hou⁵⁵i⁴⁴. 他不在里面那间屋。
　　　他　不　在　　　间　屋　里　那

在这个例句的宾语位置上,(a)是一个名词,语义上具有"处所"的性质,可以看作处所成分;(b)是一个名词与方位词构成的方所结构,在语义上表示泛指处所的空间位置;(c)是一个名词、方位词、指示词构成的方所结构,在语义上表示定指特定处所的空间位置;(d)是一个名词、方位词、量词、指示词构成的方所结构,在语义上定指某个特定处所的空间位置;(e)是一个名词、方位词、量词、指示词构成的方所结构,在语义上定指某个特定处所空间的位置。(b)~(e)的方所结构,才是真正意义上的方所题元,既包括词汇意义上的"地方"语义的实体指称概念,又包括方所范畴与动核的关系概念的语义类别。

从方所题元与方所题元成分的引申用法、时间词、处所词的关系来看,尽管方所题元的基本成分与处所词、时间词并列,并作为名词的次类,但是在语法上,方所题元的基本成分不能直接作为句法结构的必有论元和可选论元,亦即不能直接充当句子结构的主语、宾语和定语、状语。要作为句法结构的必有论元和可选论元,也就是要作为句子结构的主语、宾语和定语、状语,必须是就方所题元而言,也就是由方所题元基本成分与处所词、时间词、指示词、量词或量词结构组合构成的方所结构。就这点来说,在语法上,尽管可以把方所题元成分——方位词看作名词次类而跟处所词、时间词并列或作为独立的词类而跟名词、处所词、时间词并列,会出现词、短语的界限相混和方位词与处所词跨类的情况,但是方所题元的基本成分在语法功能上与名词、处所词、时间词是对立的。方位词和处所词语法功能上的对立,在语义上也会显示出来。狭义的处所是不带方位词的处所，或者说是"地点"或"地方"，直接指称某一地点或由某一物体、机构所占据的地方，而方位则是用方位词间接指定的跟某一地点或某一物体相对的方向位置。广义的处所实际上是空间区域，包括由处所名词直接指称的零维地点域和由方位参照间接指定的多维方位域。方位所表示的空间意义、时间意义并不同于名词所指称的空间意义、时间意义。处所名词、时间名词直接指称处所、时间，而方位成分本身只是指示方向位置，具体的方位意义必须借助方向参照点、位置参照点才能确定，在句法结构中表现为空间类语义角色的成分，包括方位、处所、场景、目标、方向、空间的源点和终点等语义角色。位置参照点的确定需要语境的帮助，而方向参照点的确定往往还需要借助语境外的知识经验，这就涉及到语用的问题，包括句法结构的话题与焦点。

三　方所题元的句法语义属性

　　方所题元的句法语义属性是指方所题元在句法结构中，以动核结构为中心所处的句法位置和所充当的句法结构论元及其语义特征。苗语的方所题元在句法结构中，具有名词或名词性结构的功能，可以充当动核的必有论元和可选论元。方所题元作动核的必有论元时，其句法属性通常表现为主体和客体两种论元，充当句子结构的方所主语和方所宾语；而作动核的可选论元时，充当句子结构的方所定语和方所状语。方所宾语和方所定语，通过位移或添加标记可以话题化，作句法结构的话题。方所题元能由介词引导构成介词短语，在句法结构中，由介词引导的方所题元，可以焦点化，作句法结构的焦点。

（一）方所主体论元的句法语义属性

苗语方所主体论元属性，在句法结构中，联系方所主语的动核主要是属性动词、存在动词、变化动词和动作行为动词，说明与动核联用的主体论元的论旨角色及其论旨角色的语义制约关系。例如：

（9a）ṣou⁴⁴naŋ⁴⁴ẓau¹³tɕo⁴³tei⁴³ʑin⁴³.
　　　上面　这　是　　块　地　烟
　　　这上面是块烟地。（属性动词）

（9b）ṣou⁴⁴naŋ⁴⁴mua³¹tɕo⁴³tei⁴³ʑin⁴³.
　　　上面　这　有　　块　地　烟
　　　这上面有块烟地。（存在动词）

（9c）ṣou⁴⁴naŋ⁴⁴tua³¹tʂau⁴³ʑin⁴³.这上面长棵烟。（变化动词）
　　　上面　这　生长　棵　烟

（9d）ṣou⁴⁴naŋ⁴⁴t̪lai⁴⁴ɴqaŋ³¹ʑin⁴³.
　　　上面　这　挂　　杆　烟
　　　这上面挂杆烟。（动作行为动词）

方所题元的主体论元句法语义属性可分为范围和处所两种。

1. 范围论元的句法语义属性

方所范围论元的句法属性是，在句法结构中充当动核的范围论元，构成"范围+V+客体"或"范围+V"结构，表示客观的或意象的空间范围，作句子结构的方所主语，构成"方所主语+V+宾语"或"方所主语+V"，在语义上表示动作行为或变化属性涉及的领域或范围。例如：

方所主语+V+宾语

（10）tau²⁴pei²¹tau²⁴tou²¹mpo¹³tʂei⁵⁵taŋ²¹.到处都盖了房子了。
　　　侧　坡上　侧　坡下　盖　房　完

（11）qaŋ⁴³ʐau²¹hou⁵⁵ʐau²¹tua⁴⁴mpua⁴⁴ŋtoŋ⁴⁴tu²¹.
　　　底　寨　头　寨　杀　猪　忙碌貌
　　　寨头寨尾都忙着杀猪。
（12）nta³¹te⁴³tʂi⁴⁴tsɛ³¹ua⁴⁴qoŋ⁴³lei³¹lou¹³lo²¹qha⁴⁴.
　　　上　地 不 会 做 粮食　伏羲　来 教
　　　人世间不会种庄稼伏羲氏来教。(《洪水神话》)

方所主语+V
（13）qhau⁴⁴qhau⁴⁴lo²¹ua⁴⁴tle⁴³vau¹³. 到处都下得白茫茫的。
　　　处　　处　下　成　白 苍茫貌
（14）tshua⁴⁴qhau⁵⁵tshua⁴⁴tɕhɛ⁴⁴ua⁴⁴tʂho⁴⁴voŋ²¹.
　　　全　　处　全　地方　成 闹腾 轰然貌
　　　到处都一片轰然。

方所题元作范围论元时，在句法结构中还可以表示变化或属性双方的存现关系和属性双方的表称关系。例如：

（15）qhau⁵⁵tu¹³ti¹³tsa⁴⁴tlei³¹tso⁴³tsi⁵⁵. 到处都哒哒地渗着水。
　　　处　哪 都 渗　水 哒哒貌
（16）tau²⁴o⁴⁴tau²⁴naŋ⁴⁴ti¹³ʐau¹³nen³¹tʂaŋ⁵⁵.
　　　侧面那下面　这 都 是　 亲戚
　　　这边那边都是亲戚。

2. 处所论元的句法语义属性

方所处所论元的句法属性是，在句法结构中充当动核的处所论元，构成"方所+V+客体"或"方所+V"结构，表示客观的、具体的方所，作句子结构的方所主语，构成"方所主语+V+宾语"或"方所主语+V"，在语义上表示动作行为涉及的处所或表示变化或属性双方的存现关系和属性双方的表称关系。

"方所+V+客体"表示动作行为涉及的处所，"处所"由方所题元充当，构成"方所主语+V+施事/受事/客事"结构。

173

"方所+V+施事"表示某处所或位置存在施事发出的动作行为时,语义结构为"方所主语+V+主体宾语"。例如:

(17) ṣou⁴⁴tɕi¹³ntoŋ⁴⁴tʂai⁴³to²¹noŋ¹³. 树枝上落只鸟。
　　　上　枝　树　停息　只　鸟
(18) ntai³³qhau⁵⁵n̥toŋ³¹i⁴⁴pu⁴⁴to²¹　to²¹n̻ua¹³tl̻ei⁵⁵tl̻o⁴³.
　　　近处　洞　门那　睡　安稳貌　只　小　狗　黑
　　　近门口处躺着一只小黑狗。

这种结构,如果隐含施事,可以构成"方所+V+受事"结构,表示某位置或处所存在某物,语义结构为"方所主语+V+受事宾语/存现宾语"。例如:

方所主语+V+受事宾语

(19) ṣou⁴⁴tl̻ai²⁴mploŋ³¹i⁴⁴tl̻ai⁴⁴lo⁴³lu²¹kaŋ⁴³.
　　　上面　片　叶　那　挂　个　茧　蚕
　　　那片叶子上挂个蚕茧。
(20) hou⁵⁵naŋ⁴⁴tʂi⁴⁴tou⁴⁴cɛ⁴⁴n̻o³¹. 这里头没关牛。
　　　里面　这　不　得　关　牛

方所主语+V+存现宾语

(21) ṣou⁴⁴tɕhɛ⁴⁴pua⁴⁴phau⁴³paŋ¹³. 床上垫床棉被。
　　　上面　床　铺垫　床　棉被
(22) qhei⁵⁵hou⁴⁴ntsaŋ⁴⁴tsɛ⁴³lo⁴³qhou³³. 坟头处放个罐。
　　　处　头　坟　置放　个　罐
(23) tau³¹nto¹³ki⁴⁵i⁴⁴tʂau⁴⁴pai¹³tɕhi⁵⁵. 那路边上放堆粪肥。
　　　侧　缘　路　那　放　堆　粪

在苗语里,表示动作行为存在和涉及的方所题元构成的语义结构,常见的动词有:pu⁴⁴睡、tl̻ai⁵⁵挂、tl̻ɛ²¹撞、pa⁵⁵摆、ntha⁴⁴扶、ploŋ¹³闲逛、n̻au⁴³在、n̻au⁴³居住、ʐou²⁴坐、sau⁵⁵栅、ṣɛ⁵⁵站立、ṣo⁴⁴住宿、ṣo⁴⁴停留、ṣo⁴⁴栖息、voŋ⁴³壅、loŋ⁴⁴蜷伏、tɕou²⁴

174

揪、tṣɛ⁴³停息，等等。

"方所+V+客体"表示变化或属性双方的存现关系或表称关系，"处所"由方所题元充当，构成"方所+V+止事"语义结构，其中 V 可以是变化或性质动词，也可以是领属动词mua³¹"有"和系属动词ʐau¹³"是"。

V 为变化动词时，语义结构上，构成"方所主语+V+存现宾语"，存现宾语可兼表结果、数量。例如：

（24）ṣou⁴⁴ni²¹lo⁴³hou⁴⁴au⁴⁴lo⁴³pau⁴³. 他头上肿了个包。
　　　上面 他 个 头 肿 个 包

（25）ntɛ³³nto¹³qhau⁵⁵tļei³¹i⁴⁴tua³¹i⁴³tṣau⁴³lu¹³zaŋ³¹.
　　　处 岸边 洞 水 那 生长 一 棵 杨柳
　　　水塘边上长了一棵杨柳树。

（26）lo⁴³mpoŋ⁴⁴nti¹³i⁴⁴ŋkhi³³au⁴³pei⁴³lo⁴³qhau⁵⁵.
　　　个 边缘 碗 那 缺 二 三 个 洞
　　　那个碗缘上缺了两三个口。

V 为领属动词mua³¹"有"时，语义结构上，构成"方所主语+V+存现宾语"，存现宾语可兼表数量。例如：

（27）ti¹³toŋ⁴³kau⁴⁴mua³¹tɛ²¹qhua⁵⁵. 对面那座山有干柴。
　　　对面 山 那 有 柴 干

（28）qhei⁵⁵naŋ⁴⁴mua³¹lo⁴³qhau⁵⁵tļei³¹. 这里有个水井。
　　　处 这 有 个 洞 水

（29）ṣou⁴⁴nthaŋ⁴³mua⁴³to²¹tṣhu³³. 楼上有只猫。
　　　上面 楼 有 只 猫

V 为系属动词ʐau¹³"是"时，语义结构上，构成"方所主语+V+存现宾语"，存现宾语可兼表表称。例如：

（30）tou⁴⁴ṣaŋ⁴³toŋ⁴³i⁴³tshi³¹ʐau¹³pau⁴³ʐei⁴³pau⁴³tṣua⁴⁴
　　　外面 边 山 一 切 是 前缀 石 前缀 岩

山背后全是岩石。

（31） pei²¹kau⁴⁴ʐau¹³lo⁴³ʐau²¹mo̠ŋ⁴³. 那上面是个苗族村。
　　　　上面那　是 个　村　苗族

（二）方所客体论元的句法语义属性

方所客体论元属性，在句法结构中，充当动核结构的客体论元，构成"主体+V+方所"结构，充当句子结构的方所宾语。联系方所宾语的动核主要是存在动词、动作行为动词、趋向动词和结果动词，说明与动核动词联用的客体论元的论旨角色及其论旨角色的语义制约关系。例如：

（32a） n̠o³¹n̠au⁴³pei²¹naŋ⁴⁴. 牛在这上面。（存在动词）
　　　　牛　在　坡上　这

（32b） ni²¹tʂo¹³n̠tɕɛ³³pei¹³naŋ⁴⁴.
　　　　他　只　挖　坡上　这
　　　　他只挖这上面。（动作行为动词）

（32c） kau³¹n̠tɕi⁴⁴lo²¹pei²¹naŋ⁴⁴. 你上这上面来。（趋向动词）
　　　　你　爬上来　坡上　这

（32d） ni²¹tso¹³pei²¹naŋ⁴⁴ta²¹. 他到这上面了。（结果动词）
　　　　他　到　坡上　这 了

方所题元作客体论元时，可以构成"施事+V+方所"结构。施事是动作行为的发出者，方所表示动作行为位移的位置，语义结构是"施事主语+V+方所宾语"，表示动作行为存在和顺沿的位置，或者表示动作行为位移运动的起点、终点和经过、朝向的位置。

方所题元表示施事发出动作行为处于的位置的。例如：

（33） ni²¹n̠au⁴³ʂou⁴⁴n̠thaŋ⁴³i⁴⁴. 他在楼上。
　　　　他 在　上面　楼 那

（34）tʂhu³³pu⁴⁴ntɛ³³nto¹³tɕo⁴³i⁴⁴. 猫睡在火塘边。
　　　猫　睡　近处　边　火塘那
（35）ni²¹na³¹n̥oŋ⁴³ʑou²⁴hou⁵⁵tʂei⁵⁵. 他天天坐家里。
　　　他　每　天　坐　里　房屋

方所题元表示施事发出动作行为顺沿的位置的。例如：

（36）to²¹ntshai⁴⁴i⁴⁴n̥tɕi¹³ʑo³¹ʑen²¹hou⁵⁵lo⁴³ka⁴³i⁴⁴.
　　　个　姑娘　那　逛　悠然貌　里　个　街　那
　　　那个姑娘在街上闲逛。
（37）kau³¹tʂi⁴⁴ti³³phin⁴³ʂou⁴⁴phaŋ⁴³so⁴³tʂaŋ⁵⁵i⁴⁴. 你别靠墙上。
　　　你　不　别　靠　上　堵　前缀　墙那

方所题元表示动作行为位移运动起点位置的。例如：

（38）ni²¹tɛ²⁴hou⁵⁵qhau⁵⁵toŋ³¹i⁴⁴lo²¹. 他从门里出来。
　　　他　出　里　洞　门　那来
（39）tʂhi³³ɴqai²¹pei²¹toŋ⁴³i⁴⁴lo²¹ta²¹. 羊从山坡上下来了。
　　　羊　下　坡上山　那来　了
（40）o⁵⁵n̥tɕai²⁴qaŋ⁴³tei⁴³qua⁴⁴tɕhɛ⁴³tou⁴⁴cou²⁴ɕoŋ⁴⁴ta²¹.
　　　我　离开　后　地　基　地方　得　十　年　了
　　　我离开故乡十年了。

带表示起点处所方所题元的动作行为动词，常见的有：tua³¹来、lo²¹回来、ɴqai²¹下、tɛ²⁴出来、thoŋ⁵⁵迁移、tsaŋ⁵⁵移动、n̥tɕai²⁴离开、thou⁴⁴退出、ʑɛ³³越出，等等。

方所题元表示动作行为位移运动终点位置的。例如：

（41）ni²¹tso¹³hou⁴⁴tʂei⁵⁵lɛ²⁴ta²¹. 他已经到家里了。
　　　他　到　里　家　了　了
（42）n̥o³¹ŋkaŋ¹³tɬua⁴⁴hou⁵⁵tɕo⁴³tei⁴³i⁴⁴lɛ²⁴ta²¹.
　　　牛　进　到…里　块　地　那　了　了
　　　牛钻到那块地里头去了。

177

（43）mua⁴³fu⁴³tʂau⁴⁴ʂou⁴⁴mpoŋ⁴⁴ʐa¹³i⁴⁴. 把瓢放锅缘上。
　　　　把　　瓢　放　　上　边缘 锅 那

带表示终点处所方所题元的动作行为动词，常见的有：lo²¹回、mo²¹去、ŋkaŋ¹³进、ʈau⁴⁴回、tʂi⁵⁵迁居、lo²¹tso¹³回到、mo²¹tso¹³去到、tua³¹tso¹³来到、ʈau⁵⁵tso¹³回到、mo²¹tl̥ua⁴⁴到…去、tua³¹tl̥ua⁴⁴到…来，等等。

方所题元表示动作行为位移运动经过的位置的。例如：

（44）pei⁴³lan̥⁴⁴ʂou⁴⁴to²¹tl̥ei³¹i⁴⁴mo²¹.
　　　　我们 跨越 上面 条 河 那 去
　　　　我们从那条河上面过去。

（45）tso⁵⁵ntsen⁴⁴ti¹³ʂaŋ⁴³tau³¹ lɛ²⁴ta²¹.
　　　　虎　翻越　对面 边 山坡 了 了
　　　　老虎已经从对面的山岭翻过去了。

（46）mei³¹tʂi⁴⁴ɕau⁴³tl̥hou⁴⁴hou⁵⁵lo⁴³ka⁴³i⁴⁴ta²¹.
　　　　你们 不　消　穿越　里 条 街 那 了
　　　　你们不用从那条街里穿过去了。

带表示经过处所方所题元的动作行为动词，常见的有：tl̥i¹³渡、ku²⁴涉、lan̥⁴⁴跨越、tl̥hou⁴⁴穿越、tl̥ua⁴⁴路过、ntsen⁴⁴翻越、zi̥¹³绕道、ʐau²¹绕道，等等。

方所题元表示动作行为位移运动朝向的位置的。例如：

（47）kau³¹tʂi⁴⁴ɕau⁴³thou⁴³qan̥⁴³lo²¹tso³¹tou¹³o⁵⁵.
　　　　你 不 消 退 后 来 踩 着 我
　　　　你可别向后退来踩着我。

（48）ni²¹ʨhɛ³³ta¹³tu⁴³ʂou⁴⁴o⁵⁵hou⁵⁵ʂa⁴³.
　　　　他 用　刀　对 上面 我　胸口
　　　　他用刀顶在我胸口上。

（49）to²¹n̥ua¹³tl̥ei⁵⁵i⁴⁴na³¹n̥oŋ⁴³tsau³¹o⁵⁵qan̥⁴³.

只 仔 狗 那 每 日 跟 我 后面
那只小狗天天跟在我屁股后面。

带表示朝向处所方所题元的动作行为动词，常见的有：tʂhau³¹朝、thou⁴³向后退、tu⁴³对、tsau³¹跟随、mo²¹lɛ²⁴到到⋯去、ntɕi⁴⁴lɛ²⁴上到⋯去、ŋqai²¹lɛ²⁴下到⋯去、taŋ¹³lɛ²⁴奔到⋯去、tua³¹lɛ²⁴到⋯来、ŋkaŋ¹³lɛ²⁴进到⋯去，等等。

（三）方所定语题元的句法语义属性

苗语方所定语题元的句法属性，是方所题元在句法结构中作动核结构的可选论元，充当句子结构的定语。方所题元的定语题元属性分为无标记性和标记性两种，各又分为主语的定语和宾语的定语。

1. 无标记性定语题元的句法语义属性

无标记性方所题元在句法结构中，既可以位于名词性主语之后，充当主语的属性定语，也可以位于宾语之后，充当宾语的属性定语。

无标记性方所题元在句法结构中，构成（NP+L）+VP 结构时，NP 是一个名词性短语，作句子结构的主语，L（locative）是方所题元，位于句子结构主语之后，充当主语的属性定语，表示主体事物存在的位置。例如：

（50）lo⁴³tʂho⁴⁴ntaŋ²¹naŋ⁴⁴qhau⁵⁵mpo¹³tou⁴⁴au⁴³pei⁴³noŋ⁴³.
　　　个 窝棚 下面　这 才 盖 得 二 三 天
　　　下面的这个茅屋才盖了两三天。

（51）tɕo⁴³la³¹phua⁵⁵pei²¹i⁴⁴qhua⁵⁵lɛ²⁴ta²¹.
　　　丘 田 远处 坡上那　干 了 了
　　　较远坡上那丘田干了。

（52）to²¹qai⁴³ntai³³kau⁴⁴ntʂhai⁴⁴ʐau¹³tou¹³mau⁴³ta²¹.

只　鸡　近处　近那　怕　　是　着　病　了
近处那只鸡恐怕是病了。

（NP+L）+VP 结构，可以扩展为 NP+（L+NP）+VP，L+NP 是一个以方所题元为中心语的名词性短语结构，位于句法主语之后，作为主语的属性定语，表示主体事物存在的位置。例如：

（53）pai²¹tɛ²¹tau²⁴qou²⁴ tṣei⁵⁵ i⁴⁴pau⁴³lɛ²⁴ta²¹.
　　　堆　柴　侧面　背后　房屋　那　塌　了　了
　　　房背后的那堆柴塌掉了。

（54）tɕo⁴³tei⁴³phua⁵⁵tau²⁴lo⁴³qaŋ⁴³haŋ⁵⁵i⁴⁴ɕoŋ⁴⁴naŋ⁴⁴tṣi⁴⁴
　　　块　地　远处　侧面 个　底　山谷　那　年　这　不
　　　tou⁴⁴ua⁴⁴.
　　　得　做
　　　那边山谷里头那块地今年没有耕耘。

（55）taŋ⁵⁵o³³ntai³³lo⁴³nto¹³paŋ²¹tḷei³¹naŋ⁴⁴ʐau¹³to²¹tu¹³ʐi¹³ni⁴⁴？
　　　群　鸭　近处　个　边　塘　水　这　　是 个　哪家 的
　　　水塘边的这群鸭子是谁家的？

无标记性方所题元在句法结构中，构成 NP+V+（NP+L）结构时，NP 是一个名词性短语，作句子结构的宾语，L 是方所题元，位于句子结构宾语之后，充当宾语的属性定语，表示客体事物存在的位置。例如：

（56）ni²¹ŋkaŋ¹³tḷua⁴⁴lo⁴³qhau⁵⁵toŋ³¹tau²⁴i⁴⁴lɛ²⁴.
　　　他　进　过　个　洞　门　侧　那　了
　　　他进了侧面的那个门了。

（57）o⁵⁵mo²¹nua²⁴so⁴³mo⁵⁵ pei²¹ kau⁴⁴ ta²¹.
　　　我　去　看　　窝　蜜蜂　坡上　近那　了
　　　我去看坡上面的那窝蜜蜂了。

NP+V+（NP+L）结构，可以扩展为 NP+V+［NP+（L+NP）

结构，L+NP 是一个以方所题元为中心语的名词性短语结构，位于句法宾语 NP 之后，作为宾语的属性定语，表示客体事物存在的位置。例如：

（58）pei^{43} ņo^{43}naŋ^{44}mo^{21}nthua^{44}tɕo^{43}tei^{43}ʂou^{44}tso^{31}qou^{24}
　　　我们　日　这　去　薅　块　地　上面　条　背后
　　　ki^{55}i^{44}.
　　　路　那
　　　我们今天去锄路的上面的那块地。

2. 标记性定语题元的句法语义属性

苗语的关系从句通常用关系化助词 kə^{33} 标记。例如：

（59）to^{21}ņo^{31}kə^{33}　pu^{44}　to^{21}　i^{44}ʐau^{13}　to^{21}　na^{24}　ņo^{31}.
　　　头　牛　助词　躺　安稳貌　那　是　头　母　牛
　　　躺着的那头牛是头母牛。

关系从句的标记助词 kə^{33}，也可以使方所题元关系化，使 NP+L 和 NP+L+NP 关系化为 NP+kə^{33}+L 和 NP+kə^{33}+L+NP，成为关系化名词结构短语，这两种结构在语义属性上都是有定指性质的，没有定指属性的方所结构不能关系化，关系化后的方所题元，作修饰语，充当带标记的领属定语，即带标记的领属定语后置。不带标记的修饰语，充当属性定语。例如：

（60a）to^{21}hou^{55}ki^{33}ņtaŋ^{43}i^{44}ʐau^{13}to^{21}noŋ^{24}.中间那个是个官儿。
　　　个　里　中间　那　是　个　官
（60b）to^{21}kə^{33}hou^{55}ki^{33}ņtaŋ^{43}i^{44}ʐau^{13}to^{21}noŋ^{24}.
　　　个　助词　里　中间　那　是　个　官
　　　中间的那个是个官儿。
（61a）to^{21}ņo^{31}ntai^{33}tɕo^{43}tei^{43}i^{44}ʐau^{13}ni^{21}ni^{44}.
　　　头　牛　近处　块　地　那　是　他　的
　　　那块地里那头牛是他的。

181

（61b） to^{21}ȵo^{31}kə^{33}ntai^{33}tɕo^{43}tei^{43}i^{44}ʐau^{13}ni^{21}ni^{44}.

头 牛 助词 近处 块 地 那 是 他 的

那块地里的那头牛是他的。

（62a） au^{43}tʂau^{43}ntoŋ^{44}tɕei^{31}lo^{43}qaŋ^{43}tʂua^{44}i^{44}ʐau^{13}fua^{43}poŋ^{43}.

二 棵 树 下 个 底 岩 那 是 樱桃

岩脚下那两棵树是樱桃树。

（62b） au^{43}tʂau^{43}ntoŋ^{44}kə^{33}tɕei^{31}lo^{43}qaŋ^{43}tʂua^{44}i^{44}ʐau^{13}fua^{43}poŋ^{43}.

二 棵 树 助词 下 个 底 岩 那 是 樱桃

岩脚下的那两棵树是樱桃树。

（63a） ni^{21}lo^{43}ʈei^{55}paŋ^{31}ntai^{33}lo^{43}na^{24}nto^{13}qhau^{55}nto^{31}i^{44}.

他 摘 朵 花 近处 个 大 边 洞 天 那

他摘大溶洞边上那朵花。

（63b） ni^{21}lo^{43}ʈei^{55}paŋ^{31}kə^{33}ntai^{33}lo^{43}na^{24}nto^{13}qhau^{55}nto^{31}i^{44}.

他 摘 朵 花 助词 近处 个 大 边 洞 天 那

他摘大溶洞边上的那朵花。

例句中，（a）的方所结构作修饰语，不带标记，充当属性定语，（b）的方所结构作修饰语，带标记，充当领属定语。

（四）方所话题题元的句法语义属性

方所题元的话题属性，是方所题元在句法结构中充当整个句子的话题，作整个句子结构的句首状语。方所题元充当话题时，总是位于句首，这种话题与句子结构的其它成分没有直接的关联，没有标记，话题的结构总是 L+NP。从话题的来源看，通常是句法结构的焦点话题化并移位到句首的结果。例如：

（64） ti^{25} lo^{43}paŋ^{21}tɭei^{31}i^{44}pei^{43}tʂi^{44}tou^{44}ʐo^{13}ɳtʂei^{21}.

对面 个 塘 水 那 我们 不 得 养 鱼

对面那个水塘我们没有养鱼。

(65) phua^{55}ntaŋ^{21}i^{44}tei^{31}toŋ^{43}i^{44}ʐo^{13} tḷau^{44} taŋ^{21}lɛ^{24}ta^{21}.
　　 远处 坡下 那 些 山那 放牧 光秃 完 了 了
　　 那下面那些山放牧过度而光秃了。

(66) pei^{21}qou^{24}tʂei^{55} na^{31}m̥au^{44}mua^{31}tʂhu^{33}to^{24}tʂua^{13}.
　　 坡上 背后 房屋 每 晚 有 猫 咬 老鼠
　　 房背后每天晚上都有猫逮老鼠。

(67) ʂou^{44}lo^{43}tʂei^{55}n̥aŋ^{43}kau^{44}to^{21}po^{31}qai^{43}tḷo^{43}i^{44}ntei^{13}tou^{44}
　　 上 个 房屋 草 近那 只 母 鸡 黑那 下 得
　　 i^{43}ʐei^{21}qei^{44}.
　　 一 窝 蛋
　　 那个茅草房上那只黑母鸡下了一窝蛋。

（五）方所焦点题元的句法语义属性

苗语方所题元的焦点属性包括非标注性和标注性两种。

1. 非标注性方所焦点题元的句法语义属性

非标注性方所题元的焦点属性是方所题元作句法结构的焦点时，不需要加标记和不用介词引导。在句法结构中，NP+V+(NP+L) 和 NP+V+[NP+（L+NP）] 结构中的 NP+L 和 NP+L+NP 与 NP+V 在结构上没有直接的关联时，NP+L 和 NP+L+NP 结构就成为句法结构非标注性的焦点。例如：

(68) la^{43}lo^{55}pau^{43}mi^{21}ti^{13}i^{44}ta^{21}. 猴子在对面那儿掰苞谷了。
　　 猴 掰 苞 米 对面那 了

(69) ni^{21}ʑi^{13}ʐo^{13}mpua^{44}phua^{55}ntaŋ^{21}lo^{43}qaŋ^{43}haŋ^{55}i^{44}.
　　 他 家 养猪 远处 坡下 个 底 山谷那
　　 他家在那下面的那个山谷里养猪。

2. 标注性方所焦点题元的句法语义属性

标注性方所题元的焦点属性是方所题元作句法结构的焦点时，

需要通过介词引导，构成介引方所题元，介词可以看作焦点的标记。标注性方所题元的焦点属性，根据方所题元在句法结构中所表示的源点、场所、终点等不同的语义特征，可以分为从属语标注介引方所题元焦点和核心标注介引方所题元焦点。

从属语标注是指在非动核的主语、宾语、定语、状语上加标注。苗语通常使用前置词引导句法结构的宾语、定语方所题元使之焦点化并使之成为句法结构的焦点。从属语标注方所题元焦点可以从方所题元的源点、终点、顺延和位置空间等语义进行分析。从属语标注句法结构的宾语的语义包括源点、终点、顺延和位置空间，标注定语的语义包括终点和空间位置。

表示源点的从属语标注，通常用由动词tua^{31} "来"、tsi^{31} "齐"语法化来的tua^{31} "从……"、tsi^{31} "自……"，方所题元位于介词之后，介词属前置词。从属语标注介引方所题元焦点在句法结构中充当状语，位于主语之后，表示动作行为的起点位置。例如：

（70） ni^{21}tua^{31}ṇtaŋ^{21}qaŋ^{43}haŋ^{55}i^{44}ṇtɕi^{44}lo^{21}.
　　　 他　从　坡下　底　山谷　那　爬　来
　　　 他从那山谷下面爬上来。

（71） tu^{24}qhau^{55}tua^{31}hou^{55}paŋ^{21}aŋ^{55}tɛ^{24}lo^{21}.
　　　 水牛刚　自　里　塘　泥　出　来
　　　 水牛刚从泥塘里出来。

（72） paŋ^{55}la^{31}naŋ^{44}tsi^{31}pei^{21}to^{21}tʂaŋ^{13}i^{44}ʐau^{13}ni^{21}ʑi^{13}ni^{44}.
　　　 坂　田　这　自　坡上　个　埂　那　是　他　家　的
　　　 这坂梯田自上面那埂子起是他家的。

（73） pei^{43}tʂo^{13}lai^{31}tsi^{31}ntai^{33}to^{21}nto^{13}tei^{43}i^{44}.
　　　 我们　只　犁　自　近处　个　边缘　地　那
　　　 我们只自那个地边起犁。

苗语方所题元的句法语义属性

表示从源点到终点的从属语标注，通常用由框式介词 tua³¹……tso¹³ "从……到"、tsi³¹……tso¹³ "自……到" 和 tua³¹……tou⁴⁴ "从……到"、tsi³¹……tou⁴⁴ "自……到" 介引方所题元，表源点的方所题元位于框式介词之间，表终点的方所题元位于框式介词之后。例如：

（74） tua³¹qhei⁵⁵naŋ⁴⁴tso²¹pei²¹ntʂi³³toŋ⁴³i⁴⁴mua³¹tʂɛ²¹tḷei⁴³?
　　　从　近远处这　到 坡上 尖　山 那 有　少　远
　　　从这里到那坡顶有多远？

（75）tɕo⁴³qau³³naŋ⁴⁴tau³¹ti¹³i⁴⁴tou⁴⁴hou⁵⁵naŋ⁴⁴ti¹³tua¹³taŋ²¹lɛ²⁴.
　　　块 芋头 这　从对面那 到 里面 这　都 死　完 了
　　　这块芋头从那对面到这里面全死了。

（76） tsi³¹ntai³³kau⁴⁴tso²¹ʂou⁴⁴plaŋ²¹moŋ¹³i⁴⁴ɕoŋ⁴⁴ɕoŋ⁴⁴ti¹³
　　　自　近处 那　到 上面 片　青杠树 那年　年　都
　　　tua³¹ntɕi⁴³sa⁵⁵.
　　　出　菌 青
　　　从那里到上面那片青杠树年年都生长青头菌。

（77）ni²¹ni⁴⁴toŋ⁴³ntoŋ⁴⁴ʐau¹³tsi³¹ntaŋ²¹to²¹ku³¹tḷei³¹tou⁴⁴ ti¹³
　　　他 的　山　树　是 自坡下 个　沟 水 到 对面
　　　ntaŋ⁵⁵tau³¹i⁴⁴.
　　　半　坡 那
　　　他的山林是从下面山沟到对面半坡那儿。

表示动作行为处于和顺沿位置的从属语标注，经常是在"施事+V+方所"结构中，用前置词 ȵau⁴³ "在"引导方所题元并使方所题元焦点化，从属语标注介引方所题元焦点位移到动词前，构成"施事+ȵau⁴³+方所+V"的语义结构，"ȵau⁴³+方所"在句子结构中相当于一个前状语，表示施事在某位置或处所发出动作行为。例如：

185

（78）ni²¹ȵau⁴³pei²¹hou⁵⁵tei⁴³ȵtɕɛ³³ȵto⁴³ȵtai⁵⁵.
　　　 他　在　坡上顶　地　挖　叮咚响声貌
　　　 他在地头叮咚叮咚地挖着。
（79）po³¹qai³¹ȵau⁴³hou⁵⁵lo⁴³ʐei²¹tʂou³¹. 母鸡在窝里叫。
　　　 婆　鸡　在　里　个　窝　叫

从属语标注定语方所题元，表示空间位置时，用前置词 ȵau⁴³ "在" 引导方所题元并使方所题元焦点化，这时句法结构的焦点位置始终位于动核前，表示主体、客体焦点方位的空间语义。例如：

（80a）to²¹ti¹³tʂi⁴⁴su³³to²¹nen⁴³. 对面那个不像是个人。
　　　 个　对面不　像　个　人
（80b）to²¹ȵau⁴³ti¹³tʂi⁴⁴su³³to²¹nen⁴³.
　　　 个　在　对面不　像　个　人
　　　 在对面的那个不像是个人。
（81a）to²¹ȵo²¹pei²¹i⁴⁴ʐau¹³ni²¹ni⁴⁴. 上面那头牛是他的。
　　　 头　牛　坡上那　是　他　的
（81b）to²¹ȵo²¹ȵau⁴³pei²¹i⁴⁴ʐau¹³ni²¹ni⁴⁴.
　　　 头　牛　在　坡上那　是　他　的
　　　 在上面的那头牛是他的。
（82a）taŋ⁴³lou⁴⁴ntai³³qhau⁵⁵toŋ³¹i⁴⁴tʂo²⁴la¹³ȵa²¹lɛ²⁴ta²¹.
　　　 把　锄头　近远处洞　门　那　被　别人偷　了　了
　　　 门口处那把锄头被人偷了。
（82b）taŋ⁴³lou⁴⁴ȵau⁴³ntai³³qhau⁵⁵toŋ³¹i⁴⁴tʂo²⁴la¹³ȵa²¹lɛ²⁴ta²¹.
　　　 把　锄头　在　近处处洞　门　那被别人　偷　了　了
　　　 在门口处那把锄头被人偷了。
（82c）taŋ⁴³lou⁴⁴kə³³ȵau⁴³ntai³³qhau⁵⁵toŋ³¹i⁴⁴tʂo²⁴la¹³ȵa²¹
　　　 把　锄头　助词在　近处洞　门　那　被　别人偷

lε²⁴ta²¹.
了　了

在门口处的那把锄头被人偷了。

（83a）ni²¹mua⁴³so⁴³ɲcε³¹ ʂou⁴⁴tʂau⁴³tho⁵⁵i⁴⁴lε²⁴ta²¹.
　　　他　把　窝　蜂　上面　棵　松树　那烧　了　了
　　　他把松树上那窝蜂子烧了。

（83b）ni²¹mua⁴³so⁴³ɲcε³¹ n̠au⁴³ʂou⁴⁴tʂau⁴³tho⁵⁵i⁴⁴lε²⁴ta²¹.
　　　他　把　窝　蜂　在　上面　棵　松树那烧　了　了
　　　他把在松树上那窝蜂子烧了。

（83c）ni²¹mua⁴³so⁴³ɲcε³¹ kə³³n̠au⁴³ʂou⁴⁴tʂau⁴³tho⁵⁵i⁴⁴lε²⁴ta²¹.
　　　他　把　窝　蜂　助词　在　上面　棵　松树那烧　了　了
　　　他把在松树上的那窝蜂子烧了。

核心标注是加在动核上的具有介词性质的方所题元标记，介引方所题元，在句法结构中处于补语的位置。苗语核心标注介引方所题元，有附着于动词的语法化方所题元标记、兼有动词体标记的方所题元标记和用趋向动词标注方所题元三种。

附着于动词的语法化方所题元标记，苗语用意义较虚的tou⁴⁴"在……"、"到……"和意义相对较实的具有趋向性质的tso¹³"到……"作为方所题元的标记，介引方所题元，说明动词后的成分是方所题元，两者的语义关系指向方所题元，表达谓语动作行为到达的终点。例如：

（84）kau³¹tʂhei⁵⁵mo²¹pa⁵⁵tou⁴⁴ʂou⁴⁴toŋ⁴⁴.你拿去摆在桌子上。
　　　你　拿　去　摆　在　上　桌

（85）ni²¹lou⁴³tou⁴⁴hou⁵⁵thoŋ⁴³lε²⁴.他倒到桶里了。
　　　他　倒　到　里　桶　了

（86）pei⁴³qhau⁵⁵lo²¹tso¹³hou⁴⁴tʂei⁵⁵.我们刚回到家里。
　　　我们　刚　回　到　里　家

187

（87）ņoŋ⁴³tua³¹tso¹³ti⁴³mpoŋ⁴⁴tau³¹ta²¹．太阳升到山梁上了。
　　　　日　升起　到　对面 边缘　山坡　了

兼体标记的方所题元标记，苗语用动词完成体标记tḷua⁴⁴"过……"作为方所题元的标记，介引方所题元，语义关系指向后面的方所题元，表示动作行为的趋向的终点。例如：

（88）ni²¹ņtɕi⁴³tḷua⁴⁴pei²¹hou⁵⁵tei⁴³i⁴⁴lɛ²⁴ta²¹．
　　　　他　爬　过　坡上　顶　地　那　了　了
　　　　他到地头上面去了。

（89）mpau⁴⁴ʑi²¹tṣi⁵⁵ŋkaŋ¹³tḷua⁴⁴ņtaŋ²¹plaŋ²¹ko⁴⁴ɕoŋ⁴³a⁴³i⁴⁴lɛ²⁴．
　　　　猪　野 逃跑　进　过　坡下　片　丛　竹　苦　那　了
　　　　野猪逃到坡下那片苦竹丛里去了。

（90）ni²¹mo²¹tḷua⁴⁴pei²¹hou⁵⁵tau³¹lɛ²⁴．他到山上去了。
　　　　他　去　到 坡上头　山坡　了

（91）ni²¹ʑi¹³tṣi⁵⁵tḷua⁴⁴ņtaŋ²¹ņtaŋ²¹lɛ²⁴．他家迁到坝子下头去了。
　　　　他　家 迁居到　下面　坝子　了

用趋向动词标注方所题元，苗语用趋向动词lɛ²⁴"到……去"作为方所题元的标记，介引方所题元，也表示动作行为趋向的终点。例如：

（92）ni²¹ʑa⁴⁴mo²¹lɛ²⁴　tau²⁴ qhau⁵⁵haŋ⁵⁵ tḷei⁴⁴ʑou⁴³mpua⁴⁴．
　　　　他　要　去　到…去侧面 洞　山谷　摘　草　猪
　　　　他要到侧面山谷里去割猪草。

（93）ni²¹ŋkaŋ¹³lɛ²⁴ hou⁵⁵lo⁴³qhau⁵⁵tṣua⁴⁴tsho²⁴ɕau⁴³lo³¹ua⁴⁴
　　　　他　进　到…去里 个　洞　岩　撮　硝　来　做
　　　 kua⁴³ho⁵⁵ʑo³¹．
　　　　药　火　药
　　　　他钻到岩洞里去撮硝来做火药。

（94）mei³¹ tua³¹ lɛ²⁴pei²¹　naŋ⁴⁴ ua⁴⁴la¹³tṣa⁴⁴?

188

苗语方所题元的句法语义属性

你们 来 到…去坡上 这 做 什么
你们到这上面来干什么?
(95) kau³¹lua³¹lɛ²⁴tau²⁴pei²¹, o⁵⁵lua³¹lɛ²⁴tau²⁴tou¹³.
你 钐 到 上面 我 钐 到 下面
你朝上面钐，我朝下面钐。

四 结语

  本文基于语义、句法、介词理论和语用学，对苗语方所题元的句法语义属性进行描写。苗语方所题元的句法语义属性是在句法结构中体现出来的。方所题元的语义属性在句法结构中表现为方位、处所、场景、目标、方向、空间的源点和终点等空间类语义角色。方所题元的句法属性在句法结构中表现为与动核的范围、方所、止事、话题、焦点等论旨角色及论旨属性的语义制约关系。方所题元的方位、处所、场景、目标、方向、空间的源点和终点等空间类语义角色，必须通过句法结构的范围、方所、止事、话题、焦点等论旨角色及论旨属性的语义制约关系来体现，亦即通过句法成分的方所主语、宾语、定语、状语与谓语核心的关系来体现。
  方所题元在句法结构中的范围、方所、止事等语义结构的位置比较确定，也就是方所题元充当方所主语、宾语的句法位置比较确定。
  方所题元充当句子结构的定语时，通常与苗语方所成分的组合关系有密切的联系。在句法组合关系中，一般是中心语在前，修饰语在后，这就决定了苗语的方所题元只要处于修饰语的位置上时，在句法结构中都是充当定语成分，充当定语成分时，分为有标记性和无标记性,有标记性的方所题元定语都是领属定语,无标记性的是属性定语。

方所题元作为句法结构的话题时,没有标记,位于句首,作句子结构的前置状语,在句法结构中,与其他成分没有直接的结构关系,在来源上是方所题元话题化的结果。

方所题元作句法结构的焦点时,分为标注性和非标注性,非标注性焦点与方所题元话题类似,与句法结构的其他成分没有直接的结构关系,标注性焦点分为从属标注和核心标注,这两种标注尽管句法位置有所不同,但是都与介词有关,涉及到介词理论问题,包括前置词介词和框式介词对方所题元的标注,同时也涉及到语序类型学的问题,即苗语介引方所题元时,不管是从属标注,还是核心标注,都使用前置词。

参考文献

储泽祥:《现代汉语方所系统研究》,武汉,华中师范大学出版社,1997。

李云兵:《苗语方为结构的语义、句法及语序类型特征》,《语言科学》2004年第4期,第65~83页。

刘丹青:《方所题元的若干类型学参项》,《中国语文研究》2001年第1期。

刘丹青:《汉语里的框式介词》,《当代语言学》2002年第4期,第241~353页。

刘丹青:《汉藏语言的若干语序类型学课题》,《民族语文》2002年第5期,第1~11页。

刘丹青:《语序类型学与介词理论》,北京,商务印书馆,2003。

吕叔湘:《方位词使用的初步考察》,《中国语文》1965年第3期。

王春德:《苗语语法(黔东方言)》,北京,光明日报出版社,1988。

王辅世:《苗语简志》,北京,民族出版社,1985。

王辅世、王德光:《威宁苗语的方位词》,《民族语文》1982年第3期,第20~34页。

向日征:《吉卫苗语研究》,成都,四川民族出版社,1999。

徐烈炯、刘丹青:《话题的结构与功能》,上海,上海教育出版社,1998。

张济民:《苗语语法纲要(川黔滇方言)》,贵阳,贵州民族出版社,1962。

水书研究现状与发展趋势*

韦学纯

水族自称"sui^{33}"（睢），"sui^{33}（睢）汉语音译为"水"。1956年正式确定名称为水族，根据2000年第五次人口普查统计，我国水族总人口为406902人。

水族主要分布在贵州省黔南布依族苗族自治州的三都水族自治县和荔波县的水利、水尧、永康3个水族乡，独山县的本寨、甲定、翁台3个水族乡，都匀市的基场、阳和、奉和3个水族乡；黔东南苗族侗族自治州榕江县的三江、仁里、定威、兴华、水尾5个水族乡及塔石瑶族水族乡，雷山县的达地水族乡，黎平县的雷洞瑶族水族乡；云南省富源县古敢水族乡。其次分布在广西壮族自治区的南丹、宜州、融水、环江、都安、来宾、河池等县（市）。水族有自己独特而古老的文字——水族古文字，用这种古文字编

---

* 本文得到中央民族大学张公瑾教授主持的"中国少数民族古籍珍品图典——民族古文字古籍整理研究100年通览"课题和中国社会科学院朝克和李云兵教授主持的中国社会科学院B类重点课题"中国民族语言文字研究史"资助。本文在近5年的写作过程中得到黄行、周庆生、王锋、李云兵、刘日荣、罗春寒、蒙光仁、莫善亮、潘朝霖、潘永行、王芳恒、韦开、韦仕杰、韦仕通、韦仕文、韦仕钊、韦天翼、韦振彪、韦成波、莫荣彬、韩荣培、吴贵飚、吴正彪、杨圣波、赵兴文、周崇启、蒙景村、潘中西、韦述启等多位先生的大力帮助以及参考了众多研究成果和著作，特此表示感谢。

写成的书，水语叫作[le^{11}sui^{33}]"泐睢"，即"水族的书"，或"水族的字"，汉译为水书。目前，水书研究已经成为一门科学，是目前研究水族文化的主流。本文试图对水书研究的现状进行必要的阐述，并对水书研究的未来发展趋势进行必要的展望。

一　1949年前的水书研究

数百甚至数千年以来，水书一直由水书先生所秘传，为水族民间流传和使用。民间的婚丧嫁娶等重要事务都要参考水书，选定吉年吉月吉日吉时吉方进行。而用汉文字和英文及日文等对水书的记载和研究则是百余年的事情。据刘世彬（2006）的研究，最早提及水书的是莫友芝的《邵亭诗钞·红崖古刻歌》（1860），认为水书来源于夏商周三代，其字体和笔画大概是篆前最简古文。

20世纪20~30年代，一些地方志开始立有独立篇目对水书进行了介绍。《都匀县志稿》认为水书大概是古篆之遗，列出了56个水书文字符号及汉字译意。《贵州通志·土民志》列举了104个水书单字符号，并注明其汉字译意。《三合县志略》认为水族文字中，除天干地支及象形文字外，居然有文、武、辅、弼、廉、贪等字，认为水书类似古籀小篆文字。

20世纪40~50年代，李方桂、岑家梧、张为纲等专家、学者深入到贵州水族地区对水语和水族风俗进行调查，并对水书进行研究记译整理。

岑家梧先生1943年9月赴贵州三都、荔波等地调查水族风俗和收集水书资料，于当年撰成《水书与水家来源》（岑家梧，1992）一文。分析和介绍了水书之种类与用途、水书内容举例、水书之结构、水书之来源传说、从水书中观察水家来源、汉字水书对照表等六个方面。

通过与甲骨文和金文比较,岑先生认为,水书字迹与刀刻的甲骨文及金文有颇多类似,至少水书与古代殷人甲骨文之间当有若干姻缘关系,同时认为水书的主要用途是一种巫术用书,水书制造的时代极为古远,水书制造的地点初在西北一带,水书由北方次第传入江西,水书初传入江西水家后,水家由江西迁入贵州,乃携之俱来,水书是一种被压迫民族的文字。

岑家梧先生对水族古文字和水书的论断有独到的见解,首次开创了水书研究的新篇章,是水书研究的开山之作。很多后来对水书的研究或多或少都参考了《水书与水家来源》的例证与研究成果。

张为纲(1940)认为,今天的水书,已经失去文字的功用,转而为咒术的工具,但是仔细考证水书的字形,有很多字和武丁时期的甲骨文字极为近似,并举列出"酉"和"卯"等字作为例证。现在的水族之所以鬼名繁多,之所以尊崇巫师,之所以有为咒术用的'反书'(水书),都是殷代文化遗留之铁证。他因此提出,当今的水族,是殷的遗民是毫无疑义的,水族的先民长期居住于东海之滨,现在僻处西南,成为水家(水族)或所谓的"夷家"。通过对水书和汉字的对比研究,张为纲先生认为水族的水书就是殷墟文字的文化遗存。

李方桂先生在1942年赴贵州荔波县收集水岩和水利等几个地方的水语材料后写成了多篇有关水语的论文和《水话研究》(1977)一书。李方桂先生在该书的《序》中说,民国三十一年他在贵州荔波县内收集了几种水话,在荔波的时候听说水族有文字,但是没有找到,后来回到南京,通过那时的边疆教育馆馆长凌纯声先生借到几本水书的抄本,照录一份,以一页附书的前面,供读者观察。他认为这些书多是占卜用的书,只有巫师才会读懂。原抄本没有音注及译文,所以无法读懂,但其中有些可以认出,与汉字的关系显然易见。同时列出了十二地支的水书文字及译文,认为有些数目字可以认识,其余类似图画的字就不知何所指了。后来日本西田龙雄教授在《水文字历的释译》(1980年)对该份材料进行了语言文字学的释读。

二 1949~2008年的水书研究

新中国成立以后,水族语言及古文字的搜集、调查、整理、发掘和研究工作进入了一个新的阶段。1956年,中国科学院语言研究所、中央民族学院等单位的研究人员到水族地区调查语言和文字的基本概况。中国科学院语言少数民族调查第一工作队编的《水语调查报告初稿》(1958)绪论部分对水书的种类、结构、来历等方面进行了介绍,并列举了常用的天干、地支、数目字、象形字、因声为形字等水族文字与汉语的对应,并用国际音标标注了水语的对应读法。中国科学院语言研究所编的《水族简史简志合编》(1963)的"语言文字"部分对水书作了简单的介绍,列出了21个水书用字。韦庆稳《水语概况》(1965)对水语和水书作了必要的介绍和阐述。1966年到80年代初,水书的研究工作处于停滞状态,没有相关研究成果。

20世纪80年代初到现在,人们对水书的字型、结构、读音、来源、翻译、人文特征、抢救以及边缘应用等方面进行了充分的研究和探索,形成了一批可喜的研究成果,平均每年都有有关水书的文章或论文发表,并且有逐年增多的趋势。

论著中涉及水书的著作主要有:张均如(1980),潘一志

195

（1980），吴支贤、石尚昭（1985），水族简史编写组（1985），《中国大百科全书》（民族卷）（1986），《中国各民族宗教与神话大辞典》（1990），倪大白（1990），傅懋勣（1990）；马学良（1991，2003），《中国大百科全书》（语言文字卷）（1992），李德洙（1994），周有光（1997，2003），倪大白等（1998），黄润华、史金波（2002），韦学纯、艾杰瑞、桑松等（2003），王锋（2003），潘朝霖、韦宗林（2004），魏忠（2004）。

对水书进行专门研究的著作有：贵州省民委古籍办、黔南州民委、三都县民委编王品魁译注《水书（正七卷、壬辰卷）》（1984）。全书40万字，该书是水书专门研究的最重要的著作，全书对水书的入门篇正七卷和吉读本壬辰卷进行了译注，水语注音全部采用通行的国际音标，其中的正七卷是水书研究的入门必读和必备书目。

潘朝霖、韦宗林主编的《中国水族文化研究》（2004）第四卷"水族古文字与水书"部分，对水书进行了较为深入的研究，全书提供水书实际图片数十张，图文并茂。该书是多位作者多年来对水族文化研究的总结性作品，对水书的研究做了较为全面的总结，结合前贤之研究提出了一些新的观点和论据，许多地方读起来，让人有耳目一新之感，是一本水族文化研究的重要著作。

专门对水书丧葬本进行译注的有王品魁和潘朝霖译注的《水书（丧葬卷）》（2005）一书，该书是《水书（正七卷、壬辰卷）》十年出版之后，水书专门研究的又一力作，该书以贵州省独山县本寨乡天星村韦光荣先生祖传的水书丧葬卷为蓝本，用字译、句译、意译、注释等方式介绍水书丧葬卷的基本内容，全书45万字，共收水书丧葬忌戒篇目167篇，内容丰富，是水书研究的难得的译注著作之一。

韦世方编著的《水书常用字典》（2007）汇集了水书中常用字

500 多字，包括常用异体字在内共 1780 个字，对每个字进行了注释和举例，水语读音都采用国际音标，是阅读和研究水书的重要参考工具书。韦章炳《中国水书探析》（2007），全书 52 万字，集水书探奇、水书讲析于一体，全书分七大部分，有《水书与陆铎之谜》、《口传水书是上古口头易的遗存》《水书暗含母体文化特征》《水书太极图与新石器时代含山玉版之谜》等六十余篇论文，该书的出版对社会各界人士关心水书的研究，深层次了解水书的起源、发展和延续，起到了积极的推动作用，同时也为人们更好地了解水书提供了十分珍贵的新材料。

贵州省档案局（馆）、荔波县人民政府编的水书译注《泐金·纪日卷》（2007）一书，作为荔波县馆藏精品水书译注丛书之一，是对明代水书泐金纪日卷抄本进行译注，并附录原件彩图，是水书第一次采用精装彩印水书译注的方式进行出版发行的，《泐金·纪日卷》是水书典籍中的 28 宿卷本之一，由于有明代抄本对照译注，加之作为民族档案译本，更加彰显其学术研究价值和收藏价值。上世纪 80 年代以来，有关水书的研究历年来的主要论文有如下。

20 世纪 80 年代到世纪末，主要有以下篇目：日本西田龙雄（1980），吴支贤、石尚昭（1983），李炳泽（1985），王国宇（1987），吴正彪（1987），雷广正、韦快（1990），王品魁（1990），王思民（1990），刘日荣（1990），韦忠仕、王品魁（1991），陈昌槐（1991），韦忠仕（1991），石尚昭（1991），王品魁（1991），刘日荣（1991），石尚昭（1991），蒙爱军（1991），王国宇（1991），贾光杰（1991），黎汝标（1991），韦忠仕（1992）；王品魁（1992），吴贵飚（1992），冷天放（1993），韦忠仕、王品魁（1993），王品魁（1993），韦忠仕、黎汝标（1993），韦忠仕（1993），石尚昭、吴支贤（1993），王国宇（1993），王品魁（1994），刘日荣（1994），韦正言（1994），韦宗林（1995），雷广正、韦快（1995），王思民（1995），吴承玉（1995），刘日荣（1995），孔燕君（1996），王品魁（1996），王品魁（1998），吴正彪（1998），刘凌（1999），潘道益（1999），韦宗林（1999），王品魁（1999），吴端端、蒋国生（1999）。

进入 21 世纪，水书研究成为水族文化研究的热点，有关水书研究的论文不断出现，其中不乏深入研究者。几年来主要论文如下。潘朝霖（2000，2001），韦宗林（2002），莫定武（2002），吴正彪（2002），王品魁（2002），石国义（2002），罗燕（2002），王品魁（2002），蒙爱军（2002），王品魁（2003），唐泽荣（2003），王元鹿（2003），孙易（2003），王锋（2004），韦宗林（2004），蒙爱军（2004），潘朝霖（2004），蒙熙林（2004），韦章炳（2004），王基华（2004），曾晓渝、孙易（2004），高慧宜（2004），王国宇（2004），姚炳泰（2004），周芙蓉（2004），蒙景村（2005），邓章应（2005），范波（2005），董芳、周石匀、郑文瑾（2005），朱建军（2005），周艳琼（2005），刘世彬（2006），罗春寒（2006），潘朝霖（2006），潘淘洁（2006），韦学纯（2006），韦宗林（2006），叶成勇（2006），蒋南华（2006），孙易（2006），唐建荣、阿闹任虽（2006），韦述启（2006），潘淘洁（2006），潘朝霖（2006），刘世彬（2006）。

2007 年初在贵州省黔南州水书抢救领导小组的组织下由黔南州人民政府主办，华东师范大学中国文字研究与应用中心、黔南民族师范学院、黔南州水书专家组承办，三都水族自治县人民政府、荔波县人民政府协办的中国水书文化首届国际学术研讨会在都匀召开，会后出版由承办单位编的《中国水书文化国际学术研讨会论文集》收集了 45 篇论文，涉及水书研究的主要有：曾晓渝、孙易、韦学纯、罗春寒、梁光华、石尚彬、欧阳大霖、蒙景村等人的多篇文章，主要包括水书研究概况、研究的历史分期、研究述评、水书文化保护与传承研究、水书的抢救、水书旅游产品开发、水书讹变现象、水书的社会文化属性、水书在文字学研究中的认识价值与研究方法、水书异体字研究、水书自源字和借源字、汉字对水书的影响、水书和纳西东巴文与汉字的比较、水书与方块壮文比较、水书和日本字的比较、水书研究文献目录数据库建设、水书历法、水书石板墓葬石刻等研究内容。此外,韦章炳(2007)对水书与《连山》与含山玉版的关系做了探讨,并认为《连山》有可能就是早期的水书,潘兴文(2007)对水书墓碑文进行了分析,韦光荣(2007)对水书中对丧葬仪式的规定进行了研究。同时2007年10月贵州省水家学会在丹寨县召开了第八次学术研讨会,会议收到67篇有关水族研究的学术论文,其中有不少有关水书研究的论文,如:《论水族文字的"楷变"》,《水族韦氏——水书文明的携带者》和《水书在丹寨的传承与水苗文化的交融》等,限于篇幅,这里不再一一列出。2008年新年伊始,水书研究的发展是我们一直关注的问题,我们期待更多的研究成果的出现。

由于水书主要由水族民间收藏,原版不容易收集,为此贵州民族出版社2006年底出版了5卷本的水书影印本,同时四川出版集团巴蜀出版社和四川民族出版社把原版水书的出版列入国家十一五规划重点图书出版项目、国家古籍整理出版专项经费项目、四川省2006年度重点出版项目和四川出版集团专项经费资助项目,出版了160卷本的《中国水书》,从根本上解决了中外学者"难觅原件"的问题,为今后的水书深入研究打开了方便之门。

综上所述,目前的水书研究有从纯文字的角度来研究水书的,包括水书的字型、结构、造字方法、文字规范和源流等,有的是从水书本身出发,研究其社会应用情况,包括抢救、翻译、传承、输入法、天象历法、文化属性、价值和研究综述等。这些研究从不同的侧面反映了水书研究的价值所在，我们认为，水书是水族文化的一种传承，水书中蕴藏着水族语言、文字、天象、历法、宗教等方面的丰富资料，具有重要的学术研究价值。研究水书不仅可以探究水族文化的深刻内涵，同时也可以从中了解水族的语言、历史、宗教、民俗等。

三　水书研究发展趋势

　　水书的研究不仅取得了丰硕的研究成果，而且在组织机构设置上，也给水书研究带来新的研究生机。为抢救和翻译整理水书，贵州省成立了水家研究学会和水书收集整理翻译研究领导小组。水族的主要聚居地贵州省黔南苗族布依族自治州成立了水书抢救工作领导小组，三都县成立了专门研究和收集机构贵州三都水族自治县中国水族文化研究所，作为抢救水书行动的一部分，建设了水族文化展示厅。当地政府倾力将抢救、挖掘和整理水书作为保护民族文化的重点工程来实施。三都水族自治县及临近的荔波县、独山县、都匀市等正组织力量进行抢救、挖掘、整理和征集散落民间的水书原件，并设立有关部门专门对水书进行翻译和研究工作，并且已经开始出版水书的相关译注和研究著作。

　　目前贵州水族地区从民间征集到水书原件15000多册，在原水书藏馆的基础上筹建水书博物馆，同时加强水书原件的征集整理工作。国家对水书的收藏和抢救也日益重视，目前收藏水书的有中国国家博物馆、中国国家档案馆、中国国家图书馆、中国民族图书馆、贵州省黔南州博物馆以及台湾"中央研究院"等研究单位。国外的英国伦敦大英博物馆、日本东洋文库等也有收藏。另外还有不少个人收藏，册数不等。2002年3月，水书纳入首批

"中国档案文献遗产名录"。2006年，水书民俗、端节、马尾绣等三项水族非物质文化入选国家非物质文化遗产。2007年贵州民族学院成立了中国水族文化研究院，专门对水书等水族文化进行研究。2007年10月，三都县建成水族文字碑林，碑林共刻录水书文字1500多字。中央民族大学也正在筹建中国少数民族文字陈列馆进行"水书"等民族文字的陈列。在文化市场需求的拉动和推动之下，水书研究已经形成了一个相对热门的水族文化研究焦点。在因特网GOOGLE下搜索"水书"，已有10万个相关网页，并且还不断上升。水书研究对贵州以及水族经济和文化的发展产生了深刻而广泛的影响。

近几年来，中央电视台、中国教育电视台、人民日报、人民日报海外版、新华每日电讯、中国档案报、中国民族报、金黔在线、北京日报、新华网、贵州日报、贵州民族报、贵阳晚报、重庆与世界等众多平面媒体和网络媒体，在新华社记者周芙蓉、徐波、人民日报记者汪志球的报道带动和影响下，对水书的研究和开发抢救等工作做了充分的报道，对水书抢救和研究成了一个多方位、多角度的文化研究现象，水书研究方兴未艾。水书研究将越来越深入，并且在水书来源方面，越来越形成一致的认识，认为水书是水族的固有文化，产生时代与甲骨文相当或更早一些，在发展过程或多或少地受到汉字的影响，对水书的研究，实际上就是对水族宗教、文化、历史、语言的综合研究，虽然水书尚未发展成为能够记录水语的完整的文字工具系统，但其来源甚久，具有广泛的研究价值。水书的研究离不开水语的研究，更不能离开对水族历史的深入研究。就目前研究状况而言，水书的研究虽然成果丰硕，但相对其丰富的内容和大量的藏书而言，目前的投入和研究仍然显得不足。水书的研究应该向多个方面发展，特别是在水书的应用方面和学术方面的研究值得更加深入一些。我们期待更加丰硕的和更加深入的水书研究成果不断问世。由于诸多方面的原因，同时也由于作者水平的限制，本文很难面面俱到，不到之处，望方家加以指正。

参考文献

《中国各民族宗教与神话大辞典》编写组 1990 《中国各民族宗教与神话大辞典》，北京，学苑出版社。

《中国水书》编辑委员会 2006 《中国水书》（1~160 册），成都，巴蜀书社；成都，四川民族出版社。

岑家梧 1992 《岑家梧研究文集》，北京，民族出版社。

陈昌槐 1991 《水族文字》与《水书》，《中央民族学院学报》第 3 期。

邓章应 2005 《水书造字机制探索》，《黔南民族师范学院学报》第 2 期。

董芳、周石匀、郑文瑾 2005 《水书文字规范标准建设与信息化的研究》，《黔南民族师范学院学报》第 5 期。

范波 2005 《试述贵州民族文献》，《贵州民族研究》第 5 期。

傅懋勣主编 1990 《中国民族古文字图录》，北京，中国社会科学出版社。

高慧宜 2004 《水文造字方法初探》，载华东师范大学中国文字研究与应用中心编《中国文字研究》第五辑，南宁，广西教育出版社。

贵州省档案局、荔波县人民政府编 2007 《泐金·纪日卷》，贵阳，贵州人民出版社。

贵州省黔南州水书抢救工作领导小组、贵州省黔南州水书抢救、翻译、研究专家组、黔南民族师范学院，华东师范大学中国文字研究与应用中心编 2007 《中国水书文化国际学术研讨会论文集》，内部编印。

黄润华、史金波 2002 《少数民族古籍版本》，南京，江苏古籍出版社。

贾光杰 1991 《水族古文字》,《民族团结》第 6 期。

姜永兴 1983 《漫话水族古文字——水书》,《民族文化》第 2 期。

蒋南华 2006 《水族源流考证——从历史典籍、民俗风情、水书水历窥探水族之源》,载贵州世居民族研究中心编《贵州世居民族研究》(3),贵阳,贵州民族出版社。

孔燕君 1997 《水族的"百科全书"——评〈水书〉》(正七卷、壬辰卷),《中国出版》1996 年第 6 期。另载李晋有、方鹤春主编《中国少数民族古籍论》,成都,巴蜀书社。

雷广正、韦快 1990 《〈水书〉古文字探析》,《贵州民族研究》第 3 期。

雷广正、韦快 1995 《古"百越"族团的陶文、水文、甲骨文对比分析》,《黔南民族》第 3 期。

冷天放 1993 《〈水书〉探源》,《贵州民族研究》第 1 期。

黎汝标 1991 《形象生动的水族古文字》,11 月 30 日《黔南报》。

黎汝标、韦忠仕 1993 《水书研究述评》,载贵州省水家学会编《水家学研究》(二),内部编印。

李炳泽 1985 《从水族传说论水族民间文字》,《采风》第 3 期。

李炳泽 1996 《神秘的水族文字——水书》,《百科知识》第 11 期。

李德洙主编 1994 《中国少数民族文化史》,沈阳,辽宁人民出版社。

李方桂 1977 《水话研究》,中央研究院历史语言研究所专刊之七十三,台北,中央研究院历史语言研究所。

李晋有、方鹤春主编 1997 《中国少数民族古籍论》,成都,巴蜀书社。

刘凌 1999 《"水书"文字性质探索》,华东师范大学硕士学位论文。

刘日荣 1990 《水书研究——兼论水书中的汉语借词》,《中央民族大学学报》增刊。

刘日荣 1994 《〈水书〉中的干支初探》,《中央民族大学学报》第 6 期。

刘日荣 1995 《水书评述》,《中央民族大学学报》第 6 期。

刘世彬 2006 《莫友芝对水族古文字的研究》,《黔南民族师范学院学

203

报》第 1 期。

刘世彬 2006 《黔南老方志》及《水族社会历史资料稿》中关于水族古文字的信息，载祖明主编《采风论坛》（7），北京，中国文联出版社。

罗春寒 2006 《水书的抢救及存在问题浅议》，《贵州民族学院学报》第 1 期。

罗燕 2002 《〈水书〉探析》，《民族古籍》第 3 期。

马学良主编 1991 《汉藏语概论》，北京，北京大学出版社。

蒙爱军 1991 《谈水族鬼神观与〈水书〉五行观中的认识结构》，《贵州民族学院学报》第 4 期。

蒙爱军 2002 《水家族水书阴阳五行观的认识结构》，《贵州民族学院学报》第 5 期。

蒙爱军 2004 《水书阴阳五行观的认识结构》，载贵州省水家学会编《水家学研究》（四），内部编印。

蒙景村 2005 《"水书"及其造字方法研究》，《黔南民族师范学院学报》第 1 期。

蒙熙林 2004 《贵州省荔波县档案局（馆）贵州省水家学会荔波中心组破译夏朝古都神秘符号纪实》，提交贵州省水家学会第七次学术讨论会论文，贵州荔波。

莫定武 2002 《内涵丰富的水书》，《中国民族》第 3 期。

倪大白 1990 《侗台语概论》，北京，中央民族学院出版社。

潘朝霖 2000 《水族汉族二十八宿比较研究》，《贵州民族学院学报》第 2 期。

潘朝霖 2001 《水苗汉二十八宿比较研究》，《贵州民族研究》第 1 期。

潘朝霖 2004 《关于水书研究若干问题的思考》，提交贵州省水家学会第七次学术讨论会论文，贵州荔波。

潘朝霖 2006 《水书文化研究 150 年概述》，载祖明主编《采风论坛》（7），北京，中国文联出版社。

潘朝霖 2006 《"水书"难以独立运用的死结何在？》,《贵州民族学院学报》第1期。

潘朝霖、韦宗林主编 2004 《中国水族文化研究》,贵阳,贵州人民出版社。

潘道益 1999 《水族七元历制初探》,载贵州省水家学会编《水家学研究》（三）,内部编印。

潘淘洁 2006 《水书文字"酉、鸡"字形书写特色初探》,《贵州民族学院学报》第1期。

潘淘洁 2006 《水族图画文字的特征浅析》,载贵州世居民族研究中心编《贵州世居民族研究》（3）,贵阳,贵州民族出版社。

潘兴文 2007 《试探水书墓碑文》,载祖明、潘朝霖主编《采风论坛》（8）,北京,中国文化出版社。

潘一志 1980 《水族社会历史资料稿》,三都县文史资料组编印,内部资料。

石冬梅 2002 《水族古文字档案——〈水书〉》,《贵州档案》第5期。

石国义 2002 《水族经典古籍〈水书〉的历史渊源及其文化价值》,《民族古籍》第3期。

石尚昭 1991 《〈水书〉通义——天文历法》,载贵州省都匀文史资料委员会编《都匀文史资料选辑》第七辑,内部编印；又载《黔南教育学院学报》第4期。

石尚昭、吴支贤 1993 《水族文字研究》,载中国民族古文字研究会编《中国民族古文字研究》第二辑,天津,天津古籍出版社。

水族简史编写组 1985 《水族简史》,贵阳,贵州民族出版社。

孙易 2003 《水字新论》,南开大学硕士论文。

孙易 2006 《水族来源浅议》,载贵州世居民族研究中心编《贵州世居民族研究》（3）,贵阳,贵州民族出版社。

唐建荣、阿闹任虽 2006 《水书抢救保护述评》,载贵州世居民族研究中心编《贵州世居民族研究》(3),贵阳,贵州民族出版社。

唐泽荣 2003 《试论水书与甲骨文相结合在生活中的运用》,载黔南州民族宗教事务局古籍办公室编《黔南民族古籍》(二),内部编印。

唐泽荣 2003 《水族的水书》,《文史天地》第3期。

王锋 2003 《从汉字到汉字系文字——汉字文化圈研究》,北京,民族出版社。

王锋 2004 《试论水书的书写系统及其文化属性》,《贵州民族研究》第2期。

王国宇 1987 《水书与一份水书样品的释读》,《民族语文》第6期。

王国宇 1991 《略论水书与二十八宿》,载中国民族古文字研究会编《中国民族古文字研究》第三辑,天津,天津古籍出版社。

王国宇 1993 《水族古文字考释》,载中国民族古文字研究会编《中国民族古文字研究》第二辑,天津,天津古籍出版社。

王基华 2004 《努力把水文字融入先进的社会主义文化》,载贵州省水家学会编《水家学研究》(四),内部编印。

王品魁 1993 《水书源流新探》,《黔南民族》1990年第1期。另载贵州省水家学会编《水家学研究》(二),内部编印。

王品魁 1993 《〈水书〉探源》,《贵州文史丛刊》1991年第3期。另载贵州省水家学会编《水家学研究》(一),贵阳,贵州民族出版社。

王品魁 1992 《水族画像石葬和水文字石葬初探》,《黔南民族》第2期。

王品魁 1994 《〈水书〉七元宿的天象历法》,提交第二届中国少数民族科技史国际学术讨论会论文,吉林延边;载李迪主编 1996 《第二届中国少数民族科技史国际学术讨论会论文集》;另载2002《民族古籍》第3期。

王品魁 1996 《〈水书〉二十八宿》,《贵州文史丛刊》第2期。

王品魁 1998 《拉下村水文字墓碑辨析》,《黔南民族》第1~2合期。另载贵州省水家学会编 1999 《水家学研究》(三),内部编印。

王品魁 2002 《〈水书〉与其抢救》,《民族古籍》第 3 期。

王品魁 2003 《天文学四象与水书二十八宿》,载黔南州民族宗教事务局古籍办公室编《黔南民族古籍》(二),内部编印。又载贵州省水家学会编 2004 《水家学研究》(四),内部编印。

王品魁、潘朝霖译注 2005 《水书(丧葬卷)》,贵阳,贵州民族出版社。

王品魁译注 1994 《水书(壬辰卷、正七卷)》,贵阳,贵州民族出版社。

王思民 1990 《水书图像与水族舞蹈关系浅析》,《贵州文化》第 10 期。另载 1995《民族艺术》第 2 期。

王元鹿 2003 《"水文"中的数目字与干支字研究》,《华东师范大学学报》第 4 期。

韦光荣 2007 《严肃的丧葬测课》,载祖明、潘朝霖主编《采风论坛》(8),北京,中国文化出版社。

韦庆稳 1965 《水语概况》,《中国语文》第 5 期。

韦世方 2007 《水书常用字典》,贵阳,贵州民族出版社。

韦述启 2006 《访水书先生韦朝贤》,载贵州世居民族研究中心编《贵州世居民族研究》(3),贵阳,贵州民族出版社。

韦学纯 2006 《百年"水书"研究综述》,提交第二届语言接触语与语言比较国际学术研讨会论文,上海大学。

韦学纯、艾杰瑞、桑松编 2003 《水—汉—泰—英词典》(英文版),曼谷,玛希隆大学出版社。

韦章炳 2004 《解读华夏奇书——〈水书〉》,提交贵州省水家学会第七次学术讨论会论文,贵州荔波。

韦章炳 2007 《刍议〈连山〉、〈水书〉与含山玉版之谜》,载祖明、潘朝霖主编《采风论坛》(8),北京,中国文化出版社。

韦章炳 2007 《中国水书探析》,北京,中国文史出版社。

韦正言 1994 《泐虽——水族文字》,《贵州档案》第 2 期。

韦忠仕 1991 《水族天文历法试探》,《黔南教育学院学报》第 4 期。

韦忠仕 1992 《古今水族历法考略》,《黔南民族》第 2 期; 另载贵州省水家学会编 1993 《水家学研究》(二), 内部编印。

韦忠仕 1992 《水书研究概况》,《贵州文史丛刊》第 4 期。

韦忠仕、黎汝标 1993 《五十年来〈水书〉研究述评》, 载贵州省水家学会编《水家学研究》(二), 内部编印。

韦忠仕、王品魁 1991 《〈水书〉研究价值刍沦》, 载贵州省黔南文学艺术研究所编《采风论坛》第一辑; 另载贵州省水家学会编 1993 《水家学研究》(一), 贵阳, 贵州民族出版社。

韦宗林 1995 《水文字书法试探》,《贵州民族学院学报》第 2 期。

韦宗林 1999 《水族古文字"反书"成因简议》, 载贵州省水家学会编《水家学研究》(三), 内部编印。

韦宗林 1999 《水族古文字"反书"的成因》,《贵州民族学院学报》第 4 期。

韦宗林 2000 《水族古文字计算机输入法》,《贵州民族学院学报》第 4 期。

韦宗林 2002 《水族古文字探源》,《贵州民族研究》第 2 期。

韦宗林 2004 《水族古文字源头的几个问题》, 载贵州省水家学会编《水家学研究》(四), 内部编印。

韦宗林 2006 《水族古文字与甲骨文的联系》,《贵州民族学院学报》第 1 期。

魏忠编 2004 《中国的多民族文字及文献》, 北京, 民族出版社。

吴承玉 1995 《三都水族的语言文字》,《贵州文史丛刊》第 3 期。

吴端端、蒋国生 1999 《中国水族文字档案的形成与特点》,《档案学研究》第 4 期。

吴贵飚 1992 《水族经典——水书》,《民族古籍》第 3 期。

吴正彪 1987 《三都县水族"水书"简介》, 载贵州民族学院少数民族语言文学系编《民族调查资料汇编》第一集, 内部编印。

吴正彪 2002 《〈水书〉翻译管窥》,《黔南民族》1998 年第 1~2 合期;另载《民族古籍》第 3 期。

吴支贤、石尚昭 1983 《水族文字浅谈》,三都县民委,内部编印,1985;另载《贵州社科通讯》第 10 期。

吴支贤、石尚昭 1985 《水族文字研究》,三都县民委,内部编印。

西田龙雄 1980 《水文字历的释译》,《言语》8 月,王云祥译文见中国社会科学院民族所语言室编 1983 《民族语文研究情况资料集》第 2 期。

姚炳泰 2004 《水书》,《中国档案》第 2 期。

叶成勇 2006 《水书起源时代试探》,《贵州民族学院学报》第 1 期。

曾晓渝、孙易 2004 《水族文字新探》,《民族语文》第 4 期。

张公瑾主编 1997 《民族古文献概览》,北京,民族出版社。

张均如 1980 《水语简志》,北京,民族出版社。

张为纲 1940 《水家来源试探》,民国《社会研究》第 36 期;后载三都水族自治县文史研究组编印 1985 《水族源流考》。

中国大百科全书编辑委员会《民族》编辑委员会 1986 《中国大百科全书》(民族卷),北京,中国大百科全书出版社。

中国大百科全书编辑委员会《语言》编辑委员会 1992 《中国大百科全书》(语言文字),北京,中国大百科全书出版社。

中国科学院语言少数民族调查第一工作队编 1958 《水语调查报告初稿》,内部资料。

中国科学院语言研究所编 1963 《水族简史简志合编》,内部资料。

中国水书文献系列编委会 2006 《水书八探卷》,贵阳,贵州民族出版社。

中国水书文献系列编委会 2006 《水书分割卷》,贵阳,贵州民族出版社。

中国水书文献系列编委会 2006 《水书探巨卷》,贵阳,贵州民族出版社。

中国水书文献系列编委会 2006 《水书寅申卷》,贵阳,贵州民族出版社。

中国水书文献系列编委会 2006 《水书正七卷》,贵阳,贵州民族出版社。

中华文化通志编委会编 1998 《侗、水、毛南、仫佬、黎族文化志》,上海,上海人民出版社。

  周芙蓉 2004 《活化石"水书"传承水族历史》,《记者观察》第 11 期。

  周艳琼 2005 《发现"水书"》,《民族》第 10 期。

  周有光 1997 《世界文字发展史》,上海,上海教育出版社。

  朱建军 2005 《水文常见字异体现象刍议》,载华东师范大学中国文字研究与应用中心编《中国文字研究》第六辑,南宁,广西教育出版社。

  祖明、潘朝霖主编 2007 《采风论坛》(8),北京,中国文化出版社。

语言比较与接触

东亚语言的声调形式与对应现象

黄 行

一 声调语言状况和形成机制

　　汉藏语系语言之间最广泛的联系特征就是大多数语言有声调。在汉藏语系以外的其他东亚语言中，属越芒语族的越南语和孟高棉语族的佤、布朗、德昂、达脑、格木等南亚语言的某些方言有声调；南岛语都没有声调，但是该语系的回辉语因受当地汉语、黎语等的影响已经产生声调；中世纪朝鲜语据说也有声调的记载。

　　汉语、侗台语和苗瑶语声调的形成一般认为都是先由通音（元音和鼻音）、喉塞音?、擦音s或h、塞音p、t、k韵尾分别产生平上去入的调型，再从声母的清浊产生高低，因此表现为相当一致的四声八调的类型。在四声八调的基础上，侗台语还可以因元音的长短而阴阳入声各分为两个调，和以不同类型的古代侗台语清声母为条件而各阴调分不同的声调（派调）。苗瑶语 8 个声调再分化的主要条件是清声母的送气与否、全浊声母有无送气、全清次清

213

声母有无鼻冠音,以及石门苗语阳上和阳去调的词类(名词还是非名词)差异(黄行,2005)。

藏语保留声母清浊和复辅音的方言一般未产生声调,声母清浊对立消失的方言,浊音清化变低调,清音变高调;声母分清浊但复辅音消失的方言,单次浊音变低调,带前置辅音的次浊音变高调,后由韵尾的脱落或变化产生升降的调型(江荻,2002)。

彝缅语的原始调类据认为(李永燧,2003)也可以构拟为四声八调型,即四声主要表现为因韵尾的简化形成的平、降、升、促的调型。不论声母是否分清浊(彝语支语言声母仍分清浊,缅语支语言声母浊音多消失),多数语言的阴调和阳调的调值是一样的,有的语言元音长短或松紧与不同的声调呈互补状态,通常在描写音系时或处理为韵母的区别,或处理为声调的区别。也有学者认为现代彝缅语的声调没有对应,因此原始彝缅语分化之前尚未产生声调(戴庆厦,1988)。

南亚孟高棉语声调的分布不普遍,音位功能也很弱,声调是因为借贷有声调语言(如傣语)词汇而产生的,形成声调语言或方言的声调与亲属语言或方言的其他非声调特征之间有清晰的对应。其中与声调产生最相关的因素是元音松紧对立的消失,其次是不同的辅音尾音、声母的清浊和送气与否。例如(颜其香、周植志,1995):

非声调特征		有声调语言或方言	
清鼻音	>	格木语苑方言	浊鼻音高调
浊塞音	>	格木语苑方言	清塞音声调
送气或清擦音声母	>	佤语细允话	高平调
不送气或喉塞音声母并紧元音	>	佤语细允话	中平调
松元音	>	佤语细允话	低平调

东亚语言的声调形式与对应现象

紧元音	>	曼俄布朗语	高升调
松元音	>	曼俄布朗语	中平调、低降调
紧元音	>	三岛话	升调
松元音	>	三岛话	降调
紧元音鼻尾音	>	佤语胖品话	塞尾音高平调
松元音鼻尾音	>	佤语胖品话	鼻尾音非高平调
–p、–t、–k 尾音	>	佤语胖品话	塞尾音非高平调
–ʔ尾音	>	佤语胖品话	喉塞尾音高平调
紧元音–h 尾音	>	佤语胖品话	无–h 尾音高降调
松元音–h 尾音	>	佤语胖品话	无–h 尾音低降调

表 1 越南语母语和汉越语的声调系统[①]

越南语声调系统			汉越语声调系统		
调类	调值	例词	调类	调值	例词
第 1 调	55	ta¹咱们 thv:m¹香	Thanh bằng 平声（阴平）	44	诗移衣梯灯棉忘
第 2 调	211	tau²船 fen²锣	Thanh huyền 弦声（阳平）	211	时题河黄
第 3 调	214	hi:u³明白 va:i³布	Thanh hỏi 问声（阴上）	313	使体等椅
第 4 调	315	da⁴已经 mui⁴鼻子	Thanh ngã 跌声（阳上）	425	士以兔礼
第 5 调	35	bo⁵父亲 tṣaŋ⁵白色	Thanh sắc 锐舒（阴去）	334	世替意贵岁半
第 6 调	11	meṣ⁶母亲 bvnṣ⁶忙碌	Thanh nặng 重舒（阳去）	331	事第弟面异
第 7 调	35	hutz⁷吸 dopz⁷顶撞	Thanh sắc nhập 锐入（阴入）	34	识得一滴
第 8 调	11	dɯ:kn⁸得到 thitn⁸肉	Thanh nặng nhập 重入（阳入）	31	石笛灭逸

资料来源：1 韦树关 2004；2 严翠恒 2006。

[①] 表中越南语和汉越语声调的调类完全对应，调值略有不同可能是不同发音人个体差异或记音差异所至。

越南语是声调语言，其声调完全对等地分布于越南语的母语词和来自汉语的汉越语词中。越南语的声调是直接或间接地受汉语影响而产生的，欧德里古尔（1954）认为可能在公元初期，台语的祖语、上古汉语、共同苗瑶语、越南语都还没有声调，相同韵尾和声母的变化在这四种语言中平行地产生了声调与演变机制。如表1所示。

欧德里古尔（1984）通过海南回辉语（一种占语）声调与东南亚大陆占语同源词的比较，找到回辉语声调与占语的对应关系，如：

东南亚大陆占语	回辉语	例词
-h 尾音	> 高平调	睡：占语d☐ih > 回辉语ʔdi^{55}
部分-k 尾音	> 中升调或高升调	四：占语pak > 回辉语pa^{35}
		鸡：占语ma☐nuk > 回辉语nuk^{45}
部分-ŋ尾音	> -k中平调	大：占语prauŋ > 回辉语pyok^{33}
部分-n尾音	> -t低降调	八：占语pan > 回辉语paːt^{21}
部分-u、-i尾音	> -uʔ、-iʔ中降调	去：占语nao > 回辉语naːuʔ^{32}
		来：占语marai > 回辉语zaːiʔ^{32}

更重要的是无声调的东南亚大陆占语以多音节和复辅音为主的词汇在有声调的回辉语中都变为单音节和单辅音词，该文所举的例词74%（63:85）在占语中是多音节或复辅音词，而在回辉语

中全部为单音节和单辅音词。说明声调的产生和音系的简化特别是词的单音节化相关。

朝鲜语不是声调语言，但是15世纪时的一些韵书如《训民正音》、《东国正韵》、《四声通解》等将声点符号加在固有词和汉字词的左边，故可知中世纪朝鲜语固有词和汉字词是标记声调的（申东月，2005）。如表2所示。

表2　中世纪朝鲜语的声调标记

声调	文字标记	声调描述《训民正音》	声调描述《东国正韵》
平声	无点	安而和，春也	哀而安
上声	左加二点	和而举，夏也	厉而举
去声	左加一点	举而壮，秋也	清而远
入声	左加一点或无定	促而塞，冬也。文之与去声相似；谚之无定。	直而促

在朝鲜语的实际语音中有低调和高调两个平板调，说明中世纪朝鲜语的个别词确实有声调或音高的区别。如表3所示。

表3　中世纪朝鲜语声调对立词汇举例

字	平　声	上　声	去　声
손	손 客		•손 手
솔		:솔 刷	•솔 松
발		:발 廉	•발 足
서리	서•리霜平声+去声		•서리间去声+平声
가지	가•지种平声+去声		•가지枝去声+平声；•가•지靳去声+去声

事实上朝鲜语并没有演变为真正意义上的声调语言，其四声显然是附会中古汉语的声调，然而由此可见汉语对朝鲜语的深刻影响。

二　声调的对应关系

有些东亚语言之间有声调的对应，如汉语、侗台语、苗瑶语、越南语（或及朝鲜语）；有些对的不是很整齐，如汉语与回辉语；有些没有，如汉语和藏缅语。藏文创制于公元7世纪，根据藏文没有声调标记和现代安多藏语仍无声调，可以推测7世纪时藏语还未产生声调；而7世纪的汉语已经形成成熟的四声，因此汉语和藏语的声调应该没有发生学关系。事实上汉语和藏语及各种有声调的藏缅语之间的同源词确实没有声调的对应，所以可以认为汉语和藏缅语的声调是独立发生的，在原始汉藏共同语时还没有形成声调。

有声调对应的语言的声调通常表现为先产生四声后分化八调的类型，其中汉语和越南语、朝鲜语、回辉语之间大概是没有发生学关系的，所以越南语、朝鲜语和回辉语原本没有声调，其声调应该是受汉语借词影响而产生的。

但是侗台语、苗瑶语和汉语有整齐的声调对应，这种对应可同时反映在母语词和汉语借词中。如表4、表5所示。

汉语、侗台语、苗瑶语的声调对应非常整齐，何以如此是本文要讨论的问题。

东亚语言的声调形式与对应现象

表 4 侗台语母语词和汉语借词调类对应的举例

侗台语词汇		泰	壮	侗	水	黎	声调
母语词	远	klai²	kjai¹	kaːi¹	di¹	lai¹	阴平
	稻草	faːŋ²	fiəŋ²	paːŋ¹	vaːŋ¹	ŋwiŋ²	阳平
	小米	faːŋ³	fiəŋ³	fjaːŋ³	pjaːŋ³	feːŋ³	阴上
	水	nam⁴	ram⁴	nam³	nam⁴	nom³	阳上
	旋转	pan⁵	pan⁵	pan⁵	—	—	阴去
	双	khuɕ	kouɕ	tsɐuɕ	tɐuɕ	—	阳去
	刀鞘	fakz̩	fakz̩	fakz̩	pakz̩	ruːkz̩	阴入
	偷	lakn̩	lakn̩ 龙州	ljakz̩	ljakn̩	zokz̩	阳入
汉语借词	三	saːm¹	saːm¹	haːm¹	saːm¹		阴平
	铜	thɔːŋ²	toŋ²	toŋ²	toŋ²	duːŋ¹	阳平
	九	kau³	kau³	tu³	tu³		阴上
	五	ha³	ha³	ŋo⁴	ŋo⁴		阳上
	四	si⁵	sei⁵	ɕi⁵	si⁵		阴去
	二	jiɕ	ŋoiɕ	ȵiɕ	ȵiɕ		阳去
	七	tɕetz̩	ɕatz̩	ɕatz̩	sətz̩		阴入
	十	sipz̩	ɕipɲ̩	supɲ̩	ɕəpɲ̩		阳入

表 5 苗瑶语母语词和汉语借词调类对应的举例

苗瑶语词汇		养蒿苗	吉卫苗	先进苗	布努	畲	瑶	声调
母语词	三	pi¹	pu¹	pe¹	pe¹	pa¹	pwo¹	阴平
	花	paŋ²	pei²	paŋ²	pen²	phun²	pjeŋ²	阳平
	虱子	te³	te³	to³	tuŋ³	taŋ³	tam³	阴上
	老鼠	naŋ⁴	nei⁴	naŋ⁴	nəŋ⁴	nji⁴	naːu⁴	阳上
	梦	pu⁵	mpei⁵	mpou⁵	mpa⁵		bei⁵	阴去
	竹笋	zaɕ	mzaɕ	ntsuaɕ	mpjɔɕ	pjaɕ	bjaiɕ	阳去
	黑暗	tsəz̩	pzuz̩	tsouz̩	pjuz̩	pjɔz̩	—	阴入
	咬	təɲ̩	toɲ̩	toɲ̩	toɲ̩	thuɲ̩	tapɲ̩	阳入
汉语借词	菅茅草	qe¹	—	ɴqen¹	ŋko¹	kan¹	gaːn¹	阴平
	铜	tə²	toŋ²	toŋ²	—	thoŋ²	toŋ²	阳平
	补	pu³	mpa³	ntsi³	—		bje³	阴上
	辫	mi⁴	—	ntsa⁴	mpiɲ⁴	pun⁴	bin⁴	阳上
	炭	theɕ	theɕ	thenɕ	thoɕ	thanɕ	thaːnɕ	阴去
	箸筷子	tuɕ	tɯɕ	teuɕ	tuɕ	khɤɕ	tsouɕ	阳去
	喝	həz̩	huz̩	houz̩	huz̩	hɔz̩	hopz̩	阴入
	十	tɕuɲ̩	kuɲ̩	kouɲ̩	tɕuɲ̩	khjɔɲ̩	tsjopɲ̩	阳入

219

三 声调对应关系的解释

侗台语、苗瑶语和汉语的四声八调非常整齐的对应现象可以有同源说、类型说和接触说等不同的解释。

传统经典理论认为因为汉藏语系语言有同源关系所以声调对应,或者共同的声调系统被作为汉藏语系语言同源的重要依据。但是汉语和侗台语、苗瑶语声调的发生学关系存在一些不好解释的问题。首先,汉语和藏缅语,侗台语和黎语支、仡央语支语言要比汉语和侗台语、苗瑶语之间的发生学关系确凿得多,但是汉语和藏缅语,侗台语和黎语支、仡央语支语言的声调并不严格对应,甚至完全不对应。其次,汉语和侗台语、苗瑶语之间包括声调在内的语音对应的词主要是非基本词汇,较少出现在基本词汇中,这与同源词的分布特点是相违背的。第三,声调互相对应词的声母和韵母的音值多接近较晚的中古汉语而不是早期汉语的音系(见表4表5的例词),说明这些有对应关系的词可能是较晚的汉语借词。所以声调对应不能作为汉语和侗台语、苗瑶语有同源关系的证据。

类型学的解释认为汉语、侗台语、苗瑶语都是先从通音韵尾>平声、喉塞音韵尾>上声、擦音韵尾>去声、塞音韵尾>入声的调型,再从声母的清浊产生声调的高低,因此这些没有发生学关系的、语音类型相近的语言平行地形成相同的四声八调的声调。(欧德里古尔,1954)这应该说是对汉藏语声调比较合理的解释。但是这种声调平行发生和整齐对应的假设要求汉语、侗台语、苗瑶语必须:(1)在产生声调时的语音系统相当接近;(2)按照从相同的韵尾脱落产生相同的四声、再从清浊对立的消失分化相同的八调。这样的要求未免过于苛刻,即使是同一语言的不同方言都不可能经历这样一致的语音演变过程,遑论音系和词汇语法都差异极大的语族之间的语言一定要依照如此整齐的过程产生声调。

语言接触的观点也承认侗台语、苗瑶语和汉语的声调没有发生学关系,由于借词的缘故造成汉语和民族语言之间声调的对应。如果没有发生学关系,母语词的声调和汉语借词的声调应该是互相独立的,即使部分调类重合也是偶然的。现代汉语方言借词的声调通常是和民族语言调值相同或相近的声调合并,调类往往不合。因此我们可以推想,古代汉语借词进入民族语言后也是调值相同的声调合并(即所谓"相似性借贷"),而不是根据调类合并(即所谓"对应借贷")。然而,事实上侗台语、苗瑶语中大多数的古代汉语借词和母语词的调类却是高度重合的,调类不合的词只是少数。曾晓渝(2003)从语言接触的角度对汉语和侗台语调类调值对应的成因归纳为"相似性借贷"和"对应借贷"两种推测。(1)吴安其(2002:87)和曾晓渝(2003:6)等认为"汉末至隋唐时期,当时尚未分化的壮傣、侗水共同语 ABCD 四调与所接触的南方汉语平上去入四声在调值上分别近似,从而形成调类调值相似性对应的借贷。"(2)陈保亚(1996:162~164)认为"由于壮、傣、侗、水诸语言与汉语的深刻接触,其汉语词语音形式与汉语原词语音形式的关系已发展为对应关系(如同今北京话和西南官话相互借贷时声调上的对应)而不是相似关系。"

根据"相似性借贷"的推测,原始侗台语的分化不能早于中古,且它们的四声和汉语的四声不但调类一致,调值也相同或相近,各语言声调升降曲直的调型应该是大体一致的。这种推测的要求与上面类型学的解释没有本质的区别,所以同样显得比较苛刻。"对应借贷"推测不要求相互接触的语言声调调值相同或相近,是因为深刻接触而导致语言之间调类的对应,即是说古代讲侗台语的人由于熟练掌握汉语或借用了大量的汉语词(即深刻接触),而具有一种将调值不同的汉语词和母语词自动转化或折合成相同调类的能力。这一假设仍然是比较难以接受的,因为即使现代普通话不是很过关的汉语官话以外的方言人,未必具有这样自动转化或折合自己方言和普通话声调调类的能力,且北京话和西南官话的声调对应并非因相互借贷而形成对应。

四 声调对应现象的讨论

所以汉语和侗台语、苗瑶语声调的整齐对应现象并没有得到很好的解释。为此我们不妨回顾一下越南语、回辉语、某些孟高棉语言声调的产生过程。这些语言的声调也是受汉语(或侗台语)影响而后起的,具体过程却是因借入大量有声调的汉/侗台语借词以后,声调逐渐从借词扩散到原本没有声调的母语词中。

在此拟提出一种假设,即侗台语、苗瑶语和越南语、回辉语一样在与汉语广泛接触以前也是没有声调的,其声调的产生和四声八调的整齐对应是受汉语影响而形成的,大量有声调的汉语借词借进并融入母语词汇以后,声调逐渐从借词扩散到母语词中。具体的过程可能是:词汇中的母语词、汉语借词都没有声调→母语词无声调、汉语借词有声调→母语词、汉语借词都有声调。前两种状态在中国一些无声调语言母语人所讲的汉语,或夹带许多汉语借词的母语话语中还可以观察到。

侗台语、苗瑶语和汉语的声调对应状态表明侗台语、苗瑶语声调形成时期应该是汉语四声八调形成以后到未发生简化合并以前跨度较长的中古时期,所以这些语言中的上古汉语借词或同源词以及近现代汉语借词的声调一般不按四声八调系统对应。当然这样的假设主要是依据对上述声调对应现象同源、类型和接触诸说的质疑，而不是建立于十分确凿的语言事实，所以还需要讨论和进一步验证。

回辉语声调的形成过程比较晚，对上述侗台语、苗瑶语声调产生和对应假设有一定的启示作用。讲回辉语的海南三亚回族是 10~15 世纪移居到该地的，所借汉语词汇据说主要来自当地的军话（官话）、海南话（闽语）和迈话（粤语），也有一些黎语的借词。（郑贻青，1997）和侗台语、苗瑶语声调不同的是，回辉语中的汉语借词并不是很多，仅占 20% 左右，声调与中古汉语以及所接触的各种汉语方言的声调都不是十分整齐地对应，显示当时所接触汉语方言或其他语言的声调可能是平声和入声是独立的调类，且平声已分阴阳；上声去声的调类和阴阳都还没有分化。如表 6 所示。

表 6　汉语借词声调与回辉语声调的对应关系

汉语声调	回辉语声调	回辉语例词
阴　平	33（11/32）	东 tuŋ^{33} 初 so^{33}（生 sa:n^{11} 猩 siaŋ^{32}）
阳　平	11	房 pha:ŋ^{11} 煤 mai^{11}
阴　上	43/11/21	等 tan^{43} 保 pau^{43} 党 ʔda:ŋ^{11} 找 tsa:u^{21}
阳　上	11/43/33	眼 zin^{11} 待 ʔdai^{43} 社 se^{33}/te^{43}
阴　去	33/11	坝 pa^{33}/ba^{33} 布 pu^{11}
阳　去	33/43/11/21	步 pu^{33} 院 zuan^{43} 夜 za^{11}
阴　入	24	北 pak^{24} 各 kok^{24}/ko^{24}
阳　入	24（55）	服 phok^{24}/phu^{24} 十 sit^{24}（十 sa^{55}）

资料来源：郑贻青（1997）所举例词，括号内为仅出现一次的例词。

值得注意的是，回辉语平、上去、入三分的声调与当地临高语等少数民族语言两舒一促各分阴阳（即 A_1、A_2、BC_1、BC_2、D_1、D_2）的声调格局十分相似（梁敏、张均如，1997），与当地军话、海南话、迈话等汉语方言的声调反倒不是很接近，说明回辉语声调的产生也受到甚至主要是受到这些少数民族语言声调类型的影响。

汉语借词进入回辉语以后，回辉语则大致按照以下占语的语音条件从无声调转化母语词自身的声调系统。如表7所示。

表7 回辉语声调与原始占语的语音对应关系

原始占语语音条件	原始占语词	回辉语词	对应于汉语声调
浊音舒声	羊bube	phe11	11：阳平、阴上、阳上、阴去、阳去
浊音舒声短元音	蚂蚁sidom	thanʔ21	21：阴上、阳去
非浊音舒声	五lima	ma33	33：阴平、阳上、阴去、阳去
非浊音舒声短元音	酒tapai	paːiʔ32	32：（阴平）
–h尾音	湿pasah	sa55	55：（阳入）
浊音促声	走luba:t	phaʔ43	43：阴平、阳上、阳去
非浊音促声	握capat	paːt24	24：入声

资料来源：郑贻青（1997）。

以这种方式产生声调的语言应该具备两个条件，一是汉语（或其他有声调语言）的借词已经稳定而颇具规模地进入母语成为母语词汇不可缺少的组成部分（实际上母语人在说话的时候并不能区分母语词和借词），二是这些语言已具备产生声调的词的单音节化条件。当然也可能相反，是因为产生声调以后导致这些语言词的语音趋于单音节化，而在声调产生以前或词的单音化以前，这些语言的音节结构可能与产生声调以后有较大的差别。

参考文献

陈保亚:《论语言接触与语言联盟》,北京,语文出版社,1996。

戴庆厦:《藏缅语族语言声调研究》,《汉藏语族语言研究(二)》,昆明,云南民族出版社,1988。

黄行:《汉藏民族语言声调的分合类型》,《语言教学与研究》2005年第5期。

江荻:《藏语语音史》,北京,民族出版社,2002。

李永燧:《历史比较法与声调研究》,《民族语文》2003年第2期。

李云兵:《苗瑶语声调问题》,《语言暨语言学》第4卷,2003年第4期。

梁敏、张均如:《侗台语族概论》,北京,中国社会科学出版社,1996。

梁敏、张均如:《临高语研究》,上海,上海远东出版社,1997。

欧德里古尔:《越南语声调的起源》,冯蒸译,《民族语文研究情报资料集》1954年第7期。

欧德里古尔:《海南岛几种语言的声调》,《民族语文》1984年第4期。

桥本万太郎:《汉越语研究概述》,王连清译,《民族语文研究情报资料集》1983年第2期。

申东月:《汉韩语言接触韩语语音发展的影响》,《民族语文》2005年第6期。

韦树关:《汉越语关系词声母系统研究》,广西民族出版社,2004。

吴安其:《汉藏语同源研究》,北京,中央民族大学出版社,2002。

严翠恒:《汉越语的音韵特点》,《民族语文》2006年第5期。

颜其香、周植志:《中国孟高棉语族语言与南亚语系》,北京,中央民族大学出版社,1995。

曾晓渝:《论壮傣侗水语古汉语借词的调类对应——兼论侗台语汉语的接触及其语源关系》,《民族语文》2003年第1期。

郑贻青:《回辉话研究》,上海,上海远东出版社,1997。

我国突厥语的描写和比较研究：
进展、方法、问题

肖 月 陈晓云

我国的突厥语族语言有维吾尔语、哈萨克语、柯尔克孜语、乌孜别克语、塔塔尔语、西部裕固语、撒拉语和图佤语，主要分布于新疆、甘肃、青海和黑龙江等省区，使用人口约 850 万（1990）。将突厥语作为一门独立的学科来加以研究肇始于国外，迄今已有 200 多年的历史。

从语文学和文献学的角度看，我国的突厥语研究具有悠久的历史和丰富的典籍，最早的如麻赫穆德·喀什噶里于公元 11 世纪 70 年代编纂的世界上首部《突厥语词典》。此外，14 世纪以来，我国学者编纂了一系列双语或多语对照辞书，其中涉及突厥语的就有《高昌译语》（有的抄本亦称《高昌馆杂字》）、《御制五体清文鉴》、《西域尔雅》和《西域同文志》等。但是，从具有科学意义的语言学角度看，我国的突厥语研究萌芽于 20 世纪 30 年代。由于种种原因，直到 20 世纪上半叶后期，这方面的研究成果可谓凤毛麟角。

中华人民共和国成立后，随着新中国突厥语研究事业的开拓者和领路人之一的李森先生在北京大学东语系创建维吾尔语专

我国突厥语的描写和比较研究：进展、方法、问题

业，我国的突厥语研究进入起步阶段。20世纪50年代中期，中国科学院和中央民族学院的专家学者联合开办了以母语为研究对象、以新疆突厥语民族学员为主的语言专修科和突厥语研究班，标志着我国的突厥语研究事业在人才培养方面走上了教学科研并举的轨道。

1955年，由中国科学院、中央民族学院和新疆有关单位的突厥语研究者共同组建的新疆民族语言调查队，对新疆境内的维吾尔语、哈萨克语和柯尔克孜语等现代突厥语进行了初步调查；1956~1958年，又对新疆、甘肃和青海境内的维吾尔语、哈萨克语、柯尔克孜语、乌孜别克语、塔塔尔语、图佤语、西部裕固语和撒拉语进行了普查和新的调查。通过这两次有史以来最大规模的语言调查和普查，我国突厥语研究者获得了大量第一手原始语料，基本摸清了我国现代突厥诸语言和方言的分布情况。自此以来，我国的突厥语研究走上了富有特色的发展道路。本文拟就我国突厥语研究中存在的几个主要问题提出一点不成熟的看法，以求教于方家。

一　突厥语的描写研究

（一）美国描写语言学派

语言的描写研究已有比较悠久的历史，但描写语言学作为一门独立学科在其发展和完善过程中逐渐形成的一整套比较严密的理论体系却只有不过百年的历史。严格地说，现代描写语言学的理论和方法是在20世纪20年代美国语言学家调查美洲印第安语的基础上逐步形成的，其要旨在于对语言结构形式的描写，强调

语言结构系统性的研究。因此，这一学派被称为美国描写语言学派或美国结构主义学派。

该学派的创始人是 F. 博厄斯和 E. 萨丕尔。其中，前者的代表作为《美洲印第安语手册》(1911)；后者的代表作是为我国学术界所熟知的《语言论》(1921)。但学术界一般认为，真正奠定美国描写语言学派理论基础的学者应首推 L. 布龙菲尔德，其代表作主要有《语言学科的一套公设》(1926)和《语言论》(1933)。其后的代表性人物还有 Z. S. 哈里斯、C. F. 霍凯特、K. L. 派克、E. 奈达和 C. C. 弗里斯等，他们都在各自的研究中对这一学派的理论和方法有所发展。

这一学派的理论体系主要有以下五个特点：(1) 注重口语和共时描写；(2) 注重形式分析，避开意义这一因素；(3) 在结构分析中，主要是研究分布情况和运用替代的方法；(4) 采用直接成分分析法；(5) 建立语素音位；(6) 强调验证。[①]

尽管学术界在评介该学派的理论体系时常常指责其在某些方面存在严重缺陷，但直到今天，我国少数民族语言的描写研究在沿用传统方法的同时，仍将该学派的理论框架作为本学科方法论方面的预期目标。不言而喻，这是由我国少数民族语言研究界特别是突厥语学术界的理论现状所决定的。

（二）中国突厥语描写研究

1. 重要成果

20 世纪 50 年代后期以来，我国的突厥语描写研究取得了很大成就。仅以专著为例，据不完全统计，国内用各文种出版的涉

[①] 参见《中国大百科全书》语言·文字卷，"美国结构主义学派"条，赵世开撰写，中国大百科全书出版社，1988，第 279~281 页；赵世开主编《国外语言学概述——流派和代表人物》，北京语言学院出版社，1990，第 46~49 页。

我国突厥语的描写和比较研究：进展、方法、问题

及各语种的专著就有近30部，它们主要是达吾提·吐热合买托夫《维吾尔语语法》(1956)，阿不都沙拉木·托合提《维吾尔语语法》(1957)，图尔迪·阿合买提《维吾尔语》(1973)、《维吾尔语教程》(1981)和《现代维吾尔语》(1983)，伊敏·吐尔逊《基础维吾尔语》(1978)，纳斯茹拉·尤里布尔地《现代维吾尔语》(1980)，阿不都克里木·巴克《现代维吾尔语》(1983)，安赛尔丁·木沙等《现代维吾尔语》(1985)，赵相如、朱志宁《维吾尔语简志》(1985)，哈米提·铁木尔《现代维吾尔语（形态学）》(1987)，高士杰《基础维吾尔语》(1989)，高莉琴《维吾尔语语法结构分析》(1987)，陈世明、热扎克《现代维吾尔语实用语法》(1991)，程适良主编《现代维吾尔语语法》(1996)；格拉吉丁·欧斯曼《简明哈萨克语语法》(1982)，新疆民族语言文字工作委员会编《现代哈萨克语》(1983)，耿世民、李增祥《哈萨克语简志》(1985)，新疆大学编《现代哈萨克语》(1985)，耿世民《现代哈萨克语语法》(1989)和《现代哈萨克语》(1999)；胡振华《柯尔克孜语简志》(1986)，努如孜·玉素甫·艾利《现代柯语》(1988)；程适良、阿不都热合曼《乌孜别克语简志》(1987)；陈宗振、伊里千《塔塔尔语简志》(1986)；林莲云《撒拉语简志》(1985)；陈宗振、雷选春《西部裕固语简志》(1985)；吴宏伟《图瓦语研究》(1999)等。

上述列举的描写专著基本上涵盖了分布于我国境内的现代突厥语。需要指出，20世纪80年代出版的隶属于中国少数民族语言简志丛书的7种突厥语简志可以说基本上能够代表我国突厥语描写研究的总体水平。但从另一个角度观察，可以发现，我国突厥语的描写研究在语种的分布上严重失衡，即除了现代维吾尔语和哈萨克语外，其他语种的描写研究成果屈指可数，特别是在突厥语族语言的研究中具有重要意义并唯独分布于我国境内的西部

229

裕固语和撒拉语的描写研究成果更是如此。这实际上反映了我国突厥语学术界在小语种研究人才培养方面，特别是在以母语为研究对象的少数民族语言研究人才培养方面存在着结构性缺陷。这种缺陷也是制约我国突厥语描写研究深入发展的重要因素之一。可以预期，随着时间的推移和社会语言环境的不断变化，这方面的问题将会越来越严重地凸现出来。

2. 方法论

像任何学科一样，方法论在语言的描写研究中占有重要地位。但同时我们必须承认，任何一种方法论只有最大限度地适用于被研究对象而不是相反、只有同被研究对象紧密地结合起来，才有可能取得预期结果。与此同时，我们还必须承认，由于人类的认知水平受诸多主客和客观因素的制约，又由于每个研究者对被研究的语言结构的认识和理解的深刻程度有所不同，所以对于客观存在的语言的描写只能是最大限度地求出其真实性。

长期以来，我国的突厥语研究描写研究在方法论方面或借鉴印欧语的研究模式，或基本套用国内汉语传统语法的研究模式。这在很大程度上制约了突厥语描写研究的发展。根据语言的形态分类，印欧语属屈折型语言，其基本特点是有内部屈折，一种构形附加成分一般可以同时表示几种不同的语法意义，词根或词干与形态附加成分结合得很紧密；而汉语则属于分析型（孤立型）语言，其基本特点是缺乏形态变化，词序和虚词是表示各种语法意义的重要手段。因此，印欧语的研究长于语言形态结构，而汉语的研究则工于词序和虚词。不言而喻，两种不同的研究方法分别适用于两种不同的类型结构。但是，与阿尔泰语系诸语言相同，突厥语在类型结构上属于粘着型语言。学术界一般认为，粘着型语言的基本特点是一种构形附加成分表达一种语法意义，但这仅仅是就粘着型语言的一般结构特点而言，实际的语言事实并非完

我国突厥语的描写和比较研究：进展、方法、问题

全如此。拿突厥语来说，有的构形附加成分就可以表示一种以上的语法意义，如在形态结构中，零标记（不包括隐性标记）的名词词干本身就表示"数"（单数）和"格"（主格）的语法意义；动词的人称系统除表示"数"（单／复数）的语法意义外，还同时表示"时"（过去／现在—将来时）甚至"式"（陈述式）的语法意义，相信阿尔泰语系蒙古语族和满—通古斯语族的诸语言中也存在着类似的现象。由此可见，语言的类型分类并不是一种非常精确的分类方法。如果我们再不根据突厥语的语言实际选择（或探索）一种行之有效的方法论，而一味套用印欧语和汉语传统语法的研究模式来研究突厥语，那么这种研究能否比较客观地反映突厥语的真实面貌，其结论就可想而知了。

迄今为止，我国的突厥语描写研究取得了一批可喜的研究成果。但从这种描写研究所走过的道路中可以清晰地看出，它在方法论上明显地反映了印欧语的研究模式和汉语传统语法的研究模式相糅合的轨迹。这种糅合具体表现为，在形态的描写研究中，主要依赖于印欧语的研究模式，如名词的数、格、人称和动词的式、时、态、体、人称等语法范畴；在句法的描写研究中，主要依赖于汉语传统语法的研究模式，如词组、短语和句子结构等。但对于突厥语所特有的诸如不同性质的分析型构形形态、种类繁杂的副动词以及动词结构短语和名词性词组等重要语法现象却未能给与充分重视并进行客观的描写，因为这些重要的语法现象无论是在印欧语中还是汉语中都不存在。

尽管国内学术界早在 20 世纪 50 年代就已认识到套用印欧语和汉语传统语法的研究模式并不完全适用于突厥语的描写研究，但直到 70 年代末 80 年代初，这方面的理论反思才陆续见诸于突厥语的学术讨论，如有许多学者参加的有关现代维吾尔语名词格范畴和动词体范畴的学术争鸣等。这表明，我国的突厥语研究者

已经开始运用现代语言学理论来观察、透视和解释突厥语中特有的语法现象。毫无疑问，这种学术争鸣对于推动我国突厥语的描写研究具有积极的理论意义和实践意义。

3. 理论反思

必须指出，对我国的突厥语描写研究提出理论思考的系统研究成果发轫于20世纪80年代后期。例如，著名学者哈米提·铁木耳在结合结构主义的理论和方法研究现代维吾尔语语法时，对以往研究中存在的问题提出了令突厥语学术界深思的以下见解：

第一，维吾尔语实词结合虚词构成的结构应被视为词的形态，并且是分析型形态。这种结构在语法功能上与实词结合构形词缀构成的结构，即综合型形态没有本质区别，它们都可以通过相互替换来构成形态类（语法范畴）。在维吾尔语中，分析型形态通过语音变化转化为综合型形态的现象是很明显而且也是经常发生的。

第二，传统的语法研究认为维吾尔语名词的格范畴中有主格、宾格、属格、位格、从格和与格共6个格。但是，从分布特征和语义功能来看，现代维吾尔语中还有4种形态附加成分与传统的6个格完全相同，因而也应将其纳入名词的格范畴。它们分别是形似格、量似格、空间特征格和限格。突厥语除了具有典型的粘着型特征外，还有某些分析型形式，所以从类聚关系看，名词的格范畴中还应该包括某些分析型形态附加成分。

第三，现代维吾尔语中有一种由原义量词和转义量词构成的词类，其主要语法特点是被数词限定构成数量词组，而数量词组的语法功能在许多方面和数词相同，所以这种词类应被视为量词。

第四，现代维吾尔语动词系统中的各种形态附加成分具有相对独立的语法范畴，而各种语法范畴之间又表现出错综复杂的蕴含关系。为了真实地描写和解释它们之间的关系，他将现代维吾尔语的动词体系划分为谓语形式、静词形式和词干形式 3 个子系统：谓语形式表现为各种语气形式以构成语气范畴；一部分语气形式各自直接表现为各种人称形式以构成人称范畴，而另一部分语气形式又表现为各种时态形式以构成时态范畴；各种时态形式都各自表现为相应的人称形式以构成人称范畴。

第五，现代维吾尔语几种形动词之间的重要区别不是表现在"时"方面，而是表现在"状态"方面。

第六，动词的语气范畴由直接陈述式、间接陈述式、转述式、主观估计式、客观估计式、命令—要求式、假定—对立式、希望—建议式、愿望式、后悔式、恳求式、担忧式和必须式 13 种式形式构成。其中，直接陈述式、间接陈述式、转述式、主观估计式和客观估计式各自表现为不同的时态形式，而各种时态形式又分别表现为不同的人称形式；命令—要求式、假定—对立式、希望—建议式、愿望式、后悔式、恳求式、担忧式和必须式则仅表现为不同的人称形式。

第七，由于语气形式和状态形式在动词的时间形式中融为一体，所以与时间有关的谓语形式并不完全属于单一的时间范畴。因此，动词的直接陈述式、间接陈述式、转述式、主观估计式和客观估计式这 5 种语气形式各自都表现为简单过去时、完成状态现在时、完成状态过去时、未完成状态现在时、未完成状态过去时、持续状态现在时、持续状态过去时、目的状态现在时和目的状态过去时等 9 种时态形式，它们由 4 种状态形式和 3 种时间形式组合而成。

第八，副动词和助动词构成的结构既不是一个新的词汇单位，也不是一个句法单位，而是一种形态单位。这种形态单位表示与副动词所指动作的发生有关的各种情况，因而属于动词的情貌范畴。但需要指出，这种正处于形成过程中的语法形式，有些结构

233

已经高度抽象化并形成形式和意义相统一的一种类型单位,但有些结构则还没有抽象到形式和意义相统一的程度,所以在进行分类时应当注意这一点。

第九,从体系、种类和功能看,现代维吾尔语与静词连用的助动词起着使静词和动词的语法范畴联系起来的作用,因此,可以将这些助动词称为联系动词(简称系词),它们包括功能系词和判断系词两大类。①

尽管这些学术观点的大部分由哈米提·铁木耳首先提出,但因其代表的是突厥语学术界的理论共识,所以这些学术观点已为大多数学者所接受。这表明,20 世纪 80 年代后,我国突厥语学术界在对传统研究方法进行长期理论反思的基础上,利用结构主义的理论和方法并结合突厥语的语言实际,试图从新的视角找到真实、系统描写现代突厥语的切口。毫无疑问,这种理论反思和实际探索是成功的。

4. 理论问题

20 世纪 90 年代,包括少数民族语言研究界在内的国内语言学界,从各个方面对 20 世纪以来我国的语言学研究进行总结并提出理论反思,意在探索一条通往 21 世纪的中国语言学的发展道路。其中,一个相当普遍的看法是我国 20 世纪的语言学研究没有形成自己的理论,而在少数民族语言研究界,这种看法尤为典型。限于本文讨论的主题,笔者仅结合我国的少数民族语言研究谈一点粗浅的认识。

我们不能否认现代语言学的许多理论几乎都源于西方语言学界这一事实;但同时我们也不能否认自《马氏文通》以来,针对

---

① 上述九类观点有的见诸于哈米提·铁木耳的学术论文,有的则见于他的专著《现代维吾尔语语法(形态学)》(维吾尔文版),民族出版社,1987。

我国突厥语的描写和比较研究：进展、方法、问题

完全不同的语言对象，中国语言学界从来都没有停止过探索适合于中国境内诸语言研究的理论这一事实，并且在这方面做了许多卓有成效的工作，提出了许多新的创见，丰富了普通语言学理论。在这方面，我国汉藏语研究的理论创新是不乏实例的。

但是，应当指出，在语言描写方面，我国的少数民族语言研究在整体上还没有完全脱离传统方法的窠臼。20 世纪 80 年代陆续出版的少数民族语言简志丛书除极个别者可以看出伴随有结构主义的影子外，其余绝大多数仍然采用传统的描写方法。不过，我们应该承认这样一种客观事实，即这批研究成果实际上反映的仅仅是 20 世纪 60~70 年代我国少数民族语言研究的整体现状，而从 80 年代后期出版的一些描写性的研究成果中可以明显感觉到，我们的研究在方法论上逐渐由传统描写向结构主义过渡。其具体表现为：注意语言结构的层次性、系统性和精密性，以及语言诸结构之间的相互关联性。这是一种可喜的变化。

20 世纪初，结构主义鼻祖索绪尔将人类言语活动区分为"语言"和"言语"、"能指"和"所指"，指出了组合与聚合的关系、系统和意义的关系以及共时和历时的关系，以全新的理论推动了欧洲语言学的发展，成为公认的现代语言学的奠基者。此后，无论是注重研究语言结构功能的布拉格学派还是注重研究语言结构之间关系的哥本哈根学派，乃至注重研究语言结构形式的美国描写语言学派都从索绪尔的结构主义理论中汲取营养而获得了举世瞩目的发展。然而，任何一种理论的形成都有其特定的时代背景和一定的局限性；而任何一种理论一旦走向极端就会构成对本学科的羁绊，从而阻碍学术的发展。从索绪尔到美国描写语言学派，结构主义理论的形成和发展也大约经历了这样一个过程。

关于美国描写语言学理论的局限性，有学者批判性地指出，"由于描写语言学派，是在美国研究印第安语而发展出来的，所

以在研究某一时代、某一个地方人所讲的话的时候,不谈到它的历史的来源,所以描写的语言学同过去不发生关系。还有一点,就是他只知其然,而不知其所以然。他们只能说有这么个现象,但不能解释为什么有这个现象。"[①] 我们承认,这种指责毫无疑问有其合理性。但同时我们也必须清楚地看到,这种指责仅仅反映了问题的一面,而忽视了问题的另一面,这就是美国描写语言学理论形成的背景。

据介绍,广泛分布于美洲的印第安语的数量繁多,仅现存和可考的就有上千种。19世纪以前,语言学家有关印第安语的知识几乎等于零。19世纪后,北美的人类学家和语言学家在对北美印第安语进行调查的基础上,才开始尝试对其进行谱系分类工作。由于彼此之间差异很大和没有早期文献材料,以及语言学家的调查和研究十分有限,印第安语的谱系分类几乎完全是利用临场口语记录来进行的,得出的结论也很不统一。所以直到今天,有关印第安语的谱系分类问题仍然没有一个比较公认的标准。例如,直至20世纪60年代,分布于美国和加拿大并且仍在使用的北美印第安语就有近300种。

早期,学者们在对这些语言进行谱系分类时,有两种影响较大的观点:一是1891年在J. W. 鲍威尔的主持下,主要根据词汇上的相似提出的分类,共划分了24个语系;二是E. 萨丕尔1929年的分类,他把24个语系缩减后合为6大组:爱斯基摩—阿留申、纳—德内、阿尔冈基亚—瓦卡什、霍坎—苏、佩努提亚、阿兹台克—塔诺安。20世纪中期以后,有关北美印第安语谱系分类的分

---

① 周法高:《汉语研究的方向——语法学的发展》,载《论中国语言学》,香港中文大学出版社,1980。转引自王远新:《中国民族语言学论纲》,中央民族大学出版社,1994,第45页。

我国突厥语的描写和比较研究：进展、方法、问题

歧随着语言学家们调查和研究的深入反而越来越大。[①] 这充分说明，由于缺少历史文献，直到今天，语言学家们仍然没有完全搞清印第安语历史渊源及其现有语言之间的关系这一根本问题。这对于任何一个从事历史比较的语言学家来说也许是一道永远无法逾越的天然屏障，因为寻求解释对于历史语言学来说是不可或缺的极其重要的研究方法之一。但是，美国描写语言学理论在这方面恰巧没有为我们提供任何一种可供操作的方法和成功的范例。这种理论缺陷也许就是学者们常常指责美国描写语言学理论的重要原因之一。

我们承认，解释无论对于历史语言学或描写语言学来说都是非常重要的，但这种解释同时又是有必要的前提的，即解释在历史语言学和描写语言学中具有不同的侧重点：历史语言学中的解释主要是就语言的历史演变而言；而描写语言学中的解释主要是就语言的共时分布及其功能而言。如果这种看法能够成立，我们是否可以说在语言的共时描写中对各种语法范畴的科学分类本事就包含着对不同语言现象的理论解释呢？与此同时，我们认为还有必要指出，尽管描写语言学和比较语言学在语言的研究中具有十分密切的联系，但就方法论及其追求的预设目标而言，两者毕竟是有区别的，因而不能混为一谈。

此外，在学术界，美国描写语言学备受指责的另一个理论缺陷是其只着眼于语言间的差异，而不重视语言的普遍性。但是，我们认为，这种观点也有进一步商榷的余地。

首先，"着眼于语言间的差异"本身就包含着对诸语言间不同现象的解释，表明美国描写语言学理论并没有忽视对语言的共时

[①] 参见《中国大百科全书·语言文字》，"美洲印第安语"条，中国大百科全书出版社，1988，第281~282页。

分析（实际上分析就意味着对现象的解释）。其次，由于方法论及其研究目的不同，语言研究中寻求差异和普遍性即共性的立足点也不同。在亲属语言的研究中，如果是历时包括由共时到历时的研究，则主要应是寻求亲属语言之间的普遍性即共性，以构拟和解释其共同的上一个层次语言的可能的面貌；如果是共时包括由历时到共时的研究，则主要应是寻求语言的分化和演变规律，即寻求亲属语言之间的差异，以找出甲语言之所以为甲语言而非乙语言的基本根据，反之亦然。这种普遍性即共性和差异是亲属语言在历史发展和共时分布中表现出来的。在非亲属语言的研究中，主要应是寻求它们之间的普遍性即共性，而其差异是不言自明的。

另一方面，严格地说，在亲属语言和非亲属语言的研究中，前者使用的是比较的方法，而后者使用的是对比的方法。所以，尽管无论亲属语之间抑或非亲属语之间都有其普遍性即共性和差异，但这种普遍性即共性和差异在质的方面具有明确的规定性，因而两者不能混为一谈。打个比方，在具有血缘关系的父子两代人之间，人们往往会倾向于找出两者之间的相像之处，而非差异；对于一对孪生兄弟来说，人们又往往会倾向于找出两者之间的差异，而非相像之处。在没有血缘关系的两代人或同代人之间，人们往往会倾向于找出他们之间的相像之处，而非差异，因为这种差异是由质的规定性所决定的。所以，对待任何一种理论，我们都不能采取掷骰子的方法简单地得出不是即非的结论。简而言之，美国描写语言学理论的真正缺陷不在于其理论体系本身，而在于其当时受客观语言背景的限制，所以我们不能期待用这种理论一劳永逸地解决包括突厥语在内的我国所有少数民族语言描写研究中遇到的所有问题。如果承认这一点，我们就可以更加理性地认识并且客观地评价这种理论的历史局限性了。

历史地看，由于受种种主客观因素的制约，科学研究中的大

我国突厥语的描写和比较研究：进展、方法、问题

多数理论都不可能在形成之初就达到臻于完善的地步，美国的描写语言学理论也不例外。毫无疑问，语言学家们是在"实践—理论—再实践"这一反复检验的过程中发现了美国描写语言学理论的历史局限性的。但是，即便是那些对美国描写语言学理论持激烈批评观点的学者恐怕也不得不承认这样一种令人尴尬的事实：直到今天，在语言的描写研究方面，我们还没有发现有哪种理论在总体上显示出比美国描写语言学理论具有更强的普适性。

恰恰相反，学者们正是在美国描写语言学理论的指导下来研究某一具体语言，并在此基础上对不同种类的语言现象进行理论归纳，从而进一步丰富了这种理论，使其在不同类型语言的研究中具备更强的普适性。在这方面，无论是我国的汉藏语研究，还是阿尔泰语研究都不乏成功的范例。例如，在汉藏语研究方面，著名语言学大师赵元任先生的经典之作《中国话的文法》（英文本，1968）[①]，即是应用这一方法来描写汉语的。在阿尔泰语研究方面，20世纪80年代以来，我国学者开始结合美国的描写语言学理论，利用结构主义的基本框架研究现代维吾尔语，在重点系统描写并分析各种语言成分的分布及其功能的同时，注意结合现代亲属语言和文献资料对某些语言现象进行共时和历时解释，在形态和句法研究中取得了一批具有重要理论价值的新成果，丰富和发展了描写语言学理论。这表明，美国的描写语言学理论在我国的突厥语研究中并没有失去其基本的方法论方面的价值。

但是，就目前我国突厥语研究的整体现状而言，描写语言学的一些基本原则和方法并没有贯穿于我们研究的始终。例如，在结构分析中如何依据分布对语素进行合理切分，亦即对语素进行线性切分时除了依据共时分布外，是否还要考虑历时因素；在运

---

① 汉译本见吕叔湘译《汉语口语语法》，商务印书馆，1979。

用替代方法的过程中,除了依据形式和分布外,是否还要考虑语素的语义—功能问题;在运用直接成分分析法时,如何有效地确立结构的层次关系;如何归纳并建立符合突厥语结构规律的形态音位(语素音位),亦即建立确定形态音位的基本原则,等等。这些理论问题的解决与否将直接影响我国突厥语描写研究的整体水平。

二 突厥语的比较研究

突厥语族诸语言的地理分布十分广泛。除我国外,还分布于西起巴尔干半岛,东至西伯利亚东部的勒拿河,南临阿拉伯半岛,北至亚洲大陆北端的新西伯利亚群岛这一广大地区。在国外,突厥语族语言主要分布在土耳其、乌兹别克斯坦、哈萨克斯坦、吉尔吉斯斯坦、阿塞拜疆、土库曼斯坦、俄罗斯、伊朗、阿富汗、伊拉克、蒙古国、塞浦路斯、保加利亚、罗马尼亚、南斯拉夫、希腊以及地中海沿岸一些国家。根据学术界比较通行的看法,世界上现有突厥语族语言近40种,使用人口约1.4亿。除我国外,国外有土耳其语、乌兹别克语、哈萨克语、吉尔吉斯语、阿塞拜疆语、土库曼语、鞑靼语、诺盖语、楚瓦什语、雅库特语、巴什基尔语、卡拉卡尔帕克语、库梅克语、嘎嘎乌孜语、图佤语、卡拉恰伊—巴尔卡尔语、哈卡斯语、阿尔泰语、卡拉伊姆语、托法拉尔语和哈拉吉语等。[①]突厥语族现代诸语言包括克普恰克、乌古

[①] 参见:《中国大百科全书·语言文字》,"突厥语族"条,中国大百科全书出版社,1988,第386~388页;李增祥编著《突厥语概论》,中央民族学院出版社,1992,第32~77页;陈宗振:《突厥语族语言研究》,载戴庆厦主编《二十世纪的中国少数民族语言研究》,书海出版社,1998,第238页。

斯和葛逻禄 3 个语组，但主要分布于伏尔加河中游右岸的楚瓦什语和主要分布于西伯利亚以南、贝加尔湖南部地区的雅库特语在突厥语族语言的分类中具有特殊地位。

（一）国外突厥语比较研究简史

突厥语的比较研究已有近百年历史。在前期，国外尤其是西方学者大多以历史文献语料为依据，而全面结合现代突厥诸语言进行比较研究的成果则不多见。由于突厥语族的大多数语言都分布于前苏联，加之前苏联在突厥语研究的人才培养和学科布局方面具有传统优势，所以无论在共时还是历时方面，前苏联的研究水平都居于世界前列。

20 世纪 50 年代前期，包括前苏联在内的国外学者在突厥语的共时研究方面尚没有多少系统性的成果，但到了 60 年代，情况发生了变化。随着前苏联出版了一套包括古今突厥语在内的类似于我国描写性的语言简志丛书，为更深层次的比较研究奠定了坚实的基础。自此以后，突厥语的比较研究获得飞速发展，其成果也随之迭出。

这里，我们以年代为主要线索列举国外一些具有代表性的研究专著，从中足以窥见突厥语在比较研究方面取得的成就。它们主要有：

В. В. 拉德洛夫《突厥语方言试编》(1~4 卷，1893~1911，圣彼得堡)，J. 德尼《突厥语语法》(1921，柏林)，В. А. 巴嘎拉吉茨基《鞑靼语和突厥语言学研究》(1933，喀山)、《与其他突厥语相关的鞑靼语言学概论》(第一版，1934，喀山；第二版，1953，喀山)，А. П. 帕塞卢耶夫斯基《突厥语人称代词和指示代词的来源：以土库曼语历史资料为依据》(1947，阿什哈巴德)、《突厥语西南语组动词现在时的来源》(1948，阿什哈巴德)，A. von. 加班《古代突厥语语法》（第一版，1950，莱比锡；第二版，1974，威斯巴登），С.Е.马洛夫《古代突厥语文献》（1951，莫斯科—列宁格勒）、《突厥人的叶尼塞文献：话语材料及其译文》（1952，莫斯科—列宁格勒）、《蒙古利亚和吉尔吉斯的古代突厥语碑铭文献》（1959，莫斯科—列宁格勒），М.拉赛宁《突厥语历史语音学资料》（1955，莫斯科），Н.К.德米特里耶夫主编《突厥语比较语法》（1~5卷，莫斯科，1955~1966），И.А.巴特曼诺夫《叶尼塞古代突厥碑铭文献语言》（1959，伏龙之）；Н.А.巴斯卡科夫《突厥诸语言》（1960，莫斯科）、《突厥语研究概论》（1969，莫斯科）、《突厥语结构的历史类型学特征：词组和句子》（1975，莫斯科）、《突厥语历史类型形态学：词的结构和粘着结构》（1979，莫斯科）、《突厥语历史类型音位学》（1988，莫斯科），В.М.纳西洛夫《鄂尔浑—叶尼塞文献语言》（1960，莫斯科）、《回鹘语》（1963，莫斯科）、《11~15世纪回鹘文突厥文献语言》（1974，莫斯科），Ш.舒库洛夫《老乌兹别克文献语言动词的现在时和将来时》（1960，莫斯科）、《基于比较研究的乌兹别克文献语言的变格和动词的时范畴》（1974，塔什干），А.М.谢尔巴克《11~13世纪新疆突厥文献语法概要》（1961，莫斯科—列宁格勒）、《老乌兹别克语语法》（1962，莫斯科—列宁格勒）、《突厥语比较语音学》（1970，列宁格勒）、《突厥语比较形态学概要：名词》（1977，列宁格勒）、《突厥语比较形态学概要：动词》（1981，列宁格勒），И.А.巴特曼诺夫、З.Б.阿拉嘎奇、Ф.Г.巴布什金《现代和古代的叶尼塞》（1962，伏龙芝），Н.К.德米特里耶夫《突厥语的结构》（1962，莫斯科），А.Г.比歇夫《突厥语第一性长元音》（1963，乌法），Е.阿戈玛诺夫《古代突厥文献语言的名词限定词组》（1964，阿拉木图），Э.Н.纳吉甫《16世纪马木留克埃及克普恰克—乌古斯文学语言》（1965，莫斯科）、《14世

我国突厥语的描写和比较研究：进展、方法、问题

纪的突厥语文献〈蔷薇园〉及其语言》（两卷本，1975，阿拉木图），М.А.切尔卡斯基《突厥语的原因及其元音和谐》（1965，莫斯科），А.А.尤尔达舍夫《突厥语动词的分析形式》（1965，莫斯科），J.艾克曼《察合台语手册》（1966，布鲁明顿），T.铁肯《鄂尔浑突厥语语法》（1968，布鲁明顿）、《鄂尔浑碑铭》（1988，安卡拉），Е.法兹洛夫《老乌兹别克语》，（1966，塔什干），Г.阿依达洛夫《鄂尔浑毗伽可汗文献语言》（1966，阿拉木图），Ю.К.马买多夫《鄂尔浑—叶尼塞碑铭文献中的名词——基于与阿塞拜疆语的比较》（1967，巴库），Г.А.阿布都拉耶夫、Ш.Ш.舒库洛夫《11 世纪中古突厥语语法概要》（1967，塔什干），А.Н.卡诺诺夫《突厥语集合—复数标记》（1969，列宁格勒）、《7~9 世纪突厥茹尼文献语法》（1980，列宁格勒）；В.Г.康德拉齐耶夫《古代突厥语语法概要》（1970，列宁格勒）、《8~11 世纪古代突厥文献语言语法结构》（列宁格勒，1981），М.П.恰里亚科夫《突厥语西南语组动词的时范畴》（1970，阿什哈巴德），Н.З.嘎吉耶娃《突厥语句法结构发展的主要途径》（1973，莫斯科）、《突厥语区域语言学问题》（1975，莫斯科）、《高加索突厥语语言区域》（1979，莫斯科），С.Я.巴依丘洛夫《北高加索区域的古代突厥茹尼文献》（1977，莫斯科），К.М.穆萨耶夫《突厥语词汇比较研究》（1975，莫斯科），《突厥语词汇学》，（1984，莫斯科），М.А.阿合买多夫《鄂尔浑—叶尼塞文献语言中的动词——基于与现代巴什基尔语的比较研究》（1978，乌法），Х.Г.尼赫马托夫《11~12 世纪东部突厥文献语言形态学》（1978，巴库），В.Г.古泽夫《中古奥斯曼语》（1979，莫斯科），Б.А.谢列布连尼科夫、Н.З.嘎吉耶娃《突厥语历史比较语法》，（第一版，1979，巴库；第二版，1986，莫斯科），Г.Ф.布拉果娃《区域历史背景中的突厥语变格》（1982，莫斯科），Д.Д.瓦西里耶夫《叶尼塞

河流域突厥茹尼文献全集》(1983,列宁格勒),А.И.柴可夫斯卡娅《13~14世纪阿拉伯语文学中的突厥语语法:动词》(1984,塔什干),罗纳—塔什《突厥语言学导论》(1991,塞格德),М.艾尔达《古代突厥语构词法》(1~2,1991,威斯巴登),等等。

  此外,从20世纪初至90年代中期,国外出版的突厥语比较研究论文集和单篇论文的数量浩如烟海。这里需要特别提及的是,1984年起,前苏联科学院陆续出版了一套4卷本的《突厥语历史比较语法》,[①]可以毫不夸张地说,这是国外近百年来突厥语比较研究之集大成者,代表了突厥语比较研究的最高水平。迄今为止,我们尚未发现有任何一种可与其比肩的突厥语比较研究专著。这套著作的最大特点是:在理论上广泛吸收了西方比较语言学特别是印欧语历史比较研究的精华;引用语料十分丰富,涉及到所有古今突厥语及其文献;历时和共时比较相结合;博采众家之长,在专题研究中能够客观介绍和评述诸家不同观点,如书中仅直接征引的包括研究专著、文集和论文在内的各种文献就有近两千种;撰写者均为在相关研究领域具有精深造诣的世界一流突厥语专家。如果这套著作能以汉译本见诸于国内学术界,无疑将会大大推动我国的突厥语比较研究。

(二)中国突厥语比较研究进展

  由于历史的原因,我国的突厥语比较研究起步较晚。目前,我们能够见到的比较研究专著只有耿世民、魏萃一《古代突厥语文献语法》(1979),[②]李增祥编著《突厥语概论》(1992),程适良

[①] 其中语音、语法、词汇和句法各自单独成册。该书编辑委员会成员由Н.А.巴斯卡科夫、Н.З.嘎吉耶娃、А.Н.科诺诺夫、Б.А.谢列布连尼科夫、Э.Р.捷尼舍夫和А.А.尤尔达舍夫组成。

[②] 中央民族学院民语系,油印本。

我国突厥语的描写和比较研究：进展、方法、问题

主编《突厥比较语言学》(1997)和耿世民、阿不都热西提(1999)《鄂尔浑—叶尼塞碑铭语言研究》。其中，《古代突厥语文献语法》和《鄂尔浑—叶尼塞碑铭语言研究》属断代性的历史语法；《突厥语概论》为国内第一部比较系统介绍突厥语族语言的著作；而《突厥比较语言学》则属于共时比较研究性质，研究对象主要涉及国内的8种突厥语。

自20世纪70年代后期起，我国突厥语学术界还出版了一批具有比较研究价值，但严格地说又不具有真正的比较研究意义的专著（包括文献语言研究）、断代文献（刊布）和研究文集等，例如：耿世民《古代突厥语文献选读》(7册，另有总词汇一册，中央民族学院民语系油印本，1978~1980)、《〈乌古斯可汗的传说〉——古代维吾尔史诗研究》(汉文版，1980；维吾尔文版，1980；哈萨克文版，1986)、《古代维吾尔诗歌选》(1982)、《古代维吾尔文化和文献概论》(1983)、《〈弥勒会见记〉研究》(与H.J.克里木凯特合著，1988)、《敦煌突厥回鹘文书导论》(1994)、《古代维吾尔语一种佛教启示录研究》(与H.J.克里木凯特合著，1998)，哈米提·铁木尔、图尔逊·阿尤甫《真理的入门》(维文版，1980)，魏萃一《真理的入门》(汉文版，1981)，《突厥语大词典》译审小组译审《突厥语大词典》(1~3，1981~1984)，胡振华、黄润华《明代文献〈高昌馆课〉》(1981)、《高昌馆杂字》(1984)，新疆维吾尔自治区民族语文工作委员会、新疆维吾尔自治区社会科学院语言研究所编《突厥语研究(1、2、3)》(论文集，维吾尔文版，1982、1983、1990)，哈米提·铁木尔、安瓦尔·巴依图尔《乐师传》(1982)，新疆社会科学院民族文学研究所《福乐智慧》(1984)，赵世杰《维吾尔语构词法》(1984)，斯拉菲尔·玉素甫、阿布都克尤木·霍加、吐尔逊·阿尤甫《古代维吾尔文献选》(1984)，新疆民族古籍整理领导小组整理《纳扎

里集》(1985)、《伊米德史》(1987)、《安宁史》(1988)、《翟力里集》(1988)、《(纳瓦依)五部长诗》(1991),哈米提·铁木尔、阿布杜若夫·普拉提《察合台语》(1986),乌拉木·吾甫尔《维吾尔古典文学词语集注》(1986),斯拉菲尔·玉素甫、阿布都克里木·霍加、多鲁坤·阚白尔《回鹘文〈弥勒会见记〉》(1987、1988),哈米提·铁木尔、阿布杜若夫·普拉提《两种语言之辨》(1988),阿布里米提等《古代维吾尔语词典》(1989),陈宗振等《中国突厥语族语言词汇集》(1990),中国突厥语研究会编《中国突厥语研究论文集》(汉文版,1991),哈米提·铁木尔《巴布尔传》(1992),阿布杜若夫·普拉提《察合台维吾尔语研究论文集》(1993)、《维吾尔语词汇学》(1994),李祥瑞、牛汝极主编《阿尔泰学论丛》(1994),王远新《突厥历史语言学研究》(1995),杨富学、牛汝极《沙洲回鹘文及其文献》(1995),李经纬《吐鲁番回鹘文社会经济文书研究》(1996)、《回鹘文社会经济文书研究》(1996),牛汝极《维吾尔古文字与古文献导论》(1997),邓浩、杨富学《西域敦煌回鹘文献语言研究》(1999),李增祥、买提热依木、张铁山编著《回鹘文文献语言简志》2000),图尔逊·阿尤甫《回鹘文〈金光明经〉研究》(2001),赵明鸣《〈突厥语词典〉语言研究》(2001),娣丽达·买买提明编著《回鹘文佛教文书研究——〈师事瑜伽〉与〈文殊所说最胜名义经〉》(2001),阿布都克木·亚森《吐鲁番回鹘文世俗文书语言结构研究》(2001)等。此外,20世纪80年代中期以来,我国学者还在突厥语比较研究方面发表了一大批论文,其中有一些质量较高。

上述列举的各类著述基本上代表了我国突厥语比较研究的现状。究其原因,主要有以下几个方面:

第一,开展语言描写研究工作的时间比较晚。如前所述,我国的突厥语调查和普查工作始于20世纪50年代,而60~70年代

我国突厥语的描写和比较研究：进展、方法、问题

研究工作则基本处于空白状态。80年代出版的国内突厥语简志实际上反映的是50年代的调查结果。

第二，语种分布不平衡。分布于我国的现代突厥语不足突厥语族已知近40种语言的四分之一，除维吾尔语、撒拉语和西部裕固语主要分布于我国或为我国独有外，哈萨克语、柯尔克孜语、乌孜别克语、塔塔尔语和图佤语则与境外主体语言性质完全相同。这种客观现实严重制约了我国的突厥语比较研究——尤其是共时比较研究工作。

第三，历史文献不足。除14世纪以后的察合台文献外，我国突厥语学术界对14世纪以前的历史文献，特别是原始文献的拥有量明显不足。这又在客观上严重制约了历史比较研究工作。

第四，人才培养和学科布局不平衡。这主要表现为语种研究方面。由于维吾尔语、哈萨克语和柯尔克孜语属于我国突厥诸语言中的大语种，并且有传统文字，所以多年来，我国培养的突厥语研究人才百分之九十五以上都集中于这3个语种，而塔塔尔语、乌孜别克语、撒拉语、西部裕固语和图佤语的研究者几乎都毕业于维吾尔语或哈萨克语专业。但是，从研究这5种语言的学者近年发表成果的内容来看，以维吾尔语、哈萨克语和柯尔克孜语为研究对象的文章数量要明显多于这5种语言，而且这种趋势越来越明显。此外，我们面临的另一个问题是：在现有研究人员中，掌握多种现代突厥语且能够熟练运用比较语言学方法进行研究的人不多；既掌握多种现代突厥语又熟知历史文献的人不多；而既掌握多种现代突厥语和熟知历史文献又能熟练利用外语文献的人则更少。凡此种种，不一而足。

有鉴于此，我们认为，我国的突厥语比较研究应根据自身现有条件，分阶段、有步骤地进行。

（三）关于突厥语的共时比较研究

首先要重视语料的调查、记录、整理和刊布。在我国，现代语言学的研究起步较晚，而少数民族语言的调查研究大多始于解放后。20世纪50年代，作为一种政府行为的我国突厥语的调查和普查工作取得了前所未有的成就，调查和记录了一大批第一手原始语料。

据亲历并参与组织调查工作的著名学者李森先生回忆：第一次调查于1955年暑假由新疆民族语言调查队进行。其中，维吾尔语的调查点在以喀什市、伊宁市和吐鲁番城关为中心的各调查点进行典型调查，对现代维吾尔语标准语基础方言的情况有了粗略的认识，依据所得材料，这三地的话，可统称为现代维吾尔语的中心或北部（塔克拉玛干大沙漠以北地区），是现代维吾尔文学语言的基础方言；哈萨克语，经过调查伊犁、阿勒泰两地的语言情况，了解了我国哈萨克语的一些特点；柯尔克孜语，经过调查了解到我国柯尔克孜语分为南北两个方言。

第二次调查于1956~1957年，分别在新疆、甘肃和青海境内对突厥语族的维吾尔语、哈萨克语、柯尔克孜语、乌孜别克语、塔塔尔语、撒拉语和裕固语进行了普查。据不完全统计，仅维吾尔语、乌孜别克语和塔塔尔语这3种语言记录了语音、语法方面的24748个问题；记录了9种语言（包括突厥语族以外的锡伯语、塔吉克语）的词汇累计达399000个；记录了包括民间故事、传说、格言、谚语、民间长诗、童话、谜语等在内的长篇材料约12000页（以16开为准），录制了维吾尔语、哈萨克语、柯尔克孜语等语言的一批音档。此外，在这次普查中，还初步了解了裕固语和撒拉语的情况，并初步搜集了过去情况不明的一些居民的语言和人文资料，如居住在阿勒泰专区一带，被认为是蒙古族的图

我国突厥语的描写和比较研究：进展、方法、问题

佤人的语言和人文资料，搜集了各有关民族的人文材料及一批文献（旧书）。这两次调查和普查工作总计投入100余人，设调查点101个，其中仅维吾尔语的调查点就达53个（李森，1999：391~406）。

另据我们所知，20世纪80~90年代，新疆大学中语系的数批硕士研究生先后对分布于全国的突厥语进行了调查，并记录了大量语料。这些丰富的语料不仅涉及现代突厥诸语言，而且还包括有关方言甚至土语。但令人遗憾的是，时至今日，这批极为宝贵的语料除个别学者在专题研究中有所披露和零星征引外，仍蒙灰沉睡。我们知道，语言研究中语料的整理和刊布是一项重要的基础性工作，语料中包含有关该语言的大量原始信息，而研究者则可以通过对原始语料的分析来全面研究该语言的结构，进而得出真实可靠的结论。同时，语料的整理和刊布，有利于语言资源和语言信息的共享，并服务于现代语言学的各个学科；语料的整理和刊布，有利于研究者对已有研究成果的部分结论进行重新验证，有助于防止并克服研究中以讹传讹的现象；语料的整理和刊布，还有利于发现已知语言信息是否全面，有助于对未知语言信息的补充调查。因此，我们认为，语料的整理和刊布对于突厥语的共时比较研究来说是一项重要的基础性工作。

其次，要加强语言的共时描写研究，这是进行共时比较研究的基础。我们这里所涉及的主要问题是：共时描写研究要对语言结构的各个部分进行详尽和精确的分析，确立和归纳各种语法范畴时要注意贯彻始终如一的标准，否则将会对与其他语言的比较分析造成不可克服的困难。当然，共时描写研究中的系统性也是不可或缺的重要环节。但是，我们又发现，由于有些人在共时描写研究中往往有意无意地过分追求整齐划一的"系统"性，而置所谓的"系统"之外的某些重要语言现象于不顾，所以丢失了语

言中包含的客观的充分信息，这实际上反映了我们对语言理论的把握能力和对语言材料的驾驭能力的不足。

由于共时描写研究不同于专题性研究，它追求的是反映一种语言的全息映象，所以这个全息映象不但要反映语言的必要信息，而且同样也要反映语言的所有充分信息。从另一个角度辩证地看，语言个体描写研究进入高一层次的共时比较研究后，甲语言中的必要信息往往有可能在乙语言中表现为充分信息，而甲语言中的充分信息也往往有可能在乙语言中表现为必要信息，反之亦然。这种差异的背后实质上反映了语言的历时演变。因此，从理论上说，人为因素导致的任何个体语言信息的缺损往往会成为共时比较研究面临障碍的重要原因之一，所以我们说描写研究中语言信息的全面与否必将直接影响共时比较研究的整体水平。

第三，鉴于突厥语族的绝大多数现代语言都分布于境外，而我国目前的经济发展水平又不大可能为研究者调查国外的突厥语提供经费保障这一客观现实，我们认为，我国的突厥语共时比较研究目前应将重点确定为国内现代突厥诸语言之间的共时比较。据学术界一般看法，突厥语族3个语组的语言在我国均有分布，它们是属于葛逻禄语组的维吾尔语和乌孜别克语，属于克普恰克语组的哈萨克语、柯尔克孜语、塔塔尔语、图佤语和属于乌古斯语组撒拉语。关于西部裕固语，H.A.巴斯卡科夫认为其属于突厥语族东匈语支，而C.E.马洛夫则认为，西部裕固语属于保留古代特点较多的"上古突厥语"，是回鹘文献语言的"嫡语"。①

这表明，我国已基本拥有从事共时比较研究的有代表性的语言。但是，我们现在面临的主要问题是：除上述所说缺乏整理和

---

① H.A.巴斯卡科夫等：《突厥语分类问题》，民族出版社，1958，第27~30、37页。转引自陈宗振、雷选春：《西部裕固语简志》，民族出版社，1985，第3页。

刊布的原始语料外，各种语言的描写研究深度很不平衡。在这方面，维吾尔语和哈萨克语的情况要稍好些——有一大批可供利用的已有研究成果；而其余语言的研究现状则令人担忧——有的甚至仅能参考20世纪80年代的语言简志以及为数不多的专题性研究论文。这是严重制约我国突厥语共时比较研究的因素之一。如果我们再不从人才培养和学科布局方面进行及时调整，要真正搞好国内现有突厥语的共时比较研究恐怕最终只能成为一种近在咫尺却又远不可及的美好愿望。

第四，要及时搜集国外已经刊布并有研究的包括我国突厥诸语言在内的所有现代突厥语的各种语料，为下一步进行突厥语族语言的全面共时比较研究奠定基础。在这方面，我们必须要有一个长远而系统的计划，同时需要国内有关教学科研机构的统一协调。

（四）关于突厥语的历时研究

首先要基本弄清突厥语发展各个时期的一些主要文献。据学术界比较普遍的看法，突厥语的历史分期一般为：古代突厥语，时间约为公元7~10世纪，这一时期的文献主要为鄂尔浑—叶尼塞碑铭文献；中古突厥语，时间约为公元11~13世纪，这一时期的文献主要有回鹘文佛教文献和阿拉伯字母突厥语文献等；近代突厥语，时间约为公元14~20世纪初，这一时期的文献主要为察合台文献和奥斯曼文献。其中，自公元13世纪始，突厥语逐渐分化为以乌古斯语为基础的西部突厥语，即现今的乌古斯语组；以钦察语为基础的北部突厥语，即现今的克普恰克语组；以回鹘—葛逻禄语为基础的东部突厥语，即现今的葛逻禄语组。据目前国内外已有研究成果大致可知，古代突厥碑铭文献主要有：《雀林碑》、《暾欲谷碑》、《阙特勤碑》、《毗伽可汗碑》、《翁金碑》、《阙利啜碑》、《磨延啜碑》、《塔利亚特碑》、《九姓回鹘可汗碑》、《苏吉碑》

和《塞维列碑》等。回鹘文文献主要有:《金光明最胜王经》、《玄奘传》(全称为《菩萨大唐三藏法师传》)、《俱舍论安慧实义疏》、《妙法莲花经》(普品门)、《佛说天地八阳神咒经》、《华严经》、《阿弥陀经》、《佛说胜军王问经》、《弥勒会见记》、《佛顶尊胜陀罗尼经》、《大云请雨经》、《大方便佛报恩经》、《慈悲道场忏法》、《金刚经》、《十方平安经》、《七星经》、《无量寿经》、《圣一切如来顶髻中出白伞盖佛母余无敌总持》、《般若波罗密多经》、《十业道佛譬喻鬘经》、《方广大庄严经》、《瑜珈师地论》、《阿含经》、《龙树劝王诗》、《七曜经》、《楞严经》、《救度佛母21种礼赞经》、《如来心经》、《吉祥轮律仪》、《阿毗达磨俱舍论》、《观音经相应譬喻谭》、《说心性经》、《阿毗达磨顺正理论》、《大方广圆觉修多罗了义经》、《慧远传》(以上为回鹘文佛教内容主要文献);《二宗经》、《摩尼教徒忏悔词》、《美味经》、《摩尼教寺院文书》、《摩尼教徒祈愿文书》、《摩尼教僧书信》(以上为回鹘文摩尼教内容主要文献);《福音书》、《圣乔治殉难记》(以上为回鹘文景教内容主要文献);《福乐智慧》、《真理的入门》(亦称《真理之赐》、《真理的献礼》)、《帖木耳世系》、《圣徒传》、《升天记》、《心之烛》、《幸福书》(以上为回鹘文伊斯兰教内容主要文献);《乌古斯可汗的传说》、《伊索寓言》(以上为回鹘文文学内容主要文献);《乌兰浩木碑》、《亦都护高昌王世勋碑》、《徒都木萨里修寺碑》、《大元肃州路也可达鲁花赤世袭之碑》、《重修文殊寺碑》、《造塔功德记(居庸关东西壁)》、《多罗郭德回鹘文碑》、《赤峰回鹘文景教墓砖》、《泉州回鹘文景教墓碑》、《敦煌莫高窟六体文字碑》、《吐鲁番回鹘文庙柱铭文》、《吐鲁番回鹘文中心木》(以上为回鹘文碑铭主要文献)。阿拉伯字母突厥语文献主要有:《突厥语词典》、《福乐智慧》、《真理的入门》、《箴言集》、《古兰经注释》、《伊本·穆罕纳词典》、《先知的故事》、《绿洲颂》、《蔷薇园》、《辛迪巴特纳玛》、《胡斯鲁与

我国突厥语的描写和比较研究：进展、方法、问题

希琳》、《心灵之秘》、《花朵与春分》、《五部长诗》、《四部长诗》、《阿札木史纲》、《赛依德·哈桑·阿尔达希尔传》、《丽人之会》、《诗律之标准》、《两种语言之辨》、《鸟类之语》、《拉希德诗集》、《劝告书》、《拉施德史》、《克迪尔汗诗集》、《女人之德》、《心灵之解》、《纳费斯诗集》、《爱情与劳动》、《翟黎里诗集》、《努毕提诗集》、《花朵与百灵鸟》、《伊麻木·札黑拉传》、《尤素甫·祖莱哈》、《法尔哈特与希琳》、《阿尔斯兰传》、《撒布尔诗选》、《知医书》、《明星之园》、《布格拉汗传》、《司迪克纳马》、《潘德纳马》、《爱情之书》、《同辩论》、《人生的欲望》、《穷人的故事》、《嘎日比之书》、《悲伤之语》、《乐师传》、《胜利之书》、《台翟力诗集》、《喀沙甫演义》、《安宁史》、《伊米德史》、《突厥世系》、《巴布尔传》。等等。①

这些主要文献历史跨度大：上至公元 7 世纪（据国内外学术界主流观点），下至 20 世纪初。可以说，各个时期的文献语料始终伴随着突厥语发展的整个历史进程，为我们全面系统地研究突厥语的发展演变史提供了弥足珍贵的可靠证据。与此同时，除察合台文献外，上引文献中的绝大部分国内外学术界都已刊布，而且有的已为学者们进行过语言学研究并有专著出版，为我们从事突厥语历史比较研究提供了可资利用的便利条件。

其次，我们应该根据国内突厥语研究的人力资源现状和学科布局的需要，有针对性地集中优势力量进行突厥语的历时研究。

---

① 上引文献主要参见耿世民：《维吾尔族古代文化和文献概论》，新疆人民出版社，1983，第 59~63、109~112、129~136 页；耿世民：《古该突厥文主要碑铭及其解读研究》、《回鹘文主要文献及其研究情况》，载《新疆文史论集》，中央民族大学出版社，2001，第 28~42、43~53 页；牛汝极：《维吾尔古文字与古文献导论》，新疆人民出版社，1997，第 59~62、89~98、150~152 页；安瓦尔·巴依图尔：《察合台文和察合台文献》，《中国民族古文字研究》，中国社会科学出版社，1994。

具体可分为以下几个不同的方面：

断代研究。包括古代突厥语研究、中古突厥语研究和近代突厥语研究。在古代突厥语研究方面，国外已有大量研究专著出版，我国学者在这方面也做了许多工作，出版有研究专著。在中古突厥语研究方面，我国已出版了喀喇汗王朝时期的 3 部重要文献《福乐智慧》、《突厥语词典》和《真理的入门》，但这方面的语言学研究工作还只是处于初始阶段。在近代突厥语研究方面，我国学者所做的工作主要是刊布察合台文献，而在研究方面除有一部通论性著作和为数不多的专题研究论文外，尚未见到有系统性的研究专著出版。

以不同文字形式的文献为内容开展研究。具体为，突厥茹尼文献语言研究、回鹘文文献语言研究和阿拉伯字母文献语言研究。突厥茹尼文献亦即碑铭文献，其研究内容与古代突厥语完全相同；回鹘文文献语言主要包括佛教、摩尼教和伊斯兰教等内容。在上述两个方面，我国突厥语学术界目前所做的工作主要是对国内发现的各个时期的突厥语文献进行刊布以及对国内外已刊布的文献进行再研究。在这方面，我国学者耿世民等取得了令国内外学术界瞩目的许多成就。不仅如此，耿世民、李经纬等还分别在北京和新疆培养了一批从事突厥语文献研究的各民族年轻学者，壮大了我国突厥语的研究队伍。如果以人名为线索检视一下 20 世纪 50 年代以来学者们在突厥语文献方面发表的研究论文，那么就可以发现，我们与国外同行之间的学术差距已经大大缩短。这些成果主要有：

冯家昇《回鹘文写本〈菩萨大唐三藏法师传〉研究报告》（1953）、《刻本回鹘文〈佛说天地八阳神咒经〉研究——兼论回鹘人对于〈大藏经〉的贡献》（1955）、《回鹘文斌通（善斌）卖身契三种——附控诉主人书》（与 Э.Р.捷尼舍夫合作，1958）、《在

我国突厥语的描写和比较研究：进展、方法、问题

蒙古出土的卢纳铭文》(1959)、《回鹘文契约二种》(1960)、《1959年哈密新发现的回鹘文佛经》(1962)；耿世民《两件回鹘文契约的考释》(1978)、《回鹘文摩尼教寺院文书初释》(1978)、《〈元代肃州路也可达鲁花赤世袭之碑〉回鹘文部分译释》(1979)、《回鹘文〈玄奘传〉第七卷研究（上）》(1979)、《回鹘文〈玄奘传〉第七卷研究（下）》(1980)、《回鹘文〈圣救度佛母21种礼赞经〉残卷研究》(1979)、《回鹘文〈亦都护高昌王世勋碑〉研究》(1980)、《几件回鹘文书译释》(1980)、《回鹘文买卖奴隶文书的考释》(1981)、《回鹘文〈土都木萨里修寺碑〉考释》(1981)、《古代维吾尔语佛教原始剧本〈弥勒会见记〉（哈密写本）研究》(1981)、《〈弥勒会见记〉第十六品研究》(与 H.J. 克里木凯特合著，1985)、《元代回鹘文〈重修文殊寺碑〉初释》(1986)、《回鹘文〈金光明最胜王经〉第六卷四天王护国昌研究》(1986)、《回鹘文〈八十华严〉残经研究》(一、二、三，1986)、《回鹘文佛教原始剧本〈弥勒会见记〉第二幕研究》(1986)、《回鹘文〈玄奘传〉第七品研究》(与 H.J. 克里木凯特合著，1986)、《一件关于吐鲁番摩尼教寺院被毁文书的研究》(与 H.J. 克里木凯特合著，1986)、《摩尼与王子斗法——吐鲁番新出土的一件摩尼教突厥语残卷》(与 H.J. 克里木凯特、J.P. 劳特合著，1987)、《弥勒菩萨从兜率天降生——〈弥勒会见记〉第食品研究》(与 H.J. 克里木凯特、J.P. 劳特合著，1987)、《回鹘文〈阿毗达磨俱舍论〉残卷研究》(一、二、三，1987~1989)、《弥勒菩萨的显现——〈弥勒会见记〉第十一品研究》(与 H.J. 克里木凯特、J.P. 劳特合著，1988)、《新发现的回鹘文〈俱舍论〉残卷研究》(1989)、《摩尼教三王子故事残卷》(与 H.J. 克里木凯特、J.P. 劳特合著，1989)、《回鹘文摩尼教寺院文书研究》(1991)、《弥勒菩萨的出家修行——〈弥勒会见记〉第十三品研究》(与 H.J. 克里木凯特、

J. P. 劳特合著，1991）、《弥勒菩萨在菩提树下打坐修炼——〈弥勒会见记〉第十四品研究》（与 H. J. 克里木凯特、J. P. 劳特合著，1992）、《弥勒菩萨在菩提树下打坐修炼——〈弥勒会见记〉第十四品研究》[补遗]（与 H. J. 克里木凯特、J. P. 劳特合著，1992）、《弥勒菩萨成道——〈弥勒会见记〉第十五品研究》（与 H.J.克里木凯特、J.P.劳特合著，1993）《弥勒菩萨成道——〈弥勒会见记〉第十五品研究》[补遗]（与 H. J. 克里木凯特、J. P. 劳特合著，1993）、《回鹘文〈十业道譬喻鬘〉研究导论》（与 H. J. 克里木凯特、J. P. 劳特合著，1993）、《回鹘文〈金光明最胜王经〉第九卷长者流水品研究》（1993）、《回纥文碑文汉译》（1994）、《这个新发现的景教碑研究》（与 H. J. 克里木凯特、J. P. 劳特合著，1996）；李经纬《〈如来三十二吉相〉回鹘译名浅谈》（1981）、《哈密本回鹘文〈弥勒三弥底经〉初探》（1982）、《哈密本回鹘文〈弥勒三弥底经〉第二卷研究》（1982）、《古代维吾尔文献〈摩尼教徒忏悔词〉译释》（1982）、《佛教二十七圣贤回鹘文译名考释》（1982）、《突厥如尼文〈苏吉碑〉译释》（1982）、《哈密本回鹘文〈弥勒三弥底经〉第三卷研究》（1983）、《回鹘文景教文献残卷〈巫师的崇拜〉译释》（1983）、《哈密本回鹘文〈弥勒三弥底经〉第二卷研究续》（1985）、《汉密本回鹘文〈弥勒三弥底经〉首品残卷研究》（1985）、《回鹘文〈金光明经〉序品（片断）译释》（1987）、《回鹘文借贷文书选注》（1991）、《吐鲁番 IB4672 号回鹘文庙柱文书考释》（1992）、《敦煌回鹘文佛教遗书三种》（1993）、《敦煌回鹘文遗书五种》（1993）、《两件回鹘文家产分配文书研究》（1994）、《回鹘文奴隶买卖与人口典押文书物种》（1994）、《敦煌 Or. 8212（170）号回鹘文文书的译文质疑》（1995）、《P.O.I 号敦煌回鹘文佛教经残卷译释》（1996）；陈宗振《回鹘文医书摘译》（1984）；胡振华《黠戛斯碑文选译》（1993）；吐尔逊·阿尤甫《〈暾欲谷碑〉译释》

我国突厥语的描写和比较研究：进展、方法、问题

（与克尤木合作，1982）；库尔班·外力《吐鲁番出土公元五世纪的古突厥语木牌》(1981)、《吐鲁番出土的五件回鹘文书》(1984)、《吐鲁番出土的唐代写本汉文—回鹘文词书残页初释》(1986)；斯拉菲尔·玉素甫《哈密本回鹘文〈弥勒会见记〉第三品（1~5叶）研究》(与多鲁坤·阚白尔合作，1983)、《回鹘文摩尼教文献研究》(与多鲁坤·阚白尔、阿布都克尤木·霍加合作，1984)、《吐鲁番柏孜克里克新发现的回鹘文文献研究》(1985)、《回鹘文中心木》(1988)、《回鹘文文献二种》(1996)；多鲁坤·阚白尔《吐鲁番最近出土的几件回鹘文书研究》(与斯拉菲尔·玉素甫合作，1988)、《吐鲁番柏孜克里克千佛洞新出回鹘文书初探》(1993)；卡哈尔·巴拉特《铁尔浑碑初探》(1982)、《多罗郭德回纥文碑的初步研究》(1984)、《亦都护高昌王世勋碑回鹘文碑文之校勘与研究》(与刘迎胜合作，1984)、《回鹘文写本〈慧远传〉残页》(1987)、《摩尼教赞美诗》(1983)、《回鹘文〈玄奘传〉卷三》(1992)、《回鹘文〈玄奘传〉卷九》(1993)；张铁山《苏联所藏编号 ST／Kr·4／638 回鹘文文书译释》(1988)、《回鹘文〈金光明经〉第七品研究》(1988)、《回鹘文〈金光明经〉第四卷第六品研究》(1990)、《回鹘文〈金光明经〉第九品研究》(1990)、《回鹘文〈金光明经〉第八品研究》(1990)、《回鹘文〈妙法莲花经·普门品〉校勘与研究》(1990)、《古代回鹘文〈占卜术〉译释》(与赵永红合作，1993)、《北京图书馆藏回鹘文〈阿毗达摩俱舍论〉残卷研究》(与王梅堂合作，1994)；牛汝极《回鹘文〈牟羽可汗入教记〉残片研究》(1987)、《古代突厥文〈翁金碑〉译注》(与牛汝辰合作，1987)、《四件敦煌回鹘文书信文书》(1989)、《四封 9~10 世纪回鹘文书信译考》(1989)、《敦煌研究院珍藏的一叶回鹘文残卷》(与杨富学合作，1991)、《回鹘文〈善恶两王子故事〉研究》(1991)、《六件 9~

10世纪敦煌回鹘文商务书信研究》(1992)、《回鹘文摩尼教寺院文书释文的几处商榷》(与杨富学合作，1992)、《七件回鹘文佛教文献研究》(1993)、《中国东部发现的两方回鹘文景教徒碑铭》(与J.哈密尔顿合作，1994)、《敦煌出土早期回鹘语世俗文献译释》(与杨富学合作，1994)、《泉州出土回鹘文也里可温（景教）墓碑研究》(与J.哈密尔顿合作，1995)、《赤峰出土叙利亚文—回鹘文景教墓砖铭文及族属研究》(与J.哈密尔顿合作，1996)、《安西榆林25窟前室东壁回鹘文题记译释》(与杨富学合作，1991)；阿布都热西提·亚库甫《鄂尔浑文〈翁金碑〉译释》(1991)、《回鹘文景教文献残卷研究》(1992)、《回鹘文摩尼教文献——〈牟羽可汗入教记〉》(1993)；杨富学《元代回鹘文献——农奴免赋请愿书研究》(1988)、《两件回鹘文敕令译释》(1989)、《吐鲁番出土回鹘文借贷文书概述》(1990)、《敦煌研究院藏回鹘文木活字》(1990)、《巴黎所藏敦煌本回鹘文〈摩尼教徒忏悔文〉译释》(1990)、《吐鲁番出土回鹘文木杵铭文初释》(1991)、《一件珍贵的寺院经济文书》(1992)、《五件回鹘文摩尼教文献考释》(与牛汝极合作，1993)、《〈敦煌本回鹘文〈阿烂弥王本生故事〉写卷译释〉》(1994)、《古代突厥文〈台斯碑〉译释》(1994)；周北川《回鹘文〈金光明经〉第十四品〈如意宝珠品〉研究》(1994)；阿力肯·阿吾哈力《回鹘文〈金光明最胜王经〉第十三品研究》(1996)、《回鹘文〈金光明最胜王经〉第三十品研究》(1999)；邓浩《两件吐鲁番回鹘文医学文书》(1996)，等等。

从上述列举的论文看，学者们所刊布和研究的重点主要为回鹘文文献。阿拉伯字母突厥语文献语言包括喀喇汗王朝时期的哈卡尼亚阿拉伯字母突厥文献语言即《福乐智慧》、《突厥语词典》、《真理的入门》和察哈台文献语言两部分。其中，哈卡尼亚阿拉

我国突厥语的描写和比较研究：进展、方法、问题

伯字母突厥语文献语言属于中古突厥语，而察哈台文献语言则属于近代突厥语。前期和中期的察合台文献语言的特点是，由于受阿拉伯—波斯文化的深刻影响，许多操突厥语的著名学者写作特别是在文学创作时以借用阿拉伯—波斯语词为时尚，有的甚至到了泛滥的地步。与此同时，阿拉伯—波斯式的部分语法结构也开始进入突厥语。这种因文化接触而发生的语言之间的间接接触一方面丰富了突厥书面语的词汇系统、促进了突厥语句法结构的进一步精密化；另一方面又对突厥语的自身发展进程构成了一定阻碍，如大量固有词为阿拉伯—波斯语借词所取代等。由于在察合台文献语言的研究中学者们除了需要熟练掌握古代、中古突厥语，还要具备相当程度的阿拉伯语和波斯语知识，所以察合台文献语言一直是我国突厥语学术界面临的一项有待深入研究的重要课题。

突厥语历史比较研究。系统开展突厥语历史比较研究必须以突厥语的共时比较研究和断代研究这两个方面的成果为基础。这方面可借鉴国外学者的研究成果，具体设想为：《突厥语历史比较语法·语音》、《突厥语历史比较语法·词法》、《突厥语历史比较语法·句法》、《突厥语历史比较语法·词汇》。不过，就目前我国突厥语的研究现状而言，要真正拿出全面而系统的突厥语历史比较研究成果，我们还做许多扎扎实实的基础性的工作。

在结束本文的时候，我们真诚地吁请我国突厥语学术界的前辈精英和时贤同仁引起注意：如果要使我国的突厥语整体研究水平在21世纪实现历史性的突破，那么建立一个包括现代突厥诸语言和各种断代文献语言在内的大型语料库的工作已经迫在眉睫。

参考文献

戴庆厦主编《二十世纪的中国少数民族语言研究》,太原,书海出版社,1998。

耿世民:《维吾尔族古代文化和文献概论》,乌鲁木齐,新疆人民出版社,1983。

耿世民:《耿世民新疆文史论集》,北京,中央民族大学出版社,2001。

哈米提·铁木耳:《现代维吾尔语语法(形态学)》(维吾尔文版),北京,民族出版社,1987。

李森:《突厥语言研究文集》,北京,中央民族大学出版社,1999。

李增祥:《突厥语概论》,北京,中央民族学院出版社,1992。

李增祥、买提热衣木等编《耿世民先生70寿辰纪念文集》,北京,民族出版社,1999。

牛汝极:《维吾尔古文字与古文献导论》,乌鲁木齐,新疆人民出版社,1997。

王远新:《中国民族语言学史》,北京,中央民族学院出版社,1993。

王远新:《中国民族语言学论纲》,北京,中央民族大学出版社,1994。

吴英、陈好林主编《维吾尔历史文化研究文献题录》,北京,民族出版社,2000。

赵世开主编《国外语言学概述——流派和代表人物》,北京,北京语言学院出版社,1990。

照那斯图、李恒朴主编《当代中国民族语言学家》,西宁,青海人民出版社,1989。

因篇幅所限,本文涉及的国外学术界的突厥语主要研究成果参考了俄文有关资料,未一一列出。特此说明。

克木语与克蔑语的语音比较

陈国庆

一 概述

　　克木语、克蔑语是分布于我国云南省西双版纳境内的两种语言,它们在语音、词汇、语法上同我国境内的孟高棉语族诸语言有着密切的关系,都保留有孟高棉语言一些共同的语言特征,同属于孟高棉语族语言。通过比较,可以发现克木语、克蔑语在语音方面具有各自鲜明的特点。

　　克木语的语音特点主要表现为:(1) 词的语音结构与布朗语、佤语、克木语、德昂语的语音结构大致相同,有主要音节和次要音节。(2)克木语有丰富的次要音节(从语音结构的角度,也可称之为前置音)。(3)没有声调,元音分长短,长、短元音作为音节区别性特征,具有辨别词义的作用。

　　在我国的孟高棉语族语言中,克蔑语的语音系统属于比较简单的类型,其语音特点主要表现为:

　　(1)词的语音结构与布朗语、佤语、克木语、德昂语大致相同,有主要音节和前置音,但前置音系统很少,仅有词头 a 和能自成音节的 ɱ 等。(2)主要音节的语音结构比其它孟高棉语族语言简单，其声母、韵母较少，主要表现为：声母中无复合声母，塞擦音只有清音，没有送气与不送气的对立；没有颤音；韵母中复合韵母很少。(3) 部分元音分长、短，有声调。

（一）克木语的语音系统

1. 主要音节的结构

克木语的主要音节一般都有比较固定的形式，可采用声、韵的方法来分析其语音结构。克木语的声母有 55 个，单辅音声母 33 个，复辅音声母 22 个。韵母共有 229 个，单元音韵母 9 个，复合元音韵母有 18 个。带辅音韵尾的韵母 202 个，其中有-p、-t、-k、-m、-n、-ŋ、-ʔ、-h、-r、-l等十个辅音韵尾。

2. 前置音的结构

克木语的前置音是一个非重读、弱化的音节，它通常居于主要音节之前。克木语的前置音分为三类：第一类是能自成音节的鼻音，它们一般出现于与其同部位的主要音节的辅音声母之前，主要有：m̩、n̩、ȵ̩、ŋ̍（"ˌ"为自成音节的符号）。

第二类是辅音声母之后带有一个弱化元音ə或a，此弱化元音在前置音中始终是以轻读、弱化的形式出现，不太稳定，主要有：pə、tə、tɕə、kə、lə、rə、sə、hə 等。

第三类是辅音声母之后除带有一个弱化元音外，还在弱化元音后面带有一个辅音韵尾，这个辅音韵尾一般为m、n、ŋ、l、r 等辅音。主要有：pəl、pər、pən、pəŋ、təl、tər、təm、tən、təŋ、tɕəl、tɕəm、tən、tɕəŋ、kəl、kər、kəm、kən、ləm、rəl、rəŋ、səl、sər、səm、sən、səŋ 等。（注：对于次要音节的标写，第一类我们采取与后面的主要音节连写；第二类、第三类则采取省去弱化元音，仅标出辅音声母或弱化元音后的辅音韵尾，并用隔音符号"'"将其与主要音节分开）。

（二）克蔑语的语音系统

1. 主要音节的结构

克蔑语的声母共 23 个，单元音韵母 10 个，复合元音韵母 12 个。带辅音韵尾的韵母共 76 个，其中有-p、-t、-k、-m、-n、-ŋ、-ʔ、-h等八个辅音韵尾。

声调　　共有 7 个

高平调	调值 55	低平调	调值 11
低升调	调值 13	中平调	调值 33
高升调	调值 35	高降调	调值 53
低降调	调值 31		

2. 前置音的结构

克蔑语的前置音非常少，仅仅有能自成音节的m̩和词头a等。例如：

m̩thuh^{33} 乳房	m̩num^{35} 尿	a po^{13} 脸
a kha^{ʔ53} 鱼	m̩phɛŋ^{35} 油	m̩nɔi^{31} 丝瓜
a lɔ^{ʔ53} 声音	a tha^{ʔ53} 爷爷	

通过对克木语、克蔑语语音系统的对比，我们可以发现这两种语言在语音方面具有各自鲜明的特点，克木语的语音系统要较克蔑语丰富，比克蔑语复杂，音位较多；而克蔑语的语音系统则相对简单，音位比较少。具体表现为克木语有丰富的前置音系统，声、韵母较克蔑语多，元音分长短，长、短元音作为音节区别性特征，其具有辨别词义的作用，没有声调；而克蔑语的语音系统则比较简单，声、韵母较少，前置音系统很少，有声调。

在我国的孟高棉语族语言中，克木语、克蔑语各自的语音特点恰好体现出孟高棉语族语言语音特点的不同类型，克木语在一定程度上保留着更多原始孟高棉语族语言的语音特征，即具有丰富的前置音，前置音的语音结构形式保留得比较完整；而克蔑语在经过长期的语言分化后，其语音特点已经有了很大的变化，其语音系统变得较为简单，前置音很少，其语音结构形式也较为简单。

二 语音比较

克木语、克蔑语在语音形式上存在着一定的差异，说明它们在从原始孟高棉语言分化之后，仍分别保留有原始孟高棉语言不同历史时期的语音面貌，对于它们这样语音形式的差异，运用历史比较的方法对其进行比较研究，有助于研究孟高棉语族语言语音的发展规律，揭示孟高棉语族语言语音的历史演变脉络。

（一）前置音比较

如前所言，从克木语、克蔑语各自的语音特点中，我们清楚看出，这两种语言在前置音方面存在明显的差异，即克木语有丰富的前置音，前置音的语音结构形式很完整；而克蔑语的前置音很少，其语音结构形式也非常简单。对于这种情况，运用历史比较的方法，对两种语言进行比较，找出它们在前置音方面具有以下的语音演变规律。

1. 前置音脱落

克木语主要音节的辅音声母同克蔑语主要音节中相同的辅音声母相对应，如：

克木语与克蔑语的语音比较

克木语	克蔑语	词 义
lʼmɔk	a mɔk⁵³	炮
lʼŋaʔ	a ŋaʔ²⁵³	苏子
rʼvai	a vai³¹	老虎
snʼtĕh	tɛ²³⁵	碗
pʼsɯm	sɤm³⁵	种植
sʼnat	nat¹³	枪
sʼtɕaŋ	tɕaŋ¹¹	大象
hʼʔeʔ	seʔ²⁵³	柴火
tɕʼʔaŋ	aŋ³¹	骨

主要音节的t、d声母与th声母相对应，如：

克木语	克蔑语	词 义
pʼteʔ	thɛʔ²⁵³	土
kʼdŏŋ	tham³⁵	蛋

主要音节的l声母与n声母相对应，t声母与d声母相对应，如：

克木语	克蔑语	词 义
sʼluŋ	nɔŋ³⁵	塘
kʼtɔt	dut³⁵	抽（水）

2. 前置音与主要音节合并为一个音节

一般的合并

克木语	克蔑语	词 义
m̥brăŋ	paŋ⁵⁵	马
m̥boʔ	mɔi³¹	黄牛
m̥meʔ	mɛ²⁵³	新
r̥ŋʼkɔŋ	nɔŋ³¹	山
tmʼmɔŋ	a ɕim¹³	指甲
tmʼblɤt	pɤt³³	咽

265

km'm̥ŭt	hut³¹	闻
pr'gai	sai³¹	还（东西）
tɕn'tlɤŋ	kɤŋ⁵⁵	角

前置音与主要音节合并，合并后音节的声母为与原主要音节声母相对应的送气音。例如：p与ph声母、t与th声母、k与kh声母、p与kh声母相对应，如：

克木语	克蔑语	词义
m̩piar	a pha³⁵	簸箕
ṇtak	thak³³	舌头
ṇtă ʔ	tha ʔ⁵³	尾巴
ntu ʔ	thu ʔ⁵³	洞
ŋkam	kham³¹	糠
rŋ'ko ʔ	a kho ʔ⁵³	米
km'poŋ	khiŋ⁵⁵	头

3. 前置音与主要音节衍变为两个音节的联绵词

克木语	克蔑语	词义
k'tai	kă t⁵³tai¹³	兔子
k'tɕɛ	kha ʔ⁵³tɕɛ³⁵	锁
kl'mɛ ʔ	kɔ³⁵mɛ ʔ⁵³	甘蔗
kl' ʔak	nok⁵³ak³³	乌鸦
kl' ʔɛk	ku³¹kɛk⁵³	腋下
kl'mɛ ʔ	mɛ ʔ⁵³tɔn³¹	糖

（二）主要音节比较

从克木语、克蔑语的语音特点中，可以看出，这两种语言在主要音节的声母、韵母也有较明显的差异，其中主要表现为：在声母方面，克木语有 22 个复合声母，清的塞音、塞擦音有送气与不送气之分；而克蔑语则没有复合声母，塞擦音只有清音，没有送气与不送气的分别。借用克木语、克蔑语在声母方面存在的差异，我们采用历史比较的方法进行比较，找出了它们在声母上有以下的语音对应关系：

1. 声母比较

克木语词汇中的复合声母，在克蔑语中常常对应为送气或不送气的清塞音声母，如：

克木语	克蔑语	词义
klaŋ	a khaŋ^{31}	老鹰
kla	kha^{31}	睾丸
plě?	phe^{253}	结（果）
tlɔm	thɔm^{31}	肝
klɛm	kɛŋ^{35}	啃
phlot	pot^{31}	救（人）

克木语中的复合声母，在克蔑语中常常对应为边音或擦音声母，如：

克木语	克蔑语	词义
plǔŋ	lum^{13}	脓
tle?	lɛ$^{?35}$	阴茎
klăm	lam^{35}	挑、扛
srɔŋ	sɔŋ	蓝

克木语中的塞音声母，在克蔑语中常常对应为送气的清塞音。如：

k声母与kh声母相对应：

克木语	克蔑语	词义
ka?	a kha$^{?53}$	鱼
kah	kha^{35}	解开

267

克木语	克篾语	词义
kɔk	khɔk⁵³	弯
kap	khap³³	下巴
kar	khɛp⁵³	烤
ke	khɛʔ⁵³	阴户
kɔn	khɔn³¹	儿女
kɔ̌ʔ	khɔk⁵³	等候

g声母与kh声母相对应：

克木语	克篾语	词义
gɔk	khɔk¹³	（牛）圈
gun	a khɤn¹³	蟒蛇

t声母与th声母或d声母与th声母相对应：

克木语	克篾语	词义
tih	a thih⁵³	菌子
tiʔ	thiʔ⁵³	手
taiŋ	than⁵³	织（布）
děn	thɛʔ⁵³	坐

p声母与ph声母相对应：

克木语	克篾语	词义
pɔk	phut⁵³	烧（东西）
pǎr	phuan³¹	卷（东西）

2. 韵母比较

在韵母方面，克木语的韵母比克篾语丰富，克木语的复合元音韵母比克篾语的复合元音韵母多。通过对克木语、克篾语的基本词汇进行比较，可看出这两种语言在韵母方面有以下的语音对应情况：

i韵母以及i韵母后带辅音韵尾的对应：

| 克木语 | 克篾语 | 词义 |

sim	a ɕim[13]	鸟
siŋ	siŋ[55]	狮子
kip	kip[13]	蹄

e韵母以及 e韵母后带辅音韵尾的对应：

克木语	克蔑语	词 义
kheŋ	kheŋ[31]	三脚架
gleʔ	me[253]	丈夫
seʔ	siʔ[253]	虱子

ε韵母以及ε韵母后带辅音韵尾的对应：

克木语	克蔑语	词 义
bε	bε[31]	赢
bεʔ	pεʔ[253]	羊
kεp	kεp[13]	夹
vεt	pεt[35]	拧

a韵母以及 a韵母后带辅音韵尾的对应：

克木语	克蔑语	词 义
ŋa	ŋa[31]	象牙
la	la[31]	驴
man	man[31]	怀孕
gan	gan[13]	输
mam	nam[31]	血
jam	jam[31]	时候
jăm	ȵam[31]	哭
lăm	lam[31]	（树）干
raŋ	haŋ[31]	花
ʔaŋ	aŋ[31]	张（口）
băk	pak[53]	骑

269

克木语	克蔑语	词义
nǎk	tɕǎp	（打）中
faʔ	faʔ⁵³	猴子

ɔ韵母以及ɔ韵母后带辅音韵尾的对应：

克木语	克蔑语	词义
hɔ̌m	ɔm³⁵	拥抱
tɔp	tɔp¹³	回答
thɔk	thɔk¹³	灌（水）
kɔk	a kɔŋ³¹	虫
sɔʔ	sɔʔ⁵³	狗
ŋɔʔ	ŋɔʔ⁵³	稻子

o韵母以及o韵母后带辅音韵尾的对应：

克木语	克蔑语	词义
ʔǒm	om³¹	水
rǒŋ	suŋ⁵³	蒸
boh	a po¹³	脸

u韵母以及u韵母后带辅音韵尾的对应：

克木语	克蔑语	词义
mum	sum⁵⁵	洗澡
num	m̩num³⁵	尿
hǔn	hun³¹	方向
ʔun	un³⁵	放置
guʔ	kuʔ⁵³	相爱
ŋu̠ʔ	nǎn³⁵	草

其它韵母以及带辅音韵尾的对应：

克木语	克蔑语	词义
ʔɯm	pum³⁵	含
rɔi	a ɣɔi³¹	苍蝇

tai　　　　　　　　mǎi³⁵　　　　　　哥、姐

在克木语与克蔑语的韵母比较中，有一个很明显的语音对应现象，即克木语带辅音韵尾的复合元音韵母，在克蔑语中与其相对应的往往是带辅音韵尾的单元音韵母或单元音韵母。例如：

克木语	克蔑语	词义
maiŋ	man³¹	问
dʑɯaŋ	tɕeŋ³¹	脚
khuat	khut	刮
lɯak	lɤk¹³	挑选
m̩piar	a pha³⁵	簸箕
ʔiar	iau³¹	鸡

这一语音对应现象表明，在克蔑语的韵母系统里，其复合元音存在简化的趋势。

三　结语

通过对克木语、克蔑语在语音方面的比较，找出了它们在前置音方面具有由繁到简的语音演变现象。前置音的语音演变规律主要表现为：前置音脱落；前置音与主要音节合并；前置音与主要音节衍变为两个音节的联绵词等。从语音结构的角度看，这一语音演变现象与我国孟高棉语族语言之间前置音的演变形式有着相同之处。据研究，孟高棉语族语言的前置音语音演变主要有简化、脱落、合并、前置音与主要音节衍变为两个音节的联绵词等形式。由此可见，克木语、克蔑语与其它的孟高棉语族语言之间，在前置音的演变形式上，具有共同的形式。前置音语音演变的一致性，表明了克木语、克蔑语在语音结构上具备亲属语言所应有

的语言特征。

在主要音节方面,通过比较,我们看到克木语、克蔑语在声母、韵母上具有很规则的语音对应关系,其中主要表现为:声母方面,克木语的复合声母与克蔑语送气的清塞音、清塞音、边音、擦音等声母相对应;克木语的塞音声母与克蔑语送气的清塞音声母相对应等。韵母方面,在克木语与克蔑语之间,单元音韵母或单元音带辅音韵尾的韵母语音对应比较整齐;克木语中带辅音韵尾的复合元音韵母则与克蔑语中带辅音韵尾的单元音韵母或单元音韵母相对应等。如此严整的语音对应规律,也表明这两种语言在主要音节方面存有亲属语言语音的一些共同特征。综上所述,克木语、克蔑语这两种语言在语音结构方面具备有亲属语言的语音共同特点,它们的语音演变形式同其它的孟高棉语族语言一致,因此,它们应该属于亲属语言。

参考文献

陈国庆:《克木语研究》,北京,民族出版社,2002。

陈国庆:《克蔑语概况》,北京,《民族语文》,2003 年第 2 期。

王敬骝、陈相木:《西双版纳老傣文五十六字母考释》,《民族学报》1982 年总第 2 期。

藏缅语数量短语的演变机制[*]

杨将领

  藏缅语族语言数量短语修饰名词的顺序普遍的是"名词+数量短语",但量词与数词的组合顺序却有两种:一种是"量词+数词"即 CN(Classifier + Numeral)型,一种是"数词+量词"即 NC(Numeral + Classifier)型。孙宏开(1988)先生发现,在藏缅语族语言中,凡是 CN 型语言量词一般都很少,如藏、门巴、珞巴、景颇等语言;NC 型语言则相反,量词一般都比较丰富,其中彝语支语言最为丰富,然后依次是缅语支、羌语支和克伦支语言。孙宏开(1988)先生推测,藏缅语里 NC 型语言可能经历了从 CN 到 NC 型的演变过程。也就是说,原始藏缅语数量短语是 CN 型的,后来随着发展,部分语言演变成了 NC 型。本文试图运用认知语言学典型范畴理论(prototype category)的知识,通过列举、比较几种具有代表性的藏缅语,对此问题作一探讨。

---

  * 本文的语言材料均引自已经出版的研究文献。本文修改过程中,Randy J.LaPolla(罗仁地)教授提出了许多指导意见,江荻研究员和黄成龙博士也提出了许多修改意见,在此表示诚挚的谢意!

认知语言学的典型范畴理论[①]认为：词类是一种典型范畴[②]，它们依据家族相似性（family resemblance）聚合成类；范畴（词类）与范畴（词类）之间的特征界限是模糊的、连续的，存在边缘上的相互交叉，属某一范畴的某些成员，可能同时属于另一范畴；属同一范畴的成员地位是不等的，有的成员具备该范畴的典型特征（如"树"相对于名词类），它们因此成为该范畴的典型成员，有的成员则不具备这种典型特征，只是与该范畴的典型成员具有某种家族相似性特征（如藏缅语的时间名词相对于名词类），它有可能同时属于另一类范畴（如藏缅语的时间名词相对于量词类）。

词类（范畴）与词类（范畴）之间的由于相互的交叉，即不同词类的某些小类由于共同的概念和语法特征或功能，通过隐语（metaphor）的方式相互影响，把某种语法组合形式从甲范畴的小类首先类推到乙范畴的小类，然后从乙范畴的小类再推广到乙范畴的其他类别，最终导致乙范畴整个体系的变化。这大概就是藏缅语数量短语从 CN 型向 NC 型的演变机制。

我们认为，部分藏缅语数量短语从 CN 型向 NC 型演变的过程是这样：个位数+位数词（十、百、千、万（兼有量词、名词和量

[①] 与经典的特征范畴理论相对，经典的特征范畴理论（feature-based category）根据特征概括范畴，它基本的假设是范畴由一组充分必要特征条件决定。有三个基本的假定：（1）属同一种范畴的成员具有或不具有某一特征泾渭分明。（2）属同一范畴的成员地位相等，具有共同的特征。（3）范畴与范畴之间有明确的截然分明的界限（袁毓林，1995；赵艳芳，2001）。

[②] 词类既是词的语法分类，也是一种典型范畴，但并不是说各种词类之间的界限都必然是连续、模糊的，在来源上有必然的联系，比如动量词就不一定与某类实词（如人称代词）有渊源关系；也不是说各种词类是按照一定的顺序形成边界连续、模糊的范畴，好比太阳光可以通过光谱仪分解成的赤、橙、黄、绿、青、蓝、紫等七种颜色序列是光的波长连续、模糊的结果一样。

词的特征)等)——(类推)——数词+时间名词——(类推)——数词+量词。

一 藏缅语合成数词中个位数词与位数词的组合关系

藏缅语的数词及其计数法在各个语言里发展相对不平衡,比较复杂的计数法,即数词的合成形式应该是古藏缅语分化以后各自产生、发展出来的,这种不平衡性表现在多个方面。

藏缅语大多数语言计数法是十进制的,一些语言(如门巴语)则不是十进制的;多数语言能表达千以上的数目,少数一些语言(如门巴语)只能表达百以内的数目,千以上的数目千位、万位数词要使用借词。在数词的合成方面,绝大多数 NC 型语言个位数与十位、百位、千位、万位数词表示相乘的关系时,个位数一律在这些位数词的前面,表示相加的关系时(有的语言使用连词),个位数在后;有的 NC 型语言(嘉戎语)和部分十进制的 CN 型语言(景颇语、藏语),表示个位数与十、百、千、万等位数词相乘的关系时,千位以上个位数在后,百位以下个位数在前;而有的语言(如 CN 型的达让语)则介于前两种情况之间:百位以上的合成数词中表示相乘的关系时个位数都在后面,只有十位数的合成数词中个位数在前。

这种差异性给我们提供了藏缅语随着数词以及记数法的发展,合成数词构成方法逐渐演化的一条演变链线索:个位数与十、百、千、万位等位数词相乘的组合顺序,从十位数合成数词中个位数在十位数词的前面,逐渐地一步一步向个位数与百位、千位和万位相乘时的位置关系类推。而这种演变有内在的动因。

（一）错那门巴语

错那门巴语数词及计数法既简单又比较复杂，有 theʔ^{53}（一）、nʌi^{13}（二）、sum^{53}（三）、pli^{53}（四）、le^{31}ŋe^{53}（五）…tɕi^{53}（十）、khʌ^{55}li^{53}（二十）等十一个单纯数词。十位数以上表示十一到十九的数目，十位数在前，个位在后，是相加的关系。如：

tɕi^{53}（十）sum^{53}（三）　十三（即十加三）

二十到二十九以 khʌ^{55}li^{53}（二十）加个位数构成。如：

khʌ^{55}li^{53}（二十）theʔ^{53}（一）　二十一（即二十加一）

khʌ^{55}li^{53}（二十）le^{31}ŋe^{53}（五）　二十五（即二十加五）

表示三十到三十九的数目，仍以khʌ^{55}li^{53}（二十）作为单位，加十，或先加十然后再加一个个位数。如：

khʌ^{55}li^{53}（二十）tɕi^{53}（十）　三十（即二十加十）

khʌ^{55}li^{53}（二十）tɕi^{53}（十）theʔ^{53}（一）　三十一（即二十加十加一）

表示四十以上的数目时，情况就变了，用另一个chɛʔ^{53}（二十）作单位（chɛʔ^{55}原是容量词，重量为二十斤，用作数词时代表二十），这是错那门巴语计数法的一个重要特点（请参阅《错那门巴语简志》39页）。

从四十到九十九的表示法为：先以个位数二、三、四乘以chɛʔ^{55}（二十），再加个位数或tɕi^{53}（十），或者加tɕi^{53}（十）与个位数合成的合成数词。如：

chɛʔ^{53}（二十）sum^{53}（三）theʔ^{53}（一）　六十一（即二十乘三加一）

chɛʔ^{53}（二十）pli^{53}（四）tɕi^{53}（十）theʔ^{53}（一）　九十一（即二十乘四加十一）

一百以上，一千以下数目的表示法比较复杂：先以五、十、

十五、二十（khʌ⁵⁵li⁵³）等五的倍数乘以chɛʔ⁵⁵（二十），再加个位数或十、二十（khʌ⁵⁵li⁵³）以及十或二十（khʌ⁵⁵li⁵³）与个位数合成的合成数词。限于篇幅，仅举几例：

　　chɛʔ⁵⁵（二十）le³¹ŋe⁵³（五）tɕik⁵³（十）sum⁵³（三）　一百一十三（即二十乘五加十三）

　　chɛʔ⁵⁵（二十）tɕi⁵³（十）　　二百（即二十乘十）

　　chɛʔ⁵³（二十）tɕi⁵³（十）le³¹ŋe⁵³（五）　三百（即二十乘十五）

从上述情况可以看出，门巴语里没有本身固有的百、千、万等位数词（千以上的数目借用藏语词 tɔŋ⁵⁵（千）和tʂi⁵³（万）作为单位表示），表示"二十"以上的数目时，以"二十"作为计数的基本单位，表示"二十"与个位数与十位数的相乘和相加的关系，个位数的位置一律都在"二十"的后面。这种数词的合成形式对于表达复杂的数字概念十分麻烦，甚至会造成组合结构歧义，因此，门巴语里表达千位以下的数目时，对"二十"分了"等级"，如"三十"（khʌ⁵⁵li⁵³"二十" tɕi⁵³"十"˘二十加十）和百位以上，千位以下的"二百"（chɛʔ⁵⁵"二十" tɕi⁵³"十"˘二十乘十）的"二十"和"十"的组合形式完全相同，为了避免歧义，只好分别用不同的"二十"。

（二）达让语

达让语的单纯数词有khɯŋ⁵⁵/ gie⁵³（一）①、ka³¹n⁵⁵（二）、ka³¹sɯŋ⁵³（三）、ka³¹pɹai⁵⁵（四）……xa⁵⁵lɯŋ⁵⁵（十）等十个以外，还有ma³¹lɯm⁵⁵（百）、ɹɯ³¹dʑɯŋ⁵⁵（千）、lau⁵³（万）等三个，一共是十三个。

---

① 达让登语的数词"一"有两个：khɯŋ⁵⁵用来直接和名词结合，限制名词的数，gie⁵³一般和量词结合，而不单独直接限制名词（孙宏开、陆绍尊、张济川、欧阳觉亚，1980：192）。

达让语是 CN 型语言，计数法是十进制的，个位数与十位数词表示相加的关系时在十位数词后（与门巴语同），表示相乘的关系时个位数词在十位数词的前面。如：

xa³¹lɯ⁵⁵（十） ka³¹sɯŋ⁵⁵（三）　　十三（十加三）

ma³¹ŋa³⁵（五）xa⁵⁵lɯŋ⁵⁵（十）　　五十（五乘十）

ka³¹n̻ɯŋ⁵⁵（九）xa⁵⁵lɯŋ⁵⁵（十）ma³¹ŋa³⁵（五）　　九十五（九乘十加五）

我们前面提到，门巴语表达"二十"以上的数字时，以"二十"作为基本单位，不论表示相加或是相乘关系，个位数或十位数一律在后。达让语的个位数为什么会移到十位数词的前面呢？作者认为，这**主要是个位数与十位数词表示相加或相乘关系时在位置上的矛盾促使的**。如果个位数一律在十位数词的后面，既要表示相加的关系，又要表示相乘的关系，结构关系上就有矛盾，解决这一矛盾的办法是把表示相乘关系的个位数词移到十位数词的前面，将相乘和相加的关系在组合形式上区别开来。这是数词以及计数法比较发达的藏缅语合成数词普遍的组合方法。

但是，达让语的个位数与百位、千位、万位数词表示相乘的关系时，个位数仍在这些位数词的后面。如：

ma³¹lɯm⁵⁵（百） ka³¹n⁵⁵（二）　　二百（百乘二）

ɹɯ³¹dʑɯŋ⁵⁵（千） ka³¹sɯŋ³⁵（三）　　三千（千乘三）

laɯ⁵³ ma³¹ŋa³⁵ ɹɯ³¹dʑɯŋ⁵⁵ ka³¹n⁵⁵ ma³¹lɯm⁵⁵ ka³¹pɹai⁵⁵
万　　　五　　　　千　　　　二　　　百　　　　四

ta³¹xɹo⁵³ xa⁵⁵lɯŋ⁵⁵ ma³¹ŋa³⁵.
六　　　　十　　　　五

五万二千四百六十五（即万乘五加千乘二加百乘四加六乘十加五）

(三)景颇语、藏语(安多)和嘉戎语

景颇语也是 CN 性语言,其计数法也是十进制的,但景颇语比达让登语进了一步,个位数与百位数表示相乘的关系时,个位数移到了百位数词的前面,但与千位、万位数词相乘时仍在后面。如:

mun³¹ mi³³ e³¹ khjiŋ³¹ mă³¹sum³³ e³¹ mă³¹li³¹ tsa³³
万　一(结助)千　　三　(结助)四　　百
sum³¹ʃi³³ să³¹ nit³¹.
三十　七

一万三千四百三十七(即万乘一加千乘三加四乘百加三乘十加七)

藏语(安多)①也是 CN 型语言,计数法也是十进制的,在合成数词的构成方面顺序与景颇语一致。如:

tʂhə tsho tʂək ra htoŋ hdən ra hʐə phʐa ra hdʑət
万　　六　(连)千　七　(连)四　百 (连)八
tɕə tɕa htɕək
十　(连)一

六万七千四百八十一(即万乘六加千乘七加四乘百加八乘十加一)

嘉戎语是 NC 型语言,计数法也是十进制的。个位数词与十位、百位、千位、万位等位数词表示相乘时的组合顺序与景颇语和藏语(安多)一致,但又有一些自己的特点。先看三个合成数词:

pə rʝɐ /pə rʝɐ tə-rgi   kə-nəs pər ʝɐ
百　/百　一个　一(个)百　　二　百　　二百
kə-sam pər ʝɐ
三　百　　三百

---
① 藏语安多方言材料由我的同事藏族学者周毛草副研究员提供。

嘉戎语的百位数表示"一百"可以不加"一",若要特别强调"一百"则加数量短语 tə-rgi(一个),而且是加在百位数词后面(见《嘉戎语研究》284页),**嘉戎语的 pə rjɐ(百)明显具有名词的特点**。但是,"二百"以上就不同了,个位数词要加在百位之前,同景颇语和藏语一样,个位数与千位、万位数词表示相乘关系时,个位数都在后面。如:

khɻə tso kə-sam wu-ŋkhu stoŋ tso kə-nes wu-ŋkhu kə-mŋo
万　　　三　（后/连词）千　　二　（后/连词）五
pə rjɐ kə-tʂok ʃtʃe kə-tek.
百　　　六　　十　　一

三万二千五百六十一(即万乘三加千乘二加五乘百加六乘十加一)

(四)独龙语和彝语支、缅语支及部分羌语支语言

这些语言的合成数词中,表示个位数与十位、百位、千位、万位等位数词的相乘关系时,个位数不仅与十位、百位数词相乘时位置在前面,与千位、万位相乘时位置也一律在前面。有的语言各个位数之间要用连词连接(如羌语)。如:

独龙语：ə³¹ni⁵⁵ mɯ⁵⁵ ti³¹ tu⁵⁵ ə³¹sɯm⁵³ ça⁵⁵ ə³¹sɯm⁵³ tsəl⁵⁵
　　　　二　　万　一　千　　三　　　百　　三　　　十
　　　　də³¹gɯ⁵³
　　　　九

二万一千三百三十九(即二乘万加一乘千加三乘百加三乘十加九)

怒苏语：sɔ³⁵ mɯ³¹ ŋɑ⁵⁵ ɕi³⁵ vɻi³⁵ ɕhɑ³⁵ sɔ³⁵ tshe³⁵ ŋɑ⁵⁵.
　　　　三　万　　五　千　　四　百　　三　十　　五

三万五千四百三十五(即三乘万加五乘千加四乘百加三乘十加五)

载瓦语：sum³¹ mun³¹ lă³¹ tshen⁵⁵ lă³¹ ʃo⁵¹ ŋo³¹ tshe⁵³ khjuʔ⁵⁵.
　　　　　三　　万　　一　　千　　一　　百　　五　　十　　六
三万一千一百五十六（即三乘万加一乘千加一乘百加五乘十加六）
羌语（桃坪）：a³¹χgya³³　na³³　χguə³³χto⁵⁵　na³³　χtʂu³³tʂhi⁵⁵
　　　　　　　一　万　（和）九　千　（和）六　百
　　　　　　na³³　ʁuɑ³³sɑ³³　na³³　ȵi⁵⁵
　　　　　　（和）五　十　（和）二
一万九千六百五十二（即一乘万加九乘千加六乘百加五乘十加二）

　　从上述四类藏缅语的情况，我们可以清晰地看到一条藏缅语合成数词的组合顺序演化的演变链。例如，错那门巴语为数词及计数法不发达的语言，"二十"以上的数目以"二十"作为基本单位组织多位数合成数词：个位数或"十位数"的合成数词，与"二十"表示"相乘"或"相加"的关系时，都在"二十"的后面，组合结构可能存在歧义（如"三十"和"二百"的"二十"和"十"的组合顺序完全一致，门巴语为了避免结构歧义，使用了两个不同的"二十" khA⁵⁵li⁵³和chɛ⁵³）。达让语的计数法是十进制的，个位数与十位数词表示相乘关系时个位数前移，避免了个位数与十位数相加与相乘关系在组合结构上的歧义。景颇语，藏语和嘉戎语比达让语更进了一步，个位数的前移类推、推广到了百位数上。彝语支、缅彝语支、部分羌语支语言以及独龙语个位数的前移则全部完成，推广到了千位和万位数词上。

二　合成数词与"数词+时间名词"的关系

　　时间名词是一种特殊的名词（这里的时间名词是指如"年、

月、天/日、夜（晚）、早上"等），它们同时可以作为量词（动量词）使用。根据认知语言学的典型范畴理论，范畴与范畴之间在边缘上是相互交叉的。那么，数词中的十位、百位乃至于千位和万位数词是不是又同时属于名词类（如前面的嘉戎语的"百"表示"一百"时要用数量短语tə-rgi"一个"修饰，明显具有名词的特征）？至少是时间名词类，或者说时间名词与十位、百位、千位、万位数词是名词类（范畴）和数词类（范畴）之间模糊、连续的部分。它们至少有一个共同的语法特征：都可以受个位数词修饰（如"三天"和"三百"）。因此，从合成数词中个位数与十、百、千、万等位数词相乘时的组合形式，类推到数词与时间名词的组合形式是完全有可能的。

在量词不发达的 CN 型藏缅语里，在没有量词或省略（个体）量词的情况下，数词直接修饰名词（包括时间名词）；而在 NC 型语言里，数词一般不能直接修饰名词，但时间名词可以直接受数词修饰。

藏缅语的数词修饰时间名词时，其组合顺序不外乎两种：一是"时间名词+数词"型，一是"数词+时间名词"。"时间名词+数词"组合顺序只出现在 CN 型语言如门巴、珞巴、藏（安多）等语言里，与其"量词+数词"的组合顺序一致。如：

门巴语（仓洛）：ɲiŋ^{13} thor^{55}　　　ɲiŋ^{13} sam^{55}
　　　　　　　　年　一　　　　　一年　　年　三　　三年

la^{13}ɲi^{13} ŋa^{55}
月　五　　五个月

pi^{13}naŋ^{13} thor^{55}
夜　一　　　一夜/一（个）晚上

ŋam^{13} ɲik^{13}tɕiŋ^{55}
天　二　　　两天

珞巴语： loː kɯnɯ　　　　　　loː jɯŋ
　　　　　天 七　　七天　　　天 十　　十天
　　　　　ȵiŋ　　jɯŋ
　　　　　年/岁 十　十岁/年

藏语（安多）： ȵəma htɕək　　　　ȵəma hŋa
　　　　　　　 天　 一　　一天　　天　 五　　五天
　　　　　　　 hdʑa tshək
　　　　　　　 月　 一　　一（个）月
　　　　　　　 hdʑa hŋa　　　　　　lo htɕək
　　　　　　　 月　 五　　五（个）月　 年 一　　一年
　　　　　　　 lo hŋa
　　　　　　　 年 五　　五年

"数词+时间"组合顺序一般只出现于 NC 型语言里，如缅语支、彝语支、羌语支、克伦语支语言以及独龙语，也与其"数词+量词"的组合顺序一致。如：

独龙语： ə³¹ni⁵⁵　ni⁵⁵　　　　ə³¹sɯm⁵³ sə³¹lɑ⁵⁵
　　　　　二　 天　 两天　　　三　　月　　三（个）月
　　　　　pə³¹ŋɑ⁵³　niŋ⁵⁵
　　　　　五　　　　 年　 五年/岁

嘉戎语： kə-nəs sni　　　　　kə-sam tsə la
　　　　　二　　天　两天　　　三　　　月　三（个）月
　　　　　kə-mŋo pa
　　　　　五　　　年　五年

傈僳语： ȵi³¹　ȵi³³　　　　　sɑ³¹　hɑ³³
　　　　　二　天　两天　　　　三　月　三（个）月
　　　　　ŋuɑ³¹　kho⁴²
　　　　　五　　　年　五年

阿昌语：sək⁵⁵ ȵen³¹　　　sum³¹ pau⁵¹lɔ³⁵
　　　　二　天　两天　　三　月　三（个）月

　　　ŋ³¹ ȵək⁵⁵
　　　五　年　五年

　　最值得注意的是，"数词+时间名词"组合顺序也出现在个别的 CN 型语言里，如景颇语在数词大于"一"的情况下，数词就移到了名词的前面（见《景颇语语法》131~132 页）：

ma³¹sum³¹ jaʔ⁵⁵　　　　ma³¹li³³ naʔ⁵⁵
三　　　天　三天　　　　四　　晚上　四（个）晚上

ma³¹ŋa³³ niŋ³³
五　　　年　五年

　　在景颇语里，个体量词往往可以省略，数词直接修饰名词，在组合顺序上名词在前，数词在后（如 u³¹ti³¹ "鸡蛋" sa³¹nit³¹ "七"～七个鸡蛋。如果不省略个体量词，量词的位置在中间，如 u³¹ti³¹ "鸡蛋" khum³¹ "个" mi³³ "一"～一个鸡蛋），与数词与时间名词的组合顺序正好相反。

　　上述情况给我们一个直观的提示：如果藏缅语数量短语 NC（数词+量词）型是从 CN（量词+数词）型转变而来的，那么这种转变是不是首先发生在时间名词（量词）上，即从合成数词中个位数与十、百或千、万等位数词的组合顺序，逐渐类推到个位数词与时间名词词组合关系上，再由此逐渐向其他量词类推？

　　从藏缅语的总体情况看：
　　（1）凡是 CN 型语言，数词与时间名词的组合顺序一般是"时间名词+数词"（景颇语是个例外），而 NC 型语言无一例外是"数词+时间名词"。
　　（2）从个位数词与十、百、千、万等位数词相乘组合情况看，凡是 NC 型语言，一般是"个位数+位数词（十、百、千、万等）"，其中，嘉戎语是个例外，个位数与千、万位数词的顺序是"位数词+个位数"（见前面第（二）部分）；有意思的是，嘉戎语中个体量词省略的情况下，形成"名词+数词+（量词/省略）"的形式，恰好与"位数词+个位数"对应。而在（十进制的）CN 型语言（如景颇语、安多藏语）中，表示个位数与位数词相乘的组合顺序，千位以上一般是"位数词（千、万位）+个位数"形式，百位以下是"个位数+位数词（十、百位）"（其中，达让登语百位数是"位数词（百）+个位数"，但十位数仍然是"个位数+（十）位数词"），而（主要是个体）量词比较丰富的景颇语数词和时间名词的组合顺序已经变成了"数词+时间名词"，恰好与"个位数+位数词（十、百）"的组合顺序对应。

根据以上两点，结合前面的第（一）部分，我们不能不设想，藏缅语随着数词及计数法的发展，合成数词中个位数与十、百、千、万等位数词相乘的组合顺序的演变，和数词与时间名词组合顺序的演变有着某种必然的联系：合成数词（个位数词+位数词）——（类推）——数词+时间。

三 "数词+时间名词"向"数词+量词"的类推过程

CN 型的景颇语和 NC 型嘉戎语的情况，可以给我们提供一个类推过程的形式线索：

嘉戎语属 NC 型语言，数量短语与名词的组合顺序"名词+数词+量词"。但是，嘉戎语如同景颇语，个体量词在具体的语境中往往可以省略（多数 NC 型语言不能省略），这样，数词直接修饰名词，形成"名词+数词"形式。而"名词+数词"形式恰恰是藏语、珞巴语、门巴语、登语等量词不发达的 CN 型语言的重要特点。但是，NC 型的嘉戎语的"名词+数词+（量词）"和 CN 型的景颇语的"名词+数词"的性质完全不同：前者（嘉戎语）省略的（个体）量词隐形在数词后面，后者省略的量词则隐形在数词之前，名词之后的中间位置（名词+（个体量词）+数词）。

（个体）量词的使用在语法上非强制性的条件下，使用与否主要与语用功能有关。例如，CN 型的景颇语在突出、强调名词的类别或需要明确计量单位时用量词，其他的情况下可以省略（请参阅《景颇语语法》128~129 页）。而 NC 型的嘉戎语也存在这种情况，可以视为正处于从 CN 型向 NC 型的过渡阶段：

嘉戎语数量短语的语序虽然已经是"数词+量词"型，但（个体）量词在使用上存在不稳定性，受语用的制约，在语法上是非强制性的。嘉戎语（个体）量词的这种不稳定性和语法上的非强制性，正是过渡阶段的特征。

嘉戎语里虽然找不出数量短语"数词+量词"和"量词+数词"两种语序并存的例子，但 CN 型的景颇语里可以找到佐证：在景颇语里"少数名量词与数词结合时，其位置在数词之后，还有个别的在数词之前、之后均可。它们主要用在文学语言中，只有少数计量长度单位的量词能用在日常口语中（《景颇语语法》132 页）。"如：

lă^{55}khoŋ^{31} kham^{55}　　　　lă^{55}khoŋ^{31} lam^{73}
二　　　乍　　二乍　　二　　　庹　二庹

lă^{55}khoŋ^{31} num^{31}pʒoʔ^{31}
二　　　　个（岔路口）　两个岔路口

这种长度单位量词在用法上有个特点,"当数词用在量词之前时,在量词或数量结构的前面均不能再加名词",这是因为这些长度单位量词本身就是名词,又兼有量词的功能。可见,景颇语的数词与量词的 NC 型组合顺序,不仅发生在时间量词(名词)上,还扩展到了一些度量衡量词和个体量词(个/岔路口)上。但在总体上,景颇语的数量短语还是 CN 型的,至于将来是否会完全演变成 NC 型的,我们无法断言。

综上所述,CN 型的景颇语和 NC 型嘉戎语大概是藏缅语数量短语组合顺序的演变链条中,两种不同类型语言相互过渡阶段的典型代表。据此,部分藏缅语数量短语从 CN 型向 NC 型的演变过程或机制我们可以还原为以下几个步骤:

(一)初始阶段

也就是量词萌芽阶段,大概是原始藏缅语的特点,数量短语修饰名词的组合顺序是"名词+量词+数词"。这个阶段(主要是个体)量词十分贫乏或可以省略。该阶段的典型代表是量词不发达的藏语、门巴语等语言。

(二)发展阶段

代表是景颇语。该阶段(个体)量词进一步丰富,数量短语或数词修饰名词的组合顺序和第一阶段相同,但数词(大于"一"时)修饰时间名词时,由于合成数词的影响,数词已经移到了时间名词的前面,出现了"数词+时间名词"的形式,这是个很关键的阶段。在这个发展阶段,"数词+时间名词"形式是"数词+量词"短语结构产生的必要条件。从结构关系上看,造成数量短语组合顺序演变的原初动因可能是 CN 型语言中由于名词和量词(名词)在顺序上的相连,造成短语的歧义结构[①]：顺序上相连的两个词即"名词+量词/名词"的后一个词是作为中心语受前一个名词的修饰再受后面的数词的修饰（如登语的ɕat^{53}（饭）wan^{53}（碗）kɯ^{31}jin^{53}（二）——"两（个）/饭碗"），还是作为量词先受数词的修饰，再去修饰前一个名词（如ɕat^{53}（饭）wan^{53}（碗）kɯ^{31}jin^{53}（二）——"两碗/饭"）？这种歧义结构的存在可能是"名词+量词/名词+数词"型短语向"名词+数词+量词"型演变的最初内在动因——为了避免结构的歧义。

（三）过渡阶段

代表是嘉戎语。该阶段发生了从"数词+时间名词"向"数词+量词"的类推现象，即完成了从 CN 型向 NC 型的过渡，但这种过渡阶段由于 NC 型的词序尚不稳定，（个体）量词又往往可以省略，因此存在与 CN 型语言（名词+（量词）+数词）性质完全不同的"名词+数词+（量词）"的形式，而且量词的省略与否受语用的制约。

（四）完成阶段

典型代表是彝语支、缅语支、部分羌语支语言和独龙语。该阶段的显著特点是在名数量短语中量词不能省略。例如，独龙语的个体量词是绝对不能省略的，因此不能也不存在像嘉戎语那样省略个体量词，数词直接修饰名词的"名词+数词"的形式，相反，

[①] 藏缅语的个体量词在来源上与名词密切相关，在个体量词不发达，语法上非强制性的 CN 型藏缅语里，"名+量+数"短语中名词和量词（名词）的关系结构可能有歧义。这种歧义关系在语用方面不会有问题，人们根据逻辑可以分清，但上升到语法层面是必须解决的：语法关系（词的组合顺序）倾向于解决歧义，而 NC 型语言的数量短语将数词提到中间（名词+数词+量词），就避免了歧义。但这种解决结构歧义的倾向性可能只是数量短语组合顺序转变的诱因，不一定是决定性的因素。

在具体的语境中，名词往往可以省略，因为量词就起着指示事物（所修饰的名词）的类别、特征的作用。这表明，个体量词已经成为一种强制性的具有显著的语法特征的词类。

四 结语

NC 型的藏缅语，数量短语的组合顺序可能经历了从 CN 型向 NC 型的演变过程，这种演变的动因在量词的不断发展、丰富的不同阶段可能有多种，是一种"合力"的结果。

例如，个体量词一般来源于名词，原始藏缅语数词修饰合成名词["（名词+名词）+数词"]的结构与"名词+量词/名词+数词"短语是有歧义的，但这是数量短语组合顺序演变的最初动因，尚不具备变化的条件。

由于数词以及计数法的发展，合成数词的"个位数词+位数词"组合顺序首先类推到了数词与时间名词的组合关系上，产生了"数词+时间名词"的组合形式。这种组合结构一旦产生，就会对固有的数量短语组合顺序起着一种强烈的"暗示"作用，进而渐渐（也可能是突变的方式）推广到了数词与其他量词的组合关系上。

藏缅语合成数词中十位、百位数词与个位数词的组合顺序（个位数词+十位/百位），根据相似原则（principle of similarity），通过隐喻（metaphor）的方式类推到时间名词作量词时与数词的组合顺序（如景颇语：数词+时间名词/量词），再由时间名词与数词的组合顺序，进一步推广到其他量词与数词的组合关系上。这大概就是藏缅语的数量短语从 CN 型向 NC 型演变的具体过程和机制。

参考文献

戴庆厦、黄布凡、傅爱兰、仁增旺姆、刘菊黄:《藏缅语十五种》,北京,北京燕山出版社,1991。

戴庆厦、徐悉艰:《景颇语语法》,北京,中央民族学院出版社,1992。

戴庆厦:《藏缅语个体量词研究》,载戴庆厦:《藏缅语族语言研究(二)》,昆明,云南民族出版社,1998。

何杰:《现代汉语量词研究》,北京,民族出版社,2000。

林向荣:《嘉戎语研究》,成都,四川民族出版社,1993。

陆绍尊:《错那门巴语简志》,北京,民族出版社,1986。

陆绍尊:《门巴语方言研究》,北京,民族出版社,2002。

孙宏开:《羌语简志》,北京,民族出版社,1981。

孙宏开:《独龙语简志》,北京,民族出版社,1982。

孙宏开:《藏缅语量词用法比较——兼论量词发展的阶段层次》,《中国语言学报》1988年第3期。

孙宏开、陆绍尊、张济川、欧阳觉亚:《门巴、珞巴、登人的语言》,北京,中国社会科学出版社,1980。

袁毓林:《词类范畴的家族相似性》,《中国社会科学》1995年第1期。

张济川:《仓洛门巴语简志》,北京,民族出版社,1986。

赵艳芳:《认知语言学概论》,上海,上海外语教育出版社,2001。

蒙古语构词后缀在农区
蒙古语中的变异

曹道巴特尔

一 引言

  汉语对蒙古语强烈而直接的影响，始于 200 多年前的清代康熙、雍正、乾隆年间。当时的屯垦和私垦等官方和民间行为，导致了汉族民众的到来和蒙古地区的农业化以及蒙古人的汉化。到清朝中后期，漠南蒙古沿长城一带的广大地区，几乎都变成了以汉族为主体的呈东西方向的带状农业地区。自西部河套平原、土默川到东部的辽河流域以及松嫩平原等主要流域区的广大地区，在短短的一个多世纪的时间，随着农业人口的迁来、定居，很快变成了半农半牧区，进而变成了农区，蒙古族牧民变成了农民，学会了汉语，使用了汉族的礼仪，说起了汉族演义。
  经过两个多世纪的发展，我国蒙古族的社会、语言、文化生态，形成了牧区、半农半牧区、农区三大类型并存的三足鼎立格局。而且，这种格局正在延续着蒙古族语言文化发展变化进程，强大的汉语正在改变着蒙古人的内心世界。尤其是，随着市场化社会的建立，成批的蒙古族青年涌向大城市和其他汉语言文化的大环境。日益拓展并不断加速的信息通道以及毫无障碍的市场运作，已经铺开了汉语影响涌入草原的辐射形道路。

据 2000 年官方统计，我国蒙古族有 581 万人口，其中，据我们初步运算，已转用汉语的蒙古族人口有 120 万，占我国蒙古族总人口的 20%，使用蒙汉混合语人口约有 260 多万人，约占全国蒙古族的 45%，汉语人和蒙汉混合语人合起来有 380 万人，约占全国蒙古族的 65%。还有 200 来万或者 35%的人，使用着较为纯正的蒙古语，他们主要遍布在中部和北部的牧区以及半农半牧区。我国现代蒙古语标准音区就在这一范围里。

蒙汉混合语蒙古人，主要分布在内蒙古赤峰市南部、通辽市、兴安盟和辽宁省阜新蒙古族自治县、喀喇沁左翼蒙古族自治县以及吉林省前郭尔罗斯蒙古族自治县、黑龙江省杜尔伯特蒙古族自治县等广大的东部农区。这些地方汉化程度不尽相同，内蒙古靠近河北、辽宁、吉林、黑龙江的旗县或归属于这些省份管辖的汉蒙杂居地区蒙古人的汉化程度比较高。例如，赤峰市南部的喀喇沁旗和宁城县共有 95 万人口，汉族占 93.9%，蒙古族只占 4.5%，并且 90%的蒙古人已经转用汉语[①]。

已转用了汉语的农业蒙古人，因为其日常用语完全是单一的汉语，所以不存在语言形态变异问题。本文所讲农区蒙古人语言形态变异，是指使用蒙汉混合语的 260 多万人的语言。这种语言在构词法方面，大量地失去蒙古语固有的构词后缀，产生了汉语影响下的大量复合词形式。中国现代蒙古语东部方言就是这种语

[①] 蒙古族人口统计数字来自于国家统计局截止 2000 年 11 月 1 日 0 点的统计结果，各地方蒙古族人口及其语言使用情况数据来自于地方官方网站和其他文化学术网站，有的数据属于笔者根据间接数据运算出来的结果。

言，它包括科尔沁土语和喀喇沁土语两个部分①。

本文将以东部的喀喇沁土语区农业蒙古人语言为蓝本，参考科尔沁土语区农业蒙古人语言材料，采取数据统计方法来考察农区蒙古语的构词形态变异。本文将主要考察书面蒙古语构成名词、形容词、动词的后缀在农区蒙古语中的保留和丢失情况。书面蒙古语材料取自清格尔泰（1991）和哈斯额尔敦等（1996），农区蒙古语材料取自本人分别于 1992 年和 2001 年的喀喇沁土语调查纪录以及本人一篇论文（曹道巴特尔，1998）。

二 分析

蒙古语构词法手段，以词法构词后缀方式为根本手段，以复合词形式为辅助手段。蒙古语构词后缀，能够粘着在动词类、静词类等的词干后面，构成派生的名词、形容词、动词等。蒙古语构词法后缀很多，约有 200 余组。现代蒙古语牧区语言基本完整地使用着书面蒙古语的构词后缀，半农半牧区虽然减少了一些后缀，但不影响整体的感觉。然而，农区蒙古语的情况完全是另一个模样，其主要表现为在这里大大减少了蒙古语固有的构词后缀。

（一）蒙古语构成名词后缀在农区蒙古语中的变异

蒙古语传统的构成名词后缀形式，有由动词类构成名词后缀

---

① 我国现代蒙古语从经济文化类型可划分为牧区方言、半农半牧区方言、农区方言三大部分。从地域分布和语言差异也可以划分为西部卫拉特系方言、中部内蒙古传统方言、东部科尔沁-喀喇沁方言、东北部巴尔虎-布里亚特系方言四个部分。

和由静词类构成名词后缀二类,并且,各自由若干后缀组组成①。

1. 由动词类构成名词后缀

蒙古语传统的由动词类构成名词后缀形式,在农区蒙古语中受到严重的损失。书面蒙古语由动词类构成派生名词的后缀有54组,其中的29组后缀已经不出现于农区蒙古语中。它们是:

(1)-ŋ,(2)-b ,(3)-bcı/-bci,(4)-bqı/-bki,(5)-caɣ/-ceg,(6)-dam/-dem,(7)-daɣ/-deg,(8)-ɣalı/-geli,(9)-ɣal/-gel,(10)-ɣasu/-gesü,(11)-jasu/-jesü,(12)-ɣul/-gül,(13)-ul/-ül,(14)-ɣuu/-güü,(15)-uu/-üü,(16)-lı/-li,(17)-mal/-mel,(18)-moɣ,(19)-msı/-msi,(20)-msıɣ/-msig,(21)-msar/-mser,(22)-murı/-müri,(23)-mzı/-mzi,(24)-ncaɣ,(25)-ndaɣ,(26)-nzın,(27)-quı/-küi,(28)-qun/-kün 等。农区蒙古语对书面蒙古语由动词类构成派生名词后缀的丢失率达53.7%。

农区蒙古语仍在使用的由动词类构成名词的后缀形式有-aː-/-ɛː/-ʊː,-aːt∫/-əːt∫/-ɔːt∫,-aːn/-nːc/-ɵːn/-ɵːn,-aːr/-ɛːr,-ʊːl/-œːl,-ʊːr/-œːr,-bar/-bər,-t∫,-dʒ,-dʒaː/-dʒɔː,-d,-daːs/-dəːs/-dɔːs,-dal/-dəl/-dɔl, -g/-gaːp/-gəː,-gaːn/-gəːn/-gɔːn, -gar/-gər,-gœːr, -l, -laŋ/-ləŋ/-lɔŋ, -lag/-ləg/-lɔg, -lt, -m, -mt, -r,-ş等,共25组。也就说,农区蒙古语对书面蒙古语由动词类构成名词后缀的保存率只有46.3%,不到一半。农区蒙古语所保存的这些后缀同书面蒙古语和牧区蒙古语的对应如下表所示(表1)。

---

① 蒙古语音节的连接,严格遵循元音和谐规律。所以,每个语法形态后缀,都要根据词干的阴阳性来分别搭配。因此,同一个形态都有阴阳变体。例如:构词后缀-dam/-dem,是由同一个形态的两个变体组成的一组。

表 1　农区蒙古语由动词类构成名词后缀同书面蒙古语和牧区蒙古语的对应表

	农区蒙古语	书面蒙古语	牧区蒙古语
01	-ɑː/-ɛː/-ʊː	-ɣ-a/-ge、-j-a/-j-e	-ɑː/-əː
02	-ɑːtʃ/-əːtʃ/-ɔːʃ	-ɣacı/-geci、-jacı/-jeci	-ɑːtʃ/-əːtʃ/-ɔːtʃ
03	-ɑːn/-əːn/-ɔːn/-ɵːn	-ɣan/-gen、-jan/-jen	-ɑːn/-əːn/-ɔːn/-ɵːn
04	-ɑːr/-əːr	-ɣarı/-geri、-jarı/-jeri	-ɑːr/-əːr
05	-ʊːl/-œːl	-ɣalı/-geli、-jalı/-jeli	-ʊːl/-œːl
06	-ʊːr/-œːr	-bur/-bür、-ɣur/-gür -burı/-büri、-ɣurı/-güri	-ʊːr/-œːr、-βar/-βər/-βɔr/-βɵr
07	-bar/-bər	-burı/-büri	-βar/-βər/-βɔr/-βɵr
08	-tʃ	-ca/-ce	-tʃ
09	-dʒ、-dʒɑː/-dʒɔː	-za/-ze	-dʒ
10	-d	-d、-du/-dü	-d
11	-dɑːs/-dəːs/-dɔːs	-dasu/-desü	-das/-dəs/-dɔs/-dɵs
12	-dal/-dəl/-dɔl	-dal/-del	-dal/-dəl/-dɔl/-dɵl
13	-g	-ɣ/-g、-ɣ-a/-ge、-j-a/-j-e	-g、-gɑː/-gəː、-ɑː/-əː/-ɔː/-ɵː
14	-gɑː/-gəː	-ɣ-a/-ge	-ɑː/-əː/-ɔː/-ɵː
15	-gɑːn/-gəːn/-gɔːn	-ɣan/-gen	-gɑːn/-gəːn
16	-gar/-gər	-ɣar/-ger	-gar/-gər
17	-gœːr	-bur/-bür	-βar/-βər
18	-l	-l	-l
19	-laŋ/-ləŋ/-lɔŋ	-lang/-leng/-löng	-laŋ/-ləŋ/-lɔŋ/-lɵŋ
20	-lag/-ləg/-lɔg	-lɣ-a/-lge	-lag/-ləg/-lɔg
21	-lt	-lta	-lt
22	-m	-m	-m
23	-mt	-mta	-mt
24	-r	-r、-rı/-ri	-r
25	-ş	-sı/-si	-ʃ

2. 由静词类构成名词后缀

书面蒙古语有 40 组由静词类构成名词的后缀。其中，只有 -bcı/-bci→-batʃ/-bəʃ/-bɔtʃ，-dur/-dür→-dar/-dœr，-ɣaı/-gei→-gεː/-giː，-gen→-gən，-lzı/-lzi →-ldʒεː，-ndaı/-ndei→-ndεː，

-su/-sü、-sun/-sün→-s, -zın/-zin→-dʒin 8 组后缀被农区蒙古语所保存，保存率仅仅有 20%。除了保留上述几个书面语后缀，农区蒙古语也有该方言口语特有的几组后缀 -raŋ、-daŋ/-dəŋ、-taŋ/-təŋ 等。农区蒙古语由静词类构成名词后缀与书面蒙古语和牧区蒙古语的对应情况参见下表（表 2）。

表 2　农区蒙古语由静词类构成名词后缀同书面蒙古语和牧区蒙古语的对应表

	农区蒙古语	书面蒙古语	牧区蒙古语
01	-batʃ/-bətʃ/-bətʃ	-bcı/-bci	-βtʃ
02	-dʒin	-zın/-zin	-dʒin
03	-daŋ/-dəŋ		
04	-dar/-dʉr	-dar/-dür	-dar/-dər
05	-gɛː/-giː	-ɣaı/-gei	-gaı/-gəi
06	-ldʒɛː	-lzı/-lzi	-ldʒ
07	-ndɛː	-ndaı/-ndei	=ndaı/-ndəi
08	-raŋ		
09	-s	-su/-sü、-sun/-sün	-s
10	-taŋ/-təŋ		
11	-gən	-gen	-gən

据我们观察，农区蒙古语已经不用了，书面蒙古语由静词类构成名词 40 组后缀中的 32 组，它们分别是：

（1）-bur/-bür、-burı/-büri,（2）-cı/-ci、-cın/-cin,（3）-ca/-ce,（4）-caɣ/-ceg,（5）-cu/-cü,（6）-cuul/-cüül,（7）-d,（8）-daı/-dei,（9）-dasu/-desü,（10）-ɣ-a/-ge,（11）-ɣalı/-geli,（12）-ɣan-a/-gen-e,（13）-ɣcın/-gcin,（14）-ɣtaı/-gtei,（15）-lıɣ/-lig,（16）-laı/-lei,（17）-ldaı/-ldei,（18）-m,（19）-maı/-mei,（20）-mad/-med,（21）-maɣ/-meg,（22）-mzı/-mzi,（23）-ncar/-ncer,（24）-ncaɣ/-nceg,（25）-qı、-qın/-kin,（26）-qaı/-kei,

(27)-rcaɣ/-rceg、(28)-ru/-rü、-rau/-reü、(29)-s、(30)-tan/-ten、(31)-tu/-tü、(32)-za/-ze等。

农区蒙古语对书面蒙古语由静词类构成名词后缀的遗弃率竟达80%，这是一个非常严重的现象。

（二）蒙古语构成形容词后缀在农区蒙古语中的变异

蒙古语构成形容词后缀形式也有由动词类和静词类构成两类。蒙古语丰富多彩的形容词，完全依托这些后缀微妙的交替使用。农业蒙古人对构成形容词后缀的丢掉情况相当严重，与以上所述构成名词后缀一样，构成形容词后缀也在遭遇严峻的挑战，因为丢失了大量的形态后缀，严重削弱了蒙古语本来的、生动活泼的表达能力。

1. 由动词类构成形容词后缀

蒙古语语法书所搜集由动词类构成形容词的后缀，最多达44组以上。农区蒙古语只保留了其中的16组，保存率只有36.4%。其余的28组或63.6%的后缀已经被遗弃（参见表3）。那些被遗弃的后缀分别是：

(1)-ŋɣɪ/-ŋgi、-ŋqɪ/-ŋki，(2)-ŋɣu/-ŋgü，(3)-ŋɣuɪ/-ŋgüi，(4)-ɣ-a/-ge，(5)-j-a/-j-e，(6)-ɣan/-gen，(7)-ɣar/-ger，(8)-ɣulaŋ/-güleŋ，(9)-ɣušɪtaɪ/-güšitei，(10)-ɣur/-gür，(11)-ltaɪ/-ltei，(12)-lgüi，(13)-laŋ/-leŋ，(14)-lɣan/-lgen，(15)-m，(16)-m-a/-m-e，(17)-maqaɪ/-mekei，(18)-maq/-mek/-moq，(19)-maɣaɪ/-megei，(20)-mal/-mel，(21)-mataɣaɪ/-metegei，(22)-mcɪ/-mci，(23)-mzɪ/-mzi，(24)-saɣ/-seg，(25)-daɣ/-deg，(26)-jal/-jel，(27)-r，(28)-raɪ/-rei等。

农区蒙古语所保留的由动词类构成形容词16组后缀同书面蒙古语和牧区蒙古语的对应情况如表3所示。

表 3　农区蒙古语由静词构成形容词后缀同书面蒙古语和牧区蒙古语的对应表

	农区蒙古语	书面蒙古语	牧区蒙古语
01	-ɛː	-ɪ/-i	-ɪ/-i
02	-n	-n	-n
03	-ŋ	-ŋ	-ŋ
04	-ŋɦɛː	-ŋqaɪ/-ŋkei	-ŋhaɪ/-ŋhəi
05	-ɦɛː	-qaɪ/-kei	-haɪ/-həi
06	-g	-ɣ/-g	-g
07	-geː	-ɣaɪ/-gei	-gaɪ/-gəi
08	-aːtʃ/-ətʃ/-ɔːʃ	-ɣacɪ/-geci、-jacɪ	-aːtʃ/-əːtʃ/-ɔːtʃ
09	-ʊː/-œː	-ɣu-gü、-u/-ü	-ʊː/-œː
10	-ʊːn/-œːn	-ɣun/-gün	-ʊːn/-œːn
11	-ʊːl/-œːl	-ɣul/-gül	-ʊːl/-œːl
12	-ʊːd/-œːd	-ɣud/-güd	-ʊːd/-œːd
13	-ldaŋ/-ldəŋ	-ldaŋ/-ldəŋ	-ldaŋ/-ldəŋ
14	-maːr/-məːr/-mɔːr	-mar/-mer	-maːr/-məːr/-mɔːr/-mər
15	-daŋ/-dəŋ	-daŋ/-deŋ	-daŋ/-dəŋ
16	-raŋ/-rəŋ	-raŋ/-reŋ	-raŋ/-rəŋ

2. 由静词类构成形容词后缀

下面的表格表明，书面蒙古语由静词类构成形容词的 35 组后缀中，只有 12 组被农区蒙古语所保留，保留率只有 34.3%（参见表 4）。而其余的 23 套或 65.7% 已经被遗弃。不过，农区蒙古语还有 -tɛː、-ɦaɪ/-ɦən 等比较活跃的后缀。

表 4　农区蒙古语由静词构成形容词后缀同书面蒙古语和牧区蒙古语的对应表

	农区蒙古语	书面蒙古语	牧区蒙古语
01	-œgeː、-yeː	ügei、-ɣuɪ/-güⅰ	-guɪ/-gœi
02	-n	-n	-n
03	-ŋgɪ/-ŋgiː	-ŋɣuɪ/-ŋgüi	-ŋguɪ/-ŋgœi
04	-ɦɛː	-qaɪ/-kei	-haɪ/-həi
05	-ɦan/-ɦən	-qan/-ken	-ɦan/-ɦən
06	-ldʒiŋ	-lzɪn/-lzin	-ldʒin
07	-daŋ/-dəŋ	-daŋ/-deŋ	-daŋ/-dəŋ
08	-tɛː	-taɪ/-tei、-tu/-tü、-ŋqɪ/-ŋki、-lɪɣ/-lig、-rqaɣ/-rkeg、-rqu/-rkü/-rquu/-rküü、-saɣ/-seg/-soɣ	-taɪ/-tei、-toɪ、-t、-ŋki、-lig、-rhag/-rhəg/-rhɔg、-rhʊ/-rhʉ、-sag/-səg/-sɔg
09	-taɦɪː/-təɦiː	-taqɪ/-teki	-tahɪ/-təhiː
10	-dʒim	-zɪm/-zim	-dʒam
11	-d	-du/-dü	-d
12	-tʃ/-tʃɪ/-tʃi	-cɪ/-ci	-tʃ

被农区蒙古语遗弃的书面蒙古语由静词类构成形容词的 23 组后缀，它们分别是：

（1）-ŋqaɪ/-ŋkei，（2）-ŋqɪ/-ŋki，（3）-ncaɣ，（4）-ncɪ/-nci，（5）-ncɪr/-ncir，（6）-bar/-ber/-bur，（7）-bɪr，（8）-btur/-btür，（9）-qɪ/-ki，（10）-ɣul/-gül，（11）-ɣcɪ/-gci，（12）-lɪɣ/-lig，（13）-maq/-mek/-moq，（14）-maɣaɪ/-megei，（15）-mice，（16）-musun/-mösön，（17）-msuɣ/-msüg，（18）-mduq/-mdük，（19）-saɣ/-seg/-soɣ，（20）-tu/-tu，（21）-cɪn/-cin，（22）-rqaɣ/-rkeg，（23）-rqu/-rkü/-rquu/-rküü等。

299

（三）蒙古语构成动词后缀在农区蒙古语中的变异

蒙古语构成动词后缀形式有由名词类构成动词后缀和由形容词派生动词后缀两种。其在农区蒙古语中的丢失率也相当严重。

1. 由名词构成动词后缀

农区蒙古语只保留了书面蒙古语由名词构成动词 20 组后缀中的 6 组或 30%，几乎不用了的有 2 组或 10%，丢掉了其余的 12 组或 60%，几乎不用的和完全丢掉的合起来占 70%。

我们已知道，书面语由名词派生动词的 20 组形态后缀中，农区蒙古语只保留了其中的 6 组或 30%，加上几乎不用但出现于一两个词中的 2 组后缀共 8 组。它们分别是：-cɪ/-ci、-cɑ/-ce、-dɑ/-de、-lɑ/-le、-nɑ/-ne、-s、-tu/-tü。其中，-cɑ/-ce、-dɑ/-de 的利用率极少，故而同时被列入了"已经不使用之列"。由于书面语上述 7 组后缀在口语中有的合流，农区蒙古语实际上只有 6 组后缀，即 -tʃ、-d、-l、-n、-s、-t 等（参见表 5）。

表 5　农区蒙古语由名词构成动词后缀与牧区蒙古语和书面蒙古语的对应表

	农区蒙古语	书面蒙古语	牧区蒙古语
01	-tʃ	-cɪ/-ci、-cɑ/-ce	-tʃ
02	-d	-d、-dɑ/-de	-d
03	-l	-lɑ/-le	-l
04	-n	-nɑ/-ne	-n
05	-s	-s	-s
06	-t	-tu/-tu	-t

被农区蒙古语遗弃的书面蒙古语由名词类构成动词的 12 组后缀，分别是：

（1）-cɪlɑ/-cile,（2）-du/-dü,（3）-ldɑ/-lde,（4）-r-ɑ/-r-e,

(5) -rqa/-rke,(6) -šɪ/-ši,(7) -šɪje/-šije,(8) -šɪra/-šire,
(9) -sa/-se,(10) -su/-sü,(11) -zɪ/-zi,(12) -zɪra/-zire。

2. 由形容词构成动词

农区蒙古语仍然保留书面语 18 组由形容词派生动词后缀中的 10 组或者 56%（参见表 6），这些后缀包括：-ca/-ce、-d、-da/-de、-la/-le、-r-a/-r-e、-s、-šɪ/-ši、-tu/-tü、-zɪ/-zi、-zɪra/-zire。有些书面语后缀在农区蒙古语中合并成一个后缀，如下表的 02 和 07。

表 6　农区蒙古语由形容词构成动词后缀与牧区蒙古语和书面蒙古语的对应表

	农区蒙古语	书面蒙古语	牧区蒙古语
01	-tʃ	-ca/-ce	-tʃ
02	-d	-d、-da/-de、-s、-šɪ/-ši、-ca/-ce	-d、-s、-ʃ、-tʃ
03	-l	-la/-le	-l
04	-r	-r-a/-r-e	-r
05	-s	-s	-s
06	-ʃ	-šɪ/-ši	-ʃ
07	-t	-tu/-tü、-šɪ/-ši	-t、-ʃ
08	-dʒ	-zɪ/-zi	-dʒ
09	-dʒir	-zɪra/-zire	-dʒɪr/-dʒir

农区蒙古语遗弃了书面蒙古语由形容词构成动词的 8 组后缀，它们分别是：（1）-bcɪla/-bcile,（2）-cɪla/-cile,（3）-lda/-lde,（4）-šɪ/-ši,（5）-rqɨa/-rkɨe,（6）-šɪje/-šije,（7）-sa/-se,（8）-su/-su。

上面我们从构成名词后缀、构成形容词后缀、构成动词后缀三个方面，考察了书面蒙古语构词后缀在农区蒙古语中的保存和丢失状况。我们的目的在于通过这样的研究，揭示农区蒙古语汉语影响下所产生的语法形态变异。

三 结语

蒙古语和汉语是两个不同形态类型的语言,牧业经济和农业经济也是不同类型的生计方式。立足于牧业经济和农业经济这两个不同经济类型基础上的牧业文化和农业文化形成了不同的思维方式和不同的语言表达式。当不同的语言之间产生历史的、政治的、时代的接触和进一步的融合时,必然导致在人口、经济、文化等各个方面处于弱势状态的语言文化的变异。首先是经济类型的转变,然后是社会转型,最后是语言文化的变异。

在蒙汉民族接触和相互影响中,蒙古族处于弱势状态。部分蒙古人弃牧从农,融入汉民族文化社会,首先经济上的转变导致了语言选择上的改变,传统的牧业经济所包含的一切,在农业蒙古人那里逐渐淡化,甚至消失。语音上的特殊化,词汇上的汉化,语法结构的变异等都是民族文化变异在农业蒙古人语言上的全部表现。

我们这次考察了农区蒙古语语法构词形态方面的变异。农区蒙古语只保留书面蒙古语211组后缀的77组或36.4%,丢失率达134组或63.6%(参见表7)。从表7中的每个小计结果看,蒙古语构成名词后缀在农区蒙古语中的丢失率达64.9%,尤其是,由静词类构成派生名词后缀的80%已经被农区蒙古语遗弃。构成派生形容词后缀的丢失率达64.5%,情况稍好一些的构成派生动词后缀的丢失率也已经达57.9%。表7还反映,在蒙古语构词后缀中,由静词类构成派生后缀的丢失率偏高于由动词构成派生词后缀丢失率。例如,由静词类构成名词后缀的丢失率达80%,远远高于由动词构成名词后缀 53.7%的丢失率。又如，由名词构成动词后缀的丢失率也达 70%，也大大高于由形容词构成动词后缀 44.4%的丢失率。由静词类构成形容词后缀的丢失率也有 65.7%，它略高于由动词构成形容词后缀 63.6%的丢失率。

表 7　农区蒙古语丢失和保留书面蒙古语和
牧区蒙古语构词后缀总况统计表

构词类别	构词方式	书面蒙古语常用构词后缀		农区蒙古语保留和丢失情况			
		总数	百分比	保留数量	百分比	丢失数量	百分比
构成名词	静→名	40	100	8	20.0	32	80.0
	动→名	54	100	25	46.3	29	53.7
	小　计	94	100	33	35.1	61	64.9
构成形容词	静→形	35	100	12	34.3	23	65.7
	动→形	44	100	16	36.4	28	63.6
	小　计	79	100	28	35.4	51	64.5
构成动词	名→动	20	100	6	30.0	14	70.0
	形→动	18	100	10	55.6	8	44.4
	小　计	38	100	16	42.1	22	57.9
合　计		211	100	77	36.4	134	63.6

总之，无论蒙古语构成名词后缀、构成形容词后缀、构成动词后缀的哪一个方面，在农区蒙古语中已经受到相当大的损失。

四　余论

蒙古语作为以形态后缀为语法手段的黏着性语言，在以语序为语法手段的汉语的影响下，出现了大量减少固有词法后缀的现象。那么，用什么方式来填补那些由构词形态减少所造成的那些空缺呢？在这个方面，农区蒙古语有两个渠道。一是用大量的汉语借词来弥补，另一是用句法构词法，即复合词形式，二者都是来自汉语方面的手段。由句法构词法构成的复合词大多数为偏正关系词，是定语和主语的结合体。这种形式已经不是什么单一的名词，而是对名词的解释或说明，是属于句法研究单位。也就说，农区蒙古语固有词法后缀的减少在词法范围里无法得到任何的补充，句法复合词形式只能是一种无奈的表现，它无法代替词法范围里的事情。例如，书面蒙古语由名词构成名词后缀-tan/-ten，能够构成 erdem（学问）→erdem+ -ten→erdemten（学者），nasu（岁数）→nasu+ -tan→nasutan（老人）等好多好多单词，itan/iten 所表达的语义是 "具有某种特点、属性的任何事物"。农区蒙古语已经不用了后缀-tan/-ten，他们有以下两个手段来解决-tan/-ten 所表达的语义。一为直接用汉语借词，例如：把 erdem（学问）→erdem+ -ten→erdemten（学者）说成 ɕye: dzə:（xue zhe，学者）；把 nasu（岁数）→nasu+ -tan→nasutan（老人）说成 lɔ:tu:r（lao tou，老头）。二为把原来的由后缀-tan/-ten 构成的单词说成蒙古语复合词，例如：把 erdemten（学者）说成 ɯrdəmte: fœn（有学问的人），把 nasutan（老人）说成 naste: fʉn（上了岁数的人）。

在蒙古语里，构词法是创造词汇的基本手段。蒙古语依靠这些构词后缀，能够创造派生名词、形容词、动词等。就由静词类构成派生名词的后缀而言，名词、数词、形容词、代词等都能够生成丰富多彩的名词世界。但已经失去了这些手段的农区蒙古人常常说蒙古语的表现力不够强。实际上，蒙古语作为蒙古族认识世界的一切智慧和经验知识的宝库，具有无限美满的表现力，只不过是农区蒙古语人民的大部分已经对这一工具陌生了而已。

用词序和复合词形式来表达语义是汉语的主要手段。当然任

蒙古语构词后缀在农区蒙古语中的变异

何一种语言并非具有单一的手段形式,汉语也有被称为不太发达的形态形式,蒙古语也有比起形态形式处于次要地位的复合词形式,蒙古语复合词形式自古就有的。不过,在蒙古文献中大量地出现复合词形式并逐渐壮大起来是在伟大的作家、土默特人尹湛纳希(1837~1892)的《青史演义》等不朽的著作之中。这位生活于19世纪的精通蒙汉满藏语的蒙古黄金家族聪慧的智者,给蒙古人带来了来自于汉语浩瀚入海宝库中的、优美无比的表达方式,大大丰富了蒙古人的思维,开阔了蒙古人的视野,使蒙古语真正得到了空前的发展,把蒙古语带入了时空立体发展的崭新阶段,使形成于17世纪的近代蒙古族文学语言推向了登峰造极的时代。蒙古语格律诗、情节复杂的章回小说创作等都是从19世纪以后才发展起来的。历经200来年的发展,在与汉语的接触和接受汉语成分的过程中,蒙古语主体更加丰满了。但曾经是蒙古语言先锋的靠近中原的那些蒙古族地区,逐渐变成以汉语为主的混杂语言地区,进而沉浸在汉语的漩涡之中。在不久的将来,这些农区蒙古族的语言文化,将成为我们记忆中的一种梦幻般的回忆。因为,我们在尹湛纳希家乡——下府蒙古族乡下府村忠信府遗址上再也见不到会讲母语的蒙古人,这里的蒙古族同胞已经完全转用了汉语。我们只能在幻想和历史记载中才能感觉到,150多年前曾存在过忠信府院廊里大声吟诗,高唱成吉思汗颂歌的、一半是蒙古气节,一半是儒学风貌的一位大文豪。

现在,以喀喇沁、土默特为代表的120万蒙古人,已经转用了汉语,他们占我国蒙古人总数的20%,每五个蒙古人中就有一个失去母语的同胞。还有,260万的喀喇沁人、土默特人、科尔沁人也正在使用着汉蒙混合的语句,他们占据我国蒙古人的45%,我们本文中分析的农区蒙古语就是他们的语言。农区蒙古语人口已经大大超出我国牧区蒙古语人口,因为后者只有200来万人口。

上述情况表明，蒙古语无论在使用人口，还是在语音、语法、词汇等语言要素，都在发生着不容忽视的变化，而且，这种变化紧紧联系着蒙古族整体文化的生存与发展问题。农业蒙古人语言变化为我们提出了很多社会语言学和文化语言学问题。并且，正在等待着我们去进行更加深入的研究。

参考文献

曹道巴特尔：《喀喇沁土语词法学特征》，《内蒙古社会科学》（蒙古文版）1998年第5期。

哈斯额尔敦、贡其格苏荣、松日布、斯琴、达瓦达布格、陶告、那仁巴图：《现代蒙古语》（蒙古文版），呼和浩特，内蒙古教育出版社，1996。

清格尔泰：《蒙古语语法》，呼和浩特，内蒙古人民出版社，1991。

朝鲜语中借自日语的双音节汉字词

千玉花

众所周知，汉字曾是东亚地区的共用文字。自秦汉以来，汉字逐渐传播到朝鲜、日本、越南等周边国家，从而不断扩大其使用范围，使当时处于领先地位的汉文化对东亚地区的影响也不断加大。通过长期的历史发展，以中国为中心，包括朝鲜、日本、越南等周边国家在内形成了东亚地区的汉文化圈（周有光，1989）。其中，汉字作为媒介，对于东亚地区的文化接触和交流发挥了极其重要的作用。同时，汉字也自然而然地对周边国家，特别是对于东亚诸国的语言文字的使用和发展产生了深刻影响。毫无疑问，东亚北部的朝鲜作为中国的邻邦国家，在历史发展进程中，自然受到了汉字以及汉文化的影响，从而在朝鲜语中逐渐形成了汉字词体系的词汇系统。

朝鲜语词汇主要由固有词、汉字词和外来词组成。其中，固有词和汉字词占据着最重要的位置，发挥着最主要的作用，是构成朝鲜语词汇系统的核心部分。

朝鲜语中的汉字词所包括的内含有：（1）从汉语直接借入的汉语借词。（2）朝鲜人利用原有汉字再创的汉字词。（3）20 世纪以后，借自日语的再创汉字词。而且，借自日语的汉字词，往往是属于反映近代文明以及与此密切相关的新词术语（宣德五，2004：161）。

比较而言，朝鲜语汉字词中，借入最多、使用率最高的还是属于第（1）种类型的借词，其次是属于第（3）种类型的借词，第（2）种类型的借词要比前两种类型的借词要少一些。如上所述，随着汉字以及汉文化对于朝鲜半岛的不断渗透和不断影响，汉语借词在朝鲜语汉字词中所占的位置也越来越重要。

从语言接触学与语用学的角度，对朝鲜语的汉字词进行深入系统的研究，已成为朝鲜语言学界的一项重要课题。目前，我国对于朝鲜汉字词的研究主要倾向于汉语借词方面，很少讨论从日语中借入的朝鲜语汉字词。对此，本文里，将从借自日语的朝鲜语汉字词作为研究对象，展开深入浅出的学术讨论。尤其是，对于那些朝鲜语汉字词中，频繁出现而又有较高的使用率的双音节汉字词进行分析研究。双音节汉字词，在朝鲜语中属于一个特殊的词汇体系，具有较强的代表性和特殊性，其占有的数量也不少。《试验·出题·频度 ka nop'ωn 汉字词》（金庆诛、朴大福，1998）共收入汉字词 226 个，其中双音节词 203 个，占 89.82%。因此，本文里虽然说讨论借自日语的朝鲜语汉字词，但讨论的落脚点要放在双音节汉字词方面。

一 借自日语的朝鲜语双音节汉字词的类型

（一）西语日译汉字词

19 世纪以后，随着日本和西方诸国间的经济文化交流的逐步扩大，日本岛内西方的经济文化产品也逐年增多。这就迫使不太

朝鲜语中借自日语的双音节汉字词

熟悉或不熟悉西方语言文字的日本人,给那些来自西方的新产品新概念命名、取名、定名。这时被日本人广为使用的汉字却发挥了特殊的功能和作用。日本人利用现成的汉字再造出了许多新词来满足日益膨胀的词汇之需求,用再造汉字词的方式表达来自西方的新事物新概念。这些再造汉字词很快被朝鲜半岛所吸收。由日本借入朝鲜半岛的再造汉字词中有相当数量的双音节词[①],这些词大致可以分为两种类型:(1)在古汉语原有双音节词上赋予新涵义来使用。(2)利用两个汉字构成双音节词。

以上提到的两种类型的双音节汉字词中,(1)类的译名是最容易接受的,因为它们本是汉语里的熟语。但熟语合用受到一定的限制,这类词所占的比重不大。根据笔者掌握的资料来看,绝大多数日语译名属于(2)类型。一下对于这两种类型的双音节汉字词分别进行例举分析。

表1 古汉语原有双音节词上赋予新涵义的双音节汉字词表

编号	英语	译名	古代汉语原有词语及意义
1	revolution	革命	易经 革卦:"汤武革命,顺乎天而应乎人"
2	literature	文学	论语 先进:"文学,子游,子夏"
3	education	教育	孟子 尽心:"得天下英才而教育之"
4	economics	经济	文中子:"皆有经济之道"
5	civilization	文明	易经 乾卦:"天下文明"
6	comrade	同志	国语 晋语四:"同心则同志"

资料来源:王力:《汉语史稿》,中华书局,2004,第603页。

[①] 也有一些词是音义,例如"瓦斯","浪漫"等。不过这些音译的词很少,所以这里撇开不谈。

309

表格中所举的例1的"革命"一词，在古汉语里本来是指"变革天命"的意识，而在日语里却成为了翻译英语的 revolution 一词的概念；例2的"文学"在古汉语中，原本是表示"文章博学"之含义，在古汉语的《世说新语》内将"郑玄"、"服虔"、"王弼"等人都归入"文学"之类进行论说。然而，日本人用"文学"一词来翻译英语 literature；例5"文明"一词的本义是"有文章而光明"，被用于翻译 civilization 一词；例6的"同志"本来是指"志向相同"的意思，到日本后就成为了代替英语 comrade 的名词。

表2 利用两个汉字构成的双音节词例表

词类区别	编号	英语	译名	编号	英语	译名
名 词	1	aim	目 的	2	background	背 景
	3	condition	条 件	4	enterprise	企 业
	5	history	历 史	6	policy	政 策
形容词	7	absolute	绝 对	8	direct	直 接
	9	objective	客 观	10	negative	否 定
	11	positive	积 极	12	indirect	间 接
动 词	13	adjust	调 整	14	condition	制 约
	15	criticize	批 评	16	liberate	解 放
	17	improve	改 良	18	generalize	概 括

以上18个例词均属于由两个汉字构成的双音节词。我们通过表格可以看出，（2）类词中除了名词之外，还有形容词和动词等。不过，名词的数量要远远多于形容词和动词等的实例。而且，根据其语义结构类型将上述例词还可以进一步细分为两类。一类是属于由两个意义结构比较相近汉字构成的实例。例如，表2的第5例"历史"一词的"历"和"史"两个汉字所表示的语义结构都

比较接近。还如，第6例"政策"一词也是如此，是由"政"和"策"两个相近意义的汉字组合而成；另一类是，由意义相差颇远的两个汉字组成的实例。例如，表2中第4例"企业"一词的"企"和"业"是属于意义结构相差很大的两个汉字组成，当时在日语中表示"企图"和"计划"的双关语义，因为该词的诞生是为了翻译英语的enterprise，而英语的enterprise则主要表示"企图"、"计划"等意思。不过，后来日语的"企业"在语义结构方面产生了与现代汉语所指的"企业"相同的变化。同样，在朝鲜语中也广泛使用日语现代的"企业"之意。

（二）日语再造汉字词

日本从中古时期开始再造汉字词，到中世纪盛行起来。但此时再造的汉字词很少借入到朝鲜语中。明治维新以后，日本的政治、经济、文化发生了很大变化。这些变化也自然反映到他们的语言文字方面。作为交流工具的语言必须满足日本日益发展变化的社会需求，也就是说必须新创一些词或用语，表示不断涌现的新思想、新事物和新概念。在这样的历史条件和社会背景之下，日本人再造了一系列新的汉字词。这些再造的汉字词，又不断被朝鲜语借用。例如，朝鲜语的"参观"、"成员"、"方针"、"公立"、"日程"、"公认"、"学历"、"作者"、"座谈"等词汇就是属于从日本借入的日语再造汉字词。毫无疑问，这些词汇的借入，对于当时朝鲜语的词汇发展发挥了较为重要的作用。

（三）原有日语汉字词

原有日语汉字词是指从古汉语直接借入日的汉字词。这些词后来也被朝鲜语所借用。而且，这些原有日语汉字词，在朝鲜语里往往要以朝鲜汉字音读音规则来使用。例如：

编 号	汉字词	日语音读音	朝鲜语汉字音	词 义
1	照 会	syokai	johoe	照会，询问
2	案 内	annai	annæ	向导，引导

上例之例1"照会"一词，在日语里的音读音是syokai，但被朝鲜语借用之后根据朝鲜语汉字音读音规则变成了johoe。其例2"案内"也是如此，日语的音读音是annai，但到朝鲜语中就变成了annæ。不过，此类汉字词，在朝鲜语中被借用的现象并不多见。

另外，借入朝鲜语的原有日语汉字词里，还有一种日语训读音汉字词。这些日语训读音汉字词，同样要按照朝鲜语汉字音读音规则来使用。例如：

编 号	汉字词	日本训读音	朝鲜汉字音	词 义
1	明 渡	akewadasi	myeongdo	天亮
2	差 入	sasiire	chaip	家属给被拘留的人送（的）东西

如上表格所示，例1和例2的"明渡"、"差入"，按照日语的训读音应读为akewadasi，sasiire，但借到朝鲜语之后，就根据朝鲜语汉字音读音规则，其语音结构演变成了myeongdo，chaip。同样，此类借词在朝鲜语里不是太多。

总之，借入朝鲜语的原有日语汉字词分为日语音读音汉字词以及日语训读音汉字词，但这些汉字词借入朝鲜语后，都以朝鲜语汉字音读音规则，在语音结构方面产生了应有的变化。再说，借入朝鲜语的原有日语汉字词中，日语音读音汉字词要比日语训读音汉字词多一些。

二 借自日语的朝鲜语双音节汉字词的特征

借自日语的朝鲜语双音节汉字词在其词形词义、使用范畴、构词结构等方面有着较为突出的特征。而且，在不同的语言环境中发挥着不同的作用。以下，对日语中借入的双音节汉字词在词形词义、使用范畴、构词结构上的特征进行探讨。

（一）借自日语的朝鲜语双音节汉字词的词形词义特征

19世纪以后，朝鲜语里出现的双音节汉字词，绝大部分是属于来自日语。但也有一些从汉语直接借入到朝鲜语的汉字词，或朝鲜人再造的汉字词。朝鲜语中，借自日语的双音节汉字词，在词形词义方面跟汉语完全一致的同形同义词多。例如：革命、文学、教育、经济、文明、同志。

另外，在朝鲜语的双音节汉字词与日语同形同义，而跟汉语异形同义的实例，以及与汉语同形同义，而与日语异形同义的实例也有一些。例如：

编号	英语	朝鲜语	日语	汉语
1	cinematograph	映画	映画	电影
2	engineer	技师	技师	工程师
3	train	汽车	汽车	火车
4	steamship	汽船	汽船	轮船
5	railway	铁道	铁路 铁道	铁路 铁道
6	postage stamp	邮票	邮便（切手）	邮票

就如上表所示，从例 7~10 的双音节汉字词在词形词义上，朝鲜语和日语保持了一致，相反同汉语的词形有区别；例 11 "铁道"一词在词形上，日语和朝鲜语同形，也存在异形；例 12 的朝鲜语汉字词"邮票"与日语汉字词"邮便"构成异形词。从例 7~12 中我们可以看出，当汉语借词与日语汉字词并存时，一般情况下朝鲜语就借用日语汉字词。但是也有例 12 "邮票"那样从汉语直接借入的汉字词。

再说，朝鲜语原有汉字词受日语汉字词影响，变得与日语汉字词完全相同的现象也有一些。例如：

编号	朝鲜语汉字词	日语汉字词	现用朝鲜语汉字词
1	上午	午前	午前
2	下午	午后	午后
3	公司	会社	会社
4	一点	一时	一时

依据上述分析可以看到，借自日语的朝鲜语双音节汉字词与汉语、日语构成同形同义词的实例，而且这种现象确实不少。其次，还有与日语同形同义，而跟汉语异形同义的词汇之例，也有表示同一个概念时与日语构成异形词之例，也有朝鲜语原有汉字词受日语汉字词影响而变得与日语汉字词完全相同的例子。比较而言，借自日语的朝鲜语双音节汉字词里，例词 1~6 的现象出现得最多，例词 7~10 的现象也有一些。但属于例词 11、12，13~16 类型的实例要少得多。

（二）借自日语的朝鲜语双音节汉字词的使用范围

根据所了解到的语言资料来分析，借自日语的朝鲜语双音节汉字词里，跟社会、经济、科学、技术以及政治制度等密切相关的新词术语占绝对优势。这恐怕跟西方和日本的文化迅速传播到朝鲜有关。像经济用语"资金"、"高利"、"低利"、"原价"、"引出"、"株式"，科学技术用语"高压"、"电流"、"电报"、"短波"、"放射"、"化学"，政治制度用语"事变"、"总理"、"方针"、"政党"等等，都是从日语中借入的双音节汉字词。这些词不仅在数量上占很大比重，同时使用率高，使用范围广，并对当时朝鲜语的使用和发展发挥了较积极的作用。

（三）借自日语的朝鲜语双音节汉字词的构词形式

日语双音节汉字词借入朝鲜语后，通过合成形式和派生手段再造出不少新的词汇。 例如：

社会	+	教育	=	"社会教育"
不	+	平等	=	"不平等"
国民	+	运动	=	"国民运动"
非	+	人间	=	"非人间"
言论	+	自由	=	"言论自由"
新闻	+	界	=	"新闻界"
经济	+	恐慌	=	"经济恐慌"
事务	+	员	=	"事务员"

以上朝鲜语再造合成词和派生词也有着一定的使用率和使用范围。

综上所述，朝鲜语中借自日语的双音节汉字词在其词形词义、使用范围、构词形式等方面有其独到特征。这些特征，更加丰富和发展了朝鲜语。从而，使朝鲜语在不同的语言环境和条件下，被使用得更加理想。尤其是，表示那些日益不断增多的新概念、新事物、新思想方面发挥过极其重要的作用。

三　结束语

　　本文中，着重分析了借自日语的朝鲜语双音节汉字词的类型和特征等方面。根据以上讨论，借自日语的朝鲜语双音节汉字词大体上可分为三种类型：（1）西方语日译双音节汉字词；（2）日语再造双音节汉字词；（3）原来从中国借入的日语双音节汉字词。这些双音节汉字词，在词形词义方面跟汉语完全一致的同形同义词比较多。使用范围来看，主要关系到社会、经济用语以及科学技术用语和政治制度用语等。同时，日语双音节汉字词借入朝鲜语后发挥其构造新词的功能，利用合成形式和派生手段再造了不少新词术语。

　　总之，借自日语的朝鲜语双音节汉字词丰富了朝鲜语词汇的同时，对朝鲜语的发展也产生了一定影响。这些双音节汉字词，给朝鲜语的规范化工作带来不少麻烦。例如，朝鲜语原有汉字词和从日语借入的汉字词之间出现了冲突。还如，朝鲜语中，借自汉语的汉字词与借自日语的汉字词之间出现的冲突现象等等。

　　笔者认为，掌握汉语的人，学习朝鲜语以及日语的汉字词时有一定优势，但为了用这三种语言进行更理想的交流，应该充分了解和掌握这些语言中被使用的汉字词的共有关系和异同现象。特别是，对于数量庞大的双音节汉字词的不同结构类型，语用环境和条件，以及具体表示的语义结构方面的共同点和异同点，都应该有一个全面而系统的认识。

参考文献

崔羲秀:《汉字词对朝鲜族文化的影响》,《东疆学刊》2002 年第 12 期。

符淮青:《现代汉语词汇》,北京,北京大学出版社,2004。

〔韩〕国立国语研究院编《新国语生活》,首尔,国立国语研究院出版,1995。

〔韩〕金庆诛、朴大福:《国语与汉字》,首尔,图书出版同仁,1998。

李得春:《韩文与中国音韵》,哈尔滨,黑龙江朝鲜民族出版社,1998。

李得春:《关于朝鲜语词汇发展中的若干问题》,《东疆学刊》2002 年第 2 期。

〔韩〕李庸周:《韩国汉字词研究》,大邱,三英社,1974。

梁学薇:《韩国语汉字词的双音化现象》,《解放军外国语学院学报》2002 年第 1 期。

太平武编《面向世界的朝鲜语(韩国语)词汇结构的特征及词汇使用现状的研究》,北京,民族出版社,2003。

王力:《汉语史稿》,北京,商务印书馆,2004。

宣德五:《朝鲜语文论集》,北京,开明出版社,2004。

周有光:《汉字文化圈的文字变异》,《民族语文》1989 年第 1 期。

语言与社会文化

藏语元音央化的社会成因*

江 荻

一 社会系统状态与语言系统状态

元音的演化是讨论语言变化的一个极为重要的内容。拉波夫（Labov，1994）曾对元音演化的各类形式和演化路线均有非常细致的讨论。其中关于高元音的演化出路，拉波夫（Labov，1974）提出了"高位退出原理"（the upper exit principle）。我们将这条原理应用于汉藏语言，讨论了高元音的复元音化现象。在这篇文章里面，我们要提出高元音的另一种演化趋向，即高元音的央化现象。

拉波夫（Labov，1974）非常重视用现在解释过去的历史语言学研究方法。这种方法的一个核心焦点是社会参量在语言演化中的作用。

拉波夫关于语言的现在与过去的阐述，其所指不是语言结构形式以及语义上的不同。"现在"与"过去"的差异是不言而喻的，历史语言学一直是在利用共时事实（现在）去推断历时拟测（过

---

* 原文初稿 2001 年曾在北京语言文化大学"社会语言学讲习所论坛"发表，这次发表略作修改。

去)。拉波夫所指"现在"包括现今正在发生着的语言变化现象和对其所作的理论和方法上的解释,而这些现象及其解释可用于"过去",即对历史上已然发生过的语言现象的解释。由于拉波夫研究的对象主要是现代城市方言变异,更多地涉及社会的结构和状态,因此他必然将这些社会要素引入对历史的解释。比如现代城市和乡村人口流动变化造成的语言变化可能映射出历史上同类的事件,诸如大规模人口迁徙、侵略、征服、移民等等,也同样可能导致历史上言语社团的语言变化。

梅耶（A. Meillet）曾经指出:"唯一可以用来解释语言变化的变量就是社会的变化,语言变异只是社会变化的结果。我们必须确定哪种社会结构对应于某个具体语言结构,以及社会结构中的变化一般来说是如何转换成语言结构中的变化"（转译自 Labov,1991:23）。不过,值得指出的是,梅耶关于语言与社会的关系设想一直未能获得认真对待,也没有强有力的验证。拉波夫也设法在社会结构与语言结构之间找出基本的对当关系,但从他的具体实践来看,虽然他把社会的阶层、性别、年龄、行业分别与具体的语音变化联系起来,但是,这些联系大多是零散的。比如纽约市黑人群体发音中是否带韵尾-r现象确实很有特点,但是,很难把这种现象推论到其他英语语言群体,或者其他语言社团。是不是每个音类都会因具体的社会结构因素的作用而发生变异还需要更多的研究,因为语言系统变异还涉及它自身的结构属性以及有发音、知觉等其他因素规定的属性。

语言结构和社会结构之间还存在一种更高一层的关系,即社会系统状态与语言系统状态的关系。这种关系对语言系统有着至关重要的影响。不同的社会状态甚至会导致语言产生完全不同的演化道路。

语言研究的传统历来重视语言演化的内部因素,在这里我们要强调和肯定影响或促动语言演化的外部因素。其原因在于，语言既是民族交际的符号系统，同时又是一种文化现象、一种社会现象，是这个更大的符号系统中的子系统。无论一个民族文化还是人类文化，无论是历史王朝还是现代国家，都是由其时空范围内人民活动的各种符号系统构成的。按照系统论的观点，这里至少有两类关系应予重视。一是作为总和的系统与构成它的子系统的关系，二是各个子系统之间的互动关系。正是由于这两种关系的存在，当我们研究其中某个符号系统时就不能不顾及它在整个系统中的地位以及它与上位系统和其他系统千丝万缕的联系。"人的符号活动的定义和分类表明它不是一项孤立的功能。各种不同等级的符号并不是可以清清楚楚地分离开的，其间充满着中间状态和相互影响"（冯·贝塔朗菲、A.拉威奥莱特，1989：54）。

毫无疑问，语言也是社会或文化符号系统中的一个子系统。尽管与其他符号系统相比，语言系统有其特殊的性质，如语言是人类符号系统中最高度发展的形式；语言是其他各类符号系统形成的前提[①]。但是，语言以及人的语言活动受制于其他社会系统，或者影响其他社会系统这种关系，与别的系统之间这种关系只存在程度和类别上的差异。所以，当构成系统总和的其他系统变化后，系统总和随之发生的变化必然影响语言系统变化，或者当与语言系统关系密切的一个或多个系统变化时，也势必促动语言系统演化。

语言与系统总和以及语言与其他系统这种相互关系称为系统互动关系。一般来说，系统互动关系只存在于系统的开放状态，其互动的程度也随开放程度不同而变化。当一个社会系统处于开放状态，其语言不仅与其他符号系统互动，而且还受到外系统的

[①] 有可能绘画、音乐、巫术不在其列。

同类系统（指另一个社会系统的语言/方言子系统）的影响，增大了它演化多样性的可能。

另一方面，语言不仅与共时社会系统的其他符号系统互动，还会与历时的其他符号系统以及其前身的语言系统互动。这种交织着的互动关系是语言发展中出现各类复杂性演化形式的深层原因。

社会系统状态究竟怎样制约语言系统状态，或者说语言系统具体如何受到社会其他符号系统影响，我们以实际的例证加以阐述。

在现代西非和加勒比地区以及夏威夷、巴布亚新几内亚等太平洋岛屿上流行着各种"混杂英语"，这些语言无论词汇还是语法都相当完善，它们是16世纪后英国殖民政策导致产生并发展形成的。殖民者的侵入或奴隶贩运，改变了那些地区的政治结构和社会结构，进而深刻地影响了当地的语言，或来自不同地区人们的语言，形成了全新的混合语（唐若水，2000）。当然，这种社会系统状态变化导致语言系统变化的例证虽是事实，却有些极端。与这类例证相近的是移民语言现象。例如西晋末年和唐代安史之乱发生了两次较大规模北方人民南迁入湘事件，在这两次北方话侵入后，湖南常德一带乃至沅水流域均同化为官话方言区，与此同时，长沙周边及湘资流域下游地带也因为长期的官话影响而向今天的新湘方言方向发展（周振鹤，1997）。移民现象所包含的社会系统内涵是十分复杂的，诸如人口、经济、习俗、生活方式等等，这些系统与被移民区域原有系统交汇后，对移民区语言或方言所产生的影响要远远大于相邻语言/方言的影响。这很可能是移民区社会系统状态发生变化而导致的。语言作为社会系统或民族文化的一个子系统，它从来都不是孤立的和隔绝于其他系统的。语言变迁的状况总是包含在社会文化系统其他诸方面的变更之中。人创造了文化，同时又依靠文化而生存。"语言也不脱离文化而存在，就是说，不脱离社会流传下来的、决定我们生活面貌的风俗和信仰的总体"(萨丕尔,1985:186)。由此可见,语言中的各种变化归根结底都具有社会性质。它的发展很大程度上依赖于社会政治、经济和文化的发展。

归结起来,如果我们站在语言结构之外看语言,语言只是社会符号系统的一部分,民族文化的一部分,它与其他文化系统处在相互制约和相互影响的互动关系中。这种认识从宏观角度为社会系统状态规定语言系统状态观点提供了理论上的依据。

当然,语言与其他文化系统的关系并不是简单的一一对应[①],社会或文化的变迁引起系统状态的变化,这种变化可能通过多种途径和方式影响语言系统,使语言的某些要素或结构发生变化,最终改变语言的系统状态;或者使语言系统趋向某种状态,进而导致语言要素或结构变化。

关于系统状态的分析,我们认为对社会系统状态分类可以从系统的开放和封闭性质考察。[②] 封闭的社会系统(相对而言)指社会群体与外界社会没有政治、经济、文化以及其他方面的往来,这或者是由于地理、技术因素,或者是极端政治、宗教原因导致。相反,如果社会开放,则与外界发生政治、经济、文化的往来。处在这两极之间的状况则十分细微,例如古代较小的社会群体,

---

[①] 应该指出,我们并不完全同意法国语言学家梅耶和美国语言学家拉波夫的观点,他们认为语言结构变异与社会结构变异之间存在(直接)对应关系,如社团、阶层、性别、年龄等都对应一定的语言结构。如果仅就词语使用而言,这种观点也许有一定道理,但社团、个人或阶层使用的词语本身仍然属于整个语言系统。参见拉波夫,1991:23。而我们认为社会系统状态与语言系统状态之间存在相关关系,这种关系是复杂的和综合性的施于语言系统,并最终制约着语言的演化方式、演化方向和演化速度。

[②] 应该说明,我们关于社会系统状态的讨论是非常初浅的,而且我们的出发点是历史上的社会群体状态。因此要确定某些具体状态参数也几乎是做不到的。但我们的经验告诉我们,有时候采用简单的描述往往能使问题简明扼要,达到一般不致发生误解的程度还是可行的。当然这是研究对象自身难度造成的。

如地方土邦,与外界可能只有民间文化交流和边贸往来,部分邻近大国大邦的小型群体,也可能还有礼仪性外事往来。但总的来说,开放程度是很低的,这一类或者可以称作准封闭社会系统。历史上更普遍的情况是,往往有一类从属某些王朝但又具有内部自治权的大小不等的地方势力,除了它的上层与外界有来往外,这些系统政治上是闭锁的,经济上是自足的,统治是严酷的。因此也属于准封闭系统。再有一大类社会群体,他们处在开放社会的边缘地带,他们既与开放中心保持一定的政治、经济、文化联系,又衍生出自身独特的地域经济文化特征,他们的系统属于半开放性质。

同样,语言系统也可分为开放系统和封闭系统。这两种系统分别又代表了系统的开放状态与封闭状态。就语音而言,开放系统状态下,语音的要素随开放程度的不同而呈不同的活跃性质,反映为语音区别特征清晰,语音结构简单,语流速度较快;但同时,新生的非音位要素也多,相互制约的文白异读普遍。反之,封闭系统状态下,语音要素呈惰性状态,反映为语音音质较含混,语音结构复杂,要素间的缀合松散拖沓,语流速度较低。在第二节里我们比较藏语在不同社会系统状态和不同语言系统状态下的不同发展,以及其现代方言所经历的不同演化路子。[①]

二 系统状态条件与语音分布条件

古藏语在吐蕃王权建立以前的部落时期肯定是处于迟缓发展

---

① 限于篇幅,我们这里只简单讨论社会系统状态跟语言系统状态的关系,更详尽讨论参见江荻 2002。

的较封闭状态,这一点不仅可从所有人类社会普遍发展规律来理解,更可以从八、九世纪的古藏文文献中体察出来。古藏语的声韵母系统非常复杂但又十分规则,元音系统则相对较为简单[①]。这似乎意味着语言尚未经历突然而剧烈的变化。例如元音与韵尾的配列十分整齐,即使有个别缺失也显示出自然发展的痕迹而不是大规模或突发性冲击的结果。

到了吐蕃时期,藏族社会发生了一系列政治、宗教、经济和文化的变化,相对部落时期,这种社会结构的开放性变化对藏语的影响是巨大的。其中作为王权中心地的拉萨及周边卫藏地区,语言开放的程度最高,发展变化较快。而藏区东部的康区以及距离更远的安多地区则相对开放程度较低。古代藏语应该是有一定方言差异的,不过这种差异并不会太大(张济川,1996:24),否则藏文文献会有更多反映。拉萨成为政治、经济、宗教和文化中心后,形成城市聚居区,人口增多,语言交流增强,其方言与边远地区的方言差距逐步扩大。即使到吐蕃王朝崩溃以后,拉萨仍然是经济、文化汇聚的中心,后来进一步发展成为政教合一中心的地位,是藏民族与其他社会言语集团开放往来的主要地区。相比之下,安多方言主要分布在四川北部和甘青地区,当地藏民族居民历史上太多以游牧经济为主。可以设想,这种以家庭为单位的牧区生活相当封闭,社会交往也十分有限。至于藏区东部的康方言区则受拉萨影响较多,开放性大于安多地区,方言发展状态居于卫藏和安多之间。这也是现代藏语分化为三大方言的原因。

那么藏族社会结构状态对语言系统会产生什么样的具体影响

[①] 根据汉藏语言学家的经验,声母复杂的语言往往属于古代特征保留较多的语言。也就是说这些语言演化较慢。同样,我们还可以指出,元音系统简单的语言也具有这种性质。

呢？我们不妨以元音在不同方言区的演化来考察。

有学者提出藏语拉萨话后高元音前移的分布条件是元音后随舌尖辅音韵尾，如拉萨话的ul、us、ud演变为[y(ʔ)]，un演变为[ỹ]，ol、os、od演变为[ø(ʔ)]，on演变为[õ]，这一系列变化理论上说应该是非常自然的。舌尖音韵尾作为韵母发音过程趋达的目标，一定程度上会要影响后高元音的前移。可是，这种语音分布条件并没有普适性。事实上，我们发现许多藏缅语亲属语言中根本没有前高圆唇元音，例如缅语支，景颇语支。彝语支中也很少语言有前高圆唇元音，个别语言，如哈尼语绿春话只有[ø]没有[y]，基诺语虽有[y]和[ø]，但[y]的出现也不是太多。而羌语支中虽然较多语言含前高圆唇元音，但也有一些是没有的，如嘉绒语。至于只有[y]而没有[ø]的语言则比较多一些。即使就藏语方言而言，后高元音前移现象也仅仅发生在拉萨藏语（或卫藏方言），其他多数藏语方言并不发生这种前移现象。换句话说，只是在拉萨藏语的系统状态环境，或者说拉萨及周边社会系统状态环境之中，才出现这种演化现象。由此可见，带舌尖音韵尾后高元音的语音的分布条件只是拉萨话后高元音变化的诱变因素或必要条件，而不是根本因素。

正是由于拉萨方言处在开放系统的状态，语音元素间呈现出活跃的相互非线性作用关系。具体就带舌尖音韵尾的元音来说，其原有的微观结构状态至少包括两个方面：（1）舌尖音韵尾处在音系空间的前、高位置，相当于前高元音的位置，而且是元音发音行为的目标趋向；（2）发生音变的后元音与趋向达到的韵尾目标之间存在相当大的时程距离，基本可以说是音系空间中最大的距离。在开放系统条件下，由于语流速度加快，元音与韵尾之间结合或连缀的紧密程度大幅提高。语流速度提高意味着同一语音单位的时间缩短。因此，元音必然前移，缩短与韵尾的距离，以此满足时间的要求。元音前移实质是改变了元音的性质。当这种前移在各类音节和不同词集里普遍出现时，带舌尖音韵尾的后元音子系统呈现不稳定状态。任何系统处于不稳定状态都标志着旧结构向新结构转变的临界点。拉萨话带舌尖音韵尾的后元音处在演变临界状态时，其系统环境和诱变因素都继续产生作用，因此必然朝新的稳定状态发展。根据非线性科学的吸引域原理，拉萨话后元音前移演变实现稳定性的路线就是在音系空间前部的吸引域产生新的元音形式。同时我们看到，后元音前移仍能保持原音素的部分特征，如 u>y, o>ø 分别维持了高和次高元音的位置，也都保留了圆唇的性质。

反之，藏语安多方言由于在历史的某些阶段处于相对封闭的系统状态，因此它的演化行为经历了与拉萨话完全不同的进程。

首先我们观察古藏语高元音/i/和/u/在现代安多方言里的读音情况。表1和表2列出藏语安多方言点数据，为与开放系统的演化相印证，也列出了拉萨话和康方言巴塘话的对应词例。

根据不同方言与古藏语的比较，我们看到拉萨话以及巴塘话的高元音韵母［i］和［u］基本保持古今一致的形式，而夏河话和阿力克话则无论声母类型如何，也无论是否处在单音节还是双音节[①]，高元音［i］和［u］一律变为央元音［ə］。由于［i］和［u］分别处在音系空间相对应的前后位置上，央化作用使它们趋向共同的吸引域，结果安多方言中发生了大范围的同音现象。比较表3的同音词。

同音词增多不利于语言的交际，减低了系统的功能。那么安多

---

① 藏语卫藏方言和康方言第一音节为开音节时，元音往往可能受到第二音节影响而变化。

方言为什么会允许如此大范围系统性的同音现象发生呢[①]？问题出在安多方言的系统状态。根据道孚话的韵母系统来看，元音的区别性已萎缩至最低限度（参见表4）。韵母相互之间的空间距离非常接近。而且由于结构上高度对称，系统内部的差别已经非常细小。以带韵尾-k的一组韵母为例，它们在音系空间的分布如图1所示。

表1 古藏语[u]>安多方言[ə]

古藏语	拉 萨	巴 塘	夏 河	阿力克	
tɕhu	tɕhu55	tɕhu53	tɕhə	tɕhə	河
mtɕhu	tɕho55 to55	tɕhu55 du53	tɕhə to	ntɕhə	嘴唇
khu tshur	khu55 tshur55	ku55 zū55	khə tsəχ	khə tshər	拳
rku ma	ku55 ma52	ku55 ma53	hkə ma	rkən mæ	贼
spu	pu55	pu53	χwə	rpə	毛
gʐu	ɕu13	ʝʊ53	zə	ʝjə	弓
smju gu	ȵu55 ku55	ȵu55ʝʊ53	hȵə ɣə	rȵək ɣə	笔
dgu	ku13	gu53	gə	rgə	九
ŋu	ŋu13	ʔau55 tauʔ53	ŋə	ŋə	哭

表2 古藏语[i]>安多方言[ə]

古藏语	拉 萨	巴 塘	夏 河	阿力克	
ȵi ma	ȵi13 mə55	ni13 ma55	ȵə ma	ȵə mæ	太阳
khji	chi55	tɕhi53	tɕhə ɣə	tɕhə ɣə	狗
bji ba	tsi55 tsi55	ɕa13	tsə ɣə	tsə ɣə	鼠
gri	tʂhi13	tʂi231	tɕə	tɕə	刀
ri mo	ri13 mu55	zj13 mu53	rə mo	rə mo	画
bzi	ɕi13	ʝi53	zə	wzə	四
khri	tʂhi55	tʂhi53	tshə	tshə	万
ɕi	ɕi55	xhi53	xhə	xhə	死
fidri	tʂhi13	tʂi231	ndzə	ndzə	问
bzi	ra13 si13	dzi53	zə	wzə	醉

---

① 除高元音韵母外，藏语安多方言其他韵母和相当部分辅音或声母因各种原因也产生数量可观的同音发展。

330

藏语元音央化的社会成因

表 3　安多方言 [i] 和 [u] 元音来源的同音词

古藏语	拉萨	巴塘	夏河	道孚话	
bçu	çu³⁵	xʊ⁵³	çə		剥（~花生）
ʐu	çur¹³	xʊ²³¹	çə	ʐə	溶化（~了）
phji	khəp⁵⁵ tçhe⁵⁵	çɪ⁵³	çə	.	揭（盖子）
bʑi	çi¹³	ɣi⁵³	ʑə	vʑə	四
gʐu	çu¹³	ɣʊ⁵³	ʐə	ʁʑə	弓
bʐu	çur¹³	ɣʊ²³¹	ʐə		溶化（使~）
bri	tʂhi¹³	tʂi²⁴	ndʐə	fçə	写
ɦdri	tʂhi¹³	tʂi²³¹	ndʐə	ndʐə	问
ɦdru	tsup¹³ɳo⁵²ca¹³²	tsʊ²³¹	ndʐə		抠
ɦbru	tʂu¹³ ri⁵²	ndʐʊ⁵³	ndʐə rəχ	mdʐa	粮食
ɦbru rdog	tʂu¹³ to⁵²	ndʐʊ⁵⁵ doʔ⁵³	ndʐə rəχ		谷粒
(çu) btçu	tçu⁵⁵	tçu⁵³	tçə	ptçi	舀（~水）
gri	tʂhi¹³	tʂi²³¹	tçə	cə	刀

表 4　道孚话韵母系统

i	—	—	—	—	—	—	—	—
u	—	—	—	—	—	—	—	—
a	ap	at	ak	am	an	aŋ	ar	(al)
e	ep	et	ek	em	en	eŋ	er	(el)
o	op	ot	ok	om	on	oŋ	or	(ol)
ə	əp	ət	ək	əm	ən	əŋ	ər	(əl)

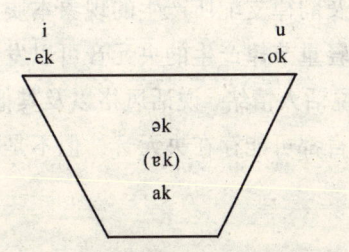

```
        i              u
       -ek            -ok
         ╲            ╱
          ╲   ək    ╱
           ╲ (ɐk) ╱
            ╲ ak ╱
```

图 1　道孚话韵母分布（示例）

而且，元音在韵尾条件下，还会产生一些移动现象，使原本接近的音素更为接近。如 ak 的实际读音是 [ɐk]，al 的实际读音

331

是 [ɛl]，分别接近 [ək] 和 [el]。数量过多且高度对称的系统是不稳定的，因为元素之间的差别太小，所能赖以区分的要素往往只是局部的特征。即使系统只发生微小的扰动，都可能导致差别的消失。比如夏河话源于古藏语 eŋ 韵母的词都跑到 aŋ 韵母里去了。

如果一个语言系统常用的词汇偏少，所需区别的单位不多，那么承担区别功能的要素就显得不那么重要，它的区别性功能就会衰退。道孚话和其他安多方言牧区话言语社团居民长时期处在高原牧场，与外界接触稀少，自然会出现这种状况。在古藏语 5 个元音中，高元音 [i] 和 [u] 是发音生理上紧张度最强的元音，当区别功能减弱时它们必然朝松弛的方向演变，而发音上最自然松弛的状态就是央元音区域。这大概就是道孚话或夏河话等安多方言央元音大范围产生的根源，是系统处于封闭状态并趋向无序性方向（比如别义功能减弱）发展的结果。

根据藏语中反映出的这种现象，可以提出一条切合汉藏语言的元音演化原理：元音在开放系统状态前移或上移，而在封闭系统状态内移（央化）。[①]

这项元音演化原理是就语言的历时系统而言的，与共时系统中的弱化现象以及韵律支配所产生的现象本质上是不同的。一般情况下，弱化和轻重节律产生的央元音可以发生于任何元音，也可因说话场合、说话人情绪、说话风格以及其他各种原因而产生，所以尽管每种语言都可能存在央元音，但不是每种语言都要设立央元音音位的。

---

① 元音上移、下移和前移的论述参见江荻（2001）。这里我们简略讨论。前文已经提到有些藏缅语亲属语言中没有前高圆唇元音，有些只有少量前高圆唇元音。问题来了，在这些语言里舌尖韵尾为什么不导致后元音前移呢？更令人迷惑的是有些语言里似乎无需舌尖辅音韵尾也产生了前高圆唇元音。

三 元音链移与演化过程

拉波夫不仅提出了高元音复元音化的原理,而且用元音链移方式指出了元音的演化过程。

所谓链移,是指音位系统中某些音变是相互关联、相互依存的,某个关联音的变化可能会引起其他音的变化,这种关联音变称为"链移"(chain shift)。链移既可以指辅音的变化也可指元音的变化,但都是以音系空间的概念为基础的。链移的方式是多种多样的,语言中究竟发生什么样的链移与系统的状态有关,也与系统的结构有关。产生链移的原因也是多种多样的,可能是某个或某类语音自身属性变化导致,也可能是系统结构关系促动,还可能是类推等其他原因引起的。链移在历史语言学中最重要的作用是揭示了语言发展变化的过程。链移的原因据信是音系中某些音以整合方式构建在一起,形成结构链,其中某些音变化就可能连带其他音的变化。因为语音系统有保持一定的有效对称和稳定的倾向,音变发生后破坏了有效对称或稳定的格局,产生空位,就会有其他音来填补空位,使系统保持平衡稳定。可是,填补空位的音移位后又可能产生新的空位,结果引起一系列的链移反应(chain reaction)。而对这个过程最为人们接受的描写方法是"拉链"(pull chain)和"推链"(push chain)假说。链移在本质上是语言自组织过程的反映。

拉链指当某个变化产生音系空位时,会从系统其他位置"拉动"或"吸引"另一个音来填补空位,而填补音自身留下的空位又可能"拉动"某个其他的音来填补新的空位,直到系统趋向平衡稳定。推链则是基于音系中语音相互保持差别的概念形成的。当一个音在发音空间的变化趋向另一个音的位置,则可能迫使那个音朝其他位置移动,以维持形式的区别,避免交际的混乱。而迁移的音又逼近其他位置的音时,则进一步引起其他迁移。

链移是一个过程,能够最充分地揭示语音演化活动的渐进步骤。拉波夫指出中古高德语发生过比较复杂的链移,可用图 2 表示。

古高德语的中长元音首先上移产生上滑音 ie 和 ou,然后在中古高德语单音化,但没与原来的长高元音并合。原长高元音复元音化为 Vy 和 Vw,这些新生复元音音核下移到中元音位置,继而再下移到低元音位置,产生现代的 [ay] 和 [aw]。而原来的复元音 ei(/ey/)和 ou(/ow/)也跟随这个下移过程发展,结果,/ey/与/ay/,/ow/与 [aw] 在现代标准方言中完全并合。这个案例可以看作是推链的过程,原来的高元音受新生高元音挤压,复音化为双元音,并进入音核下移的过程。

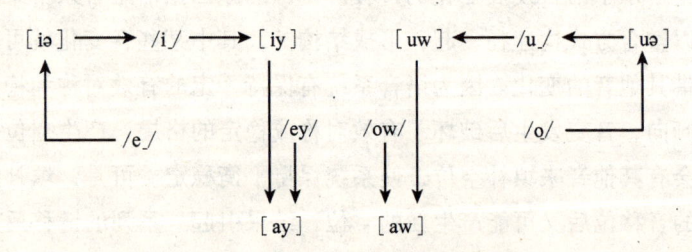

[iə] → /i/ → [iy]　　　[uw] ← /u/ ← [uə]
　　　　　　　↓　　　　　↓
　　　　　　/ey/　　　/ow/
　　　　　　　↓　　　　　↓
　　　　　　[ay]　　　[aw]
/e/　　　　　　　　　　　　　　　　/o/

图 2　中古高德语的元音链移

我们上文讨论的藏语安多方言的元音央化现象也反映为一种链移,能够较为清楚地指示出元音的演化过程。

从音系上看,古藏语的元音是不分长短的。但实际上却存在物理上的长短差别,这种差别曾经在元音演化中起过重要的作用(江荻,2002)。以道孚话和夏河话来看,最早发生 -s 韵尾和 -l

韵尾脱落的韵母可能是高元音/i/和/u/，而比其更早的则可能是文字上带-ɦi或-ɦu韵尾的韵母，这些元音韵尾脱落后具有了长元音性质，肯定与原来的高元音位置上的短元音读音有差别，也许形成了局部对立。稍后次高元音位置和低元音位置上的擦音韵尾相继也发生脱落。前元音/e/开始上移，与长高元音合流。同时产生了次高位置上的空位，这个空位开始拉动低元音上移（脱落韵尾后的低元音已具备上移条件），填补了/e/上移造成的的空位。后元音/u/也发生前移变化，留下后高元音位置上的空位，继而拉动已脱落韵尾的/o/元音上移。安多方言道孚话和夏河话的链移过程如图3所示。

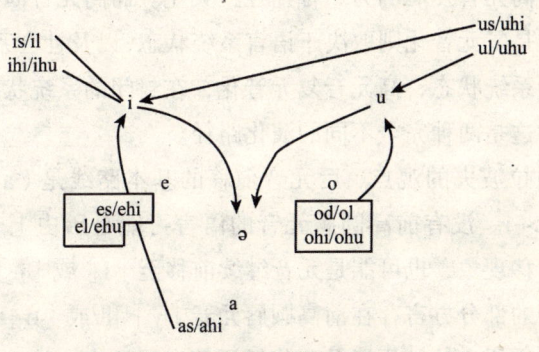

图 3　藏语道孚话元音链移

我们采用这个演化顺序是因为发现道孚话和夏河话都存在部分从古藏语来的-es 韵母仍然读［e］，大部分的-as 韵母读［e］的现象，即未能全部上移至［i］的位置。如道孚话 kres > ʐe "混合"，phjes > fçe "分别"，brdzes > ʁrdʑe "调换"；rgas > ʁrge "老"，tshas > tshe "染料"，ras > re "布"。道孚话还有部分低元音 a 未上移，如 dras > ndʑa "裁（布）"，bzas > za "吃"，glas > ʁla "雇佣"。这似乎可以说明它们的演化较晚。另外，还有一个非常有意思的现象，后元音韵母-us和-ufii前移与［i］（来源于-is，-il 等）合流，而-ul 和-ufiu则只是脱落韵尾发展成单元音。这也应该是发展时间不同所造成的。至于原来的短音高元音/i/和/u/是什么时候内移的比较难以确定，可能晚于长元音上移和前移。它们的内移是不是与长高元音有关也不得而知，也许由于音系上无长短音区分，二者实际又不相同，因此在推链的作用下内移也是可能的。不过这种内移相当彻底，可以说，现在道孚话、夏河话等安多方言所有不带韵尾的单高元音/i/和/u/都是新产生的。这种现象在汉藏语言里是少见的。

拉波夫关于高元音的发展前途主要是复元音化，我们在这里则指出了高元音发展的另一种途径：央化。而高元音演化究竟选择央化还是复元音化则取决于语言系统状态，以及社会系统状态。在开放的系统状态，高元音复元音化，在封闭的系统状态，高元音央化。这是两种完全不同的演化路径。

按照拉波夫的观点，后元音前移的基本路线是（a＞ɑ＞ɔ＞o）＞u＞y＞i。没有前高圆唇元音的语言可能是历史上未曾发生后元音前移现象，也可能是元音继续前移至［i］或［e］。基诺语和哈尼语的部分方言存在前高圆唇元音［y］和/或［ø］，通过与彝语、傈僳语、拉祜语以及古代缅语等亲属语言比较，似乎可以看到一些不同的韵尾，究竟这些不同的韵尾对元音演化是不是起作用呢？而且还有一些看不出是否存在韵尾的情况。当然其中不排除语言演化造成形式变迁的可能。参见表5和表6的例证。

与基诺语［y］或［ø］元音相对的彝语、傈僳语、拉祜语的韵母元音基本都是后高圆唇元音或后次高圆唇元音，这似乎表明基诺语前高圆唇元音可能分别来自［u］或［o］。也就是说后高元音在没有韵尾的条件下也可能前移（缅语的韵尾可能是更早期的共同形式）。从基诺语的方言来看，这种现象似乎更加清楚。基诺

藏语元音央化的社会成因

表 5　基诺语前高圆唇元音［ø］与亲属语言比较

基诺	缅文	喜德彝语	傈僳语	绿春哈尼	墨江哈尼	拉祜	
khø³³	krɔk⁴	dzu̠³³ɬa³³	dzo³³	gu³³	ky³³	kɔ⁵⁴	害怕
sø⁴⁴	tθum³	sɔ³³	sa³³	sɔ⁵⁵	su⁵⁵	ɕe⁵⁴	三
pø⁴⁴	pum²	bo³³	phu⁵⁵	gɔ³¹	kɔ³¹	pho⁵⁴	堆（草）
mø⁴⁴tɕhi⁴²	mut⁴ shit⁴	me²¹ tsi⁵⁵	mi³¹ tsi³³	me³¹ mo³¹	me³¹ tʃhe³¹	pa⁵³ tsi⁵⁴	胡须
mø⁴⁴tsho⁴⁴	mraŋ³ ka¹	mu³³tsɔ³³	mo³¹dzi³¹ xur³⁵	mo³¹me³¹ tshɔ³¹	lõ³¹thy³¹	pha³³ɕo³³	马笼头

表 6　基诺语前高圆唇元音［y］与亲属语言比较

基诺	缅文	喜德彝语	傈僳	绿春哈尼	墨江哈尼	拉祜	
ny³¹tsho³³	lak⁴ sop⁴	lo⁵⁵ pi³³	le³¹dzu³³	nø⁵⁵ dze⁵⁵	n̠i⁵⁵ pi³¹	la²¹ pe¹¹	戒指
ny⁴²	hlup⁴	lɯ³³	ly³³	n̠i³³	ɬvi³³	thɔ⁵³	动（虫子~）
ny⁴²	ŋo²	zi³³ŋo³⁴	ŋu⁴⁴	ŋø⁵⁵	n̠i⁵⁵	xɔ³¹	哭
ty⁵⁵	lu¹	lu²¹	hũ³³	kho³¹	lv³³	lu³³	抢
ny⁴⁴	no³	i⁵⁵ tu³³	xua⁵¹tɕhi³¹	nø³¹	n̠i³¹	nɔ³³	醒（睡）
tɕy⁴⁴	ko³	gu³³	ku³³	yø³¹	yu³¹	qɔ⁵³	九
tɕy³³ ɬə³⁵	phro²	tɕhɔ³³	be³¹ze³¹	de³¹bja³³	te³¹pa³³k ɔ³³	bɔ⁵⁴qo³¹	弄倒（墙）
tɕy⁴⁴	hn̠as⁴	tshi³³	tshi⁵⁵	the³¹	n̠i³¹ ty³³	ki⁵³	挤（牙膏）

语攸乐方言的［ø］对应补远方言的［i］，如攸乐［khø⁴⁴］"害怕"，补远是［tɕhi⁴⁴］；攸乐［mø⁴⁴kho⁴²］"嘴唇"，补远是［mi⁴⁴khu⁴⁴］；攸乐［phø⁴²tho³³］"衣服"，补远是［phi⁴²thu³³］。不过，我们看到，缅文的一些对应例词却带有韵尾-m、-ŋ、-k、-t 等，如缅文krɔk⁴"害怕"，对基诺语［khø³³］；tθum³"三"对基诺语［sø⁴⁴］。哈尼语同样也是这样，缅文hlup⁴与哈尼语绿春话［ɬv³³］"动（虫子~）"对应。很有意思的是墨江哈尼语

确实按照拉波夫所说的演化路线进一步前移完成了最后的演化，即有一部分词从[ø]发展为[i]。请比较表7。不过也有部分词绿春话发展为[ø]，而墨江话仍未前移。如绿春[ɣø³¹]，墨江话[ɣu³¹]"九"。

表7 哈尼语前高圆唇元音[ø]与亲属语言比较

绿春哈尼	墨江哈尼	缅文	喜德彝	傈僳	拉祜	基诺	意义
bø³¹ za³¹	pi³¹ tʃy³¹	po³	bu³³	ma³³xɛ³³	pɣ²¹mɣ¹¹	pu⁴⁴tʃu⁴⁴	虫子
ŋø⁵⁵	ȵi⁵⁵	ŋo²	zi³³ ŋo³⁴	ŋu⁴⁴	xɔ³¹	nɣ⁴²	哭
ɣø⁵⁵	ɕi³¹ xuã³¹	krok⁴	kha⁵⁵	ni³⁵ ʃi³³	ta⁵³	mo⁴⁴ji⁴⁴	喜欢
nø³¹	ȵi³¹	no³	i⁵⁵ tu³³		nɔ⁵³	nɣ⁴⁴	醒
xø³¹		kjɑp⁴tok⁴	sɿ²¹	tho⁵⁵	qɔ³³	mɣ⁵⁵	熏
phø³¹	phi³¹	mrat⁴	phu³³ dzo³³	kha³⁵	qha⁵⁴	phu⁴⁴	贵(价)
ɣø³¹ si³¹	jɔ³³ tsɿ³¹	kjɔk⁴kap⁴	o³³	o³¹di³³	ɔ³¹la⁵³ ɕi¹¹	a⁴⁴sɣ⁴⁴ lɣ⁴⁴	肾
ɣø³¹	yu³¹	ko³	gu³³	ku³³	qɔ⁵³	tɕɣ⁴⁴	九
ɣø³¹	kɣ³¹	wa³	ŋgur³³	gua³¹	bɛ⁵³	thø³³	嚼
xø³¹	xu³¹	kho³	khu³³	khu³³	qho⁵³	tɕhɣ⁴⁴ko⁴²	偷

综观以上缅彝语言藏语方言两方面的事实可以进一步说明，舌尖音韵尾只是后高元音前移的诱变条件。而根据藏语方言的差异以及方言系统背景的社会状态差异，我们设想存在一种制约元音音变的系统状态因素。当社会状态处于开放环境时，语言系统趋向更有序状态发展方向，语音元素之间呈现积极、活跃的相互作用。因此系统不断产生自组织的作用，推动语音系统改造原有的结构关系，更新不适宜新结构规则的语音元素的性质，使系统不断趋向适合交际目的的稳定状态。

而系统处于封闭状态时，交际的领域很窄，交际的内容有限，音素使用的频率很低。而且社会生活的缓慢节奏也支配着语流的速度。导致语音元素之间呈现松散不相干关系。一个音素的变化往往不会影响相邻音素的变化，即使这些音素处在连续的话语之中。结果我们看到，语言进入了一种接近平衡态的状态，语音结构之间维持一种高度对称的格局，音素之间的差别非常小。这就是所谓系统论中熵值增大，趋向无序的状态。

参考文献

冯·贝塔朗菲、A. 拉威奥莱特：《人的系统观》，张志伟等译，北京，华夏出版社，1989。

江荻：《缅甸语复合元音的来源》，《民族语文》2001年第3期。

江荻：《藏缅语言元音的上移和下移演化》，《民族语文》2002年第5期。

江荻：《汉藏语言演化的历史音变模型——历史语言学的理论和方法探索》，北京，民族出版社，2002。

张济川：《古代藏语方言差别与正字法》，《民族语文》1996年第3期。

周振鹤主编《中国历史文化区域研究》，上海，复旦大学出版社，1997。

唐若水：《"混杂英语"流行世界》，《光明日报》2000年11月24日。

盖兴之：《基诺语简志》，北京，民族出版社，1986。

萨丕尔：《语言论》，陆卓元译，北京，商务印书馆，1985。

Labov, W. 1975. On the use of the present to explain the past. In: Heilmann, L. (ed.), *Proceedings of the Eleventh International Congress of Linguistics*. pp. 825–51. Bologna: Il Mulino.

Labov, W. 1991. The three dialects of English. In Eckert, P. (ed.), *New Ways of Analyzing Sound Change*, pp. 1–44. New York: Academic Press.

Labov, W. 1994. *Principles of Linguistic Change*, Volume 1: Internal Factors. Oxford: Blackwell.

蒙古语马名称与
蒙古族马文化

斯钦朝克图

据说，人类驯化马是 7000 年以前的事。中亚游牧民族是最早驯化马的民族之一。甚至有些学者认为，人类和马的故乡在中亚。不管怎么说，学术界普遍认为野马（taqi）是家马的祖先，蒙古马是欧亚大陆广泛普及的品种。这样蒙古利亚种的蒙古族先民自然成为蒙古高原上最早驯化马的族群之一。

马不仅是在蒙古族经济生活而且在精神文化生活中都占有非常重要地位。马既是生产上的得力助手，又是最亲密的生活伙伴。从而蒙古族被称为马背民族，并形成了蒙古族独特的马文化。蒙古人驯育马、熟悉马、依靠马、喜欢马、热爱马，甚至崇拜马。蒙古族对马具有特殊的感情，对其观察了解得深刻入微。因此，在蒙古语里有关马的名称、毛色、步态、马具，以及以马命名的动植物名称及其它名称非常丰富，以马喻理的成语、谚语、格言也丰富多彩。尤其是在史诗、颂词、祝词、诗词、歌曲、好力宝、谜语、小说、民间故事更加丰富。以马为中心派生的词语或合成的词语种类繁多，含义广泛深刻。蒙古语中这些丰富多彩的有关马文化的词语衬托着绚丽多彩的蒙古族马文化。本文试图从蒙古

蒙古语马名称与蒙古族马文化

语马的有关词语入手探讨马文化的内涵，反过来从文化角度阐释有关文化词语的蕴涵。

一 马的名称及有关词语

（一）马的基本名称

蒙古语里有关马的名称很多，其中有单纯词、派生词和合成词等。

单纯词而言就有：aduγu 马、马群、mori 马、骟马、aγta 骟马、kölök 骏马（好马的尊称）、unaγa 马驹、sarba 去年冬初至今年春末的小马、daγa 二岁马、üriye 三岁至五岁公马、üriyencir 刚刚成年的公马、baidasu 三至五岁骡马、eskegel 三至四岁骟马、ajirγa 儿马、gegü 骡马、arγumaγ骏马、原指产于中东的纯种马、aranjal 骏马、ajinai 骏马（ajinai kölök 优异的骏马）等。合成词就更多。如 qijalang üriye 三岁公马、soyolang üriye 四岁公马等。

从其来源看有蒙古语独有的，也有外来的和突厥语族满—通古斯语族语言共有的。aduγu、üriye（有的学者认为与突厥语族土库曼语 YPY "羯绵羊" 同）、sarba 蒙古语独有。而其他很多单纯名称是阿尔泰语系三个语族语言共有的或其中两个语族语言共有的。请看下列比较表。

光一个骏马就有几种，如上述 arγumaγ、aranjal、ajinai、külük/ kölök 等。其中就有借自突厥的或者借自西域其他语种的。学者们普遍认为 külük/ kölök 借自突厥语，即词根 kü- "名声" +- lük 而成，其词义是 "英雄，赛跑的马，大狗"。

341

蒙古语族	突厥语族	满—通语族	汉 译
aɣta[agt]	aχta/aqta/aht	akta	骟马、骟
ajirɣa[aʤrag]	adɣir/ajHir/azɣRr	azhirgan/adigga	公马、公的
mori[mœr]	at/aht	morin/mNin/mʊrin	马
unaɣa[ʊnag]	taj	unahan/nNgNxN/	一岁马驹、马驹
daɣa[daːg]	taj（一岁马驹）	dahan（马驹）	二岁马
gegü [guː]	bajtal	geo/g	骒马
baidasu[bæːdas]	bajtal/bajE/bij（骒马）		三至五岁骒马
külk/kölök[xulRg/xolog]	külük/kylyk	kuluk	骥、骏马

除 aɣta、ajirɣa 等名称在三个语族语言里音义都一致外，其他几个名称我们可以相互借用来解释。如马这一名称有两套，既突厥语族语言的 at 和蒙古语族、满—通古斯语族语言 mori。更进一步分析的话，满—通古斯语族可能是从蒙古语族语言借的。同样，骒马在突厥语族叫 bajtal / bajE / bij，而在蒙古语族和满—通古斯语族叫做 gegü /geo/g，随着蒙古语从突厥语借过来 bajtal 后，其语义（语音）也发生了变化。unaɣa、daɣa 也是如此，在蒙古语族和满—通古斯语族 unaɣa 指马驹或一岁马，而在突厥语族语言里用 daɣa 来表示；随着畜牧经济的发展需要牲畜细分时从突厥语族借来的 daɣa（<taj）上述语族语言里具有了二岁马的意义。从词汇的分布看，蒙古语族语言居中间状态，两边都近。但具体分析时发现蒙古语族和满—通语族更近。这符合北方游牧民族历史地理和文化语言状况。

从意义分析，古今不同，如古蒙古语里 aduɣun 除了指马、马群外还指畜群、财产等意义，aɣta 除了指骟马外还指驿站用的好马和士兵等。由于当时的畜牧业离不开马，因此有关马的意义扩大。如 aduɣusun 的意义更广泛，指一切牲畜、兽类以及牲口、出生等咒骂用语，aduɣulaqu 则指放牧（不光是指放马一种），aɣtalaqu

从骟马扩大成一切牲口的阉割，ajirγa 不仅指种公马而且还指狗猪等一些家畜的公种。

此外有关马的其它名称也特别丰富多彩，如其叫声：incaγaqu、üürsekü、ongγoliqu 马嘶，juntaγul、homool 马粪蛋，γurui γurui、durui durui 唤马声等。光骑马方式的词汇就有很多种，而且很简练，有的用其他没有马文化的对等翻译的词，如骑马叫 mori unuqu、不鞴鞍光背骑叫 jayidalaqu、叠骑（两个人骑一匹吗马）叫 sundalaqu、骑者驮在前头叫 degürekü 等。

（二）马的毛色名称

包括五畜在内的各种动物颜色词当中蒙古语马的颜色名称极其丰富多彩独具特色，表明了蒙古族对马的观察细微。光学里的基本颜色名称在马的毛色里有很大不同。有的名称只用于马，其它牲畜或动物不能用。据不完全统计，有关其颜色词几百种。其中表示其毛色的单纯词就有 20 之多。所以有的颜色词翻译时很难找到等值的名称。蒙古语里颜色一词对具体对象而有不同称谓，既一般泛称叫做 öngge，人类的叫做 jisün，而马等牲畜的叫做 jisüm。而且蒙古语马等一些牲畜毛色名称中按其性别用独特的附加成分来加以区别也是蒙古语的一个特色。蒙古族马的颜色在蒙古语里按其纯度可分为单色复色两种。

1. 单色

马的单色也可分为基本单色和其他单色 2 种：

（1）基本单色。

光学上黑白蓝黄红 5 种颜色是基本色，蒙古语专门的颜色词分别称为 qara caγan köke šira ulaγan。但蒙古马的颜色上与其相对应的颜色名称有所不同。其中基本颜色词的黑白 qara caγan 二词勉强用于马的毛色（实际上有些地区白的也不叫做 caγan，而叫做 saral，如巴林土语），而其他 3 种颜色词要与 boro sirγa jegerde 所代替。至于为什麼这种改变众说纷纭。实际上真正蓝色和红色的马没有或不多，汉语里也没有称蓝马或红马一说，虽然有称黄马的但蒙古语里也没有改变其颜色的词根，少加改变后缀而已。这五种颜色词的具体叫法如下：qara/qaraγci 黑、caγan/caγaγci 白（多数用）、boro/boroγci 紫色、灰色、jegerde/jegerdegci 枣红（只用于马）、sirγa/sirγaγci 米黄色。

（2）其他单色。

saral/saraγci 白、污白、ulaγan/ulaγaγci 红（一般用）、keger/kegegci 枣骝（只用于马）、küreng/küregci 栗色、qula/qulaγci 金黄色、黄色、qongor/qongoγci 淡黄色、qaliγun/qaliγuγci 海骝色、quwa/quwaγci 黄毛色、淡黄色等。

2. 复色词

也可分为基本复色和其他复色 2 种：

（1）基本复色。如 buγural/buγuraγci 沙毛色、cabidar/cabidaγci 银鬃的、qaltar/qaltaγci 粉嘴黑毛的、coqor/coqoγci 斑毛的、alaγ/alaγci 花毛的、qaljan/qaljaγci 带流星的等。

（2）其他复色。如 caγan saral 白灰毛的、ulaγan boro 红青毛的、kegere alaγ 枣骝花毛的、saratai jegerde 有额星的枣红色等。

其中接加附加成分 -γci/-gci 的是表示母马的毛色。这种区分性别特征的具有古老语法形式保存的并不多。这些颜色词有的是只用于马，如上述 jegerde/jegerdegci 枣红、keger/kegegci 枣骝等。有的只用于合成颜色词，如 caγan/caγaγci 白（有的方言土语里）、ulaγan/ulaγaγci 红、köke/kökökci 青、蓝。有的则古代用而现代很少用，如 caγan/caγaγci 白，而有的只用于方言土语，如 noγoγan 绿（锡林郭勒盟的一些土语）、yaγan 粉红等。

（三）马的步法

马的步态也是多种多样的。其中有 saibur 小走、破对侧步、jiruɣa 大走、对侧步、qatariya 快颠步、coɣɣiya 跃步法、šoɣšiya 小跑、telemege 大步疾走法、dobtolɣa 奔跑等。就一个 qatariya 快颠步还可分 uran qatariya、qara qatariya、salɣa qatariya、iduɣan qatariya、daibir qatariya、huwar qatariya、sumun qatariya、jadaɣai qatariya 七八种。

（四）马具等其他名称

马具名称就更丰富多彩，因为蒙古族及其先民不仅最早最驯服马而且也最早制造马具的民族或族群之一。他们喜欢马并酷爱马具；把马打扮的非常漂亮。如 urɣa 套马杆、uraqa 套素、buɣuili 套素、calma 套素、emegel 马鞍、qajaɣar 马嚼、noɣtu 龙头、cidür 马绊、tuša 前腿马绊、örögel 顺绊（两脚绊）、culbuɣur 偏缰、ɣanjuɣa 皮梢绳 olong 肚带、jirim 马鞍吊带、toqom 鞍屉、gölim 鞍鞯、döröge 马镫、amaɣai 马衔子、juujai 马嚼环、jiloɣo 缰绳、arɣamjiya（不让远走而放牧的）长系绳、saɣaldurɣa（笼头、嚼子等）扣绳、debse 鞍垫、jele 长绳索、milaɣa/tašiɣur 马鞭等。

（五）以马命名的有关名称

在蒙古语词汇系统里以马命名的或以马为词根派生和合成的词较多。它是一个多产词，表明马是蒙古族比较和衡量及命名其它事物的最基本词汇。马背民族以其最熟悉最喜欢的马的形状、性情、特征来命名相关事物是很自然的。其中高大、快速、灵敏是它的重要特点。

1. 以马命名的动物名称

morin qariyacai 雨燕、morin kedegene 牛蜂(比较 üker kedegene 大蜂)、morin kiɣrui 鹞子、morin güreljegene 油葫芦（比较 üker güreljegene 金钟儿、马铃）、morin melekei 青蛙（比较 üker melekei 牛蛙）、morin jiɣasu(比较 üker jiɣasu 海牛)、morin dabqural、morin lausa 马骡、morin jügei 马蜂、morin sirgulji 大蚂蚁、morici nuɣusu 马鸭。

2. 以马命名的植物名称

morin ajirɣana、morin ulaɣana鳛、morin qalaɣai 重唇鱼、morin qad 醋粟、 morin sibaɣ 白莲蒿、morin siralji 黄花蒿、morin jegergene 木贼麻黄、morin cuura 小蓟、üriyen cegül、daɣan segül 落草属、daɣan ciki 小酸模、daɣan ataɣaqai 中齁齸、unaɣan segül 远志、unaɣan siɣira 细辛、unaɣan türügü 浮萍、morin cicügül 大沙鼠。

3. 以马命名的地名

morin dabaɣa 莫力达瓦（直译为马岭，内蒙古达斡尔自治旗地名）、aduɣun cilaɣu 阿敦朝路（直译为马石头，内蒙古新巴尔虎右旗一个苏木和嘎查名、克什克腾旗的一个地名）、qongor ajirɣa-yin dabaɣa 淡黄公马坝（岭）(在内蒙古鄂脱克旗)等。

此外还有不少以马具、牧马人命名的地名。如：jirim 哲里木（直译马鞍吊带，原内蒙古盟名，现已改为通辽市；这样用马具命名的地名在该盟还有）ɣanjuɣa 甘旗嘎（直译为马鞍上用来拴物的皮梢绳，现内蒙古通辽市一个镇名）、altan emegel 阿拉坦额默尔（直译为金马鞍，现内蒙古一个镇名）、aduɣucin qoyar modo 两棵树（牧马人的两棵树，今内蒙古林西县境内，是蒙古族祭祀的树）、šangdu aduɣucin qošiɣu 上都阿都沁旗（直译为上都放马人旗，原指察哈尔地名）等。

4. 以马命名的物质名称

morin kirüge 中型锯、morin erdem 马术、 morin bömböge 马

球、morin quγur/ morin kikili 马头琴、morin longqu/morin sil 大瓶、morin terge 马车、morin caγ 午时、morin jil 马年、morin kücü 马力、aduγun cilaγu（旷野中的）巨石、ajirγan borogan 骤雨、morin siγurγa 雪灾、morin caγan jula~morin jula 大常明灯、morin qongqu 大钟。

5. 以马命名的其它名称

morin bicigeci 速记员（秘书，蒙古语的秘书叫 narin bicigeci 其义为认真记录的人）、moritu/ morin cerik 骑兵、kei mori 运气、幸运、天马、unaγan boγol 世奴（旧时世代的奴隶）、unaγan nutuγ 故乡、unaγan keüken 亲生女儿、unaγan egülder 地产品种、unaγan aduγu 家生马、unaγan bayar（直译为马驹节）、unaγan jiruγa 天生的走马、unaγan del 从小未剪的马鬃、unaγan qaira 初恋、mori qaraqu 洁手、aduγun oboγa 阿顿敖包（马敖包）、aduγun üdelgekü 用马陪葬、gegün- üsün saculi 马奶祭祀、morin jasaγ 军务印章等。

此外还有一些以马的步态马具等命名的名称。这些也具有文化义。如 jiruγa üge 直译为"走马话"，实际意义为顺口压韵或编的一段话语，属于文学的一种体例，主要用于少儿智力教育，jiloγo 缰绳、方向盘，jiloγo ügei ~jiloγo jodoγ ügei 放任不羁的、毫无教养的，jiloγodoγci 领导者、指导者，jiloγodolγa 领导、指挥、jiloγodqu 驾驶、操纵、领导、指挥，jiloγoci 驾驶员、jiloγocilaqu 作驾驶远、作引导等。

二 马名称中的文化内涵

（一）马名称与敬语

1. 蒙古语有关行走的敬语都与马有联系

茫茫大草原没有马寸步难行，于是行走自然与马联系起来。

347

如：mordaqu 上马，骑马；出发，动身，起程，起身；出嫁，嫁；去世；morilaqu 走，起驾；逝世；morilaju baɣuqu 驾到，morilaju irekü 光临，morilaju saɣataqu 光临、驾临，mordaɣulqu 送行；嫁。

2. 出嫁、去世、洁手等敬语也与马有联系

如 mordaqu 上马，骑马；出发，动身，起程，起身；出嫁，嫁，mori qaraqu 洁手、morilaqu 走，起驾。此外，蒙古语里有个马的步态名称 dobtolqu，其本义为马的奔跑，飞驰；是常用词 güyükü "跑"的尊称；而随着征战的缘故，这个褒义词逐渐引申出进攻，攻击；侵略，侵犯等贬义。实际上它是从尊称〉泛称〉贬义发展变化的。至少在《蒙古秘史》里它没有贬义。dobtolɣan bicikü 则指"草写"，这与 moritu bicegeci "快笔笔帖式（速写的秘书）"等文书名称的构成有直接关系，说明蒙古族对一些文书名称也与其马和它的步态联系起来。

3. 马名称与精神

蒙古语的马象征着威风、精神、运气。因为蒙古人心目中马是唤起人们精神抖擞的理想动物。因此把理想、精神、运气用马来比喻。如 kei mori 运气、幸运、天马（一般在白布上印有马形图案的旗幡）；kei mori-tai 走运的、精神焕发的，kei mori ügei 倒霉的、垂头丧气的，kei mori kebtekü 萎靡不振（直译为运气倒下）、kei mori keisgekü~degdegekü ~manduɣulqu 抖起精神、抖抖威风（直译为让风马旗幡飘起来，也有相关仪式）、kei mori darcuɣ 运气旺盛的马旗，也叫天马，是蒙古族每家每户门前挂的一个小白旗，中间印有飞马奔跑图案。实际上蒙古族的象征或旗帜都与马有关。古代蒙古部落用马鬃制作旗帜。成吉思汗建国时立的国旗就是 yisün költü（~gököltü ~kököltü） caqa'an tuq 九脚白旄纛，它是用马鬃做的。旗帜就是一个民族和国家的精神象征。此外还有 dörben költü （~gököltü ~kököltü）qara tuq 四脚黑旄纛，它是成吉思汗的战旗。马顶鬃象征着昂扬向上的精神和运气，蒙古族的旗帜原来就是马顶鬃做的。制作旗子的鬃是用公马顶鬃，它是一生下来没有剪过的胎鬃。在民间故事和民歌里常出现 nisdeg mori "飞马"、nisdeg boro mori "飞青马"、jigürten külüg "双翼的骏马"等。此外蒙古人梦见马或骑马象征走运或飞黄腾达。这与古希腊传说中梦见马是死亡的先兆的鲜明对照。

4. 马名称与吉祥

蒙古语的马象征着吉祥富裕的愿望，所以有关词语里蕴涵着美好的内容。如：unaγa 除了马驹外还有家生的、天生的、固有的、土生土长的等引申义。如：unaγan nutuγ 故乡、unaγan qaira 初恋（或从小热爱的感情）、unaγan keüken 亲生女儿、unaγan aduγu 家生马、unaγan boγol 世奴、unaγan jiruγa 天生的走马、unaγan egülder 地产品种；daγa 除了二岁马以外还指双的等引申义。如：daγan homool 吉祥的马粪蛋（旧时将两个干马粪蛋拴在一起挂在包内毡墙上象征，马群旺盛）、daγan naγur 从地下连起的两个糊；从而 daγa 还指毡包天窗两条横撑之间的两双木条，如 daγan uni 联头短椽。

（二）从蒙古族习俗考察有关马词语的文化内涵

1. 马崇拜

由于蒙古族经济和精神文化生活都离不开马，因此蒙古人不仅尊敬和重视而且崇拜马。这种古老的习俗已经不同程度地传到现在。主要表现如下几个方面：

（1）马图腾崇拜。

蒙古人真正作为图腾来崇拜的文献材料和口头传说几乎没有，连真正以马命名的姓氏（只有牧马人等职业命名的姓氏）也没有。但这并不等于蒙古族先民没有马图腾崇拜。相邻或相关部落族群的马图腾崇拜以及蒙古传统习俗都证明其先民应该有马图腾崇拜。只不过现在已经没有传下来或被遗忘而已。这一点与汉族一样，汉族先民对马的崇拜也很深，但至今流传的更少。有关蒙古族先民或相邻的一些族群有马图腾崇拜。如文马图腾的古代游牧族群犬戎、奊仲、吉光，黑马图腾的古代游牧部落骊戎人，人身马蹄（人面马身）图腾的丁零人，白马图腾的白马羌白马氏人等（刘毓庆，2002:262~270）。上述这些族群部落都是古代北方或西域民族，与蒙古先民有关，有的更近。

（2）葬马习俗。

由于蒙古人崇拜马尚马，因此一般其心爱的好马、儿马或献给神享用的（seter-tei aduɣu）以及放着不能乘骑宰杀特权的马（ongɣon aduɣu）死后，把尸体葬于高山丘陵或把头葬于高处，上面堆石头。甚至有的地区把这种堆的石头称为 aduɣun oboɣa"马敖包"来祭祀。如内蒙古乌拉特旗的蒙古族有一种习俗，既如果敖包祭祀中奉为神圣的马死于哪个苏木就那里的人必须堆敖包来祭祀的习俗（布林特古斯，1997:981）。有的地区，尤其公马死后不能吃它的肉，拔它的皮，剪其鬃，葬在野外。鹰隼等吃完其肉后主人选好日子把头骨带到高处葬。并把头骨的眼睛、鼻孔里塞白色小砂石或马粪蛋，在头骨上献放奶食品祝福："重回草原成为骏马！"。

（3）崇拜马头的习俗。

信仰萨满教的蒙古族认为人和动物的灵魂在其头脑里，于是特别崇拜人和马等一些动物的头。如蒙古王汗战死后成吉思汗把他的头带到大帐里放在桌子上隆重祭祀。在蒙古族习俗里不能随便动长辈的头、帽子不能放在地下。除了人的头外马头就是蒙古人崇拜的对象。如果马死了就把马的头葬于高处，上面用石头盖住。如果野外碰上马尸照样这样处理。譬如，卫拉特人的习俗里好马死了就祝福其福气留在当地马群里，把头放在干净的地方祭祀。巴颜郭楞土尔扈特活佛新勤乘骑的名叫宝日勒的马死去后，当地人把马头葬在浩牙尔波力塔（直译为两个小丘）祭祀（那·巴桑，1996）。实际上蒙古人的葬俗里自古以来就有高处安葬的习俗。如《蒙古秘史》等文献里多次出现高处安葬的词语。把马或马头葬于高处这种习俗是蒙古人把马也看成自己的伙伴，与人类同等。正因为崇拜马头蒙古人禁忌用鞭子抽马头用棍子打马头，用手掌打马头等。甚至把马嚼、马笼头和套马杆的皮套绳挂在高处不让人踩着。这种禁令不仅在风俗习惯而且在习惯法和正式法规里都写进去了。蒙古语有个成语 morin toloɣyi molor erdeni "马头是珍宝"直译的话"马头是水晶珍宝"。该成语充分证明了蒙古族崇拜马头习俗的内涵。

（4）马殉葬祭祀习俗。

用马殉葬和宰马祭祀以及马奶祭祀是蒙古族传统的葬礼和祭祀习俗。蒙古高原上出土的古代坟墓里大量出现马的骨骼和马头骨充分证明蒙古族先民殉葬的主要是马。蒙古族有个习俗叫 aduɣu üdelgekü 直译为马送行，实际意义为"马殉葬"。马殉葬有几种形式，既最早可能坟墓里直接把马带鞍一起殉葬。后来把马拴在坟墓的东南，让它活活饿死。在后来把马宰杀后用其心脏等祭祀，同时把马头殉葬，马肉在坟墓前大家一起吃，把马皮套筒拔下来，里头填塞干草后从其尾巴口通个大木棍穿过嘴，并固定在木架上。一般一两个立在坟墓东南，有的坟墓4面各立4个共16匹马，远处看非常神秘壮观。16世纪随着佛教传入用法律禁止原始的殉葬祭祀，以佛教祭祀方式进行葬礼。祭祀用马有几层含义，既马是蒙古人最喜欢的乘骑，死者的灵魂一般附于其最喜欢的牲畜或货物里，于是作为其良骑首选马。有的文献称为 sünesün-mori~sünes ün aduɣu "灵魂之马"。

蒙古族不仅殉葬马而且还殉葬马具,尤其马镫。在广大的蒙古高原古墓中发现很多马的骨骼、头骨外还发现马镫等用具。在山水神话传说里死者复原时往往没有等上右手马镫等母体。此外还有偷窃对手的马镫而被处决的记载。这说明马镫代表马而且很重要的象征意义。

(5)马奶祭祀习俗。

马奶是蒙古族最喜欢的饮料,不仅在日常生活中饮用而且在娱乐活动和各种重要的宴会婚葬礼都必不可缺。比较隆重的有 caγan sürüg- ün qurim "白马群祭祀"也叫 esük- ün tayilγa "马奶祭祀"或 caγan naγur-un tayilγa 直译为白湖的祭祀,实际上也是马奶祭祀,因为该名称象征马奶象白色的湖水一样来形容的。该祭祀是春天用九十九匹白色骒马的奶子来祭祀萨满教崇拜的九十九个天。后来祭祀成吉思汗及其祖先的马奶以九九八十一的蒙古族吉祥数字来向着西北方向献祭。

(6)祭祀旗帜与风马旗幡习俗。

蒙古族旗帜、徽记都与马有关。蒙古语里有关旗帜名称较多,如 tuγ、dalbaγa、qikiri、sülde、kei mori、darcuγ 等。其中有的是借词,有的比较古老的词,但在现代蒙古语里意义发生一些变化。如 tuγ、sülde 原来都指旗帜,后来 sülde 主要指徽章。古代民族尤其是象蒙古族这样游牧民族没有现在这样用丝绸或布匹制作旗帜,而是用马鬃马尾制作。蒙古语里 tuγ 的最早语义为毛鬃等的绺。用绺绺马鬃马尾来制作旗帜,便引申为旗帜。古汉语里该词与蒙古语音义基本相同,纛 dào~dú,古音为 duok~duk~tuk,其义为:"①古代以雉尾或牦牛尾作成的舞具;②军中或仪仗队的大旗"(汉语大字典编辑委员会,1996:1446)。这样以来汉族先民也用牛尾等制作旗帜的传统。有关文献和民俗显示蒙古先民用马鬃马尾制作旗帜或马匹尤其是马驹的皮子制作旗帜。马皮制作旗帜与用马殉葬以及用马皮制作殉葬标记有关。古代蒙古族所谓 ilaγusan γurban tuγ sülde 三个胜利的旗帜都用马鬃制作，而且分别用白、黑、黑白花色三种颜色的马鬃制作。白的是国旗，因为蒙古族尚白色；黑的是军旗，黑代表凶狠、战斗意志；花色代表成吉思汗氏族孛儿只斤。这些旗帜的祭祀都是用马或马奶来祭的。有严格的规定和法规，都比较隆重严肃。

所谓的 kei mori 更具有民族特色。kei mori 也是个象征精神焕发的一种旗帜，它属于全体老百姓家喻户晓的旗帜。单从字面上看 kei 古义为风，现代意义为空气，mori 为马，合成后具有运气、精神、天马或风马旗幡等多义。最早的风马旗幡实际上是蒙古旗帜的马鬃下面的旗杆上挂的飞奔的快马图案的旗。每个蒙古家庭把该旗立于门前，表示运气象飞马一样，事业飞黄腾达兴旺发达。随着佛教的传入图象等有所变化，有的地方用布或纸制作，挂在门口。祭祀风马旗幡具有专门的仪式和祭祀词即"kei mori-yin sang""祭风马旗幡词"。

（7）崇拜骒马乳房习俗。

据有关史料记载蒙古人把骒马的乳房挂在蒙古包的西侧，祭祀或崇拜的习俗。这是崇拜马的一种习俗，它不仅象征马群兴旺而且象征家庭兴旺发达。这种习俗蕴涵着更古老的崇拜。一般蒙古包的东侧挂母牛乳房，因为蒙古包的东边是妇女的位置，西边是男人的位置。挤马奶必须有男人参与并且男人与马的关系更密切。

2. 马与礼节习俗

在蒙古族独特的礼节当中马占重要地位。这是蒙古族经济中马起的重要作用以及蒙古族尚马崇拜马有关。

（1）进贡献礼获奖之首。

蒙古族五畜分冷嘴和热嘴，马属于热嘴。在祭祀、进贡、婚礼、以及其他送礼和蒙古族赛马、射箭、摔跤等好汉三艺的主要

353

奖项中马是首选对象。如全民对成吉思汗陵的四季祭祀中用的主要是马和马奶；大型进贡中马为最贵重；婚礼中陪嫁的牲畜里主要是带有马鞍马嚼全副马具的好马是必不可少的；各种奖项和礼品中马为最珍贵最吉利。如在某某那达慕上哪一位摔跤手获得第一名并获得带有马鞍马嚼全副马具的走马的话感到非常得意。

（2）财产和身份的标志。

由于蒙古族生产生活与环境习俗等各种因素，马是蒙古族最重要的财产，而且也是蒙古人身份的象征。尤其古代马是蒙古族的主要财产，没有马几乎无法维持游牧经济生活。所以 aduγun、aduγusun 古代还具有财产等引申意义。古代蒙古语还有 adūsun ide'e~adu'usun ide'en 这样一个合成词，其旁译为"头口"总译为"家私、财产"（栗林均、确精扎布，2001：《蒙古秘史》§23、§272）。现代蒙古语里 aduγu mal 指牲畜，aduγulaqu 指放牧，如 aduγu aduγulaqu 放马，quni aduγulaqu 放羊等。富人家必须有马群，甚至马的颜色都要讲究。如据我家乡内蒙古巴林右旗的董力布旺吉勒一富人家纯白马就有几百匹。蒙古人一般攀比谁骑的马好看快捷，马鞍等设备既漂亮又贵重。

3. 尚马与尚白习俗

蒙古族重要的祭祀用白马、马奶，这反映了蒙古族尚白传统习惯。奶子一般都白颜色，尤其白马的白色奶子更加重要。如成吉思汗陵的祭祀用99匹白色骒马的乳来祭祀的传统。上述 caγan sürüg-ün qurim "白马群祭祀"也叫 esük-ün tayilγa "马奶祭祀"或 caγan naγur-un tayilγa 直译为白湖的祭祀，实际上也是马奶祭祀，因为该名称象征马奶象白色的湖水一样来形容的。蒙古族用奶子尤其用马奶祭祀的祭文很多。如：《gegün sün-ü caγan saculi orošibai》《马奶白色献祭》等。蒙古族传统食品分白红两种，既 caγan idege 直译为白色食品"奶食品"、ulaγan idege 直译为红色食品"荤食品"。所以 caγan saculi 就是用奶食品祭祀的意思。

天马行空图案的小白旗答儿察格（darcuγ—kei mori）有关。上述 yisün kolt ü caqa'an tuq 九脚白旄纛也是如此。对马奶古近蒙古语有三种叫法，既 cege, airaγ, ecük，其中 cege 在中国境内的蒙古语用，airaγ 在蒙古国境内的蒙古语用的多，而 ecük 则古蒙古语里出现。cege 一词最能反映蒙古族尚白心理，它是蒙古语 caγan>cegen（语音曲折）变化的。

4. 马和马具用于殉葬

在广大的北方地区古墓中发现不少马的骨骼或马镫等用具，这反映了居住在该地区的蒙古族及其先民等尊崇马，把马当成自己亲密伙伴(战友)的心理。蒙古语谚语"马头是宝（水晶）"也说明了其含意。

5. 用法律保护马

古代蒙古族习惯法和《成吉思汗大扎撒》以及元朝的《至元新格》、《大元通制条格》等法规里都规定了保护马的条文。有的是成文的有的是不成文的习惯法。蒙古人的法律比较中原汉族的法律较轻，但对有关马的犯罪是颇为严酷的。如《至元新格》、《大元通制条格》、等法规里规定："诸宣徽院所抽分马牛羊，官严其程期，制其供亿，谨其钤束之法，以讥察之。其有欺官扰民者，廉访司纠之"（郭成伟，2000：376）。诸职官辄借骑所部内驿马者，笞三十七，降先职一等叙，记过（郭成伟，2000）。（3）诸使臣之行李过重而压损驿马者，脱脱禾孙（蒙语，驿站之长官）受使臣之赠贿，而不依法称盘（指买卖之价格，即要求驿马被压损之赔偿）者，则处以笞刑二十七，并记过。（4）诸使臣任意骑怀驹马者处以笞刑五十七。另外，以车易马者也与骑怀驹马者同样处分。（5）诸使臣有住在城市，而任意骑占驿马者，绝对禁止，违者以罪论处。（6）诸驿使（驿使是指从驿站到驿站把公文信件送达各处之使者），在路上夺取他人之马，换取所乘之马，而致死者，须赔偿其价格，如果为私事选择良马，而致死者，处笞刑二十七，并令其赔偿马价。（7）诸乘驿使臣（指骑驿马的诸使臣）绕道办私事，或索取祗待（对他人要求款待），或访问旧友，游山观水，因而使马饿损者，上奏后听候处治。诸驿使诈骗、篡改公牒，起用马匹数多，处杖刑八十七。在其部和司中管理马匹，若任意夹带私马（在官马群中秘密夹杂私马）以及多领取草料者，没收其私马。（9）不论驼、马、牛、驴、骡，偷一匹者，以九倍偿还。出征期间偷马者，对初犯的首犯杖八十七，徒刑二年，从犯杖七十七，徒刑一年半。对再犯者加一等，杖一百零七。盗取有关官吏之马匹、骆驼者，比常盗加一等。（10）白日剽夺驿马者，对首犯处以死刑，从犯减一等，处以流放。（11）盗偷亲属之马、牛，事情未暴露之前自首，并愿偿还。虽不蕴蓄偷盗，但所盗马、牛上交者，以自首而论，免除责备。（12）诸奴卑如有偷马、牛者，已断罪，但不能偿还赃物者，可把奴婢给被盗者使唤。不许打马的头部，打则违法的规定。草原上的人们现在也不会打马的头部，加鞭则只打在其屁股上。元代忽必列汗的法典里规定如果偷马则砍头。

6. 有关马为题材的游戏

以蒙古人的智慧创造的有关这种游戏较多。这反映马文化已经深入到蒙古人的游戏中。如 yisün mori toγlaγam 九匹马游戏、aduγu manaqu 夜间防守马群、örögel-tei mori 带顺绊的马、moritan 骑士、unaγa 马驹等。

7. 史诗、传说、民间文学中马成为天骑乘而被神化

马不仅是生产生活的伙伴而且关键时刻会说话能飞会帮助主人解困的人性化或神话的英雄形象。在草原上金马驹等有关马的神话传说就更多。蒙古谚语称 unuqu jöbtei kölök-iyen olqu uruγaqu jöbtei beri-iyen olqu 把马与其终身伴侣媳妇来比喻。据《蒙古民歌一千首》(第三卷)的 217 首歌曲名称中以马命名的就有 41 首,占其歌名的 19%(仁钦道尔吉、道尼日布扎木苏、丁守璞,1982),《99 首蒙古民歌精选》里有 17 首,占 17.2%(马玉蕤、乌兰杰,1993)。

8. 有关马的成语或谚语、格言

在蒙古语里以马喻理的谚语、格言非常丰富,而且很有哲理。可以说三句话不离马的地步。aγta-yin sayin-i unun bayiju medene,anda-yin sayin-i hanilan bayiju medene. 路遥知马力,日旧见人心(直译:骗马好不好,骑过才知道;朋友好不好,交过才知道。)kümün bolqu baγa-aca külüg bolqu unaγan-aca. aduγun-u alaγ sayiqan,ayaγan-u alaγ maγuqai. 马群是色彩班驳的好看,饭碗是大小不一的难看(犹言:待人不要偏心)。keger alaγ-aca šigira alaγ,kelteng gegü-ece šobtong unaγa.(直译:从枣骝花毛的(骒马)生管部白色的,偏臀的骒马生上粗下细的马。枣骝马生雪站马,偏臀骒马生上宽下窄的马)。qoyar toloγoi-tai mori unuqu "骑两个头的马"(与汉语成语的两面派相同)则用蒙古族生活中的马来比喻两面派的行为。

9. 马与象征数

蒙古族数字象征学中偶数比奇数重要。一般偶数中 1、3、5、7、9、13、77、99 等比较明显。其中 9 是最代表性的象征数。它代表上帝、上天、全部、圆满等众多吉祥意义数字。《蒙古秘史》里记载的铁木真的 yisün aqtatan sirqa morid 九匹惨白马,象征着蒙古族繁荣昌盛的以九为单位的吉祥数字。与此同时在蒙古文献还出现 naiman sirqa aqta "八匹骏马",以及蒙古画里有 jirγal-un naiman mori "吉祥的八匹骏马"等。八数也是蒙古族象征数字之一。成吉思汗的 külüg metü yisün örlög "骏马似的九员大将"

（实际上来源于述九匹骏马）和蒙古人的游戏中的 yisün mori toγlaγam "九匹马游戏"以及民歌里的 arban γurban ayijim（ayidam）daγuu "十三首骏马歌"、arban γurban külüg "十三匹骏马"都与吉祥数字有关。尤其那"十三匹骏马"的 169 首有关骏马歌是蒙古族宴会婚礼中的流行歌曲（色·杜力玛，2001：199）。《蒙古秘史》里记载的九九八十一个礼品中九匹马是最重要的礼品。

三　从社会经济文化角度考察
　　有关马词语及其文化

（一）马的社会功能

马可以骑、套车、替代犁种地，肉可食，乳可饮（马奶酒既好喝又治病，传统蒙古医中学有专门的用马奶酒治疗疾病方法），皮子可制作衣物等；在游牧生活中任何一种牲畜无法替代它的作用。

（二）狩猎中的作用

蒙古族狩猎属于生产、娱乐和备战为一体的综合性活动。过去男子汉必须参加围猎的规定；其奖惩制度与战争相似。围猎中人与马是第一因素,也是决定性因素，没有马也就没有围猎。

（三）征战中的作用

马在战争中的作用是巨大的，尤其是古代。成吉思汗建立蒙古帝国征服欧亚大陆完全依靠马的神威。当时，世界上养马业最发大马群最多的也就是蒙古帝国。每一个蒙古人都从小会骑马，每一位蒙古男子从小还会射箭摔跤，所以当时蒙古骑兵称的上世界上最精锐的骑兵，在作战时象龙飞闪电一样冲入敌阵，使敌人措手不及，遭到重创。在非常时期或紧要关头全民皆兵。骑兵的力量是无穷的，其中马的作用更大，于是 aγta "扇马"在古代蒙古语里具有了士兵、兵丁等转义，在现代蒙古语里虽然这种意义消失但军马的特指意义没变。正因为马对战斗中起重要作用，所以历代蒙古可汗和统治者重视养马业，尤其是军马。在政府机构里专门设负责养马收购军马的机构。从而形成了一套蒙古"马政"。

（四）通信中的作用

据《蒙古秘史》等史料记载从窝阔台可汗开始建立了比较严密的驿站制度。当时马把东西方的交流加强了。驿站的重要工具原来也是马，蒙古语叫做 ulaγa。在广阔的草原上至今为止邮递员骑着马送信送包裹。在我国叫乡邮员的在牧区多数是马为交通工具。本人也当过乡邮员，在家乡巴林草原上骑着枣骝马传递信息，对马有了深厚的感情。

（五）赛马等文体活动中的作用

赛马是蒙古族三大传统体育活动中的最好看最激烈的运动之一。它更加增强了人们喜爱马的心理和相关词语的丰富发展。那达慕当中以马的步态、年龄分别比赛，从而出现 jiruγa talbiqu "走马比赛"、daγa tabiqu "两岁马比赛"、ü riye talbiqu "三岁马比赛"、alus-aca urulduqu "长跑"、duγui ergikü "转圈比赛"等。

(六) 精神文化中的作用

有的学者认为草原游牧民族具有马的性格，既开朗、豪爽、聪明、好斗、崇拜力士；而农耕民族则具有牛的性格，既安静、温顺、耐心等心理特征。

四 马文化比较

(一) 阿尔泰语系语言民族文化比较

除了个别民族或族群从畜牧业经济转入农耕经济后对马文化有所淡化外，该语系多数民族至今从事畜牧业从而保留着马文化。甚至那些转入农耕文化的民族不同程度的保留着它的痕迹。上面比较中看出阿尔泰语系诸语言里有关马的名称及词汇里相同或相近的不少。下面从文化方面作简单比较。

1. 突厥语族

蒙古民族一样突厥语族民族都崇拜马。他们把家畜分为四种，因此叫做"四畜"而蒙古族则分为五种称为"五畜"。四畜和五畜分别成为蒙古语族和突厥语族语言不同的语义场。在突厥语族民族四畜中马地位最高，最重要。马与主人最亲近，他们认为马有灵性。其传说故事和史诗中，每个主人公都有一匹与其相配的神龙快驹。突厥语族诸民族也与蒙古族一样尚白马。最隆重的祭祀中才宰马献供，如祭天等最高等级的祭祀仪式上宰白色公马。

哈萨克人信奉马神，叫做"哈木巴尔老爹（爷爷）"，这与把图腾动物称为祖先或长辈称呼的命名习俗相吻合。哈萨克族还保留着主人去世时其乘骑马不得随便骑，而放在草原上自由活动（迪木拉提·奥迈尔，1995：84）。突厥语族诸民族也有陪葬马及马具的习俗。如古代匈奴墓和突厥墓里发现很多马的骨骼和马镫等。突厥之先人公元前3世纪活动于贝加尔湖、独河一带的丁零人是人身马蹄图腾的族群。由于乘高轮车，也叫高车部。《山海经海内经》中记载："有钉之国，起民从膝已下有毛，马蹄善走。"（刘毓庆，2002）所谓人身马蹄或人面马身都属于马图腾。这样以来突厥语系语言诸民族或部落曾经具有马图腾。

2. 满—通古斯语族

满—通古斯语族诸民族曾经也是游牧民族，对马有着深厚的感情。这些民族都崇拜马并具有祭祀马神的习俗。据《钦定满洲祭神祭天典礼》满族有堂子亭式殿祭马神的习俗。祭祀时牧长牵十匹白马，虽然数量与蒙古族的有所不同但颜色包括突厥语族在内的各个民族相同。对其颜色乌丙安先生认为："白马属阳为天神所驱使，与青牛相对，青牛属阴为地神所用"（乌丙安，1989：97）。满族萨满去世时还陪葬马的习俗。

鄂伦春人同样崇拜马。他们把马神叫做 dʒolu burkan "昭路博如坎"。该神的主要作用是保护马群在内的牲畜安全。其神像是在一块兽皮或一块布上用马尾或马鬃绣成两个简单的有鼻、口的人形，在嘴上涂抹野兽鲜血，在人形脚下做两个兜，再做一个木马放在两个兜中间。有的是在一块宽十三公分、长二十公分的木版上画成上述形象，在木版下端挂上用线串起来的初生马驹的蹄膜，生一个马驹增加一个蹄膜。其由来还有个传说：从前有户人家，马下驹后死了。家里老太婆晚上梦见有位老人告诉她，想让马驹安全，需要供奉管马的神。要在一块皮子上画四个人形，每逢下驹时挤马奶上供。这样你家的马匹就能繁殖起来。老太婆醒来，做梦的经过告诉家里人，她家供了马神后，结果生的马驹一个也没死，从此每家都供了这个神（满都尔图、周锡银、佟德富，1999：26~27）。

鄂温克族也热爱马、崇拜马供奉马神。也同蒙古族一样供奉分管马群及牲畜安全和繁殖的 jiyaɣaɣci bɔggɔŋ "吉雅奇博如坎。"该神形状是在一方形的毡子上，用偷来的不同姓氏人家的种马的鬃尾，绣成的两个人形（据说一男一女），并且中间缝有一个口袋，以盛供物。jiyaɣaɣci "吉雅奇"来源于蒙古语"赐给命运、运气者"之义。在鄂温克人心目中他是赐给牲畜繁殖、人家带来好运的命运之神。一般春秋两季即五月五日和八月十五日祭。祭天等重要祭祀活动时还用马来供奉。鄂温克人与蒙古族一样不能乱打骂马，尤其其头部。跟随主人多年帮助或救助主人感情深的好马还戴上彩带与神享马同等待遇，再不能随便乘骑、宰杀或买掉，让它自由自在地"享老"。

赫哲族也同上述民族一样崇拜马神。他们把马神叫做 mɔrin səun，司马神叫做 kiləkiŋ səun，饮马神相叫做 iɕimajin（尤志贤、傅万金，1987：127~128）。

（二）汉藏语系语言民族文化比较

比起北方游牧民族汉族属于农耕民族，而且现在对马没有那麼深的感情，好象更谈不上什麽马文化。但翻阅史书或神话传说不得不承认汉族也是远古以来崇拜马图腾的民族或部落。最起码可以肯定其中很多部落或族群是曾经游牧并崇拜马图腾。我们从汉语的驯字来看汉族最早开始驯马来驯化动物的。汉字里大量出现的以马为偏旁的字词来分析，汉人有过马文化。就拿马的毛色步态而言也有很多。阉割牲畜中骟马的名称就有几个。如骟、骠等。有关医疗马疾病的书也有。如明朝的《元亨疗马集》等。虽然现在这些名称已被列如乖僻词里，但却证明着过去很普遍。就拿马的名称来分析，也与阿尔泰语系诸语言里的 morin 有一点关系。汉语马中古音为：ma，上古音为：mea，近代音为：mua，

蒙古语马名称与蒙古族马文化

吴语为：mo~mɒ（李珍华、周长楫，1999：314）。地名马祖、骊山都与马图腾有关。有关祭祀马祖、马王方面，《周礼·校人》曰："春祭马祖，执驹；夏祭先牧，颁马功特；秋祭马社，臧仆；冬祭马步，献马，讲驭夫。"据说远古传说中三皇之一的人皇氏具有马图腾，在《三才图会》中其形象即作马首状。传说中的奚仲、吉光都是纹马图腾的两个具有血缘关系的游牧部族。奚仲属驳杂马为图腾，而吉光为白马为图腾。该部族地区产良马著称。古人以马驾车，车马相连，所以吉光、奚仲就有了车神与马神双重神格（刘毓庆，2002：262~265）。黑马图腾的骊畜氏族在皇帝之前，属于母系氏族。骊本身是黑马之意。骊畜氏之传人骊戎活动在骊山一带，即陕西临潼一带。骊山也叫骊戎山。

白马图腾的白马羌和白马氏均属如今藏缅语族羌族和彝族等族群的祖先。白马为图腾并结合汉语成语白马王子等考察古代一些游牧部落和族群与蒙古族一样尚白色，白马。在汉文化中马代表英雄主义思想。在汉族古近诗歌当中有关赞美马的很多。就古代诗文看李白的《天马歌》、杜脯的《房兵曹胡马》、曹操的：《步出厦门行》、曹植的《白马篇》、张率的《走马引》等。有关画马的名国画也不少。其中著名画家徐悲鸿在画马方面具有非常代表性。他画的各种马图如八骏马、奔马图都是杰作。不管画马或咏马都暗含着志在千里的英雄主义精神。

此外，汉语方言有跑马"遗精"的合成词，其中这个马直接对应与精子。汉文化的精子、精华其实具有褒义。有趣的是达斡尔语把遗精也叫做 morj gui-（恩和巴图，1984：204），是汉语意译还是汉语方言是从达斡尔语意译有待研究。在达斡尔语里人跑和动物的跑用不同的动词区别：真正马跑应该说：morj xaul-，但这里用的是人的跑 gui-，看来以此来区分两种截然不同的意义吧。

363

（三）印欧语系语言民族文化比较

马在印欧语系民族文化里有所不同，有的具有褒义，有的是贬义，有的是中性意义。

如一些西方文化中，马与阴间、与时间、与死亡往往联系在一起。在古希腊的传说中，梦见马是死亡的先兆。马首人身的怪物墨忒耳，被视为阴间司法官的化身。在俄罗斯民间诗歌中，黑马是青春和旺盛生命力的象征；在印度马作为欲望的象征（刘毓庆，2002：271）。其中梦见马的象征意义恰恰与蒙古族的相反。蒙古族梦见马是飞黄腾达的先兆。欧洲很多民族也是经过狩猎文化和游牧文化，所以他们的文化中具有很多不同与亚洲马文化现象。如马术和马的步态等互不相同。众所周知二战英雄卓克赫打败稀特勒法西斯攻克柏林胜利返回后，在红场上骑着白马被迎接的。

在汉族谚语或成语里有些是与蒙古语的非常相似或一致，而有的不同，证明不同的两个民族在马文化思维上有相同和不同之处。如：蒙古语：aγta morin-u sayin-i unun bayiju medene, aqa degüü-yin sayin-i nökörlen bayiju medene.直译：骟马好不好，骑过才知道；朋友好不好，交过才知道。汉语：路遥知马力，日旧见人心。汉语有这样的谚语：射人先射马，擒贼先擒王。但蒙古语就没有射马来比喻的谚语。

（四）马文化的民族特点

世界上多数民族都具有不同程度的马名称及马文化。但比较而言被誉为马背民族的蒙古族马文化更具特色。

1. 以游牧为主的蒙古民族经济、政治、文化、生活等一切领域中马成为该民族不可缺少不可分割的一部分。

2. 马文化已经进入蒙古语言敬词系统，成为蒙古语某些行为动作的永久性敬语。

3. 对马的崇拜及有关葬马礼俗比较独特。

4. 尚白马和喝马奶酒等习俗与其他民族还有所不同。

5. 崇拜力气、智慧的蒙古民族好汉三艺中的赛马属其民族最传统的体育项目。蒙古民族还有很多体育项目，但作为全民族普遍喜欢和成为好汉三艺（ere-yinɣurban naɣadum）这种形成合成词的独特。

五　小结

（一）马文化是游牧文化的重要组成部分

如上所述，马文化已经进入蒙古族精神文化和物质文化，所以蒙古人一说起马都有一种精神抖擞的感觉。这就是马背民族特有的感觉。我们认为，马文化是游牧文化或草原文化的核心或重要组成部分。因此我们对蒙古族传统文化的核心之一马文化要采取保护政策。

（二）马文化的现状及变化

1. 马文化的现状

人们都知道经济基础决定上层建筑这一政治经济学原理。在中国蒙古族地区经济类型不同马文化的内涵也有所不同。其中经济因素决定社会因素。如纯牧业地区、半农半牧地区和纯农业地区以及城镇地区的蒙古族对马文化的理解都相互有所不同。越是纯牧区，依赖马的程度越高，那里的马文化就越深，反之越淡薄。现在我国的牧区，马的社会需求越来越减少。如过去放牧全靠马，而今很少用马，很多地区用摩托车放牧，甚至很多地方圈养牲畜，用不着马。过去的围猎和打猎几乎消失。人们过去进城或探亲访友骑马，而今都用汽车或摩托车。过去的马车现在一般都拖拉机或汽车所代替。过去内地套车和种地大量需要马，而今几乎不需要。过去有骑兵需要军马，现在取消骑兵，不需要马。中国蒙古族很多地区不吃马肉，在我国市场上马肉需求也很少。在蒙古族那达慕大会上的赛马运动也逐渐减少。总而言之，随着市场经济以及经济类型的变化，我国蒙古族地区的马的数量急剧下降，从而马文化也开始趋于淡化迹象。相对而言蒙古国的马文化保留的好一些，原因就是，蒙古国至今为止保持游牧经济，全国牧区经济还是以游牧为主。那里马的需求还很旺盛，依然成为重要的生产工具和交通工具。不管是牧民还是城镇干部职工，都能控马参加赛马比赛。人们照常喜欢吃马肉，喝马奶。尤其马奶是全民最爱喝的一种天然饮料。

2. 马文化的变化

随着经济生活中马的需求的减少，其价值的降低，人们头脑里形成的马文化也随即发生变化。在一些人们的心目中有关马的词语模糊起来马文化也有所淡化。在草原上过去那种万马奔腾的景象就不会出现，从而人们心目中一提起马就兴奋的感觉就会消失或淡忘。实际上有些半农半牧地区的年轻人就不会骑马，对马没有什么感情，谈不上什么马文化。

（三）马文化的保护

正因为马文化是蒙古民族传统文化的重要组成部分，我们应该保护和发扬。保护马文化首先要保护其基础马及马经济。虽然蒙古马的经济需求有所减少，但还没有完全崩溃的地步。我国广大草原上的畜牧经济还有较多的用场。山川、隔壁沙漠、雨雪天气骑上马放牧或当交通工具都非常方便。赛马还是蒙古人最喜欢的传统体育项目，在那达慕或祭祀敖包等传统活动中人们都愿意举行赛马比赛。喝马奶或马奶酒不仅是蒙古族传统的饮料，而且对身体有医疗价值。蒙医中就有专门的马奶疗法。据说，在西方赛马比赛、马术以及相关产业是有些国家的一个经济增长点。在迅猛发展的中国蒙古族地区的经济生活中，蒙古马业也会焕发昔日的辉煌。

参考文献

布林特古斯主编《蒙古民俗百科全书》，赤峰，内蒙古科技出版社，1997。

曹纳木：《禄马略考》，《社会科学》1984年第1期。

迪木拉提·奥迈尔：《阿尔泰语系诸民族萨满教研究》，乌鲁木齐，新疆人民出版社，1995。

恩和巴图：《达斡尔语词汇》，呼和浩特，内蒙古人民出版社，1984。

符拉基米尔佐夫、D.Z.：《蒙古社会制度史》，刘荣焌译，北京，中国社会科学出版社，1980。

郭成伟点校：《大元通制条格》，北京，法律出版社，2000。

汉语大字典编辑委员会：《汉语大字典》，武汉、成都，湖北辞书出版社、四川辞书出版社，1996。

郝苏民：《文化透视：蒙古口承语言民俗》，西宁，青海人民出版社，1994。

吉原公平：《蒙古马政史》，巴达荣嘎、王路译，《蒙古学译文选》，内蒙古社会科学院情报研究所，1984。

李珍华、周长楫：《汉字古近音表》，北京，中华书局，1999。

刘毓庆：《图腾神话与中国传统人生》，北京，人民出版社，2002。

马玉蕤、乌兰杰编《99首蒙古民歌精选》，北京，民族出版社，1993。

367

满都尔图、周锡银、佟德富主编《中国各民族原始宗教资料集成》(鄂伦春族等卷)，北京，中国社会科学出版社，1999。

那·巴桑：《卫拉特风俗》，呼和浩特，内蒙古人民出版社，1996。

其·僧格：《从蒙古族马文化传统》，《蒙古语文》(蒙文版) 1996年第9期。

仁钦道尔吉、道尼日布扎木苏、丁守璞编《蒙古民歌一千首》(第三卷)，通辽，内蒙古少年儿童出版社，1982。

色·杜力玛：《蒙古象征学—数字象征学》，呼和浩特，内蒙古人民出版社，2001。

粟林均、确精扎布：《"元朝秘史"モンゴル语全单语·语尾索引》，东京，東北アジア研究センター丛书，第4号，2001。

特木尔吉如和、阿荣：《那达慕》，呼和浩特，内蒙古教育出版社，1998。

乌丙安：《神秘的萨满世界》，上海，上海三联书店，1989。

杨·巴雅尔：《蒙古马文化研究》，呼和浩特，内蒙古人民出版社，2001。

尤志贤、傅万金：《简明赫哲语汉语对照读本》，黑龙江省民族研究所，1987。

从毕摩祭祀词汇看彝族宗教信仰与崇拜

普忠良

人类的语言是历史积累起来的,即使是现代语言,也多少会保留反映古代民族文化特点的成分,语言所具有的多功能性能从各个方面和角度反映人类的社会、文化的特点,其中包括宗教特点。语言和宗教都属于文化范畴,二者的关系十分密切。语言是文化的表现形式,文化的各种形态(包括宗教),在语言中都会有所反映;而宗教的产生、传播、变异,也会影响语言的发展、变化及其使用功能,宗教的特点自然会在语言中保留某些痕迹。

彝族分布较广,居住上具有大分散小聚居的特点,许多地区与其他民族交错杂居,其宗教信仰也较复杂。宗教信仰是彝族社会意识形态的重要组成部分。[①] 在彝族社会历史层次上,$pe^{33}mo^{55}$ "毕摩"是彝族宗教信仰活动的中心人物,其重要职

---

① 以祖先崇拜为核心,集自然崇拜、图腾崇拜和灵物崇拜为一体的传统信俗是彝族固有的原始宗教外,一些地区还流行道教和佛教。近代以来,基督教和天主教也在少数彝族地区流行。

责是"沟通神、鬼、人之间的关系",他们既是原始宗教观念的宣传者、解释者,又是宗教仪式的主持者和组织者,是彝族原始宗教信仰中精神信仰的代表。"毕摩"在彝族社会享有特殊的地位和威望,毕摩在主持彝族民间的祭祀、巫术、兆卜、禁忌等信仰活动中,逐渐形成了一套比较完整又极具宗教信仰活动色彩的祭祀词汇(术语)。毕摩在祭祀活动中使用的祭祀词汇(术语)不仅承载着彝族先民的种种信仰理念,表达着彝族的宗教信俗,而且在人们的日常生活、经济生产、婚丧嫁娶等方面对彝族社会的精神生活有着极为重要的影响。本文拟对彝族祭司"毕摩"及其祭祀词汇、术语进行综合阐释,从一个侧面揭示毕摩祭祀词汇(术语)所蕴涵的彝族的信仰和崇拜文化。

一 关于"毕摩"及其神职信仰

(一)"毕摩"在彝族社会中的地位与角色

在长期的社会生活和实践中,彝族在民间逐渐形成了自己独特的人神合一[①](崇祖信天神)的宗教信仰体系。彝族崇尚阴阳和谐。[②] 以祖先崇拜为核心,集自然崇拜、图腾崇拜和灵物崇拜为

[①] 人神合一的神权等级观念是彝族上古社会的写照,是彝族社会从落酋长向部落联盟共和制阶段过度的产物。它用宗教的理论赋予了共和首领至高无上的权利,并直接导致和影响着彝族奴隶制的延续,使得在神权观念的支配下,这种制度在金沙江北岸一直保持到20世纪40年代。
[②] 彝族先民认为山有公山母山,水有公水母水,树有公树母树,世间万物阴阳对应。

从毕摩祭祀词汇看彝族宗教信仰与崇拜

一体的传统信俗是彝族民间宗教信仰的主要表现形式。各种祭祀、巫术、兆卜、禁忌是彝族民间常见的信仰活动。而彝族祭司"毕摩"在这些信仰活动中扮演着最重要的角色。

在扑朔迷离的大自然面前,古代彝族先民为了消除对自然界的恐惧,在崇祖信天神的基础上创造出人神合一的宗教信仰体系。这种人神合一性,其特点是用神权思想来解释自然,巩固部落的统治地位。在神权结构中,彝族宗教中的神不仅以自身的等级区分,也与社会结构模式相联,并直接与当时的社会道德规范融为一体,即与古代彝族的等级制度有着密切的关系。因此,人神合一是维系彝族上古社会的纽带,体现出部落首领至高无上的权利,也反映出彝族宗法等级制度的建立。

在彝族远古时代,神权即君权,神权结构即社会等级结构。彝族先民意识中的神权结构共分为5等6级,[1] 不同等级的各种神只能在自己的职权范围内行使权利(云南省少数民族古籍整理出版规划办公室,1988)。与神权结构相对应,古代彝族的等级制度按生产关系把社会分为6个阶层(表见第373页):

从下表可以看出,古代彝族社会结构模式中的等级制是君、臣、师三维平衡观念为基础的。在这种社会等级模式中,毕摩具有多重身份。

---

[1] 最高层中央五大神:"策耿纪(众神的最高统率)"、"萨西(智神:主南)"、"妮柏妥(云中君:主东)"、"徐朔(司命君:主北)"、"沙方(主神:主西)"。六个等级是:1."策耿纪(众神的最高统率)";2."策耿纪"的四大支柱(四大神):"妮柏妥"、"徐朔"、"沙方";3."亥多方"率领下的四方八大男女主神;4."尼比尔阿梅(补天女)"主管的天、地、日、月、星、云等神;5."非诺(精灵首领)"率领下的死神和灵魂预审官,掌握着生死薄;6."添比得阿梅(地女仙)"率领下的山、水、树、岩等神,主管地上植物生灵的生长与繁衍。

阶层	彝语称谓	音译	汉义	权利与司职
一	dʑɿŋ³³	兹	君王	整个民族的君王，在人间有至高无上的权利
二	mo²¹	莫	大臣	掌兵权，处罚不听命君王的所有人
三	bi³³	毕	祭司、谋士	君王的祭司、谋士，司文主薄，行祭礼撰史
四	ke⁵⁵	格	工、匠阶层	管冶炼
五	kə²¹	各	商人阶层	专门司商贾
六	te²¹	德	农牧民阶层	以农牧为住，是社会中的最低层

资料来源：普忠良：《彝族毕摩祭祀词研究》，载《民族语文》2005年第5期。

从宗教职能来看他是祭司，是彝族原始宗教礼仪的主持者，是沟通"人与神"的中介。在古代彝族君、臣、师政权结构中，毕摩担任着"师"的职责。毕摩通晓彝族文字，是彝族知识分子、经史学者，又是彝族文化的代表者、传承者。因此，一个具有权威的毕摩，须具备宗教、经籍、历史、地理、历法及星占、医学病理、艺术、宗教仪式、民间口传文学、家支谱系及送灵路线等各方面的知识，同时要主持过多次大规模的送灵或祭祖仪式。而是否具备这些知识和祭祀经验成了毕摩从事神职工作的必要前提。按照毕摩所具有的知识和本领，古代彝族社会中从事神职的毕摩，在"毕摩"这一总称下，毕摩在所司职的祭祀或送祖灵等规模较大的祭祖活动中，按其所承担的工作或分工情况，有不同的称谓：①

pe²¹mo²¹ "呗莫"　为整个祭场的总指挥或在特定的祭典仪式中负责总的祭仪，主持比较重大的祭祀礼仪。

pe³³mɔ⁵⁵ "呗耄"　彝族毕摩的通称，在祭祀活动中司理次总管

---

① 前6位都是规模较大的祭祀，如像祭祖大典·"耐姆"等活动中均为主祭毕摩。

的角色，主持比较重要的祭祀礼仪或在大型的祭祖大典"耐姆"中作为"协调师"的角色，司应酬，负责毕摩与主人之间的一切交涉。

$pe^{33}tɕ^{33}$ "呗刀"　在祭祀活动中承次总管或"事务师"的角色，司理劳作事务，领导背祖灵筒、汲圣水、插神位树枝等事。

$pe^{33}tɕhi^{55}$ "呗期"　在祭祖活动中承担或司理次总管"拔除师"的角色，主持一般性的祭祀礼仪，如司祓除、解罪等事，负责打醋炭清净祭品和主持解罪孽等仪式。

$pe^{33}xɔ^{21}$ "呗好"　在祭祀活动中司理"法师"的角色，主持一般的或简单的祭祀礼仪者。由其司理请神驱鬼，负责主持请祖先神仪式和驱鬼逐魔法术。

$kɯ^{55}pe^{33}$ "革呗"　专指彝族祭祖大典中负责雕制祖像和祖灵筒的毕摩。

$pe^{33}zɯ^{33}$ "呗惹"　不能单独主持祭典仪式的毕摩学徒总称，一般是协助次主管在祭祀做一些杂务工作。

$dʐɯ^{33}pi^{21}$ "之毕"① 非毕摩世家（非正宗）出身的毕摩总称。在祭仪活动中承担一些杂务性的工作，在毕摩阶层中"之毕"的社会地位最低。

（二）"毕摩"的神职信仰

鬼神信仰是彝民族的共同信仰，毕摩除了鬼神信仰之外，还有自己的特殊的信仰。随着毕摩神职观念在从业人员头脑中的确

---

① 为彝语北部方言喜德话。"之毕"由于是非正宗的毕摩，没有同血缘的毕摩祖先助祭护法，也没有祖传的经书和法具，其法力不高，不能主持祭祖、咒人、咒鬼、招魂等大型的重要仪式，一代人做毕，不能够传给儿孙，也永远不能发展为毕摩家支。

立，逐渐出现了适合毕摩职业需要，保护毕摩活动和利益的神灵，而这些神灵是所有毕摩从业人员的特有的信仰对象，它们主要是：bŋ^{33}ɚ^{33}"毕尔"、mɯ^{33}ɚ^{33}mɯ^{33}sɿ^{21}"木而木色"，即护法神，"呗奴呗苏色"，即法具神和经书神。

"毕尔"，即毕摩神。指在谱系中可供追溯的历代毕摩的祖先神灵。彝族传统社会里有少数家支被社会认可为是从其某一代祖先开始就从事毕摩职业的家支，比如凉山彝族社会中的吉克家支、沙马家支、吉里家支、的惹家支等。这些家支有从事毕摩职业的传统，世世代代执掌毕摩之职，被尊为毕摩神的祖先就是各毕摩家支的已故祖先，同时生前又是下一代子孙们从事毕摩活动的教师或师傅。他们的魂灵被自己的毕摩后裔们奉为神灵加以崇拜，一方面作为祖神保佑其后代繁衍兴旺，另一方面作为职业守护神保佑后世毕摩子孙行毕（或做法事）顺利成功。在从毕人员的观念中，"毕尔"具有祖先神和行业神的双重特征。

需要说明的是，一方面在重视血缘关系和血缘传统的彝族社会中，不同家支毕摩们的毕摩神有家系之别，毕摩神信仰中重视血缘的传统和延续，强调对自己有血缘关系的毕摩祖先信仰，这是彝族祖灵信仰和毕摩职业活动相结合的产物，其作用在于确立和巩固毕摩的父子血缘关系，保证其神职活动和身份在本家支内的传递和继承。另一方面毕摩们除了各自信仰与自己有血缘关系的毕摩神外，还普遍崇信各毕摩家支在历史上涌现出来的著名的毕摩神，这类毕摩神生前对毕摩职业活动有特殊的贡献，具有非凡的业绩和奇异的技能，有渊博的知识和高尚的德行。如像体比渣姆、阿苏拉则、阿格说主等[①]，这些出自不同家支的毕摩英雄们是毕摩的代表人物，是后世毕摩们的精神领袖，每次祭祀仪式或

---

① 这些都是彝族历史上有名的毕摩。

从毕摩祭祀词汇看彝族宗教信仰与崇拜

活动，后世毕摩们要诵《bŋ²¹bu³³the²¹ʑɨ³³》（毕部特依），即《毕摩献神经》，呼请这些著名的毕摩神享祭助法，保佑祭祀仪式成功。这种打破血缘界限，超越家支范围，以功德神迹为基础的毕摩信仰，也是英雄崇拜和毕摩职业活动相结合的产物。

"木而木色"，即护法神，意为自然界的各种神灵。它包括了mu³³sʅ²¹"天神"、mi³³sʅ²¹"地神"、be̠²¹sʅ²¹"山神"、zi²¹sʅ²¹"水神"、fa⁵⁵sʅ²¹"岩神"、mo³³ɦo³³ʑi²¹sʅ²¹"雨神"、mu³³kɯ²¹sʅ²¹"雷神"、ʂi²¹sʅ²¹"树神"、tɑ⁵⁵sʅ²¹"鹰神"等等各种自然神。这些神灵本来是彝民族普遍信仰的自然神，在彝族人民的观念中有其不同的司职。但毕摩们把它们纳入自己的职业活动中，奉为护法神。每次祭祀活动或仪式，毕摩们都要以插神枝的形式为这些护法神设置神位，呼请护法神来享祭助法。但每场仪式活动要邀请哪些自然神或多少自然神来毕摩护法，还要根据仪式的性质、规模以及仪式牺牲的种类大小不同而定。如像做ɕo³³bɯ³³"晓补"反咒等小型祭祀仪式，用牲仅为一只公鸡，就只请附近的一些山神来护法。如做tsho³³zɯ³³"撮日"咒人等大型仪式，用牲为牛、羊等牺牲，就要呼请天神、地神、岩神、树神等等众多的自然神灵来享祭助法。而且还要诵《mɯ³³ɚ³³mɯ³³ʂɿ̠²¹bi²¹》（木而木色毕），即《请神经》和《mo²¹ko²¹mo²¹ʂo⁵⁵the²¹ʑɨ³³》（莫果莫社特依），即《招兵请将经》。毕摩呼之则来，挥之则去。因此，自然神请做护法神具有临时性的特点。仪式中暂改其原有的司职成为护法神，帮助毕摩做法。

"呗奴呗苏色"，即法具神和经书神，意为毕摩的法具魂灵和经书魂灵。对法具魂灵和经书魂灵的信仰是毕摩们的特殊信仰。法具和经书是毕摩职业活动的手段和依据。根据彝文经书《bŋ²¹bu³³the²¹ʑɨ³³》（毕部特依），即《毕摩献神经》记载：远古

375

女里，什叟、莫木① 几个时代均有人做毕摩，但因不置金水鼓、② 不行骨卜、③ 不佩杉签筒、不持竹神扇、不戴神斗笠、不摇神铃、④ 不念经书，因而驱鬼鬼不走，祈福福不至，治病病不愈，直到邛布时代，才有了上述种种法具和经书。毕摩借助法具和经书的法力，祛病驱鬼，招魂纳福无所不至。在毕摩看来法具和经书之所以有法力，不仅仅是因为其特殊的形制，而是法具和经书的形体中潜藏着一颗跳动的魂灵。魂失则法力失，魂受到损害或玷污，其法力也受到影响。因此，在毕摩神职的信仰中，向法具和经书献祭祀，招法具和经书的魂灵等去污除秽等仪式行为就是在这种特殊信仰的基础上产生的。有关法具的制作、使用和收藏，以及经书的抄写、流通等诸多规定和禁忌同样是毕摩神职信仰的表现。可以说，对毕摩神、护法神以及法具经书魂灵的信仰是彝族祭司毕摩群体特有的信仰，也是彝族毕摩从事神职活动信仰的力量和毕摩阶层赖以生存和发展的精神之柱。

二　毕摩祭祀词汇（术语）内容与类别

彝族毕摩主要司理祭祀，带有极强的祭司性质。毕摩在主持彝族民间的祭祀、巫术、兆卜、禁忌等信仰活动中，逐渐形成了一套比较完整又极具宗教信仰活动色彩的祭祀词汇（术语）。彝族毕摩祭祀词汇或术语依据彝族宗教经典所中承载的内容，大体上可分为15个主要类别。

---

① 彝族史中所记载的"女里"、"什叟"、"莫木"均为彝族远古时代的名称。
② 彝族文献中记载的彝族毕摩使用的一种法具，但现已消失。
③ 彝族占卜的一种形式之一。
④ 签筒、竹神扇、斗笠、神铃等都是彝族毕摩在宗教祭祀活动中使用的法具。

（一）作斋类

包括彝族毕摩为超度亡灵及其在各种作斋仪式中常使用面的词汇（术语）和经书等。词汇方面的，如：

n̠e⁵⁵mu³³dʑɔ²¹	斋场	n̠e⁵⁵mu³³de³³	作斋处
pe²¹mɔ⁵⁵tʂhe²¹	毕摩青棚	n̠tɕhɔ³³hɚ³³	斋棚
vɚ²¹ɬɯ³³	老祖筒	kɯ⁵⁵mu²¹tʂhe²¹	雕祖筒匠棚
pu³³nthu²¹de³³	挖祖筒处	tshɔ²¹tsa³³	献斋

这方面的经书很多。如：

gu⁵⁵mu³³su³³n̠e³³《入斋棚经》（彝文手抄本，云南省禄劝县彝族毕摩张兴藏书）。

n̠e⁵⁵mu³³mɒ³³nu³³ʂɯ⁵⁵tɕhe⁵⁵khu²¹my³³thɯ⁵⁵su³³《作斋迎祖灵进棚献牲经和神座名称》（彝文手抄本，征集于云南省禄劝、武定彝区，现藏于中国国家图书馆善本部，编号 1/1）。

n̠e⁵⁵ʐe²¹tɚ⁵⁵su³³n̠e³³《作斋播福经》（彝文手抄本，征集于云南省武定彝区，现藏于中国国家图书馆善本部，编号 9）。

n̠e⁵⁵khu⁵⁵ʂɯ⁵⁵n̠u²¹ʂɯ⁵⁵su³³n̠e³³《择作斋日期经》（彝文手抄本，征集于云南省武定彝区，现藏于中国国家图书馆善本部，编号 35）。

n̠e⁵⁵khu⁵⁵tʂhɔ⁵⁵n̠e⁵⁵tʂʅ⁵⁵tsa³³《作斋解罪和接魂经》（彝文手抄本，征集于云南省武定彝区，现藏于中国国家图书馆善本部，编号 5/90）。

（二）丧葬殡仪类

这类词汇（术语）和经书主要在操办丧事或人去世丧葬祭祀场合中使用。词汇方面的，如：

mɒ³³tsʏ̠⁵⁵	治丧
ʥi̠⁵⁵	祭
tshi³³bi⁵⁵/tshi³³tɔ²¹	献药
tɔ⁵⁵ʥɔ²¹	缚灵场①
mu³³hu²¹	天葬②
ɳʈʂɯ²¹tu³³	置酒祭奠
ɕi³³ʥɯ³³	吊丧
kɯ³³pe³³	祭奠
ɕi³³ʂɯ⁵⁵	死令③
ʥi̠⁵⁵ʥɔ²¹	祭场
ʥi̠⁵⁵de³³	作祭祀的地方
va̠⁵⁵phɔ²¹ɣa̠²¹ɳʥ̠hɔ²¹	祭丧仪式名④
tsi³³na̠²¹tɕɔ²¹	祭亡灵献药祭牲场地
ʥɯ³³ʥɔ²¹	祭献灵台
ʑi²¹lɯ⁵⁵	为亡灵解罪
ʑi²¹tɯ⁵⁵phu²¹	起埋魂
hi³³bi⁵⁵ŋɔ²¹ʥɔ²¹	诵献药经
tshi³³bi⁵⁵ʥ²¹	献药场
ʑi²¹ɕe³³	献水
mɔ³³ŋo³³	猫侬⑤
khɯ²¹	灵棚松⑥

---

① 缚扎亡者灵牌的场子。
② 彝族古代的葬式之一。
③ 指天上下的死诏。
④ 专指老年亡者的解罪祭祀。
⑤ 专指献神或祭奠亡灵时作牲畜的家畜称谓。
⑥ 指插在灵柩周围的松棵。

ɕi³³dʐɯ⁵⁵	祭奠死者
ẓi²¹ŋu³³dẓi⁵⁵	祭奠灵魂
dẓi⁵⁵mu²¹	作祭
dẓi⁵⁵dʐɔ²¹tʂe³³	转祭场
phu⁵⁵fiɚ²¹	在丧事中用的帐篷
ɕi³³ẓi²¹ŋu²¹mə³³dẓi²¹	祭奠亡魂名字①
tʂɔ⁵⁵ȵe²¹	超度亡灵
ŋɯ³³tʰu⁵⁵	祭章祭文
ẓi²¹khu³³	招魂

丧葬殡仪方面的经书，如：

ẓi²¹ɕe³³su³³ȵe²¹《献水经》（彝文手抄本，征集于云南省武定彝区，现藏于北京民族文化宫，编号：600740）。

hu⁵⁵mu³³dʐe³³bi⁵⁵su³³ȵe³³《向亡父母献牲经》（彝文手抄本，征集于云南省武定彝区，现藏于中国国家图书馆善本部，编号：64）。

tshi³³bi⁵⁵su³³ȵe³³《献药经》（彝文手抄本，征集于云南省武定彝区，现藏于中国国家图书馆善本部，编号：1/25）。

ŋɯ³³khɣ³³su³³ȵe³³《哭灵劝解经》（彝文手抄本，征集于云南省禄劝彝区，现藏于中国国家图书馆善本部，编号：3/135、3/145、3/150、6/272）。

ŋɯ³³tʰə³³su³³《哭灵经》（彝文手抄本，征集于云南省武定彝区，现藏于中国国家图书馆善本部，编号：3/136、5/216、8/393、8/394、8/395、8/400）。

tsi³³tɒ²¹mɒ³³nu³³zɣ³³su³³ȵe³³《献药供牲经》（彝文手抄本，征集于云南省武定彝区，现藏于中国国家图书馆善本部，编号：

---

① 彝族认为在亡故后举行祭仪时必须祭奠亡灵，死者灵魂方能归祖。

3/148、4/176、4/193、5/201、5/243、5/251）。

tɕe⁵⁵ɕi⁵⁵su³³ȵe³³《引灵柩入棚经》（彝文手抄本，征集于云南省武定彝区，现藏于中国国家图书馆善本部，编号：2/145）。

（三）祭祖祭神类

包括祭祀祖宗、天地、山水诸神时念诵的词汇（术语）和经书。如：

a⁵⁵phu³³pɤ⁵⁵	联祖灵牌
hi⁵⁵dʑa̠²¹hi⁵⁵ɬo³³	狩猎祀猎神
ze²¹tʂhe²¹phu⁵⁵thu³³dʑɔ²¹	青棚祭祖场
kɔ⁵⁵ʑi²¹khɤ⁵⁵	取净水
khu³³du²¹khu⁵⁵	举荐威神
lu³³ɣa̠²¹ɬɔ⁵⁵	用鸡祭衣禄神①
lu³³ɣa̠²¹ze³³	小衣禄神②
lɯ⁵⁵sɯ³³dʑu²¹	祖灵道
mɒ³³nu³³	祭牲
ʂu³³ɬo³³	穷祭
ȵtʂhɯ²¹su²¹	请神③
phu³³ʑi²¹dʑɯ⁵⁵tə³³	供奉祖灵
phu³³phi³³	祖妣
phu³³thu⁵⁵	祖时（祭祖吉时）
phu³³tʂhɔ⁵⁵	祭奠祖先
phu³³xɔ⁵⁵	领祖

---

① 指氏族之保护神。
② 家庭之保护神。
③ 向神灵请愿。

ʂe³³tʂhe²¹	祭棚
ɕe³³ʑi³³xɤ²¹	汲取水
ʐe²¹tʂhe²¹	青棚
ʑi²¹ɕe³³xɤ²¹	迎献祭水
ku³³bɤ²¹sə²¹ɬɒ³³	祭祀灶神
la̠⁵⁵the²¹	祭坛神台
lu³³ɣa²¹mu̠²¹	大衣禄神①
lɯ⁵⁵pu̠³³	灵筒
lɯ⁵⁵tʂhe²¹	祖灵棚
a³³phu³³no³³sɿ³³	祖灵牌
ȵe⁵⁵fi³³	分宗支
ȵe²¹thɯ⁵⁵ȵe²¹xɒ⁵⁵de³³	叙家谱神座
phu³³ʑi̠²¹phu³³ʑi̠²¹	祖灵妣灵
phu³³sɯ²¹ʂa²¹	净祖
phu³³thɚ⁵⁵thu³³	祖变银
phu³³tʂhi²¹	祖嗣
phu³³tsu̠²¹xɒ⁵⁵su̠³³	追溯祖源

祭祖祭神方面的经书很多，如：

a̠⁵⁵phu³³ʥe³³bi³³su³³ȵe³³《祭祖供牲经》（彝文手抄本，征集于云南省武定彝区，现藏于中国国家图书馆善本部，编号：45）。

a̠⁵⁵phu³³ɕe³³tɚ³³《祭祖灵经》（彝文手抄本，征集于云南省武定彝区，现藏于中国国家图书馆善本部，编号：151）。

a̠⁵⁵phu³³ɳtʂhɯ³³bi⁵⁵《祭祖献酒经》（彝文手抄本，征集于云

---

① 指亚氏族之保护神。

南省武定彝区，现藏于中国国家图书馆善本部，编号：45）。

ɕi³³phɯ⁵⁵su³³n̠e³³《联祖灵牌经》（彝文手抄本，征集于云南省武定彝区，现藏于中国国家图书馆善本部，编号：4/154、4/177）。

a̠⁵⁵phu³³tʂhɯ⁵⁵mɔ³³nu²¹ʂɪ³³su³³《设祖灵献牲经》（彝文手抄本，征集于云南省武定彝区，现藏于中国国家图书馆善本部，编号：98）。

fa̠⁵⁵pi⁵⁵və²¹xɤ²¹gɯ³³nu³³thɯ⁵⁵《关祠堂祖筒祭格怒神经》（彝文手抄本，征集于云南省禄劝彝区，现藏于中国国家图书馆善本部，编号：1/13）。

kɔ⁵⁵ʐi²¹khɤ⁵⁵tha²¹ɕi²¹n̠e³³《取净水经》（彝文手抄本，征集于云南省武定彝区，现藏于中国国家图书馆善本部，编号：64）。

lɯ⁵⁵ne³³n̠tɕhɯ³³su³³n̠e³³《请祖先享供牲经》（彝文手抄本，征集于云南省武定彝区，现藏于中国国家图书馆善本部，编号：1/25）。

（四）享祭助法神名类

包括毕摩做法事或主持祭祀礼仪活动中以插神枝的形式为有其不同司职的自然神设置神位，供为护法神，为毕摩的祭祀活动助法显威的自然神名类词汇（术语）和经书等。[①]

享祭助法神名类物类词汇（术语），如：

gu⁵⁵mu²¹　　　　　　太白君神座[②]

gu⁵⁵nu²¹　　　　　　耿努[③]

[①] 但每场仪式活动要邀请哪些自然神或多少自然神来毕摩护法，还要根据仪式的性质、规模以及仪式牺牲的种类大小不同而定。
[②] 彝族始祖涘阿木之神。
[③] 指彝语中指在天空巡游的吉神

kɔ⁵⁵fe³³	生育神
ku³³bɤ²¹sɚ²¹ɬo³³	祭祀灶神
ku⁵⁵sɚ²¹	屋神
kɯ²¹sɚ²¹	雷神
khu⁵⁵sɚ²¹	年神
lu²¹mu²¹ɬɛ³³	祭母石
ndhe²¹sɚ²¹	坝神①
ŋtʂhu³³si³³ɚ²¹	供奉山神的梁子
ȵi⁵⁵zu³³ȵi⁵⁵sɚ²¹	托附于巫师的神灵
phɔ²¹sɚ²¹	武神
bɤ²¹sɚ²¹	山神
tu⁵⁵sɚ²¹	火神
tshe³³go²¹sɚ²¹	闪电神
tɕhu⁵⁵pe³³sɚ²¹	六呗神
ɣu⁵⁵ŋtʂhɯ³³le²¹	卧祖理②
zɚ⁵⁵lu³³	森林神
gu⁵⁵mu²¹dʑɔ²¹	沽祭场③
kɔ²¹zɚ³³sɚ²¹	柱神
ku³³bɤ²¹sɚ²¹	灶神
ku³³na⁵⁵sɚ²¹	司命神
kɯ³³sɚ²¹	古神
kɯ²¹xu²¹	送雷神
lu²¹lu⁵⁵ɕe³³	祭石虎

---

① 主管原野平坝之神。
② 神名，管七重天的君主之一。
③ 彝族祭祀沽神的场所。

mu³³sɿ²¹　　　　　　　　天神

ȵe²¹bi³³ɣɯ²¹　　　　　　妮比尔①

ȵe²¹gɯ³³ntshɯ³³　　　　 天神

pe³³sɿ²¹　　　　　　　　呗神②

phi³³ɣo³³thu³³　　　　　皮武吐③

sɿ²¹dʑp²¹de³³神位　　　 神位④

the²¹ntshɯ³³　　　　　　地君

tɕu³³phu⁵⁵ɣo³³　　　　　禾苗神⑤

tʂɣ⁵⁵sɿ²¹　　　　　　　 畜牧神⑥

ɣu⁵⁵ȵe²¹su⁵⁵　　　　　　卧恒苏⑦

zi³³sɿ²¹　　　　　　　　水神

享祭助法神名物类的经书，如：

gu⁵⁵mu²¹ŋkhu²¹mɣ³³the³³《祭沽神座名称》（彝文手抄本，征集于云南省武定、禄劝彝区，现藏于中国国家图书馆善本部，编号：1/1）。

gu⁵⁵mu²¹ŋkhu²¹su³³tha³³ɕi²¹ȵe³³《请格努神经》（彝文手抄本，征集于云南省禄劝彝区，现藏于中国国家图书馆善本部，编号：1/4）。

ntʂhɯ²¹ɕe³³lu⁵⁵du²¹su³³ȵe³³《祭酒献茶经》（彝文手抄本，征集于云南省武定、禄劝彝区，现藏于中国国家图书馆善本部，

---

① 主管智慧的天神名。
② 毕摩所崇拜的神。
③ 神仙名，彝语意为白发仙。
④ 也指有鬼之地。
⑤ 主管禾苗的神。
⑥ 彝人观念中饲养畜牧之护神。
⑦ 神名，第五重天的主宰者。

编号：7/389、11/473）。

（五）消灾祓除类

指毕摩在祭祀活动中为消灾除秽时用的经书和词汇（术语）等。消灾祓除方面的词汇（术语），如：

jɯ³³nthɤ³³	解冤
ka²¹nthɤ³³	禳解
lu⁵⁵thu³³ŋkha⁵⁵	逐白虎精
jɯ³³tɕɔ³³	驱邪
lu⁵⁵thu³³ɳtʂhɯ²¹	避白虎精
lu⁵⁵thu³³xuo²¹	送白虎精

消灾祓除方面的经书不少，如：

ɕi³³tɕɔ³³ju³³su³³《解灾星缠书》（彝文手抄本，征集于云南玉溪彝区，现藏于北京民族文化馆，编号：600735）。

ʑi⁵⁵ma³³nthɤ³³su³³ɲe³³《解夜梦不祥经》（彝文手抄本，征集于云南省武定、禄劝彝区，现藏于中国国家图书馆善本部，编号：7/374）。

khu³³tʂhɔ⁵⁵mɿ³³nu³³ʂɯ³³《解罪献牲经》（彝文手抄本，征集于云南省武定彝区，现藏于中国国家图书馆善本部，编号：6/296）。

pe³³mi³³nthɤ³³tsɿ³³ni⁵⁵ɕi²¹ɲe³³《百解消灾经》（彝文手抄本，征集于云南省武定、禄劝彝区，现藏于中国国家图书馆善本部，编号：6/326）。

（六）驱魔送鬼类

主要是指毕摩在祭祀活动中为驱魔送鬼怪念诵的各种词汇（术语）和经书等。词汇方面的，如：

çi³³na³³	未解鬼①
li̠⁵⁵bɤ²¹	鬼屋（鬼圈）
li̠⁵⁵mu⁵⁵	鬼天
li̠⁵⁵ve³³	鬼祟
ɬa⁵⁵ɳu²¹	鳏鬼②
ɬu³³kha³³	凶妖③
ȵtɕhe⁵⁵hɤ³³	阴间
si³³xu³³	天鬼
tu̠⁵⁵sɚ²¹xu²¹	送水鬼
tʂhɯ⁵⁵khɯ³³	恶鬼
ve³³du³³xu²¹	送鬼魂
ve³³du³³pç⁵⁵xo²¹	驱鬼避鬼
tsho⁵⁵su³³pa⁵⁵	吃人恶鬼
bŋ⁵⁵lŋ³³	男童鬼
tsho³³bo²¹	（天上的）公鬼
lŋ³³to³³	（一种复仇的）冤鬼
ta³³bu³³a³³ma⁵⁵	（雄性）吃人恶鬼
dʑi⁵⁵	凶残鬼
ni⁵⁵tshŋ³³ma²¹tɕho⁵⁵	变化鬼
bi³³	（使人四肢无力的）鬼
thu³³sa³³	贪残鬼
tho⁵⁵xo³³	（一种兹诺死后变的）鬼
ȵe³³na³³	破烂鬼

---

① 指死时没有举行祭祀仪式解除冤孽的鬼魂。
② 指未婚男青年的亡魂。
③ 指一种难以降服的妖怪。

从毕摩祭祀词汇看彝族宗教信仰与崇拜

tu⁵⁵bi³³	火鬼
tu²¹mu³³	坟鬼
kie⁵⁵na³³bu³³l̥e⁵⁵	水豆鬼
sɿ³³ɕɿ³³	瘫病鬼
thu³sa³³	家畜鬼
ȵu⁵⁵na³³bi³³	猴鬼
ʂɿ³³ɔ³³a³³tsʰɿ³³	蛇鬼
ɣṵ²¹nḛ⁵⁵dʑṵ²¹dʑɚ²¹	路间鬼
l̪i⁵⁵dʑe³³	鬼怪
l̪i⁵⁵ŋɯ³³ȵi²¹	鬼哭日
lṳ⁵⁵tʰu	白虎精
ɬɚ³³nḛ⁵⁵	野鬼
mɒ³³tɕɔ⁵⁵	野魔
sɚ²¹dʐp²¹de³³	神位①
ʂu³³fi³³	邪怪
tsɚ³³tsɚ³³nḛ³³ŋtʂhu⁵⁵	兹兹宣乍②③
ve³³du³³	鬼魂
ve³³ŋkhḁ⁵⁵	驱鬼
ȵe²¹pɯ̰²¹	魂幡
ŋi²¹ʐɿ³³	女童鬼
tɕhu³³le²¹	（一种）母系鬼
tshu³³mo³³	（天上的）母鬼
ɕɿ³³thi³³	（一种讨债的）冤鬼

---

① 指有鬼的地方。
② 鬼的祖先名。
③ 鬼的祖先名。

ka³³ta³³a⁵⁵ʂɿ³³	（雌性）吃人恶鬼
tshu³³zɯ³³ɕɿ³³ti³³tsɔ⁵⁵	独脚鬼
gɯ²¹	（池塘、沟边）鬼
tʂm⁵⁵na³³li⁵⁵sɿ³³	（一种山羊变的）鬼
va⁵⁵xi³³	饿鬼
sɿ³³lu²¹si³³ni⁵⁵	（一种黑彝死后变的）鬼
du³³	挖食鬼
mu³³vu⁵⁵h³³sɿ³³	阴间蛇鬼
va⁵⁵ʂɿ³³ti²¹m̥u³³mo²¹	天花鬼
na³³dʐu³³pa⁵⁵khe³³	头痛鬼
n̥i⁴⁴ʐ²³	神经病鬼
tsɿ²¹si³³	咳嗽鬼
xo⁵⁵khɯ³³tsm³³tɕɿ³³	双头狗鬼

驱魔送鬼方面的经书，如：

ve³³du³³ɳtʂʅ⁵⁵li²¹《避鬼经》（彝文手抄本，征集于云南省武定彝区，现藏于中国国家图书馆善本部，编号：45）。

ȵtɕhe⁵⁵dʑi⁵⁵thɯ⁵⁵su³³ȵe³³《驱鬼经》（彝文手抄本，征集于云南省武定、禄劝彝区，现藏于中国国家图书馆善本部，编号：2/89）。

ȵtɕhe⁵⁵thɯ⁵⁵se³³ȵe³³《隔离凶鬼经》（彝文手抄本，征集于云南省武定彝区，现藏于中国国家图书馆善本部，编号：4/156）。

ȵtɕhe⁵⁵se³³ȵe³³《隔鬼经》（彝文手抄本，征集于云南省武定彝区，现藏于中国国家图书馆善本部，编号：1/58）。

ɦʱ²¹pha²¹dʑe²¹su³³ȵe³³《送回声鬼经》（彝文手抄本，征集于云南省禄劝彝区，现藏于中国国家图书馆善本部，编号：7/354）。

（七）咒术技法类

指毕摩做诅咒、反咒、除咒、盟誓等法事或仪式中念诵的各种词汇（术语）和经书等。咒术技法方面的词汇（术语）如：

pe³³he³³xɒ⁵⁵	请经师诅咒
dʐu³³pe³³dʐɚ²¹xɒ⁵⁵	诅咒求顺
si⁵⁵he³³pi⁵⁵	封妖口
ni⁵⁵tshη³³ŋo⁵⁵	驱鬼
ŋgɯ³³tɕhi³³	咒水鬼
dʑi³³l̩³³	咒精怪
tsɔ⁵⁵ni³³xo³³	除秽
dʐu³³dʑe³³	诅咒
dʐu³³dʑe³³xu²¹	扫送诅咒祸秽
ni⁵⁵tshη³³z̩	咒鬼
dʑi³³ʂu³³	反咒
ʂɯ³³tɕhi³³	咒铁
ȵu⁵⁵na³³pi³³	咒猴治病
tsho³³na³³de³³	驱鬼治病

咒术技法方面的经书，如：

dʐu³³pu̠²¹su³³ȵe³³《还咒经》（彝文手抄本，征集于云南省武定、禄劝彝区，现藏于中国国家图书馆善本部，编号：6/321）。

mɒ³³ŋɯ³³tsɤ⁵⁵su³³ȵe³³《咒风神邪怪经》（彝文手抄本，征集于云南省武定彝区，现藏于中国国家图书馆善本部，编号：64）。

nu²¹ɤa³³du⁵⁵pu²¹su³³ȵe³³《咒瘟神经》（彝文手抄本，征集于云南省武定彝区，现藏于中国国家图书馆善本部，编号：4/152）。

si⁵⁵tsɤ⁵⁵li²¹su³³ȵe³³《镇魔经咒》（彝文手抄本，征集于云南省武定彝区，现藏于中国国家图书馆善本部，编号：4/165）。

（八）指路送灵类

指毕摩在做送灵回归祖路仪式中所念诵的彝族不同宗支的指路经或开路经的经书和词汇（术语）等。

指路送灵方面的词汇（术语），如：phu^{55}mi^{33}"祖地"，ʥo^{2}mo^{55}"指路"，a^{55}phu^{33}no^{33}si^{33}"祖灵牌"，mo^{33}m̥a^{55}"教魂"等。

指路送灵类的经书各地彝族不同支系都有指路经，如：

ʥo^{21}mo^{55}su^{33}《指路经·武定本》；tʂɯ^{55}mo^{55}su^{33}n̥e^{33}《开路经·禄劝本》。

mo^{33}ma^{55}ŋɯ^{33}ẓi^{21}ma^{21}《为死者指路·四川本》。

ŋo^{33}ʥo^{33}mu^{55}so^{33}《阴路指明·贵州本》等等（果吉·宁哈等，1993）。

（九）招魂类

指毕摩在各种招魂仪式上念诵的各种词汇（术语）和经书等。招魂方面的词汇（术语），如：

ẓi̠^{21}ŋo^{21}khu^{33}	叫魂
n̥e^{21}pɯ^{33}	招魂帕
ẓi̠^{21}ko^{55}	唤魂
lu^{55}le^{33}	罗……来[①]
l̥a^{33}ki^{33}	守焚场魂
kɔ^{33}ɬç^{55}phe^{33}ndə̠^{55}	招魂附体
ẓi̠^{21}tɯ^{55}	埋魂
ẓi̠^{21}khu^{55}ʥo̠^{21}mu^{55}	唤亡魂回归路
l̥a^{33}ẓ̍^{33}	归祖魂

---

① 彝族毕摩叫魂用语。

l̠a³³dʑu⁵⁵　　　　　　　　游魂

招魂方面的经书,如:

n̠i³³ŋkhɒ²¹su³³n̠e³³《断魂绳经》(彝文手抄本,征集于云南省禄劝彝区,现藏于中国国家图书馆善本部,编号:5/243)。

pe³³mu³³kɒ³³ɬɔ⁵⁵a³³thɯ⁵⁵n̠i⁵⁵ɕi²¹n̠e³³《百解唤魂经》(彝文手抄本,征集于云南省武定彝区,现藏于中国国家图书馆善本部,编号:7/358)。

tshu⁵⁵ɬɔ⁵⁵ɣu⁵⁵ku²¹mɚ³³the²¹su³³n̠e³³《接魂场神座名称经》(彝文手抄本,征集于云南省禄劝彝区,现藏于中国国家图书馆善本部,编号:2/76)等。

(十)祈福类

主要指毕摩在各种祈求、许愿、还原、祷祝等仪式上念诵的各种词汇(术语)和经书等。如:ɣɔ²¹tɯ²¹zç²¹"诵祝福",je²¹ʂɯ⁵⁵"播福",dʑu³³tɕo³³,"祈富贵"。

祈福方面的经书,如:

dʑi²¹li²¹va⁵⁵phɔ⁵⁵su³³n̠e³³《招福禄祈猪膀吉卦经》(彝文手抄本,征集于云南省武定彝区,现藏于中国国家图书馆善本部,编号:128)。

je²¹ʂɯ⁵⁵su³³n̠e³³《播福经》(彝文手抄本,征集于云南省武定、禄劝彝区,现藏于中国国家图书馆善本部,编号:2/94)。

ji²¹bu³³ɣa²¹lɔ⁵⁵su³³n̠e³³《请魂换福禄神经》(彝文手抄本,征集于云南省玉溪彝区,现藏于北京民族文化宫文物馆,编号:13)。

kɔ⁵⁵fe³³khu²¹su³³n̠e³³《挽留福禄神经》(彝文手抄本,征集于云南省武定彝区,现藏于中国国家图书馆善本部,编号:80)。

n̠e⁵⁵ʑi²¹tɚ³³su³³n̠e³³《安置福禄经》(彝文手抄本,征集于云南省武定彝区,现藏于中国国家图书馆善本部,编号:65)。

ne⁵⁵tʂɯ⁵⁵tʰɯ⁵⁵su³³n̪e³³《祈后代兴旺经》(彝文手抄本，征集于云南省武定，禄劝彝区，现藏于中国国家图书馆善本部，编号：4/77)。

tɕʰe²¹tshi³³su³³n̪e³³《招福禄神经》(彝文手抄本，征集于云南省禄劝彝区，现藏于中国国家图书馆善本部，编号：7/337)。

（十一）占卜类

主要包括毕摩在各种形式的占卜及算命中用的词汇（术语）和经书等。占卜方面的词汇（术语），如：

pʰe²¹ndhɔ⁵⁵	卜卦
pʰç²¹ɣɯ³³pʰe²¹	胛骨卦
pʰç²¹ŋə³³	凶卦
pʰç²¹n̪dʑhe⁵⁵	观猪膀隔驱
tse²¹xɔ²¹	草净卦
ɣa̱²¹pʰç²¹	鸡头卦
ɣa̱²¹n̪dʑhe⁵⁵	鸡卦隔驱
ɣa̱²¹bu³³tç³³	做鸡股卦
va³³mo³³hɯ²¹	鸡卜
va³³ɕɿ³³hə²¹	鸡脚卜
ʑo³³ke⁵⁵hɯ²¹	羊肩甲卜
vo⁵⁵si²¹hɯ³³	看猪肺
vo⁵⁵ni³³hɯ³³	看猪脾
pʰe²¹ʈhu³³	卦板
pʰç²¹ʈhu³³	吉卦
pʰç²¹ʈhu³³kʰo̱⁵⁵ŋç³³i²¹	好卦征兆
tse²¹ndhɔ⁵⁵	卜草卦
tse²¹va̱⁵⁵pʰç²¹	猪膀卦
ɣa̱²¹bu³³	鸡股卦

ɣa²¹ndʑhə²¹	鸡卦吉兆
tɕi²¹phɔ³³	胆卜
va³³n̪i³hɯ²¹	鸡舌卜
va³³hi²¹m̪o³³	鸡蛋卜
sɿ³³ʐe³³mu³³	木卜
vo⁵⁵he⁵⁵hɯ³³	看猪心

占卜方面的经书，如：

ɕi³³n̪i²¹tse³³《推算亡日吉凶经》（彝文手抄本，征集于云南省玉溪彝区，现藏于，北京民族文化宫。编号：600749/8）。

ɕi³³tʰɚ⁵⁵su³³n̪e³³《投生经》（彝文手抄本，征集于云南省武定彝区，现藏于中国国家图书馆善本部，编号：5/237）。

lɒ²¹nthe³³lu³³hu³³su³³n̪i³³nu²¹zɒ²¹n̪i²¹na³³su³³n̪e³³《得病日推算经》（彝文手抄本，征集于云南省禄劝彝区，现藏于中国国家图书馆善本部，编号：9/425）。

n̪i²¹ha⁵⁵tṣa²¹su³³n̪e³³《日占经》（彝文手抄本，征集于云南省禄劝彝区，现藏于被民族文化宫，编号：60000749/6）。

n̪ɯ³³su³³n̪e³³《择日书》（彝文手抄本，征集于云南省禄劝彝区，现藏于中国国家图书馆善本部，编号：8/397—399，8/402—408，8/412—415，9/416—423，9/426/432）。

phɔ²¹bɤ²¹su³³n̪e³³《叙膀卦经》（彝文手抄本，征集于云南省武定彝区，现藏于中国国家图书馆善本部，编号：4/152）。

（十二）道场法事神座图类

主要指毕摩在祭祀活动中插树枝神座图道场中用到的词汇（术语）和经书。道场法事神图方面的词汇（术语），如：

393

ɕi⁵⁵mu̠³³zi̠²¹	松树①
ŋghɯ²¹dʑe²¹	道场中神座数字及插法
xu³³ȵtɕha̠²¹	牺牲架
ȵha̠²¹tʰu³³	白弩神座
tsʏ⁵⁵va̠⁵⁵pʰɔ²¹	卜卦神座
zu³³ɣɔ³³gu̠⁵⁵	长族间
zu³³n̠ɔ³³gu̠⁵⁵	幼族间
ɕi³³ŋku̠²¹	鬼门
ɕi⁵⁵mi²¹ŋku̠²¹	五更门
ɕi⁵⁵mi³³zɚ⁵⁵	五更树
ȵtɕha̠⁵⁵na²¹	黑弩神座
ŋghɯ²¹tso̠²¹	插神座
ȵtɕha̠²¹lɯ²¹de³³	解罪神座
gɯ³³nu³³	崖神座
dʑɚ²¹n̠ɯ²¹	绿枝神座
n̠e²¹tʰɯ⁵⁵n̠e²¹xɒ⁵⁵de³³	叙家谱神座
zu³³u⁵⁵gu̠⁵⁵	仲族间
dʐɒ³³ŋku̠²¹	生门
ɣi²¹ŋku̠²¹	入口
kɔ⁵⁵ŋku̠²¹	取净水门
u⁵⁵lu³³zɚ⁵⁵	焚祖灵处

---

① 祭典中代表天柱的松树。

道场法事神图方面的经书，如：

ŋku²¹dze²¹la⁵⁵li²¹ɲe³³《神坛插枝全图》；ŋkhu²¹me³³the²¹su³³ɲe³³《神座名谱》；ne⁵⁵mu²¹ŋkhu²¹mə³³the²¹su³³ɲe³³《斋场神枝图》；ŋkhu²¹tɔ³³su³³ɲe³³《神座图录》；ŋkhu²¹tshu³³《插神枝》等（朱崇先，1996：214）。

（十三）祭祀仪式名类

主要指毕摩在祭祀活动中的各种不同的祭祀礼仪名称词汇（术语）和经书。祭祀仪式名方面的词汇（术语）如：

phu³³xɒ⁵⁵	净祖①
pha⁵⁵sɿ³³ɣo²¹khɔ³³	铺叶献恩泽（祭仪名）
phu²¹ŋɔ³³ka⁵⁵sɿ²¹	解除产业不顺利之祭仪
fe³³thə⁵⁵	祝颂吉祥的祭仪
fə²¹bu²¹mu²¹	做祭祀②
va⁵⁵phç²¹ɣa²¹ndʐhɔ²¹	罪祭丧仪式③
mi³³tʂɔ³³	百解祭仪④
tʂç⁵⁵dʑi²¹tʂç⁵⁵tsa⁵⁵	祭丧仪式之一
ndhə³³xɔ²¹	清洁祭仪⑤
ŋghu²¹tɔ	清净之祭仪⑥
tɯ²¹tɔ²¹tɕhi²¹	除邪祭仪⑦

---

① 祭祀仪式。
② 指一般的祭典。
③ 专指老年亡者的解罪祭丧仪式。
④ 解除夫妻本命相克之百解祭仪。
⑤ 做驱邪鬼的清洁祭仪。
⑥ 祭祀完毕时为神座封邪清净之祭仪。
⑦ 百解祭仪中的最终除邪祭仪。

ȵe²¹tʰɯ⁵⁵ȵe²¹xə̱²¹	新旧祖灵接替祭仪
ɕi⁵⁵mu³³n̥o̱²¹	送亡灵入天界的祭仪
ɕi⁵⁵mu³³de³³tsə⁵⁵	祭牧场仪式①
kʰu³³do̱²¹	祈福教仪
gɯ³³no³³va⁵⁵tʂʰa²¹lɯ⁵⁵	解除淫秽之祭仪
ɣɕ³³kʰo̱⁵⁵ɣɕ³³ʂo²¹	寻贤能之祖的祭仪
ɣo̱²¹ze²¹ʈʂɔ³³	献牲供物祭仪
kʰɣ⁵⁵xɒ²¹	清净祭仪
ɕi⁵⁵mu³³no̱²¹	焚烧祖灵牌祭仪
si̱²¹mu³³mu³³tə³³	祭木马仪式
ha²¹ɣu²¹ndhə²¹	防鼠进祖灵筒之祭仪
ɣa̱³³ɣu³³kə³³tsɔ³³	转鸡肠②
pʰu⁵⁵pʰi³³tʰə⁵⁵xə²¹	祖灵超度之仪式
fa̱⁵⁵pe³³ndhə³³	解除喜庆中邪扰祭仪
fe²¹ne⁵⁵mu²¹	做大祭典③
fə³³ŋə³³tsɔ³³	消灾小百解祭仪
to̱⁵⁵ʑɯ³³	为妇女扫除血污祭仪
ɣo̱³³tɯ²¹zɕ²¹	念祝福经的祭仪
tʂɯ²¹ʥɔ²¹	百解祭仪
lɯ⁵⁵ne³³n̩ʥʰɯ³³	祝福祖灵祭祀仪式
tɕo³³ʑi̱²¹xə²¹	丰收之仪④
n̩ʥʰe⁵⁵ʥi̱²¹	隔邪祭仪

---

① 祭典焚灵牌后的祭牧场仪式。
② 特指祭奠亡灵时的转场仪式。
③ 专指上层贵族做的祭典。
④ 祭五谷丰收之仪式。

从毕摩祭祀词汇看彝族宗教信仰与崇拜

$ɕi^{55}mu^{33}phu^{21}ndʐho^{21}$	焚烧灵牌仪式
$ndʐhŋ^{33}kə^{21}$	椎献牲仪式
$kha^{55}tʂhɕ^{55}hi^{21}tsi^{33}$	延寿百解祭仪
$gɯ^{33}tse^{21}xɔ^{21}$	清净祭仪①
$ŋghu^{21}tʂɔ^{33}$	穿越神座之祭仪
$ɣɕ^{33}kho^{55}ɣɕ^{33}ɬo^{21}$	祈福祭仪②
$yu^{21}i^{21}ndʐha^{21}lɯ^{55}$	百解祭仪③
$dʑi^{55}ntʂhɯ^{21}$	祭祀礼仪
$si^{55}ʂu^{33}dʑu^{21}nthɤ^{33}$	切断凶路之祭仪
$si^{21}mu^{33}xu^{21}$	送木马仪式
$tʂɯ^{55}nbhɯ^{21}$	祭丧祭仪④

祭祀仪式名方面没有专门的经书，在前述的各类经书都有这方面的祭仪内容。

（十四）祭献物牲名类

主要指毕摩作斋或祭祀活动中常用的祭献物牲祭祀词汇（术语）和经书等。祭献物牲名方面的词汇（术语），如：

$bu^{21}ȵi^{21}$	大绵羊⑤
$mɔ^{33}no^{33}ʂi^{21}$	献祭牲
$mɔ^{33}ndʑi^{21}$	宰祭牲
$mɔ^{33}no^{33}$	祭牲
$dʑi^{55}ndʐhɤ^{33}$	祭丧礼品

---

① 祈稳基业的清净祭仪。
② 祈五谷丰登，六畜兴旺之祭仪。
③ 解除民怨官灾罪孽的百解祭仪。
④ 为男性亡灵解罪之祭丧仪。
⑤ 专指作祭时牵去迎祖灵的绵羊。

397

ŋdʐhɯ²¹sa̠⁵⁵	祭祀用的酒
n̠e²¹se³³kho²¹	祭天粮
n̠e̠⁵⁵me̠²¹	吊丧祭牲（猪、羊等）
kç⁵⁵ʑi²¹	福禄水（圣水）
çe³³ʑi̠²¹	献祭水
çe³³ɳtʂhɯ³³	祭祀专用酒
çi³³n̠i³³	阴牛①
dʑi⁵⁵phu²¹	祭田
lu³³ɳtʂhɯ²¹	祭酒
phu⁵⁵hu²¹khu²¹	奉祖粮
ʂu³³ɳtʂhɯ³³tɑ²¹	饮难酒
mɔ³³vi³³	杀牲
mɔ³³ndhu²¹	椎牲
mɔ³³za̠⁵⁵	降神领牲
tsho³³kɯ³³tɕhɯ⁵⁵	祭祀用的盐
dʑɔ²¹mu³³	扎给鬼骑的阴马
dʑa̠²¹ə²¹	祭饭②
n̠e²¹se³³ʑi²¹	祭天水
çe³³ɬo̠²¹	献酒等祭献诸礼
çe³³ɦɒ³³	祭羊
çe³³khu³³	祭粮
çe³³si̠²¹	献祭柴③
ku³³si̠²¹	神粮

---

① 专指斋祭祀时用的牺牲的牛。
② 指丧事中亲族祭献的祭饭。
③ 指作祭时做献祭祖神饭的松柴火。

398

khu⁵⁵ɬɔ⁵⁵	祭年
mɒ³³ʂu³³	用来作祭的猎物
phu⁵⁵khu²¹phi⁵⁵khu²¹	供祖奉祖之祭物祭品
lɒ³³t̪hu³³	祭银①

祭献物牲名方面的经书，如：

a̱⁵⁵phu³³ɳʈʂhɯ³³bi⁵⁵《祭祖献酒经》（彝文手抄本，征集于云南省武定，现藏于中国国家图书馆善本部，编号：33）。

a̱⁵⁵phu³³tʂhɯ⁵⁵mɔ³³nu²¹ʂɿ³³su³³《设祖灵献牲经》（彝文手抄本，征集于云南省武定彝区，现藏于中国国家图书馆善本部，编号：98）。

d̪z̪i⁵⁵nu³³zɤ³³su³³n̪e³³《作祭献牲经》（彝文手抄本，征集于云南省武定，现藏于中国国家图书馆善本部，编号：6/187）。

lu³³ɣa²¹ɬɔ⁵⁵su³³n̪e³³《祭奠衣禄神经》（彝文手抄本，征集于云南省武定彝区，现藏于中国国家图书馆善本部，编号：380）。

lɯ⁵⁵ne³³n̪tɕhɯ³³su³³n̪e³³《请祖先享供牲经》（彝文手抄本，征集于云南省武定彝区，现藏于中国国家图书馆善本部，编号：1/25）。

（十五）法具名称类

主要包括毕摩做法事时所使用的法器用具等。法具名称方面的词汇（术语），如：

ɣa³³sa³³kho⁵⁵	护神垫褥
pi²¹tɕu³³	神铃
vo³³thu³³	神签筒②

---

① 指集体祭祀活动中摊派征集的费。
② 也称为tshe³³pu³³签筒。

ŋgu³³	神枝
kɯ³³dʑi³³	神鼓①
kɯ³³dʑi³³ndhu²¹du³³	鼓槌
sa³³lhŋ⁵⁵	烧石
tshe³³si̱²¹	签书
ma⁵⁵ɕi³³li³³	细竹笆②
tɕhi²¹khɯ³³	神扇③
pi³³mo⁴⁴hlɔ⁵⁵bu²¹	神笠④
sɿ³³dʑe³³	神枝⑤
kɯ³³lo⁵⁵	神鼓柄
tɕa²¹la³³vi⁵⁵ndhu²¹du³³	打鬼棒
lu³³tsha³³	经书袋

法具名称方面的经书，如：

pe³³mɒ⁵⁵tshi̱⁵⁵《毕摩谱系》（彝文手抄本，征集于云南省武定、禄劝彝区，现藏于中国国家图书馆善本部，编号：2/68）。

pe³³mɒ⁵⁵xɒ⁵⁵su³³n̠e³³《毕摩叙谱经》（彝文手抄本，征集于云南省武定、禄劝彝区，现藏于中国国家图书馆善本部，编号：1/20、7/344）。

pi³³bu³³thɯ²¹ʑi³³《毕摩源流经》、pi³³si³³thɯ²¹ʑi³³《毕仙经》等（中央民族大学彝学研究所，1998：213）。

---

① 指苏尼用的神鼓。
② 特指招灵时用的细竹笆。
③ 毕摩用的神扇。
④ 毕摩用的神笠。
⑤ 驱鬼时候用的神枝。

三 毕摩祭祀词所映射的彝族信仰文化理念

从彝族毕摩祭祀词汇（术语）中我们可以看出彝族先民意识或观念中所承载的一些基本的宗教信仰理念。

（一）"人神合一"信仰理念

在彝人看来，祖先、神灵、鬼怪操纵并影响着人丁的繁衍、五谷的丰登、六畜的兴旺以及家支的发展的壮大。认为人与鬼神间的关系一旦发生破损和倾斜，就会危急到人们的物质生产和生活。于是人们赞美神鬼、感激祖先，同时也憎恨神鬼，畏惧祖先。

（二）"崇祖"信仰理念

彝族先民的"三魂观"和"祖界观"是彝族"崇祖"（即祖灵崇拜）信仰理念的重要基础。在彝族人的观念中认为灵魂是人们生存和活动的操纵者和主宰者。灵魂可以脱离人体而存在并不会随人的死亡而消失。而一旦灵魂离体不归便意味着死亡。就像《祖神源流》[①]记载："万物有灵魂，无魂不会生，人生魂来附，人死魂先去"（罗希吾戈等，1988）。于是在彝族人的观念中就有"人死变三魂，一魂往密尼（祖地），一魂守焚场，一魂留宗祠，享子孙祭奠"（马学良，1986）即一魂守焚场（坟墓），一魂归祖地，一魂守祖灵牌。三魂之间是相互依赖，相互制约的关系，共同

[①] 此书又名《裴妥梅妮》（罗希吾戈等，1988）。

支撑着人的躯体。三魂可附体也可脱体,一旦脱离人体会出现不良反映,如生病、精神疲惫,甚至死亡等。同时彝族祖灵信仰中的"三魂"具有三个不同归宿的灵魂形态外,还包含着游灵(制作灵位前游荡不定的祖先灵魂)、家灵(附着在祖灵位上供于家中的祖先灵魂)、族灵(灵位被送入同宗祖联箐洞后的祖先灵魂)。

(三)"万物有灵"信仰理念

彝族先民在认识自然和改造自然的过程中,面对自然界及人类社会中各种不解之谜,彝族先民便把它归为有神灵在主宰。这也是彝族社会内部没有出现统一的至上神灵的原因所在。可以说以祖先崇拜为核心,集自然崇拜、图腾崇拜和灵物崇拜为一体的传统信俗是彝族民间宗教信仰的主要内容,各种祭祀、巫术、兆卜、禁忌是彝族民间常见的信俗仰活动和表现形式。而植物神灵和动物神灵在彝族祭祀活动中被邀作为毕摩祭祀法场的护法神或助法神,更直接地反映了彝族以祖先崇拜为核心,集自然崇拜、图腾崇拜和神灵崇拜为一体的宗教信仰文化的内涵。

(四)"鬼魂"信仰理念

从彝族社会留存的原始宗教形态来看,鬼神(鬼魂)信仰可以说也是彝族的普遍信仰内容。这是由彝民族多神信仰的宗教信仰理念所决定的。而彝族毕摩祭祀词汇(术语)中有关鬼魂方面的内容占有很大的比重,这又与彝族"人神合一"的宗教信仰体系密切相关。因为任何宗教中的人神关系都是人人关系异化的表现。人总是以人自身的属性和特质作参照去构建神灵(包括鬼灵)的神性。神的本质就是人的本质,彝族祭祀活动中的神灵或鬼灵信仰也同样如此。在彝族祖灵信仰中的人——祖关系所体现的本质上祖嗣、亲子的血缘伦常关系,也就是现世血缘伦常关系在以

从毕摩祭祀词汇看彝族宗教信仰与崇拜

崇祖为核心的"人神合一"的宗教信仰理念中映射。而鬼魂方面的词汇内容大量的体现在彝族毕摩祭祀词汇（术语）中，从另一个层面来看，是与毕摩的社会地位随历史发展而其职能和社会角色发生变化有密切的关系。

彝族毕摩的发展经历了四个发展阶段，而每个历史阶段毕摩的地位与角色都有所变化。第一阶段是彝族社会部落军事联盟时代，即彝文记载的俄木时代（约公元前10世纪左右），毕摩专司祭礼、记史、占卜，处于君、臣、师三位一体中的第三等级。第二阶段是约公元前5世纪的彝族部落联盟解体时期。这时在以滇池为中心的金沙江、南盘江流域出现了彝族不同的地方政权，如夜郎国、哀牢国、滇国等，彝族社会出现了兹、莫、毕、格、各、德六个等级，这时的毕摩参与了军事和政治活动，出现宗教神权与政权结合。第三个阶段是汉唐时代。由于中央王朝进一步加强了对西南彝区的控制，道教、佛教以及基督教等传入彝族民间，毕摩从占统治地位的精神思想变为从属于统治思想的民俗活动，毕摩文化开始走入民间。元、明、清为第四阶段。这个时期，元朝为巩固大西南，在彝区设土司、土巡检，明朝在彝区实行改土归流政策，清初由于受吴三桂的株连，在彝区的大部分地方实行军事改流，并推行彝区土司土目互相牵制的以夷治夷的政策，彝区地方区域性的政治彻底瓦解，毕摩文化完全从政治分离，毕摩成为农业生产劳动成员之一，受汉文化的影响，出现了有的毕摩为土司土目撰史、刻碑文，有的创办私塾带弟子传技术，有的毕摩不传经、不带弟子，与巫合一，行祭祀、驱鬼神等，最终出现了毕摩与巫很难区分的现象。而这种现象最终使占咒驱鬼为主要内容的巫术活动与献祭祈求的祭祖仪式并行且渗透到以祖先崇拜为核心的彝族宗教信仰中，从而使彝族原始宗教信仰中留存以鬼神为内容的祭祀词汇（术语）厚重的文化现象。

参考文献

云南省少数民族古籍整理出版规划办公室编《裴妥梅妮·苏颇》，杨家福（毕摩）、罗希吾戈（释读），师有福、阿者倮濮译注，昆明，云南民族出版社，1988。

张兴、朱琚元翻译：《彝族古代六祖史》，中央民族大学少数民族语言研究所彝族历史文献编译室，内部资料。明末彝文抄本，由云南省禄劝县那拥村彝族毕摩张兴捐献，现珍藏于云南省生活科学院楚雄彝族文化研究所，1983。

C·恩伯—M·恩伯：《文化的变异——现代文化人类学通论》，杜杉杉译，沈阳，辽宁人民出版社，1988。

果吉·宁哈、岭福祥主编《彝文〈指路经〉译集》，北京，中央民族大学出版社，1993。

吕大成、何耀华总主编《中国各民族原始宗教资料集成——彝族卷、白族卷、基诺族卷》，北京，中国社会科学出版社，1996。

罗常培：《语言与文化》，北京，语文出版社，1989。

马黑木呷主编《彝语大词典》，成都，四川民族出版社，1997。

马学良主编《增订爨文丛刻·指路经》，成都，四川民族出版社，1986。

马学良主编《彝文经籍文化词典》，北京，京华出版社，1998。

马学良、祈庆富、巴莫石布嫫、杨敏悦、何青编著《彝族文化史》，上海，上海人民出版社，1989。

张公瑾：《文化语言学发凡》，昆明，云南大学出版社，1998。

中央民族大学彝学研究所编《彝语词汇学》，北京，中央民族大学出版社，1998。

周庆生《语言与人类——中华民族社会语言透视》，北京，中央民族大学出版社，2000。

朱崇先，《彝族典籍文化研究》，北京，中央民族大学出版社，1996。

注音字母：民国时期方言和少数民族语言规划*

黄晓蕾

一 引言

自秦代"书同文"以来，汉语逐渐形成为一种内部文字高度统一、语音相对差异较大的汉民族共同语，其中汉语共同语语音系统的形成和发展尤其是一个漫长而复杂的历史过程。从唐代官府编纂韵书开始历代将"官韵"所确立的"官音"看作汉语共同语的语音，发展至清代以"北京音"为基础的"官话音"逐渐成为共同语的语音。从现代的语音标准看，清代的"官话音"和"北京音"还是有很大区别，"官话音"基本上是一种杂糅了历史因素（传统的读书音）和地域因素（北方方言中的其他语音）的混合音系。1913 年，南京临时政府教育部读音统一会制订注音字母，用以表示"法定国音"（黎锦熙，1935：51），这是当时重要的"筹议国语统一之进行方法"（黎锦熙，1935：50），是民国时期语言

---

* 本文中的民国时期为 1912 年至 1949 年的民国政府。

规划的最重要举措之一,这一方案涉及现代汉语规划的两个基本问题:语音系统和文字形式。

注音字母[①]是民国时期国语运动的主要内容之一,它的公布和推行是民国时期乃至整个中国现代汉语的语言规划中具有划时代意义的重要语言政策,不仅对汉语标准语(民国时期称为"国语")同时也对汉语的方言以及中国境内的各种少数民族语言均产生了深远的影响。本文试图通过对注音字母制订、公布和推行的具体叙述和分析,讨论其对于方言和少数民族语言的语言规划意义,从而进一步总结民国时期语言规划中汉语共同语与方言、汉语与少数民族语言之间的关系。

二 方言规划的意义

汉语共同语和方言之间的关系历来是汉语的大命题,从秦代的"书同文"到清代的"正音书院",历朝政府从各自的政治经济、社会文化利益出发都采取过这样或那样的语言政策。进入现代时期,中国的社会状况发生了剧变,语言状况也随之发生了巨大的变化(要求"言文一致""国语统一"的国语运动[②]即是这种变化的生动体现),如何处理进入现代时期的国语和方言的关系,是民国时期政府语言规划所要解决的重要问题之一。

在国语[③]和方言的关系上,民国时期的语言规划一方面受到

[①] 1918年北洋政府教育部公布时命名为注音字母,1930年南京国民政府教育部正式改称为注音符号。

[②] "从清末到1949年中华人民共和国成立前推行的把北京话作为汉民族共同语的运动"(《中国大百科全书 语言文字》,1998,148页)。

[③] 民国时期对于汉语共同语的称谓。

注意字母：民国时期方言和少数民族语言规划

中国传统语言状况和语言政策的影响，另一方面为适应传统语言向现代语言的转型也拥有很多自身的特点。从共同语语音系统的角度来看，民国时期国音音系的形成和确立过程是一个逐步减少历史、地域因素影响，由杂糅的混合音系向一地的自然音系过渡的过程，在这一过程中北京语音的力量逐渐增强、其他方言语音的力量逐渐减弱；同时，由于中国拥有漫长的语言历史和复杂的方言状况，其他方言语音对于国音音系强大的参照作用始终存在，它是国音音系得以确立的基础和背景。在注音字母（既表国音也表方音）逐渐和闰音字母（表方音）脱离的过程中，国音音系逐渐由杂糅的混合音系向一地的自然音系过渡，并最终形成方音音系作为国音音系的对照系统且与国音音系各自独立、同时并存的语音格局。这一过程有三个特点：首先，表国音的注音符号（国音音系）是从既表国音又表方音的注音字母（方音混杂的音系）中抽离出来，摆脱表方音的注音字母（其他音系）的影响而逐渐形成的；其次，表方音的注音符号（方音音系）也是通过同表国音的注音字母（国音音系）分离逐渐形成了自身的相对独立的系统；再次，这两个系统以国音为主、以方音为辅，相互对照、同时并存。

（一）注音字母中的"浊音符号"

1913年，南京临时政府教育部召开"读音统一会"制订注音字母，1918年，北洋政府教育部公布《注音字母表》，该表包括"声母""介母""韵母""四声点法"和"浊音符号"五个部分，其中专为方音所设"浊音符号"以"于字母四角作点"表示。

1913年的读音统一会中有官话派、方言派（尤以苏浙会员居多）和古韵派，各派会员由于各自所处方言区的不同以及各自音韵学观点的不同对国音的理解有很大差异。会中的苏浙会员（主

407

要为方言派）坚持浊音和入声，力争将三十六字母之十三浊音加入新字母，这一意见遭到北方会员（主要为官话派）的极力反对，各派纷争四起，最后会议决定以每省一票、多数票为准的投票方式确立国音，投票的结果官话派获得的票数较多，因此《注音字母表》取消了传统三十六字母中十三浊音在国音字母的主体地位，以清音加点的方式表示浊音，方音开始在国音音系中处于明显的附属地位。

（二）注音字母中的"闰音符号"

1919年，北洋政府教育部国语统一筹备会设立"闰音委员会"，调查方音、添制闰音字母。1920年，改"闰音委员会"为"审音委员会"讨论修订注音字母。1920年，国语统一筹备会部分南方会员提出以"至少受过中等教育的北京本地人的话为国语的标准"和"定北京音为国音标准"等主张，并同国语统一筹备会的常委会讨论。1923年，国语统一筹备会决议：国音应全以北平音为标准，"兀""广""万"三声母只用来注方音和外语音，不用来注国音。1927年，国语统一筹备会印布《国语字母单张》正式规定"兀""广""万"三音为专注方音的"闰音"字母，同浊音符号具有了同样的功能。

这一时期提出的"全以北平音为标准"的决议并对"兀""广""万"三音进行了重新规定，使得国音音系以北京音为标准的尺度越来越严格，国音音系进一步摆脱方音的影响，方音开始逐渐由国音音系的附属部分向与国音音系相对照的独立的语音系统转变。

（三）《注音符号总表》和《闰音符号总表》

1928年南京国民政府中央研究院历史语言研究所成立，此后

注意字母：民国时期方言和少数民族语言规划

进行了一系列大规模的方言调查研究工作，"1928～1929 年两广方言的调查，1933 年陕南方言的调查，1934 年徽州方言的调查，1935 年春江西方言的调查，1935 年秋湖南方言的调查，1940 年秋四川方言的调查。"（中国大百科全书总编辑委员会，1998：148）1928 年，赵元任的《现代吴语研究》出版，这是中国学者现代方言调查研究的第一部著作，此后陶焕民的《闽音研究》(1930) 和罗常培的《厦门音系》(1931) 相继出版。这一时期的方言调查和研究不仅打造了中国现代方言学的框架，同时为进一步完善国音和方音音系提供了大量的资料和理论支持，是民国时期语言规划的重要文件《注音符号总表》和《闽音符号总表》产生的学术背景。

1932 年，国民政府教育部国语统一筹备委员会委员赵元任（1932）主持制订《注音符号总表》，在这份当时的权威文件中不仅明确地对国语语音进行了规定，同时注重国语与方音的对照以及国音同国际音标的比较，具有相当的实用性和科学性。《注音符号总表》的"凡例"中规定"阳文符号是国音符号，阴文符号是闽音符号""国音注左，方音注右""符号表当中除国音的拼法以外，方音的例子不过都是一种可能的拼法，举例的目的在表示各符号可用的用法，如有别种拼法与本表全体的原则不悖者（尤其是凡例第七条）也可斟酌取用。"在《总表》之后另附有《南京闽音符号分表》《苏州闽音符号分表》《无锡闽音符号分表》《常州闽音符号分表》《广州闽音符号分表》和《闽音符号总表》。《总表》里面所举的例子，除上述南京、苏州、无锡、常州和广州五地的方音外，还列举了松江、长沙、南通、厦门以及西安等共计 40 种方音。

《注音符号总表》对于国音和方音的书写形式（"阳文符号是国音符号，阴文符号是方音符号"），国音和方音的书写位置（"国

409

音注左，方音注右")①进行了初步的规定，列举了40处方音与国音的对照，并在《注音符号总表》之后分列了南京、苏州、无锡、常州和广州五地的《闰音符号分表》以及在此基础上概括而成的《闰音符号总表》。《注音符号总表》和《闰音符号总表》在积累了相当方言事实的基础上对国音和方音进行了规定和对照，是民国时期国音、方音研究和推行成果的重要体现，它的制定和公布是民国时期处理国音和方音、国语和方言关系的重要语言政策文件。它的意义在于民国政府从国家语言规划的高度正式确立了国语和方言之间各自独立、相互对照、同时并存的关系，为处理现代语言中共同语和方言的关系提供了新的框架和思路，具有重要的指导意义。

（四）《全国方音注音符号总表草案》

1941年（民国三十年），国民政府教育部国语推行委员会委员黎锦熙依据1932年的《注音符号总表》另拟《全国方音注音符号总表草案》，其中的"表例及用法"规定："1.本表为全国汉语及边疆特殊语言略定其标准'音素'，以备方音调查及读物注音之用"（方师铎，1965：101）。"2.凡汉字，右旁拼注全国统一之国音符号，是名'注音汉字'；左旁得依本表所定各种方音符号，随地拼注其与国音不同之读音（横行读物则上注国音，下注方音）"（方师铎，1965：101）。"6.本表主旨，在以国音统方音，故先后次序，一依国音注音符号为纲领。粗笔大书；添制之方音符号则细笔小书，连属排列于其音类相近的国音注音符号之后，备系统分明，纲目俱举"（方师铎，1965：102）。"7.中国政府所颁定之

---

① 当时基本上还是竖行书写，因此《注音字母总表》规定的书写格式是汉字在中间、注音符号在左、闰音符号在右。

标准国音,原即汉语方音中流行最广之一种,故国音注音符号,于应用时,乃为添制方音符号,各从其类而列之。"(方师铎,1965:102)。"8.凡添制之方音符号,其形体皆不甚与国音注音符号相别异,以便传习而省记忆;纵音读未准,或印刷有讹,便照素习之国音推测拼读,其音类既属相近,自亦能得其仿佛,不至一见而瞠目不解也。添制方音符号体形,其条例凡五:(1)就国音注符添加记号……(2)就国音注音符号增改笔画……(3)将国音注符反或倒之……(4)将国音注符省而并之……(5)四例俱穷,然后别制新符……"(方师铎,1965:102-103)。

《全国方音注音符号总表草案》是民国时期有关方言的重要语言政策文件,将注音符号的范围明确地划分为国音注音符号和方音注音符号[①]两个系统,进一步明确了国音注音符号和方音注音符号的书写位置(汉字右旁为国音符号、左旁为方音符号[②])、国音和方音的地位("以国音统方音,故先后次序,一依国音注音符号为纲领")以及方音注音符号的具体书写形式(就国音注符添加记号、增改笔画、反或倒之、省而并之或者别制新符)。《全国方音注音符号总表草案》在《注音符号总表》、《闰音符号总表》的基础上对方音注音符号的形式、内容和地位进行了更为系统和明确的规定,是40年代南京国民政府针对方言问题提出的重要语言政策,虽然由于种种历史的、政治的原因,这一语言政策并没有

[①] 《注音符号总表》中的"注音符号"是指拼国音的符号,拼方音的符号另有名称"闰音符号";《全国方音注音符号总表草案》则将"注音符号"的范围扩大,拼国音的符号称为"国音注音符号"、拼方音的称为"方音注音符号"。

[②] 这一规定与《注音符号总表》的规定有异,《注音符号总表》的规定是汉字左旁为注音符号,右旁为闰音符号。这一变动产生的原因在于民国政府1936年公布"注音汉字"并铸造了法定字模,该字模是汉字居中、注音符号居右,因此《全国方音注音符号总表草案》依据"注音汉字"法定字模将书写格局规定为"汉字右旁为国音符号、左旁为方音符号"。

能够推广和实行,但是却从语言规划的角度为处理现代的方言问题提供了一个极有价值的"草案",也为新中国的方言调查和研究、方言政策打下了可靠的基础。

三 少数民族语言规划的意义

民国时期是中国现代语言规划发展的初始时期,汉民族共同语(当时称"国语")的规划是这一时期语言规划的主体内容,也是中国现代语言规划中进行较早的部分。伴随着"国语"的规划,方言和少数民族语言的规划在民国时期也都有所拓展,其中方言由于同"国语"的关系更为密切,其规划发展得相对丰富(如前文所述),而少数民族语言的规划在整个民国的语言规划中则处于相对的滞后。然而,由于民国时期(1912~1949年)的短短三十多年是中国由传统社会进入现代社会重要转型期,这段时期的中国内部经济落后、政治动荡,外部则外族侵略、战争不断,在这一民族和社会发生激变的时期,国家的民族语言政策自然也会发生一些不同与以往的变化。

1913年,北洋政府教育部召开读音统一会,其代表中有广西华侨代表2人,四川藏族代表1人,奉天回族代表1人,新疆代表1人,蒙古代表1人。读音统一会制订的注音字母于1918年公布,这是北洋政府时期的最重要的语言规划举措,注音字母主要是就"国语"而言,对方言也多有涉及,但是关于少数民族语言规划方面还没有明确的规定。

1928年,南京国民政府教育部国语统一筹备委员会成立,其中的委员构成中有蒙(蒙古)新(新疆)特务委员会和南洋特务委员。1929年,国民党中央执行委员会第二次会议通过了《关于

注意字母：民国时期方言和少数民族语言规划

蒙藏之决议案》，提出调查蒙藏情况、革新行政制度、兴办教育和筹备自治等，这是民国时期关于少数民族问题比较重要的文件。

如同现代方言规划以民国时期开始的大规模方言调查为起点，现代意义上少数民族语言规划也始于民国时期的少数民族语调查[①]。抗战时期，中央研究院历史语言研究所、北京大学、清华大学、南开大学等相继迁入西南，对西南少数民族语言进行的大量的调查研究，主要涉及的是侗傣语族、藏缅语族和苗瑶语族。这一时期的少数民族语言调查研究为当时民族语言政策的制定和提出提供了一定的现实资料和理论基础，主要体现在40年代制定的《全国方音注音符号总表草案》和《中国语音分析符号》上。

1941年教育部国语推行委员会制定的《全国方音注音符号总表草案》不仅是民国时期方言规划的重要文件，同时也是民国时期少数民族语言规划的重要文件之一。《草案》"表例及用法"第3条规定"凡边疆各种特殊语言，其原有文字者，依本表所定符号，拼注该种文字之读音于其左旁；其本无文字者，照该种语音拼写，即以本表所定符号为其文字"（方师铎，1965：102）。第4条规定"如右第2（作者按，第2条是有关方音的内容）、3两条之办法，可使已习注音符号者，皆能一致拼读全国统一之国音，皆能相互拼读各地不同之方音；对于边疆各种特殊语文，皆能直接拼读；无文字者，亦得依其语言建立文字；而边胞同时一致可以拼读全国统一之国音国语，认识汉字"（方师铎，1965：102）。《全国方音注音符号总表草案》从政府语言规划的角度明确提出国语和少数民族语言之间的关系，规定使用"方音注音符号"拼

[①] 少数民族语言调查研究更早还有19世纪末西方传教士和旅行家运用拉丁（罗马）字母记录西南各省少数民族语言，创制文字，编辑辞典、教科书，如李埃达（法国）的《阿细彝语语法概要》、邓明德（法国）的《撒尼法彝词典》和英国传教士创制和编写的苗语、傈僳语文字和词典等。

注"边疆各种特殊语言";提出拼注少数民族语言的具体办法,即对于边疆特殊语言中"原有文字者"使用注音符号拼注于原文字之左,对于"本无文字者"以注音符号为文字;同时,强调了注音符号对于少数民族语言的作用,使得"边胞同时一致可以拼读全国统一之国音,认识汉字"(方师铎,1965:102)。这些规定现在看来显得过于简单和笼统,但是这一在四十年代提出的思路却为此后中国的少数民族语言规划提供最初的方向。

1940年以后,边疆语文教育开始受到南京国民政府的重视,教育部国语推行委员会的"专门委员会"组成"全国方音符号修订委员会",并于1943年制成《中国语音分析符号》呈教育部备用。这套语音分析符号是和注音符号对照使用的,它从语音学的角度,按照发音部位将注音符号分为两唇、唇齿、齿间、舌尖、舌边、尖颚、闪舌、尖面、舌面、中颚、后颚、小舌和声门13种,按照发音方法将注音符号分为塞爆声(清、浊)、塞擦声(清、浊)、鼻声(浊、清)、擦声(清、浊)和元音(关、半关、半开、开)5类12种。《中国语音分析符号》从语音学的角度对注音符号进行更为科学的解释和补充,扩大了注音符号的使用范围,因此也为注音符号拼注少数民族语言提供了更好的条件。

四 余论

民国时期的语言规划是中国现代语言规划的开拓阶段,在整个中国现代语言规划中占据重要的地位,这一时期所开创的"国语"规划、方言规划以及少数民族语言规划对整个现代中国语言规划产生了深远的影响。注音字母/符号作为民国时期语言规划的主要内容之一代表了当时语言规划的主要原则和精神,集中体现

注意字母：民国时期方言和少数民族语言规划

了民国时期语言规划的思想和成果，对当时语言状况的各个方面都产生了巨大的影响，其中当然也包括方言和少数民族语言。"注音符号"和"闰音符号"、"国音注音符号"和"方音注音符号"、"注音符号"和"中国语音分析符号"，这几组符号的制定和公布建立了汉语共同语和方言、汉语和少数民族语言在国家语言规划中的相互关系的基本框架，并为此后的方言、少数民族语言的规划打下了可靠的基础。

参考文献

蔡洪源主编《民国法规集成》，合肥，书海出版社，2002。

方师铎：《五十年来中国国语运动史》，台湾，国语日报出版社，1965。

国语研究会编《国语研究调查之进行计划书》，北平，国语研究会，1917。

教育部国语统一筹备委员会编《注音符号总表》，《教育部公报》，1932。

黎锦熙：《国语运动史纲》，北平，商务印书馆，1935。

文字改革出版社编《清末文字改革文集》，北京，文字改革出版社，1958。

赵元任：《国语罗马字常用字表》，北平，北平文化学社，1930。

中国大百科全书总编辑委员会：《中国大百科全书 语言文字》，北京，中国大百科全书出版社，1998。

中国大辞典编纂处编《增订注解国音常用字汇》，北平，商务印书馆，1948。

后　　记

"民族语言学"（ethnolinguistics）在欧洲，指的是语言与文化研究，与北美洲的"语言人类学"或"人类语言学"没有本质上的区别。

在中国，"民族语言学"主要指少数民族语言文字研究，包括相对独立的四大分支，即描写语言学（又称"结构语言学"）、历史比较语言学、社会语言学和应用语言学。中国民族语言学旨在调查中国少数民族语言文字的现状，描写少数民族语言文字的结构规则，比较不同语言结构的异同和系属关系，研究民族社会文化环境中的语言发展，探索语言文字的产生、变异、接触、演化和消亡的规律，同时研究语言规划和语言文字应用。中国民族语言学的内涵要比欧洲及北美的大许多。

为了推动中国民族语言学的发展，我们编辑了《中国民族语言学研究》一书，反映了中国社会科学院民族学与人类学研究所的研究人员，在少数民族语言结构、语言比较、语言接触及语言与社会文化诸方面的最新研究成果。

中国社会科学院民族学与人类学研究所郝时远所长为本书的出版，提出了许多指导性和建设性意见，黄行副所长和学界老前辈孙宏开研究员为本书作序，北方民族语言研究室、《民族语文》编辑部及南方语言研究室的人员积极参与撰写文稿。值此机会，